访宋：一本书让你变成宋史通

李之杨 著

中国法制出版社
CHINA LEGAL PUBLISHING HOUSE

【图1】宋代商品经济极为发达，到处都有贩卖小物的货郎。图为李嵩的《货郎图》。

【图2】张择端《清明上河图》中，在十千脚店门口有一个"外卖小哥"，他左手中疑似拿了两个碗，正要给顾客送外卖。

【图3】宋代，平民用得起灯油了。图为《蚕织图》中的灯台。

【图4】宋代蜡烛有大发展，虫白蜡成为主流，更接近现代蜡烛，堪称照明史上一大进步。图为《秉烛夜游图》中高高的烛台。

【图5】

【图6】宋船采用了可以放倒的可眠式桅杆。张择端《清明上河图》（图5）中就描绘了水手放倒桅杆以使船只通过桥下的场景。而在《雪霁江行图》（图6）中可以清楚地看到，可眠式桅杆是用转轴控制的。

3

【图7】马远《蹴鞠图》生动地体现了"宋人爱蹴鞠"这一特色。存世的同类题材画描述的多是低头争球，此图为众人抬头争球，独具匠心。

【图8】从宋代开始，白菜成为国人餐桌上的"主菜"。图为宋代《野蔬草虫图》以白菜入画。

【图9】北宋隐逸诗人林逋（林和靖）在孤山过着"梅妻鹤子"的日子，靠种梅树、卖梅果过活，梅成了一种隐逸象征，食用梅花梅果，自然都是雅事。图为《林和靖梅花图》。

【图 10】在宋代，荷、蟹均为风雅之物，这幅《荷蟹图》将两者同时入画，颇具巧思。

【图12】《冬日婴戏图》中描绘了孩子和猫咪玩耍的可爱场景，孩子手中的小旗和孔雀毛，大约就是最早的"逗猫棒"。

【图11】从《文会图》的点茶场景，可以清楚地看出宋代汤瓶、茶盏等茶具的形制。

【图13】《女孝经图卷》描绘了宋代女性读书的情形。

【图14】《女孝经图卷》中出现了穿男装的女官。

【图15】《蚕织图》中用秤称量蚕茧的情形。

【图16】张择端《清明上河图》中，赵太丞家柜台上有一长方形物体，疑为算盘。
这说明，至迟在北宋末年，中国人已经发明了算盘。

【图18】宋人喜爱使用海外香料。图为张择端《清明上河图》中的香料店。宋代沉香、檀香等多依赖进口，这家店的招牌商品就是"洋货"。

【图17】宋人似已实行计件取酬。在张择端《清明上河图》中的码头上，有监工发长签给卸货力夫，以计算工作量。力夫们拿着长签背着粮袋，艰难地行进。

【图19】宋代飞桥桥身无梁柱，堪称建筑奇迹。图为张择端《清明上河图》中的虹桥。

杨威耕穫圖

【图20】《耕获图》中同时出现耕种和收获的场景，生动展现了宋代一年两收的农业发展情况。图中犁地的牛只有一头，说明当时的犁比较先进。

【图21】宋人普遍使用龙骨车灌溉，这在《龙骨车图》中有生动反映。

【图22】《灸艾图》（又名《村医图》）生动地描绘了村医为村民治病的情形。

【图23】宋代有各种防灾救灾部队。张择端《清明上河图》中就有一个机构，有人认为是军巡铺，那么图中人就是古代消防员，负责防火救火。也有人认为，该机构是递铺，那么图中人就是古代快递员，可快速传递各地受灾信息，供宋廷参考决策。

【图24】宋代理发师，男的被称为"刀镊家儿"，女的被称为"刀镊妇"。图为张择端《清明上河图》中的修面场景。

【图25】《女孝经图卷》描绘了穿通天冠服的皇帝和穿翟衣的皇后，他们身边各自跟着穿男装的男女内侍。

【图26】从《文会图》中士人的着装，可以清楚地看出宋人在外袍内穿了长款衬衫，以掩盖裤子。图中两位士人腰间系的应是单鉈尾带。

【图27】在张择端《清明上河图》中，出现了大量穿背心的男子，本图中推车、挑担男子穿的就是背心。

【图28】大袖飘飘、矜持优雅的宋人，也有夏季避暑的刚需，不可能永远衣冠楚楚。图为《槐荫消夏图》中穿着清凉的士大夫。

【图29】

【图30】

【图31】

《春游晚归图》中的官员疑为一位系金带、佩金鱼袋的高官（图31），他的随从疑似帮他背着用来重戴的大裁帽（图30）。这种大裁帽，在张择端《清明上河图》中也有体现（图29）。

【图32】宋代男女老幼都可行叉手礼。在《杂剧（打花鼓）图页》中，两名女艺人即互行叉手礼。

王詵東坡赤壁

【图33】虽然苏轼不是状元，但跟他有关的科举趣事很多，他还是成语"出人头地"的"主角"。图为《东坡赤壁图》，船舱中人疑似戴着东坡巾，应该就是苏轼。

【图34】有宋一代上下合力，终于实现了"满朝朱紫贵，尽是读书人"，打造出新型的文官集团，造就了独一无二的君臣关系。图为《华灯侍宴图》，描述的是南宋君臣夜宴的情形。

自 序
原来宋代“很现代”

先分享一条不冷不热的知识。享誉近千年、无敌于天下的汝窑青瓷，实际上指的是汝官窑，只在北宋后期烧造了二十年（1086—1106）。[1]今日汝窑令人赞叹，也跟存世量少、十分神秘有关。但，“汝窑”之类“重器”不是本书要讲的重点——因为，宋人尚且感叹汝窑“唯供御，拣退方许出卖，近尤艰得”[2]，今日汝窑更是无价之宝，很难跟普罗大众发生联结。

我们经常围着老祖宗留下来的各种精美器物和惊世创意赞叹，但内心总忍不住想：“这都是皇帝和贵族老爷玩的东西吧？”所以，我在思考一个问题：“创造了文明古国璀璨文明的古代人民，是从什么时候开始真正享有这些文明成果的？”翻开这本书，我想你已经有了答案。

1　邵庆国主编：《宋代科技成就》，郑州：河南科学技术出版社，2014年版，第186—187页。

2　〔宋〕周辉撰，刘永翔校注：《清波杂志校注》卷5《定器》，北京：中华书局，1994年版，第213页。

一

在一些人眼中，绵延几千年的古代有固定剧本，剧情包括但不限于思想封建、男尊女卑、嫡庶有别、宫斗宅斗、宦官外戚乱政……各个时代大同小异。然而，至少宋代，它拿到的剧本不太一样。

如果说宋代有别名，那该是"风华绝代"。虽然宋人有过不少"疯癫"操作，但基本上，他们在古代中国的"巅峰"地位从未被超越。对于宋代在历史长河中的重要地位，古今中外不少史家有过著名论断：

陈邦瞻说："宇宙风气，其变之大者三：洪荒一变而为唐虞，以至于周，七国为极；再变而为汉，以至于唐，五季为极；宋其三变，而吾未睹其极也。变未极，则治不得不相为因。今国家之制，民间之俗，官司之所持，儒者之所守，有一不与宋近者乎？"[1]

严复说："若研究人心政俗之变，则赵宋一代历史，最宜究心。中国所以成于今日现象者，为善为恶，姑不具论，而为宋人之所造就什八九，可断言也。"[2]

1　〔明〕陈邦瞻撰：《宋史纪事本末》附录一《宋史纪事本末叙（陈邦瞻）》，北京：中华书局，2018年版，第1180页。

2　汪征鲁、方宝川、马勇主编，马勇、徐超、黄令坦编校：《严复全集》第8卷《诗词、信札、日记、账册》，福州：福建教育出版社，2014年版，第343页。

陈寅恪说："华夏民族之文化，历数千载之演进，造极于赵宋之世。后渐衰微，终必复振。"[1]

钱穆说："中国历史，应该以战国至秦为一大变，战国结束了古代，秦汉开创了中世。应该以唐末五代至宋为又一大变，唐末五代结束了中世，宋开创了近代。晚清末年至今又为一大变，这一大变的历史意义，无疑是结束了近代，而开创了中国以后之新生。我们若要明白近代的中国，先须明白宋。"[2]

邓广铭说："宋代的文化，在中国封建社会历史时期之内，截至明清之际的西学东渐的时期为止，可以说，已经达到了登峰造极的高度。"[3]

埃狄纳·巴拉兹说："中国封建社会的特征到宋代已发育成熟，而近代中国以前的新因素到宋代已显著呈现，研究中国封建社会中承上启下的各种问题，宋代具有决定性的意义。因此，研究宋史将有助于解决中国近代开端的一系列重大问题。"[4]

李约瑟说："宋代虽然军事上常常出师不利，且屡为少数民族邦国所困扰，但帝国的文化和科学却达到了前所未有的高峰。卡特很贴切地称之为成熟时期。这时，博学的散文代替了抒情诗，哲学的探讨和科学的描述代替了宗教信仰。在技术上，宋代把唐代所设想的许多东西都变成为现实。"[5]

1　陈寅恪著：《金明馆丛稿二编》，上海：上海古籍出版社，2020年版，第279页。

2　钱穆著：《宋明理学概述（新校本）》，北京：九州出版社，2014年版，第1页。

3　邓广铭著：《邓广铭治史丛稿》，北京：北京大学出版社，2010年版，第53页。

4　郭学信：《国外学者对宋代历史的描述》，载《聊城大学学报（社会科学版）》2010年第6期，第21页。

5　〔英〕李约瑟著，袁翰青等译：《李约瑟中国科学技术史·第一卷，导论》，北京：科学出版社，2018年版，第138页。

二

　　然而，本书不打算论证宋代是否已出现近代化迹象，只关心"旧时王谢堂前燕"是怎么"飞入寻常百姓家"的。

　　我所理解的"宋代"，就是"960年至1279年之间的中国人中的大多数"生活过的时代；我所理解的"现代"，就是"文明普照普通人"。本书的主题不是"一份宋代成绩单"，而是"现代人觉得古代没有，'别的古代'大概率真的没有，但是宋代拥有"的生产方式、生活方式、思维方式、行为方式，从这个意义上说，说宋代比较接近现代，并无不妥。

　　在宋人的功劳簿上，有很多个"世界第一"，每个"第一"，都意味着无数层面的大发展。举个例子，北宋出现了世界上最早的媒体——小报，我们来算算出一张小报需要多少人、多少产业联动：报纸是印刷出来的快消品，印刷术得跟上吧？宋之前的中国基本上处在"洛阳纸贵"的状态，造纸业得革新，纸价要降吧？自五代以来渐渐形成的平民社会得保持、记者来源得有保障、读者得识字并有钱有闲吧？小报靠政治八卦吸引读者，朝廷对民间言论得有相当的包容度吧？为了打开通路，"快递"得跟上、街市要开放吧？可见，出张小报，不是一件小事，它涉及社会的方方面面。

　　至于宋代令人诟病的部分，也事出有因，不宜简单化评判。譬如，唐代安史之乱、藩镇割据的破坏力令人刻骨铭心，以致宋代皇帝普遍忌惮武将，尤其是宋太宗、宋真宗这对父子，可能自觉武功欠佳，无力开疆拓土，转而实行"崇文重儒"的"保守治疗"，通过大力劝学，结束"天子宁有种邪？

兵强马壮者为之尔"[1]的唐末五代乱局，打造出士大夫治国的文治社会，于是，宋后之中国再未陷入长期的割据混战和四分五裂之中。

三

也许有人觉得，中国社会的很多方面已经发展成熟，宋人只是摘了前人的果实。譬如，唐末五代战乱，使得曾长期统治中国的士族彻底消失，接过接力棒的宋廷只能拥抱庶族地主乃至平民中的读书人，所以要分一点儿肉汤给普罗大众。的确，有这一方面的原因。所以本书要强调的是，很多时候宋人并没有发明某些文明成果，但他们是文明的推动者和普及者，而这种推动和普及，表现在社会发展的各个细节，影响极其深远。

以四大发明为例：

在宋代之前，火药是炼丹家才能接触到的东西。宋人正式为"火药"定名，并将其广泛应用于战争，以及以杂技、幻术为代表的民间艺术，使其成为年俗的一部分，很明显跟普通人发生了关系。

宋人发明了指南针，并迅速应用于生产生活，加上造船技术配套发展，宋人走得比唐代前辈更远，据说还创下一个"古代世界九成商船属于中国人"的纪录[2]——这个数字，显然离不开普通人的大力参与。

1 〔宋〕欧阳修撰，〔宋〕徐无党注：《新五代史》卷51《安重荣传》，北京：中华书局，1974年版，第583页。

2 沈融编著：《中国古兵器集成》，上海：上海辞书出版社，2015年版，第763页。

至于造纸术，西汉末年出现麻纸，但不适合书写，东汉蔡伦对其进行改造，使其可以书写[1]，经过漫长的发展过程，直到宋代，普通人才真正拥有了纸。

与造纸术发展息息相关的是印刷术，在这方面，唐代、五代人民功勋卓著，但将其推向巅峰的无疑还是宋人——宋代出版业似乎出现一种"报复性发展"，朝廷忙着整理图书，总结前人的经验，也给后人订立各种标准和游戏规则，而在朝廷垂范下，各级政府和民间人士也争当出版家。于是，宋代普通人也拥有了书，连最底层的角落亦传出琅琅书声，同时，宋版书成为后世难以逾越的高峰。可以说，中国古代文明从未断过，宋人厥功至伟。

四

为什么宋人爱出书？这跟堪称"中国古代第五大发明"的科举有关。科举的发明和初步发展，要归功于隋唐，但宋代科举是千年科举史上最值得称赏的。宋代科举已"下沉"至民间，普通人可以不受身份、血统之限制，通过自身努力，成为治理国家的一分子，其实际效果是"其他古代"不能比的。虽然宋代成功"上岸"的人也不过十万，但深受"朝为田舍郎，暮登天子堂"这句口号影响的学子有千千万万，这才是真正的"天下英才尽入彀中"——必须指出的是，现代各种考试的背后，基本都有宋代的影子。宋人规定了出书的范式，也打造了

1　杨永德、杨宁著：《中国古代书籍装帧》，北京：人民美术出版社，2008年版，第73页。

考试的范式，对于看到"读书""考试"就"眼睛瞪得像铜铃"的现代人来说，宋代实在太重要。

有意思的是，宋代这些登了"天子堂"的"田舍郎"表现出了与天子共天下的强烈意愿，喊出了"先天下之忧而忧，后天下之乐而乐"的最强音，宋人这种"天下观"，也塑造了宋代皇帝和政府。

在不少现代人心中，宋代皇帝的面目并不清晰，或者说，他们整体比较"平庸""没有特色"。但是，从宋代皇宫、皇陵规模远不如"其他古代"，到宋太宗不敢拆迁民户拓展皇宫、宋高宗不敢拆迁民户迎合仪仗，再到皇帝邀请市民逛皇家园林来看，其实宋代皇帝普遍比较务实。当然，他们的这些行为，可能是出自对民心的畏惧——这大概就是现代人所认为的"屉"。但，畏惧未必是坏事。

五

随着唐代和五代以来经济的发展，宋代实际上出现了深刻的社会变革，也采取了不同以往的治理方式，出现了全新的城乡管理、户口管理制度：

唐代以"社会地位"区分"良民"和"贱民"，而宋代以"经济地位"（有无常产）区分"主户"和"客户"，取消了唐代的"杂户""番户""奴婢户"等"贱民"，提升了工匠的地位。[1]

唐代不论城市乡村、城内城外，都由县令管辖，城内实行

1　陈振著：《宋史》，上海：上海人民出版社，2016年版，第97—98页。

坊市制，市的数量有限。宋代取消坊市制，实行厢坊制，即在城市设"区"管理。在乡村商业中心，则设"镇"管理。从此，城镇的"坊郭户"与乡村的"乡村户"区别开来——这种格局，跟现代的城乡管理方式非常相似。[1]

宋代实行募兵制，拥有名目繁多的厢军，他们承担了五代及以前由民户承担的夫役，使广大民户基本摆脱了徭役（夫役、力役）的困扰，得以专心耕作或参与其他劳动。[2]

在宋代，租佃制生产关系成为主流，佃户可以退佃，自由流动进城市，转行从事商业、手工业等。[3]

为了收取商税，宋初颁布了史上第一部由政府颁布的商业税务法规——《商税则例》，张榜于税务机构，明示往来商贩。在"坊墙被推倒"之后，宋人更是打造了全时空开放的真正的城市。[4]

六

在务实思想的指导下，包括宋廷在内的宋人，对商业（包括海外贸易）、科技发展等表现出了高度的兴趣——这"醉心搞钱"的思路，显著区别于"重农抑商"的"其他古代"，表现出了一定的"现代感"。

举个例子。苏颂从小就对科学有兴趣，他能成为科学家，

---

1 陈振著：《宋史》，上海：上海人民出版社，2016年版，第101、102、105页。

2 陈振著：《宋史》，上海：上海人民出版社，2016年版，第119页。

3 〔日〕宫崎市定著，张学锋、马云超译：《从部曲到佃户——唐宋间社会变革的一个侧面》，上海：上海古籍出版社，2018年版，第72页。

4 陈振著：《宋史》，上海：上海人民出版社，2016年版，第111—112页。

自是天赋第一，但外因影响也不容小觑。譬如，他少年时参加省试作《斗为天之喉舌赋》，受到考官盛度的赏识，但因一个小失误导致落榜。[1]后来，他在科举考试中再次遇到科学题——赋《历者，天地之大纪》，考中别头试（因其是当科考官苏绅之子，所以要另开考场）第一，"既登第，遂留意历学。"[2]

最终，大科学家成为主政的宰相，这在历史上是很少见的。而燕肃、沈括等大科学家也曾成为"政府要员"。这说明，当时的政治和社会氛围，就是鼓励科技发展的。

宋人热衷于仰望星空，亦不忘关注脚下大地。董煟的成果《救荒活民书》，楼璹的成果《耕织图诗》，实际上是他们做官时实践经验的总结，然后，被宋廷作为"教材"推广了。苏轼办医院、朱熹办社仓的成果，也被宋廷采纳并推广了。更不用说，宋廷还主动抽调力量，编纂《营造法式》《本草图经》等有益民生的书籍，同时，刻印宋之前的农书《齐民要术》《四时纂要》等，传播农业生产知识。当皇帝发现占城稻等优良新品种时，还亲自加以推广。[3]在这里，我们能看到一个"古代政府"对科学的渴求、对知识的尊重，而这些曾真正惠及古代普通人的文明成果，更容易让现代普通人产生共情——原来，有些美好，一直都在，从未远离。

再看"海丝"发展衍生出来的海神医神崇拜。为什么身为平民的妈祖和保生大帝能于宋代成神成圣？首先，因为他们是

1　〔宋〕苏象先著：《丞相魏公谭训》卷3《家学　家训　行己》，〔宋〕苏颂著，王同策、管成学、颜中其等点校：《苏魏公文集》，北京：中华书局，1988年版，第1137页。

2　〔宋〕叶梦得撰，宇文绍奕考异，侯忠义点校：《石林燕语》卷9，北京：中华书局，1984年版，第133页。

3　陈振著：《宋史》，上海：上海人民出版社，2016年版，第94—95页。

宋人；其次，因为宋代不以致力于海外发展的同胞为弃子，政府希望海神、医神祝福和保佑海商、渔民——这其间的人文精神和悲悯底色，"别的古代"没有，却能令现代人心中涌起一股暖流。

当然，好的构想，不一定能得到确实的执行。譬如，五代军队每占一城都要抢劫，陈桥兵变时，赵匡胤告诫部下："近世帝王初举兵入京城，皆纵兵大掠，谓之'夯市'。汝曹今毋得夯市及犯府库，事定之日当厚赉汝；不然，当诛汝。如此可乎？"[1]虽然赵匡胤经常禁止宋军抢劫行凶，宋军平定蜀地时，还是出现了杀降等血腥镇压惨剧，事后相关将领得到的惩罚也不重。[2]

必须指出的是，基于宋代商品经济发达，科技文化昌盛，思想观念更新，市民阶层崛起，社会流动频繁，即便是普通人也在理论上拥有了追梦的资格和机会，我愿将其称为"一个生机勃勃的平民社会"，但我们在阅读或讲述这段历史的时候，绝不能忽视其社会性质，不能忽视宋廷在政治军事上因循苟且的一面，以及因此带来的黑暗、屈辱、压迫、不公，尤其不能忽视那些占人口绝大多数的普通人生存之艰辛，他们背负沉重赋税、遭受残酷剥削、经历颠沛流离，他们创造了璀璨文明、扛起了天下兴亡……他们未必能在史书上留下名字，却鲜明而热烈地展现着我们这个民族富有智慧、勤劳勇敢、坚韧不屈的性格。

从本书"书名"可以看出，我期待读者尽可能快速地从多

---

1 〔宋〕司马光撰，邓广铭、张希清校：《涑水记闻》卷1，北京：中华书局，1989年版，第1页。

2 陈振著：《宋史》，上海：上海人民出版社，2016年版，第29、32、34页。

元角度了解宋代社会，但宋史浩瀚，一本书所能呈现的内容不过沧海一粟，怎么才能好好利用这有限的篇幅，向读者展现更多角度、提供更多信息？斟酌之后，我将写作范围定为"读者很可能注意过并且想进一步了解的20件宋事"，这些事与现代人的生活方式和文化娱乐关系紧密，甚至可能就是某些现代现象的源头，可统称为"影响至今的宋事"。换言之，本书讲的是宋代那些"很现代"的内容。这里要提醒读者注意三点：宋代作为"古代"的阴暗面，本书较少涉及；辽、夏、金等少数民族政权的文化亦是"两宋时期中华文明"的一部分，本书亦较少涉及；本书引用了大量史料，为方便读者阅读，在"直接引用史料"的部分，特别添加了"作者注"，为部分生僻字注音，为部分生僻词释义，以区别于史料中自带的注释，在其他情况下的补充说明，则不加"作者注"字样。

明代郎瑛说："小说起宋仁宗，盖时太平盛久，国家闲暇，日欲进一奇怪之事以娱之，故小说得胜头回之后，即云话说赵宋某年。"[1] 宋仁宗时代，宋人发明了小说，所以说书人经常以"赵宋某年"作为演说虚构故事的时代背景。换言之，宋代一直是"虚构界"的"顶流"，于是，我们看到了那么多跟"信史"没有一毛钱关系的"帝王将相""才子佳人"的故事。

那么，这一次，让真正的宋人来做主角。

1　〔明〕郎瑛著，安越点校：《七修类稿》卷22《辩证类·小说》，北京：文化艺术出版社，1998年版，第265页。

目 录

经济篇　被人低估的宋代经济科技

社会福利

政治篇 遭人误读的宋代政治

军事服制礼仪

生活篇

令人惊奇的宋代
文化消费娱乐生活

第一章

跟你比熬夜，宋人并不输

很多人看历史故事时，会向往"汉唐雄风"，为此还想过"穿越"。那么，假定科技已发达到可以帮助现代人穿越时空，"穿越回古代生活"这件事可行吗？

事实上，很多时代（譬如唐、明）有宵禁（晚上不准在街上"浪"）或出行限制（村民不得随意出村等），不明身份人士很容易暴露，如果现代人穿越到古代城市或乡村，在这出穿越大戏中很可能"活不过片头曲"，最好的情况是落在人烟稀少的山野，在战胜野兽后慢慢回归人类社会，这意味着要带上好装备，然后一切交给运气。

多年前，我问一位采访对象"愿意穿越到哪个时代"，对方说"宋代"。此事打开了我的思路，于是我开始研究"穿宋"这件事的可行性。嘿，你别说，说不定真可以。

宋代是当时世界上唯一拥有24小时亮灯的不夜城的时代，你这个熬夜党若穿越到宋代大城市，连时差都没有，也不会因为违反宵禁被抓去打屁股。鉴于宋人可以自由流动，你有充分的时间"忽悠"到一些帮手，弄到一个古代身份，开启开挂的人生。

在没有电没有网的时代，你会不会很无聊？我这么说吧，除了与电、网有关的事物，你惯用的现代用品，差不多都可以在宋代找到替代品。最简单的例子，人首先要考虑方便的问题，不然就真的太不方便了，但在汉唐，对平民来说，纸是稀罕物，而宋代的纸，可就属于平民啦！还有，你习惯晚睡晚起吃夜宵，只有宋代夜市才能满足你——这里不仅不限时供应饮食，还提供你爱吃的小炒，若你懒得动，还可约好商家，让他们按时送外卖上门。

至于收入来源，在别的时代你只能先当个"搬砖的"，但在宋代你可以直接晋级"文化人"——宋代出版业极发达，平民亦有买书需求，而且宋人使用的文字跟现代相差无几。接受过九年义务教育，甚至上过大学的你，靠替人抄写或去出版社（书坊）打工，就能攒下在宋代的第一桶金。

等你有了资本，就可以加入宋代"无敌商贩"队伍去练摊啦！你会第一时间搞出吸引古人的现代小玩意儿（但不必期待自己能用"黑科技"征服宋人，因为，你能玩出的科技含量，不会比宋人高），直接将小摊摆到皇宫门口，很快就会成为时尚风向标，自带主角光环的你，走上人生巅峰指日可待。

这么一想，是不是很带劲？那就跟我一起，从宋代夜生活开始，看看为什么宋代对穿越者最友好吧！

在现代，"不夜城"很可能是指楼体不熄灯，而不是人们不睡觉。但宋人拥有真正的商人通宵达旦做生意、市民整夜在外娱乐休闲的"不夜城"，至少北宋东京开封府、南宋临安府是这样的。可见，半夜在外面"浪"，并非现代专属的生活方式。

我们经常在文艺作品中看到"古人在街上摆摊"的场景，实际上，因为宋代之前居住区和商业区严格分开，这种看似平常的场景只可能发生于宋代及以后。至于"古人半夜在街上摆摊"，那就是宋代的独特风景。因为，在中国古代史上，只有宋代没有宵禁，且拥有繁华夜市。本章将通过夜间经济和地摊经济两个方面，带你体验一下独树一帜的宋代夜生活。

平民社会成型，宋廷顺势广开市场

自东汉至隋唐，讲究门阀的士族是知识的垄断者、政治舞台的主角，在唐末五代乱世中，统治中国数百年的士族彻底消亡，"当时庶族地主阶层的数量和实力，在社会上已占绝对优势"[1]，这意味着平民势力崛起，平民中的读书人成为最值得争取和依靠的统治基础。由此，宋廷必须想办法为社会中下层的

---

1 邓广铭著：《邓广铭自选集》，北京：首都师范大学出版社，2008年版，第152页。

士子提供出身的机会，遂大力劝学，广开科举，并刻意照顾寒士，结果，以中小地主和平民子弟为主的读书人成为宋代政治舞台上当仁不让的"C位"。[1]

平民势力崛起还表现在经济方面，宋初商贩侵街成风，之前"坊（居住区）、市（商业区）分开"的老办法行不通了。可见，宋代社会不同以往，以从事工商业为主的市民正式登上历史舞台，一个全新的平民社会出现了。

在此大前提下，宋廷"顺势而为"，采取了一些新措施：宋仁宗时期取消宵禁、开放街市；宋神宗时期开收侵街钱[2]，相当于官方认可商贩的占道经营行为。此举使历史悠久的坊市界限彻底消失，整座城市成为没有时空限制的大市场。

宋代之前的城市偏重于"城"的军事功能，宋代的城市则偏重于"市"的经济功能。学者程民生指出，"国内学术界一致认可的是：宋代开封城是中国城市史上由古典型转变为近代型的开端。"[3]

神州处处可摆摊，摊贩就差进驻皇宫了

拥有了广阔经济舞台的宋代商人，迸发出惊人的灵感和创造力。譬如，他们把地摊经济玩到了令人瞠目的程度——除了

1　张艳著：《万籁收声天地静——宋代古琴之美》，北京：文化艺术出版社，2017年版，第91—92页。

2　田银生著：《走向开放的城市——宋代东京街市研究》，北京：生活•读书•新知三联书店，2011年版，第73页。

3　程民生：《市民圣地与宋代开封人的精神风貌》，陈平原、王德威、关爱和编：《开封：都市想象与文化记忆》，北京：北京大学出版社，2013年版，第32页。

皇宫，天底下到处都有摊贩的踪影。

宽达"两百余步"的御街是摊贩的天堂。据宋代孟元老的《东京梦华录》记载："坊巷御街，自宣德楼一直南去，约阔二百余步，两边乃御廊，旧许市人买卖于其间。"[1] 也就是说，宋廷允许商贩在御廊做买卖。连宫门口也是市场，还有什么地方不可经商呢？皇家的尊严，显然已让位于商业。[2]

皇家园林适合摆摊，也欢迎摆摊。市民春天去金明池踏青时，可在池畔钓鱼，以比市价贵一倍的价钱买下，当场做生鱼片吃，"游人得鱼，倍其价买之，临水斫脍，以荐芳樽，乃一时佳味也。"当然，市民很可能会请摊贩处理生鱼片，毕竟，各种类型的摊贩都进驻金明池了，"街东皆酒食店舍，博易场户，艺人勾肆。"[3]

占地36公顷的皇家寺院大相国寺也是摊贩的天下。[4] 宋人王栐的《燕翼诒谋录》说："东京相国寺乃瓦市也，僧房散处，而中庭两庑可容万人，凡商旅交易，皆萃其中，四方趋京师以货物求售转售他物者，必由于此。"[5] 可见大相国寺是一个汇集各地货物和摊贩、可容万人的巨无霸市场。

1　〔宋〕孟元老撰，伊永文整理：《东京梦华录》卷2《御街》，上海师范大学古籍整理研究所编：《全宋笔记》第五编一，郑州：大象出版社，2012年版，第125页。

2　程民生：《市民圣地与宋代开封人的精神风貌》，陈平原、王德威、关爱和编：《开封：都市想象与文化记忆》，北京：北京大学出版社，2013年版，第32页。

3　〔宋〕孟元老撰，伊永文整理：《东京梦华录》卷7《三月一日开金明池琼林苑》，上海师范大学古籍整理研究所编：《全宋笔记》第五编一，郑州：大象出版社，2012年版，第161页。

4　河南博物院编：《东京梦华：宋金元时期》，北京：科学出版社，2017年版，第94页。

5　〔宋〕王栐撰，诚刚点校：《燕翼诒谋录》卷2，〔宋〕王铚、王栐撰，朱杰人、诚刚点校：《默记　燕翼诒谋录》，北京：中华书局，1981年版，第20页。

交通要道也是摆摊的好地方。张择端《清明上河图》的中心就是一座虹桥，桥上的摊贩和行人密密麻麻，这叫"桥市"。以肉贩为例，"坊巷桥市，皆有肉案。列三五人操刀，生熟肉从便索唤，阔切片批、细抹顿刀之类。"[1]可见，北宋肉贩为顾客提供各种切肉服务，现代有些城市的商贩会按顾客要求处理肉、菜，或许正是宋世遗风。

夜市当然是摊贩的地盘。据宋人蔡絛（tāo）的《铁围山丛谈》记载：

> 天下苦蚊蚋，都城独马行街无蚊蚋。马行街者，都城之夜市酒楼极繁盛处也。蚊蚋恶油，而马行人物嘈杂，灯火照天，每至四鼓罢，故永绝蚊蚋。[2]

由于东京马行街夜市每晚营业到四更（凌晨1时至3时），灯火照天，意外达成一项傲人成就——整条街永绝蚊蚋。

摆摊的不一定是商贩，也可能是街头艺人。宋代街头艺人名为路岐人，他们到处游走，在城市里占据宽阔的路口，进行各种表演，他们的表演名为"打野呵"。[3]

除了摊贩，还有走街串巷的货郎（见图1）。南宋周密的《武林旧事》这么描述临安人：

1　〔宋〕孟元老撰，伊永文整理：《东京梦华录》卷4《肉行》，上海师范大学古籍整理研究所编：《全宋笔记》第五编一，郑州：大象出版社，2012年版，第145页。

2　〔宋〕蔡絛撰，冯惠民、沈锡麟点校：《铁围山丛谈》卷4，北京：中华书局，1983年版，第70页。

3　〔宋〕周密撰，李小龙、赵锐评注：《武林旧事》卷6《瓦子勾栏（城内隶修内司，城外隶殿前司）》，北京：中华书局，2007年版，第158页。

都民骄惰，凡卖买之物，多与作坊行贩已成之物，转求什一之利。或有贫而愿者，凡货物盘架之类，一切取办于作坊，至晚始以所直偿之，虽无分文之储，亦可糊口，此亦风俗之美也。[1]

可见，沿街叫卖的小贩从"作坊"借用盘架（盘架应是方便携带货物的工具，《清明上河图》中多有展现）并拿货去卖，卖完了再还钱给作坊，自己能拿一成的跑腿费辛苦钱，这显然是一条成熟的产业链。

东京、临安的摊贩、货郎是全天候商贩。据南宋吴自牧的《梦粱录》记载：

杭城大街，买卖昼夜不绝，夜交三四鼓，游人始稀；五鼓钟鸣，卖早市者又开店矣。……其余桥道坊巷，亦有夜市扑卖果子糖等物，亦有卖卦人盘街叫卖，如顶盘担架卖市食，至三更不绝。冬月虽大雨雪，亦有夜市盘卖。[2]

可见，宋人做生意不受季节、气候、时间限制，辛苦是真辛苦，但也体现出古代历史背景下最大程度的开放和繁荣。

---

1 〔宋〕周密撰，李小龙、赵锐评注：《武林旧事》卷6《作坊》，北京：中华书局，2007年版。第164页。

2 〔宋〕吴自牧著：《梦粱录》卷13《夜市》，杭州：浙江人民出版社，1980年版，第119、120页。

京城最高建筑不是皇宫，是大酒楼

宋代都市不只拥有各种路边摊，各种店铺更加"豪横"。以饮食业为例，1997年美国《生活》杂志回顾了1000年来最能影响人类生活的100件大事，入选的6件中国大事中，宋代东京的饭馆和小吃赫然在列。[1]

得到这样的高度评价，宋代东京实至名归。毕竟，东京地标不是皇宫，而是附近的樊楼（白矾楼、矾楼、丰乐楼）。大酒楼位于皇宫门口，这在中国史上已是头一份[2]，而樊楼规模之大，更是史上罕见的——"更修三层相高，五楼相向，各有飞桥栏槛，明暗相通，珠帘绣额，灯烛晃耀。……内西楼后来禁人登眺，以第一层下视禁中。"[3]登上西楼就可以"参观"宫内情况。

据《宋会要辑稿》记载，宋仁宗天圣五年（1027）八月，"诏三司：'白矾楼酒店如有情愿买扑，出办课利，令于在京脚店、酒户内拨定三千户，每日于本店取酒沽卖。'"[4]也就是说，宋仁宗给了这家正店（可以酿酒的店）"卖酒给三千家下游脚店（不可酿酒的店）、酒户"的特权。

1 程民生：《市民圣地与宋代开封人的精神风貌》，陈平原、王德威、关爱和编：《开封：都市想象与文化记忆》，北京：北京大学出版社，2013年版，第34页。

2 程民生：《市民圣地与宋代开封人的精神风貌》，陈平原、王德威、关爱和编：《开封：都市想象与文化记忆》，北京：北京大学出版社，2013年版，第33页。

3 〔宋〕孟元老撰，伊永文整理：《东京梦华录》卷2《酒楼》，上海师范大学古籍整理研究所编：《全宋笔记》第五编一，郑州：大象出版社，2012年版，第130页。

4 〔清〕徐松撰，刘琳、刁忠民、舒大刚、尹波等校点：《宋会要辑稿》食货20《酒曲杂录（上）》，上海：上海古籍出版社，2014年版，第6423页。

像樊楼这样具有酿酒权的正店，东京共有72家[1]，则东京酒店饭馆数量，当可达数万家，且服务十分贴心。譬如，因为东京是水城，当时有不少铺面开向河中的临河酒店、茶坊，船上人不上岸就能买东西，这一点在《清明上河图》中也有反映[2]——你看，这像不像顾客不下车即可买餐的现代汽车餐厅？

饮食业如此发达，市民就没必要自己开伙了，安心当起了外食族，"市井经纪之家，往往只于市店旋买饮食，不置家蔬。"[3]他们也可以叫外卖，《清明上河图》中就有一个正要去送外卖的外卖小哥。[4]（见图2）

连皇帝过生日也会叫外卖。岳珂（岳飞之孙）在《桯史》中记载：

> 一日长春节，欲尽宴廷绅，有司以不素具奏，不许，令市脯，随其有以进，仍诏次序勿改，以昭示俭之训，如锡宴贡院，前二盏止以果实荐，无品食，盖当时市之者未至耳，其第三盏亦首以旋鲊云。[5]

---

1 〔宋〕孟元老撰，伊永文整理：《东京梦华录》卷2《酒楼》，上海师范大学古籍整理研究所编：《全宋笔记》第五编一，郑州：大象出版社，2012年版，第130页。

2 左浚霆编著：《从〈清明上河图〉看北宋民间百态》，北京：研究出版社，2013年版，第78页。

3 〔宋〕孟元老撰，伊永文整理：《东京梦华录》卷3《马行街铺席》，上海师范大学古籍整理研究所编：《全宋笔记》第五编一，郑州：大象出版社，2012年版，第137页。

4 余辉著：《张择端〈清明上河图〉导览》，北京：北京大学出版社，2015年版，第62页。

5 〔宋〕岳珂撰，吴企明点校：《桯史》卷8《紫宸廊食》，北京：中华书局，1981年版，第87—88页。

宋太祖过生日（长春节）宴请群臣，有司没有准备，就叫外卖，大家喝头两杯酒（每喝一杯酒要换一道菜）时，外卖没送到，就吃果子，喝第三杯酒，外卖还没到，就吃旋鲊（zhǎ），旋鲊的做法是"取羊为醢（hǎi）"[1]，也就是肉酱。宋宁宗过生日，不知生日宴会怎么走流程，就照搬了"艺祖（太祖）旧制"。

买吃的如此方便，以此类推，买别的商品也很方便，可以说非常"现代"了。宋人甚至还有比现代人更懒的操作——东京市面上有卖洗脸水的，"亦间或有卖洗面水，煎点汤茶药者，直至天明。"[2]

既然宋人懒得十分"到位"，家政业自然相当红火，市民不仅可以通过中介雇用保姆、厨娘等，还可以叫挑水人等临时工上门服务。《东京梦华录》说："其供人家打水者，各有地分坊巷。及有使漆、打钗环、荷大斧斫柴、换扇子柄、供香饼子、炭团，夏月则有洗毡、淘井者，举意皆在目前。"[3]只要消费者需要，打水劈柴的、洗毡淘井的立马就能上门服务。

基于市民奉行能懒则懒的生活准则，婚庆宴会市场也很活跃。据南宋耐得翁的《都城纪胜》记载：

1　〔宋〕蔡絛撰，冯惠民、沈锡麟点校：《铁围山丛谈》卷6，北京：中华书局，1983年版，第107页。

2　〔宋〕孟元老撰，伊永文整理：《东京梦华录》卷3《天晓诸人入市》，上海师范大学古籍整理研究所编：《全宋笔记》第五编一，郑州：大象出版社，2012年版，第139页。

3　〔宋〕孟元老撰，伊永文整理：《东京梦华录》卷3《雇觅人力》《诸色杂卖》，上海师范大学古籍整理研究所编：《全宋笔记》第五编一，郑州：大象出版社，2012年版，第138—140页。

官府贵家置四司六局，各有所掌，故筵席排当，凡事整齐，都下街市亦有之。常时人户，每遇礼席，以钱倩之，皆可办也。[1]

四司六局包括帐设司、厨司、茶酒司、台盘司、果子局、蜜煎局、菜蔬局、油烛局、香药局、排办局，从名字就能看出，雇主一点儿心都不用操，整套婚礼或宴席流程，四司六局全部搞定。

宋代西湖老人的《西湖老人繁胜录》说临安"有四百十四行"[2]，估计东京、临安差不多，行业细分化趋势非常明显。

据苏象先（苏颂之孙）《丞相魏公谭训》记载：

祖父尝言：在馆中时，雇得一婢，问其家何为，云住曹门外，唯锤石莲。问"一家几人，各为何？"云："十口皆然，无它业。"初甚讶之，又云："非独某家，一巷数十家皆然。"盖夏末梁山泊诸道载莲子百十车皆投此巷，锤取莲肉，货于果子行。乃知京师浩瀚，何所不有，非外方耳目所及也。[3]

仅仅一个帮果子行锤莲子的活儿，就需要整条街的人来

1　〔宋〕耐得翁撰，周百鸣标点：《都城纪胜》，王国平主编：《西湖文献集成》（第2册），杭州：杭州出版社，2004年版，第37页。

2　〔宋〕西湖老人撰，周百鸣标点：《西湖老人繁胜录》，王国平主编：《西湖文献集成》（第2册），杭州：杭州出版社，2004年版，第20—21页。

3　〔宋〕苏象先著：《丞相魏公谭训》卷10《杂事》，〔宋〕苏颂著，王同策、管成学、颜中其等点校：《苏魏公文集》，北京：中华书局，1988年版，第1176页。

做，可见果子行经营规模之大。换言之，这个微不足道的小手艺就可以养活一条街的人，可见当时分工细化到了何种程度。

宋代商业、手工业、服务业拥有自治团体，很多店主、摊贩、货郎都加入了行业组织——"行会"。[1]同行业办活动或跟行外接洽交涉，由行会首领"行老"作为代表出面处理，主要包括议定物价和与官府交涉交易管理税费等。宋神宗元丰八年（1085），加入行会组织的"诸色行户"共有6400多户，加上没入会的商店作坊，为数就更多了。[2]

宋代各行各业还拥有制服。北宋东京是这样的："其卖药卖卦，皆具冠带。至于乞丐者，亦有规格。稍似懈怠，众所不容。其士农工商，诸行百户，衣装各有本色，不敢越外。"[3]南宋临安是这样的："且如士农工商诸行百户衣巾装著，皆有等差。香铺人顶帽披背子。质库掌事，裹巾著皂衫角带。街市买卖人，各有服色头巾，各可辨认是何名目人。"[4]

精致的外表掩藏着的，是强大的商业头脑和服务意识。可以想象，要是宋人有电、有互联网，分分钟就能跟现代接轨。

政府鼓励逐利，重商蔚成风气

商业社会生机勃勃，军功章有宋廷的一半——宋廷并不任

1　梁志宾著：《风雅宋：宋朝生活图志》，北京：中国财政经济出版社，2014年版，第64页。

2　河南博物院编：《东京梦华：宋金元时期》，北京：科学出版社，2017年版，第21—22页。

3　〔宋〕孟元老撰，伊永文整理：《东京梦华录》卷5《民俗》，上海师范大学古籍整理研究所编：《全宋笔记》第五编一，郑州：大象出版社，2012年版，第147页。

4　〔宋〕吴自牧著：《梦粱录》卷18《民俗》，杭州：浙江人民出版社，1980年版，第161页。

由商业野蛮生长，而是热心参与、积极管理。

先说参与，官方曾主持评选"天下第一饮"，经宋仁宗认可，"紫苏饮"夺冠。[1]宋仁宗还是民间相扑，尤其是"女飐"（zhǎn，女飐就是女相扑手）的热心观众，因女相扑手穿着清凉，司马光上书反对皇帝看"妇人裸戏"，但很可能反对无效，因为女子相扑并未被禁止。[2]

至于管理，我会写专文，在此只说三条：第一，北宋时蜀地用铁钱，做生意不方便，商人就发行一种交换券，叫作"交子"。宋廷在此基础上在全球率先发行纸币——交子，确保货畅其流。[3]

第二，为了方便商人做大宗生意，官方在各地设置了金融汇兑机构——便钱务，商人在某地将钱交给便钱务，领了券（汇票）便可到外州兑钱。[4]

第三，针对商贩占道经营，宋廷设置了表木，摊贩须在线内摆摊。[5]

在服务商业、管理市场等方面，宋廷展现出了积极、开放的一面，这是因为，宋廷鼓励逐利。传统中国分士农工商四个阶层，商人普遍有钱没地位，但宋廷允许商人考科举，成为最荣耀的读书人，在这种政策的影响下，连官员都热衷于做生意，追逐商业利益成为社会共识，"下海经商"成为

1　徐鲤、郑亚胜、卢冉著：《宋宴》，北京：新星出版社，2018年版，第155页。

2　周宝珠著：《宋代东京研究》，开封：河南大学出版社，1992年版，第473—474页。

3　全汉昇口述，叶龙整理：《中国社会经济通史》，北京：北京联合出版公司，2016年版，第109页。

4　田银生著：《走向开放的城市——宋代东京街市研究》，北京：生活•读书•新知三联书店，2011年版，第122页。

5　周宝珠著：《宋代东京研究》，开封：河南大学出版社，1992年版，第101—102页。

潮流。[1]

《西湖老人繁胜录》说："天下待补进士，都到京赴试。各乡奇巧土物，都担戴来京都货卖，买物回程。"[2]外地考生进京赴试，会贩卖随身携带的家乡土特产，并购买东京商品回去再赚一笔，深谙"行商"精髓。在临安待考的士子则类似"坐商"，"多鬻酒醋为生"[3]，南宋俚语云："欲得富，赶著行在卖酒醋。"[4]行在就是临安。可见宋代士子不是迟钝的书呆子，他们一头扎进当时最大风口——科举，又占领了商业中最热门的行业——酒醋，可说稳赚不赔。

连国家栋梁都掉进了钱眼里，可以想象其他阶层会如何热衷于追逐利益。譬如，《宋史·地理四》给淮南东路、西路民众这样的评语："人性轻扬，善商贾，廛（作者注：chán）里饶富，多高赀之家。"[5]

照明技术发展，催生了不夜城

除了观念，技术也准备好了。宋人庄绰的《鸡肋编》在记述胡麻油时提到，"炒焦压榨才得生油"[6]，可见宋代已采用跟现

1　田银生著：《走向开放的城市——宋代东京街市研究》，北京：生活·读书·新知三联书店，2011年版，第29—30页。

2　〔宋〕西湖老人撰，周百鸣标点：《西湖老人繁胜录》，王国平主编：《西湖文献集成》（第2册），杭州：杭州出版社，2004年版，第12页。

3　程民生著：《宋代地域文化史》，合肥：安徽文艺出版社，2017年版，第17页。

4　〔宋〕庄绰撰，萧鲁阳点校：《鸡肋编》卷中，北京：中华书局，1983年版，第67页。

5　〔元〕脱脱等撰：《宋史》卷88《地理四》，北京：中华书局，1985年版，第2185页。

6　〔宋〕庄绰撰，萧鲁阳点校：《鸡肋编》卷上，北京：中华书局，1983年版，第32页。

代类似的压榨法榨油。

榨油技术的发展带来两大变化：第一，平民用得起灯油了，灯油就是可以吃的植物油，《蚕织图》中就有劳动人民点灯劳作的情形（见图3）。宋孝宗时有一油价实例，当时每斤油不过31.2文[1]，约合人民币14.7元。第二，植物油普及，南北朝以来就被发明出来的"炒"这一烹饪方式有了广阔的发展空间，炒菜成了市井饮食的一部分。[2]

在食物匮乏的时代，平民只吃两餐，而宋代市民晚上还有体力在外面玩，说明三餐已进入平民生活。[3]

宋代蜡烛比灯油贵，每条要价几百文钱[4]，应属于富贵阶层的消费品，普通人用不起（见图4）。但蜡烛仍有大发展，虫白蜡（白蜡虫雄幼虫的分泌物）成为主流，比汉唐以来流行的黄蜡（工蜂用来做蜂窝的分泌物）质量高，更接近现代蜡烛，堪称照明史上一大进步。[5]

基于照明的大发展，店铺有了彻夜开张的底气，宋代都市也就成了真正的不夜城。《西湖老人繁胜录》对宋宁宗庆元年间"街市点灯"的盛况描述十分生动：

> 庆元间，油钱每斤不过一百会，巷陌爪礼，欢门挂灯，南至龙山，北至北新桥，四十里灯光不绝。城

---

1 程民生著：《宋代物价研究》，北京：人民出版社，2008年版，第187页。

2 王学泰著：《中国饮食文化史》，"自序"，桂林：广西师范大学出版社，2006年版，第4页。

3 〔法〕谢和耐著，刘东译：《蒙元入侵前夜的中国日常生活（插图本）》，北京：北京大学出版社，2008年版，第128页。

4 程民生著：《宋代物价研究》，北京：人民出版社，2008年版，第542页。

5 张彦晓：《宋代照明研究》，河南大学2014年硕士学位论文，第16、53、135页。

内外有百万人家，前街后巷，僻巷亦然。挂灯或用玉栅，或用罗帛，或纸灯，或装故事，你我相赛。[1]

百万居民能赛起灯来，是基于"油钱每斤不过一百会"（会子是南宋纸币），想必油价不是太大负担。

宋人还发明了以石油为原料的石烛。陆游在《老学庵笔记》中这样描述这种产自延安的石烛：

其坚如石，照席极明。亦有泪如蜡，而烟浓，能熏污帷幕衣服，故西人亦不贵之。[2]

鉴于宋真宗亲自指路说"男儿欲遂平生志，五经勤向窗前读"，现在，致力于阶级跃升的市民可以挑灯夜读了。因为，平民不仅承受得起油价，书价也可以接受了——宋代雕版印刷术发达，纸价降了，城市里有许多书店，可以买到平价书：北宋时期，20文到50文可买1卷书，约合人民币9.4元至23.5元；南宋初期，印书纸每张才0.18文，约合人民币不到1分钱。[3]

商家可以通宵点灯开张，喜欢"逛吃"的夜猫子可以愉快地夜间出去"浪"了。为了给他们照亮回家的路，路上、桥头等处还设置了公益照明，这便是路灯的雏形。[4]

1　〔宋〕西湖老人撰，周百鸣标点：《西湖老人繁胜录》，王国平主编：《西湖文献集成》（第2册），杭州：杭州出版社，2004年版，第5页。

2　〔宋〕陆游撰，李剑雄、刘德权点校：《老学庵笔记》卷5，北京：中华书局，1979年版，第64页。

3　程民生著：《宋代物价研究》，北京：人民出版社，2008年版，第372、373、404、405页。

4　张彦晓：《宋代照明研究》，河南大学2014年硕士学位论文，第32页。

宋人是历史上最早的"社会人"

"夜市直至三更尽，才五更又复开张。如要闹去处，通晓不绝。……冬月虽大风雪阴雨，亦有夜市。……盖都人公私营干，夜深方归也。"[1] 宋代夜市提供吃喝玩乐购一条龙服务，市民可以玩通宵。譬如，东京便有五更（凌晨3时到5时）点灯、至晓即散的"鬼市子"[2]；至于临安，正如上文所说，买卖昼夜不绝，四更（凌晨1时至3时）街上行人才见稀少，一交五更早市便又开张。

东京汇集了全国各地的好东西。以南方水果为例，经商人长途贩运，荔枝、橄榄、龙眼、甘蔗、柑橘等源源不断进入东京。为了解决长途运输和存放时的腐烂变质问题，人们想了不少办法。[3] 譬如，蔡襄在《荔枝谱》中说："民间以盐梅卤浸佛桑花为红浆，投荔枝渍之，曝干，色红而甘酸，可三四年不虫。"[4]

在宋代夜间经济中，集商业餐饮与文艺娱乐于一体的综合性娱乐中心"瓦子"是一大亮点。"瓦"就是"来者瓦合，去

1　〔宋〕孟元老撰，伊永文整理：《东京梦华录》卷3《马行街铺席》，上海师范大学古籍整理研究所编：《全宋笔记》第五编一，郑州：大象出版社，2012年版，第137页。

2　〔宋〕孟元老撰，伊永文整理：《东京梦华录》卷2《潘楼东街巷》，上海师范大学古籍整理研究所编：《全宋笔记》第五编一，郑州：大象出版社，2012年版，第129页。

3　田银生著：《走向开放的城市——宋代东京街市研究》，北京：生活•读书•新知三联书店，2011年版，第110—111页。

4　〔宋〕蔡襄撰：《荔枝谱》，彭世奖校注、黄淑美参校：《历代荔枝谱校注》，北京：中国农业出版社，2008年版，第15页。

时瓦解"的意思[1]，其中专门用于演出的场所就是勾栏，上文提到的进驻金明池的"艺人勾肆"就是勾栏。勾栏出现，意味着剧场诞生，戏剧走上商品化之路，中国戏剧的职业化艺人队伍成型了。[2]

一座城市中往往有许多瓦子，每座瓦子里有一到多座勾栏，特大型瓦子还有酒楼、茶馆、妓院、商铺等配套设施。[3]譬如，东京有桑家瓦子、中瓦、里瓦，其中大小勾栏50余座，大的可容数千人。[4]临安城内外合计有17处瓦子[5]，其中北瓦有勾栏13座。[6]勾栏多是临时搭建的，内设戏台、戏房（后台）、腰棚（两侧观众席）、神楼（正对戏台的观众席），其收费办法有两种：一种是在门口收费，一种是观众在看表演时打赏艺人。[7]由于官员一般不能进瓦子勾栏，这里是三教九流的乐园，人们在这里吃喝玩乐，欣赏音乐、舞蹈、杂技、戏剧、相扑、傀儡戏、说唱、皮影戏等"百戏"，就像现代人一边吃大餐一边看春晚。

受惠于艺人表演带来的惊人人气，在瓦子勾栏做生意的店

1 〔宋〕吴自牧著：《梦粱录》卷19《瓦舍》，杭州：浙江人民出版社，1980年版，第179—180页。

2 河南博物院编：《东京梦华：宋金元时期》，北京：科学出版社，2017年版，第30页。

3 宋旸著：《宋代勾栏形制复原》，上海：上海书店出版社，2011年版，第25页。

4 〔宋〕孟元老撰，伊永文整理：《东京梦华录》卷2《东角楼街巷》，上海师范大学古籍整理研究所编：《全宋笔记》第五编一，郑州：大象出版社，2012年版，第128页。

5 〔宋〕吴自牧著：《梦粱录》卷19《瓦舍》，杭州：浙江人民出版社，1980年版，第180页。

6 〔宋〕西湖老人撰，周百鸣标点：《西湖老人繁胜录》，王国平主编：《西湖文献集成》（第2册），杭州：杭州出版社，2004年版，第19页。

7 宋旸著：《宋代勾栏形制复原》，上海：上海书店出版社，2011年版，第26、32页。

铺赚得盆满钵满，像是临安的北瓦，"内有起店数家，大店每日使猪十口"[1]，仅一家店，每天就要准备10头猪的食材，可见生意多么火爆。

在瓦子勾栏，宋人玩出了许多创举。譬如：

一、在将火药运用于战争之前，宋人先把它拿来作为杂技、木偶戏的焰火，并用来变魔术。[2]

二、诸宫调、叫果子、手影戏、乔影戏、杂剧等新的艺术形式诞生于宋代。[3]

三、宋代正式出现说书的艺术形式，并发明了用来说的"小说"。据明代郎瑛《七修类稿》记载：

> 小说起宋仁宗，盖时太平盛久，国家闲暇，日欲进一奇怪之事以娱之，故小说得胜头回（作者注：说书人开讲前先说一段小故事为引子，导出正文，称"得胜头回"）之后，即云话说赵宋某年。间阎淘真之本之起，亦曰："太祖太宗真宗帝，四帝仁宗有道君"，……若夫近时苏刻几十家小说者，乃文章家之一体，诗话、传记之流也，又非如此之小说。[4]

当然，百戏皆有明星，小唱界的小唱家李师师和著名填词

---

1 〔宋〕西湖老人撰，周百鸣标点：《西湖老人繁胜录》，王国平主编：《西湖文献集成》（第2册），杭州：杭州出版社，2004年版，第19页。

2 邵庆国主编：《宋代科技成就》，郑州：河南科学技术出版社，2014年版，第94页。

3 秦开凤著：《宋代文化消费研究》，北京：商务印书馆，2019年版，第31页。

4 〔明〕郎瑛著，安越点校：《七修类稿》卷22《辩证类·小说》，北京：文化艺术出版社，1998年版，第265页。

人柳永，你一定不陌生。[1]

为了更好地切磋技艺，宋人成立了社团——社会，包括绯绿社（杂剧）、齐云社（蹴鞠）、角抵社（相扑）、清音社（清乐）、锦标社（射弩）、锦体社（花绣）、英略社（使棒）、雄辩社（小说）、绘革社（影戏）、净发社（梳剃）等。[2]此外，宋代还有穷富赌钱社、青果行献时果社、东西马塍献异松怪桧奇花社、重囚枷锁社等稀奇古怪的社会。[3]

如此看来，宋人大约就是最早的"社会人"。

市民有钱消费，夜经济才繁荣

经常逛夜市并在娱乐场合消费，市民消费得起吗？《东京梦华录》说，夜宵中的干脯、野狐肉、鳝鱼、包子、鸡皮等，一份不过15文，约合人民币7元；冬天从黄河等处被运进京的车鱼，每斤不到100文，约合人民币47元。[4]《西湖老人繁胜录》说，北瓦里的饭店价格低廉，"壮汉只吃得三十八钱"[5]，不到18元人民币就能喂饱一个壮汉。《庄家不识勾栏》中，村民

1 周宝珠著：《宋代东京研究》，开封：河南大学出版社，1992年版，第439页。

2 〔宋〕周密撰，李小龙、赵锐评注：《武林旧事》卷3《社会》，北京：中华书局，2007年版，第75页。

3 〔宋〕吴自牧著：《梦粱录》卷19《社会》，杭州：浙江人民出版社，1980年版，第181页。

4 〔宋〕孟元老撰，伊永文整理：《东京梦华录》卷2《州桥夜市》、卷4《鱼行》，上海师范大学古籍整理研究所编：《全宋笔记》第五编一，郑州：大象出版社，2012年版，第127、146页。

5 〔宋〕西湖老人撰，周百鸣标点：《西湖老人繁胜录》，王国平主编：《西湖文献集成》（第2册），杭州：杭州出版社，2004年版，第19页。

进勾栏看戏花了200文钱[1]，约合人民币94元。而当时城乡底层百姓和普通军人一般日入约100文，约合人民币47元（详见后文）。可见，就算是贫民，偶尔也可改善一下伙食，体验一下文化生活。

有钱人的消费能力更强。《东京梦华录》说："大抵都人风俗奢侈，度量稍宽，凡酒店中不问何人，止两人对坐饮酒，亦须用注碗一副，盘盏两副，果菜碟各五片，水菜碗三五只，即银近百两矣。"[2]以1两银子为1000文计算，两个人吃一顿饭所动用餐具价值竟高达4.7万元人民币。[3]可以想象，这餐饭本身也不会便宜。

宋代城市消费的发达程度，可用猪肉消费量来说明。据《东京梦华录》记载：

> 小巷南去即南薰门。其门寻常士庶殡葬车舆，皆不得经由此门而出，谓正与大内相对。唯民间所宰猪，须从此入京，每日至晚，每群万数，止十数人驱逐，无有乱行者。[4]

东京拥有约150万人口，每天有至少上万头猪被宰杀，因上流社会基本不吃猪肉，所以这个惊人的数字，大致上就是东

1　宋昿著：《宋代勾栏形制复原》，上海：上海书店出版社，2011年版，第32页。

2　〔宋〕孟元老撰，伊永文整理：《东京梦华录》卷4《会仙酒楼》，上海师范大学古籍整理研究所编：《全宋笔记》第五编一，郑州：大象出版社，2012年版，第144页。

3　程民生著：《宋代物价研究》，北京：人民出版社，2008年版，第273页。

4　〔宋〕孟元老撰，伊永文整理：《东京梦华录》卷2《朱雀门外街巷》，上海师范大学古籍整理研究所编：《全宋笔记》第五编一，郑州：大象出版社，2012年版，第127页。

京普通市民的猪肉消费量。

是不是只有东京、临安市民拥有发达的街市？事实上，经济发展不会只惠及一两座城市的市民，各地都有不同的商业中心。譬如，福州城内的店铺随处开设，而且出现了夜市。[1]不少州、府、县都有瓦子，就连湖州小镇上也有不少于两座瓦子。[2]

这样繁荣的经济娱乐文化生活，女性参与了吗？如上文所述，宋代有女相扑手并且粉丝众多，女子在其他运动项目中亦未缺席（详见后文）。更不用说，大量的演奏、舞蹈等表演离不开女艺人。

女性是否上街参与了消费？举个例子，北宋末年，苏州朱勔（miǎn）家的养植园对外开放，门票20文（约合人民币9.4元），妇女儿童免费。[3]可见，女子上街消费是很自然的事。而据《东京梦华录》记载，旧曹门附近有茶坊，"内有仙洞、仙桥，仕女往往夜游，吃茶于彼。"[4]可见，夜游是宋代仕女们消磨长夜的不错选择。

宋初陶毂（gǔ）说："天下有九福：京师钱福、眼福、病福、屏帏福，吴越口福，洛阳花福，蜀川药福，秦陇鞍马福，燕赵衣裳福。"[5]东京在九福之中独占四个，可见市民的幸福指

1　陈贞寿著：《丝绸之路促文明——宋代与元代的海上贸易与海防》，北京：中国大百科全书出版社，2018年版，第28页。

2　宋旸著：《宋代勾栏形制复原》，上海：上海书店出版社，2011年版，第32页。

3　程民生著：《宋代物价研究》，北京：人民出版社，2008年版，第491—492页。

4　〔宋〕孟元老撰，伊永文整理：《东京梦华录》卷2《潘楼东街巷》，上海师范大学古籍整理研究所编：《全宋笔记》第五编一，郑州：大象出版社，2012年版，第129页。

5　〔宋〕陶毂撰，孔一校点：《清异录》卷上《九福》，〔宋〕陶毂、吴淑撰，孔一校点：《清异录　江淮异人录》，上海：上海古籍出版社，2012年版，第18页。

数很高。据《东京梦华录》记载："若见外方之人，为都人凌欺，众必救护之。……或有从外新来邻左居住，则相借措动使，献遗汤茶，指引买卖之类。"[1]若本地人欺负外地人，东京人就会帮外地人。若外地人做生意，必有本地同行主动上门指导如何做买卖，甚至借给钱或材料。可见，东京人既不搞"地域歧视"，也不信"同行是冤家"。

《东京梦华录》还说："其正酒店户，见脚店三两次打酒，便敢借与三五百两银器。以至贫下人家，就店呼酒，亦用银器供送。有连夜饮者，次日取之。"[2]东京的商户之间、商户和消费者之间信任度很高，对于不太熟悉的脚店，正店也敢借给贵重的银器。就算是穷人叫外卖，酒店也用银餐具送菜，第二天才去取餐具。

《梦粱录》对于临安也有类似描写："但杭城人皆笃高谊，若见外方人为人所欺，众必为之救解。或有新搬移来居止之人，则邻人争借动事（作者注：即动使，日常用具），遗献汤茶，指引买卖之类，则见睦邻之义，又率钱物，安排酒食，以为之贺，谓之'暖房'。朔望茶水往来，至于吉凶等事，不特庆吊之礼不废，甚者出力与之扶持，亦睦邻之道，不可不知。"[3]看来，只要市民活出自信，自然就会善良有礼。

综上所述，若跟现代人比熬夜，宋人不仅不输，还是古代唯一选手——其他时代的古人，一般只拥有"元宵（唯元宵

1　〔宋〕孟元老撰，伊永文整理：《东京梦华录》卷5《民俗》，上海师范大学古籍整理研究所编：《全宋笔记》第五编一，郑州：大象出版社，2012年版，第147页。

2　〔宋〕孟元老撰，伊永文整理：《东京梦华录》卷5《民俗》，上海师范大学古籍整理研究所编：《全宋笔记》第五编一，郑州：大象出版社，2012年版，第147页。

3　〔宋〕吴自牧著：《梦粱录》卷18《民俗》，杭州：浙江人民出版社，1980年版，第161页。

节不宵禁）嘉年华"，而宋人天天都是嘉年华，很不符合古人的"人设"。这说明，我们读历史，固然要从整体上考虑社会的发展程度，但也要注意到，人的主观能动性一旦调动起来，能量会是何等惊人。

第二章

宋代城市管理中那些『很现代』的操作

很多现代人生活在"钢筋森林"里，觉得很拥挤，你有没有留意过，自己居住的城市，人口密度是多少？

根据资料，超过1000人/平方公里的城市，人口密度便很可观了，大都市的市区人口密度一般超过1万人/平方公里。但宋史专家推算出的宋代都市人口密度，甚至超过现代都市，直追或者超过澳门这样的"人口密度王者"。

宋代城市人口规模、城市化人口比例、全国人口总数也非常惊人，我们可以看一下唐、宋对比数字：

唐代部分年份户数情况一览表

年　　代	公元	户数（户）	年　　代	公元	户数（户）
唐太宗贞观十三年	639	3041871	唐肃宗至德元年	756	8018710
唐高宗永徽三年	652	3800000	唐肃宗乾元三年	760	1933174
唐中宗神龙元年	705	6156141	唐代宗广德二年	764	2933125
唐玄宗开元十四年	726	7069565	唐德宗建中元年	780	3085076
唐玄宗开元二十年	732	7861236	唐宪宗元和二年	807	2440254
唐玄宗开元二十四年	736	8018710	唐宪宗元和十五年	820	2375400
唐玄宗开元二十八年	740	8412871	唐穆宗长庆元年	821	2375805
唐玄宗天宝十三年	754	9187548	唐文宗开成四年	839	4996752
唐玄宗天宝十四年	755	8914790	唐武宗会昌五年	844	4955151

资料来源：葛剑雄主编，冻国栋著：《中国人口史（第二卷）》，上海：复旦大学出版社，2005年版，第132—133页。

宋代部分年份户数情况一览表

北　　宋			南　　宋		
年　　代	公元	户数（户）	年　　代	公元	户数（户）
宋太祖开宝九年	976	3090504	宋高宗绍兴二十九年	1159	11091885
宋太宗至道三年	997	4132576	宋高宗隆兴元年	1163	11311386

北　宋			南　宋		
年　代	公元	户数（户）	年　代	公元	户数（户）
宋真宗景德三年	1006	7417570	宋孝宗乾道三年	1167	11800366
宋真宗天禧五年	1021	8677677	宋孝宗乾道七年	1171	11852580
宋仁宗天圣七年	1029	10162689	宋孝宗淳熙二年	1175	12501400
宋仁宗庆历八年	1048	10723695	宋孝宗淳熙十一年	1184	12398309
宋英宗治平三年	1066	12917221	宋孝宗淳熙十六年	1189	12907438
宋神宗熙宁八年	1075	15684529	宋光宗绍熙四年	1193	12302873
宋神宗元丰六年	1083	17211713	宋宁宗开禧三年	1207	12669310
宋哲宗元祐六年	1091	18655093	宋宁宗嘉定十一年	1218	12669684
宋徽宗崇宁元年	1102	20264307	宋宁宗嘉定十六年	1223	12670801
宋徽宗大观三年	1109	20882258	宋恭帝德祐二年	1276	11746000

资料来源：葛剑雄主编，吴松弟著：《中国人口史（第三卷）》，上海：复旦大学出版社，2005年版，第346、347、348、353、354页。

　　面积相差很大的唐和宋，"开局"人口差不多。唐经历过安史之乱的摧残，有些年份的数字比"开局"还低。宋则饱受金兵蒙古兵的打击，但除了南宋初年大量失地造成的人口断崖式下降外，其人口增长趋势是比较稳定的。从"结局"来看，宋的"人口答卷"得分较高——北宋末年完成了"中国人口首度破亿"的"KPI"，这个数字比盛唐人口峰值高得多——请注意，在古代历史背景下，人口多少，跟经济发展水平成正比。

　　要解决几千万、上亿人的衣食住行，并进行有效管理，显然很考验统治者的政治水平。那么，你有没有想过，城市实行设区管理，制定交通规则，设置下水道，完善公园、图书馆、公租房等生活配套设施，合理配置巡警消防等人力，安排专人处理生活建筑垃圾、进行道路洒水除尘作业……这些看起来很现代的市政工作，可不可以追溯到古代某个时期？

你有没有想过，"人人都是自媒体"和"利用大数据进行城市管理"这种事，并不是智能手机时代才有的？

以上，不能说都是宋人发明的，但它们在宋代全都存在，并全面发展。宋人拥有"螺蛳壳里做道场"的城市管理智慧，或许正是他们能够打造出"一千年前世界中心"的主要原因。

2005年5月22日的《纽约时报》称北宋东京为1000年前的"世界中心"。[1]宋史大家邓广铭说:"须与十至十三世纪世界上其他国家相比较,以确定两宋所应占有的历史地位。不论从物质文明或精神文明发展的水平来说,当时的中国(以宋政权为代表)实际上全是居于领先地位的。"[2]

可以说,宋代城市规模大、人口多、人口密度高,是全世界最繁华的。鉴于现代很多事物发端于宋代,本文要介绍的,就是宋代城市管理中那些"很现代"的操作。

宋代"交规"已普及全国各地

一座城市的文明程度,首先体现在交通、消防、环卫等领域。在这些领域,宋人创下了不少纪录。

先看陆上交通,宋代有非常完备和普及的交通法规——仪制令。其内容拟订于唐代,入宋后,京城和各城市的冲要路口都榜刻了仪制令,上刻"贱避贵,少避长,轻避重,去避来"12字,全力提倡行路礼让。1981年福建松溪发现一块宋宁宗开禧元年(1205)的石碑,所刻文字就是上述12字,其

---

1 河南博物院编:《东京梦华:宋金元时期》,北京:科学出版社,2017年版,第16页。
2 邓广铭著:《宋史十讲》,"代前言",北京:中华书局,2008年版,第9页。

他多地也发现了仪制令石碑。可见，宋代确实将此交规在全国推广了。[1]

在宋代，街道纵马、施工不设标志以致伤人、侵占街道种植垦辟或营建等违法行为的当事人都会受到法律严惩。[2]譬如，《宋刑统》规定："诸于城内街巷及人众中无故走车马者，笞伍拾；以故杀伤人者，减斗杀伤壹等。"[3]

东京是东方水城，水上交通管理也很重要。举个例子，《清明上河图》的中心是一座桥——虹桥，这种"一桥飞架南北"的无梁柱木质"飞桥"采用的技术是空前绝后的，宋廷积极在东京推广这种桥，目的是防止交通事故，避免桥被洪水冲坏。[4]为了让漕船顺利进城穿过桥下，宋人还发明了可以放倒的"可眠式桅杆"。[5]（见图5、图6）

据《梦溪笔谈》记载：

> 嘉祐中，苏州昆山县海上有一船桅折，风飘抵岸。船中有三十余人，衣冠如唐人，系红鞓角带，短皂布衫，见人皆恸哭，语方不可晓，试令书字，字亦不可读，行则相缀如雁行。久之，自出一书示人，乃唐天祐中告授毛罗岛首领陪戎副尉制；又有一书，乃

1 陈鸿彝著：《中华交通史话》，北京：中华书局，2013年版，第319、320页。

2 陈鸿彝著：《中华交通史话》，北京：中华书局，2013年版，第321页。

3 〔宋〕窦仪等详定，岳纯之校证：《宋刑统校证》卷26《杂律》，北京：北京大学出版社，2015年版，第347页。

4 〔宋〕王辟之撰，吕友仁点校：《渑水燕谈录》卷8《事志》，〔宋〕王辟之、欧阳修撰，吕友仁、李伟国点校：《渑水燕谈录 归田录》，北京：中华书局，1981年版，第100—101页。

5 余辉著：《张择端〈清明上河图〉导览》，北京：北京大学出版社，2015年版，第50页。

是上高丽表，亦称毛罗岛，皆用汉字，盖东夷之臣属高丽者。……时赞善大夫韩正彦知昆山县事，召其人犒以酒食，食罢，以手捧首而靧（作者注：chǎn，笑），意若欢感。正彦使人为其治桅，桅旧植船木上，不可动，工人为之造转轴，教其起倒之法，其人又喜，复捧首而靧。[1]

可见，宋人可通过加转轴来改造桅杆，转轴形制在宋代《雪霁江行图》中有体现。

在公共交通方面，宋人拥有出租马、公交车和豪华客船。短途出行可租马赁车，有"司机"（驭者）牵马相送[2]，客人只需按距离付款，而这是当时普遍的出行方式，价格不过百钱（约合人民币47元），"假赁鞍马者"遍布"坊巷桥市"，随叫随到。[3]临安出现了专供仕女旅游之用的油壁车，可供6人乘坐，堪称最早的公交车。[4]若要进行长途旅行，水路是首选，宋代高级客船就像邮轮一般豪华，一般分好几层，有充足的床铺、专门的洗手间，首尾有遮棚，方便客人看风景。[5]

宋人还喜爱乘坐车船游湖。《梦粱录》说："更有贾秋壑（作者注：贾似道）府车船，船棚上无人撑驾，但用车轮脚踏

1　〔宋〕沈括撰，金良年点校：《梦溪笔谈》卷24《杂志一》，北京：中华书局，2015年版，第231—232页。

2　〔宋〕魏泰撰，李裕民点校：《东轩笔录》卷9，北京：中华书局，1983年版，第100页。

3　〔宋〕孟元老撰，伊永文整理：《东京梦华录》卷4《杂赁》，上海师范大学古籍整理研究所编：《全宋笔记》第五编一，郑州：大象出版社，2012年版，第143页。

4　陈鸿彝著：《中华交通史话》，北京：中华书局，2013年版，第321页。

5　左泼霆编著：《从〈清明上河图〉看北宋民间百态》，北京：研究出版社，2013年版，第51—52页。

而行，其速如飞。"[1] 这大概就是现代公园脚踏船的滥觞了。不过，宋代车船主要作为战船使用，作为民用船者似乎只此一例。[2]

宋人首创专业消防队，并且还有义消

宋代出现了集巡警、消防功能于一体的神秘组织"军巡铺"。据《东京梦华录》描述："每坊巷三百步许，有军巡铺屋一所，铺兵五人，夜间巡警，收领公事。又于高处砖砌望火楼，楼上有人卓望，下有官屋数间，屯驻军兵百余人"[3]——这大约就是世界上首支专业消防队"潜火队"。

潜火兵来自正规军，配有大小桶、洒子、麻搭、斧锯、梯子、火叉、大索、铁猫儿之类灭火工具[4]，还配有具有防护功能的工作服"火背心"。[5] 至于这些消防设备的用法，据《武经总要》记载："右水袋，以马、牛杂畜皮浑脱为袋，贮水三四石。以大竹一丈，去节，缚于袋口。若火焚楼棚，则以壮士三五人持袋，口向火蹙水注之，每门置两具。""水囊，以猪、牛胞盛

---

1 〔宋〕吴自牧著：《梦粱录》卷12《湖船》，杭州：浙江人民出版社，1980年版，第110—111页。

2 黄纯艳著：《造船业视域下的宋代社会》，上海：上海人民出版社，2017年版，第256页。

3 〔宋〕孟元老撰，伊永文整理：《东京梦华录》卷3《防火》，上海师范大学古籍整理研究所编：《全宋笔记》第五编一，郑州：大象出版社，2012年版，第138页。

4 〔宋〕孟元老撰，伊永文整理：《东京梦华录》卷3《防火》，上海师范大学古籍整理研究所编：《全宋笔记》第五编一，郑州：大象出版社，2012年版，第138—139页。

5 〔宋〕吴自牧著：《梦粱录》卷10《帅司节制军马》，杭州：浙江人民出版社，1980年版，第91页。

水，敌若积薪城下，顺风发火，则以囊掷火中。""唧筒，用长竹，下开窍，以絮裹水杆，自窍唧水。""麻搭，以八尺杆系散麻二斤，蘸泥浆，皆以藨火。"[1]可见，以上四种灭火工具的工作原理是以水或泥浆阻止火势，从使用方法推测，唧筒应是一种消防泵。

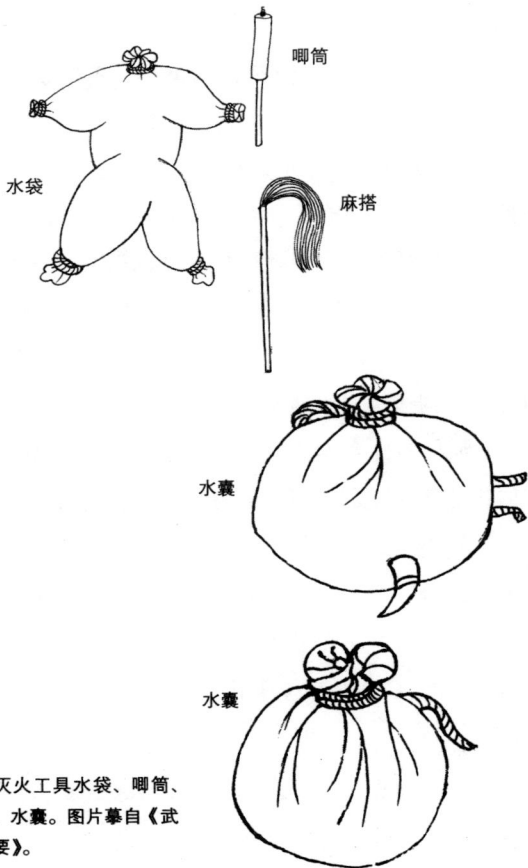

宋代灭火工具水袋、唧筒、麻搭、水囊。图片摹自《武经总要》。

---

1 〔宋〕曾公亮等著，陈建中、黄明珍点校：《武经总要》前集卷12《守城（并器具图附）》，北京：商务印书馆，2017年版，第183页。

除了京城，地方上也有潜火队。南宋刘昌诗的《芦浦笔记》说："州郡火政必曰潜火。"说明当时救火被纳入官方职责。他还分析说，火灭为熸（jiān），或许用"熸"字比较妥当。[1]

除了官方消防队之外，宋代民间也有义务消防队——潜火义社。据明代《八闽通志》介绍，潜火义社，"宋时民社也，盖不出于官，故以义名。"这种义社，"脱有缓急，彼此相应，不号召而集，不顷刻而至，不争功，不邀赏，此义社规约也。"[2]

宋廷在实践中不断改进救火办法，处处充满了现代色彩，试举几例：

第一，一旦哪里失火，就算夜间城门已关，开封府也可拿到钥匙。东京城有三层，自内而外分别为皇城（宫城）、内城（旧城）、外城（新城），开封府位于皇宫以南，去新城救火需要开旧城门。据《续资治通鉴长编》，宋神宗元丰六年（1083）二月，"开封府乞自今本府官吏夜救新城里火，如旧门已闭，听关大内钥匙库，差东华门外当宿内臣降钥。从之。"[3]

第二，原本规定，必须等都巡检（京城内外都巡检，总掌京师开封府巡警寇盗、烟火、治安公事[4]）到了才能救火，且必须由军队救火，百姓不得插手。之后，宋廷进行了改革。宋真宗大中祥符二年（1009）六月诏："在京人户遗火，须候都巡

1 〔宋〕刘昌诗撰，张荣铮、秦呈瑞点校：《芦浦笔记》卷3《潜火》，北京：中华书局，1986年版，第19页。

2 〔明〕黄仲昭纂：《八闽通志（修订本）》卷61《恤政·延平府·南平县》，福州：福建人民出版社，2017年版，第602页。

3 〔宋〕李焘撰：《续资治通鉴长编》卷333《神宗元丰六年二月》，北京：中华书局，2004年版，第8020页。

4 龚延明编著：《宋代官制辞典（增补本）》，北京：中华书局，2017年版，第575页。

检到，方始救泼，致枉烧屋。先令开封府，今后如有遗火，仰探火军人走报巡检，画时赴救。都巡检未到，即本厢巡检先救。如去巡检地分遥远，左右军巡使或本地分厢界巡检、员僚、指挥使先到，即指挥兵士、水行人等，与本主同共收泼，不得枉拆远火屋舍，仍钤辖不得接便偷盗财物。"[1]宋仁宗天圣九年（1031）正月，"诏京城救火而巡检军校未至者，听集邻众扑灭之。"[2]可见，改革后，军方可便宜从事，一定级别的官员（如"厢巡检"）到了，就可指挥兵士、水行人泼救。其中"水行人"是负责供水的，水费由官方出，即所谓"官舍钱买水浇灭"。[3]

第三，救火士兵可暂时无视仪制令，即在路上遇到官员不用避让，以全速赶赴现场，为救火争取时间[4]——这一点，跟现代消防员很像。

"垃圾"一词是宋人"发明"的

救火不如防火。传统建筑以木料为主要材料，贫民则多住茅屋，易遭火灾，而宋廷采取的诸多防火措施中便有"逐渐改茅屋为砖瓦建筑"一项，各地官员也以推广砖瓦建筑为德政，连边境地区也不遗余力，此举使砖瓦建筑在两宋时期得到一定

1　〔清〕徐松撰，刘琳、刁忠民、舒大刚、尹波等校点：《宋会要辑稿》兵3《厢巡》，上海：上海古籍出版社，2014年版，第8657页。

2　〔宋〕李焘撰：《续资治通鉴长编》卷110《仁宗天圣九年正月丙寅》，北京：中华书局，2004年版，第2553页。

3　〔宋〕吴自牧著：《梦粱录》卷10《帅司节制军马》，杭州：浙江人民出版社，1980年版，第91页。

4　周宝珠著：《宋代东京研究》，开封：河南大学出版社，1992年版，第98页。

程度的普及。[1]譬如，宋真宗大中祥符五年（1012）五月诏："川陕诸州屯兵草茅覆屋，连接官舍，颇致延火，宜令自今坏者，渐易以瓦，无得因缘扰民。"[2]

北方城市惯用黄土铺路，东京便是如此，鉴于宋代已有沙尘暴[3]，宋代官僚贵族为避免过街尘土，有先派人洒水而后过的习俗。南宋周辉《清波杂志》提及，"旧见说汴都细车，前列数人持水罐子，旋洒路过车"[4]，这应该是最早的洒水车，负责洒水的应该就是"中国首支城管大队"——街道司，街道司"掌治京师道路"，其基本队伍由500人组成。[5]

推广砖石铺路也是防尘的好办法。据《梦粱录》，"杭城皆石板街道"[6]，据《清波杂志》，"江南阶衢皆甃（作者注：zhòu，用砖砌）以砖，与北方不侔"[7]，南方地区，尤其是江浙、川蜀、闽广、两湖砖石路普及程度较高，而在很多地区，铺路不局限于城区，而是辐射到了城郊，甚至不同城市之间的交通要道。能够主动搞道路建设，一是反映当时的经济发展水平高，二是反映宋廷确实比较积极投身民生工程。[8]

---

1 包伟民著：《宋代城市研究》，北京：中华书局，2014年版，第281、291、292页。

2 〔清〕徐松撰，刘琳、刁忠民、舒大刚、尹波等校点：《宋会要辑稿》刑法2《禁约一》，上海：上海古籍出版社，2014年版，第8287页。

3 邱云飞著：《中国灾害通史·宋代卷》，郑州：郑州大学出版社，2008年版，第173、179页。

4 〔宋〕周辉撰，刘永翔校注：《清波杂志校注》卷2《凉衫》，北京：中华书局，1994年版，第53页。

5 周宝珠著：《宋代东京研究》，开封：河南大学出版社，1992年版，第100—101页。

6 〔宋〕吴自牧著：《梦粱录》卷12《河舟》，杭州：浙江人民出版社，1980年版，第113页。

7 〔宋〕周辉撰，刘永翔校注：《清波杂志校注》卷2《凉衫》，北京：中华书局，1994年版，第53页。

8 包伟民著：《宋代城市研究》，北京：中华书局，2014年版，第298—300页。

宋代城市的环境卫生搞得也很好,"垃圾"一词最早见于《梦粱录》,换言之,这个词就是宋人"发明"的。

首先,当时有专人处理生活垃圾。这一点,《梦粱录》有详细记载:"亦有每日扫街盘垃圾者,每支钱犒之。""更有载垃圾粪土之船,成群搬运而去。""人家有泔浆,自有日掠者来讨去。杭城户口繁夥,街巷小民之家,多无坑厕,只用马桶,每日自有出粪人溅(作者注:jiǎn,倾倒)去,谓之'倾脚头',各有主顾,不敢侵夺;或有侵夺,粪主必与之争,甚者经府大讼,胜而后已。"可见,城市里出现了专门清扫和处理垃圾的职业,垃圾去处也很明确。可以说,主动分类行为、再利用方式和专职人员,无一不缺,神似现代垃圾分类。另外,"遇新春,街道巷陌,官府差顾淘渠人沿门通渠;道路污泥,差顾船只搬载乡落空闲处。"[1]官府雇人淘渠并妥善处理产生的垃圾,已成一种制度。

其次,乱倒垃圾者会受到很重的处罚。据《宋刑统》规定:"其穿垣出秽污者,杖陆拾;出水者,勿论。主司不禁,与同罪。"[2]居民打洞穿墙向外倾倒垃圾,杖六十,主管官员如果不管,与犯法者同罪。

皇宫与民间"共饮一河水"

宋代"因水立国",东京城中有四条河,称"四水贯都",

---

1 〔宋〕吴自牧著:《梦粱录》卷12《河舟》、卷13《诸色杂货》,杭州:浙江人民出版社,1980年版,第113、121、122页。

2 〔宋〕窦仪等详定,岳纯之校证:《宋刑统校证》卷26《杂律》,北京:北京大学出版社,2015年版,第354页。

分别是蔡河（惠民河）、汴河、金水河、五丈河，其中金水河通往宫殿区，其余三条河皆通漕运。[1]据范镇《东斋记事》，"钱俶进宝带，太祖曰：'朕有三条带，与此不同。'俶请宣示，上笑曰：'汴河一条，惠民河一条，五丈河一条。'"[2]能被宋太祖骄傲地称为"京都三带"，可知三条河有多么重要。

汴河是北宋的母亲河，承担了大部分漕运任务，当时经常有6000条船行驶在水路上，每年运600万石至800万石粮食到东京[3]，去养活职业化的禁军，同时使得城市商业极为发达，东京成为世界上最兴盛的繁华之都。

600万石至800万石，就是35.52万吨至47.36万吨，以东京共有150万人计算，人均粮食达到236.8千克至315.7千克。这是什么概念？可以跟唐代对比一下。因唐都长安粮食产量有限，从唐高宗到唐玄宗，皇帝经常要住在东都洛阳，被称为"逐粮天子"。之后通过漕运改革，巅峰时期曾每年运送400万石粮食到长安，但这远不及北宋日常水平[4]——了解了唐代曾经面临的窘境，我们就可以理解，为什么宋代要建都于一个四面平坦、无险可守的"四战之地"了。

对于汴河这"生命之源"，宋廷倍加注意。宋初，汴河用的是黄河水，黄河淤泥甚多，且冬天结冰，于是，漕运必须"冬眠"4个月，用来疏浚河道，清明节成为汴河首航日，也就

---

1 李路珂编著：《古都开封与杭州》，北京：清华大学出版社，2012年版，第51页。

2 〔宋〕范镇撰，汝沛点校：《东斋记事》，"补遗"，〔宋〕范镇、宋敏求撰，汝沛、诚刚点校：《东斋记事 春明退朝录》，北京：中华书局，1980年版，第45页。

3 全汉昇口述，叶龙整理：《中国社会经济通史》，北京：北京联合出版公司，2016年版，第91页。

4 全汉昇口述，叶龙整理：《中国社会经济通史》，北京：北京联合出版公司，2016年版，第87、88页。

有了"上河"，很多人据此认为《清明上河图》发生在清明节。但实际上，宋神宗时，宋廷便决定不再用总是制造麻烦的黄河水，而改用洛水，然而，因为黄河紧靠广武山脚，若引洛入汴，非从山中开渠不可，工程过于困难。这时天赐良机，黄河水暴涨后落下时河床北移，黄河与广武山之间出现7里宽的空当，借此良机，宋廷完成"引洛灌汴"，汴河结束了冬闭春开、每冬疏浚的历史，不再"冬眠"，清明第一天也不再是漕运之始的重要日子。[1]

宋廷非常注意惩治破坏漕运的行为。据《宋史·包拯传》记载："中官势族筑园榭，侵惠民河，以故河塞不通，适京师大水，拯乃悉毁去。"[2]沿蔡河而居的权贵之家在岸边修筑私家园榭，时任权知开封府事包拯将违章建筑一一拆去，保证了水流畅通。

至于饮用水，因东京可饮用水少，宋太祖时期引金水河入京城、贯皇城，解决了皇宫用水问题，此后又使其贯入晋王宅第。宋真宗大中祥符二年（1009），将金水河引出皇城，进入旧城，"作方井，官寺、民舍皆得汲用。复引东，由城下水窦入于濠。京师便之。"[3]大中祥符元年（1008），"诏京城缘街官渠民汲水课，自今蠲之。"[4]民间可以免费使用官井之水，供水问题大大缓和。之后，随着城市发展，缺井情况又严重了，

1 〔加〕曹星原著：《同舟共济——〈清明上河图〉与北宋社会的冲突妥协》，杭州：浙江大学出版社，2012年版，第122—124页。

2 〔元〕脱脱等撰：《宋史》卷316《包拯传》，北京：中华书局，1985年版，第10317页。

3 〔元〕脱脱等撰：《宋史》卷94《河渠四》，北京：中华书局，1985年版，第2340—2341页。

4 〔宋〕李焘撰：《续资治通鉴长编》卷70《真宗大中祥符元年九月》，北京：中华书局，2004年版，第1560页。

宋仁宗庆历六年（1046），"诏开封府久旱，民多暍（作者注：yē，中暑）死，其令京城去官井远处益开井。于是八厢凡开井三百九十。"[1]

宋人还曾尝试打造自来水系统。苏颂有一首长诗，名为《石缝泉清轻而甘滑传闻有年矣前此数欲疏引入州治久不克就予至则命工人寻旧迹相地架竹旬月而水悬听事又析一支以给中堂一支以入西閤其下流则釃（shī，疏导）出外庑往来取汲人以为利因抒长篇以纪其功云》，从这个巨长的诗名中就可以看出苏颂干了一件什么大事：苏颂主政杭州时，发现郊外凤凰山有清泉，就进行了巧妙的设计，将千根竹竿头尾相连作为管道，将泉水由山上经高空引入城内，"剪裁竹千竿，接联笕万尺。派别起中阿，架空逾下稷。"[2]如此可供官衙及百姓使用——很显然，这就是"自来水"。虽然宋人运用自来水的案例不多，但也足以证明，当时对于保障民生用水还是非常用心的。

宋代城市还拥有发达的下水系统。据陆游《老学庵笔记》记载："京师沟渠极深广，亡者多匿其中，自名为'无忧洞'。甚者盗匿妇人，又谓之'鬼樊楼'。"[3]下水道能藏人，可见规模不小。另一个群众喜闻乐见的例子发生在虔州（今江西赣州），著名水利专家刘彝知虔州时建设了福寿沟，至今仍然管用，堪

1 〔宋〕李焘撰：《续资治通鉴长编》卷158《仁宗庆历六年六月丙寅》，北京：中华书局，2004年版，第3831页。

2 〔宋〕苏颂撰：《苏魏公文集》卷3《古诗》，朱人求、和溪主编：《苏颂全集》，北京：国家图书馆出版社，2020年版，第36页。

3 〔宋〕陆游撰，李剑雄、刘德权点校：《老学庵笔记》卷6，北京：中华书局，1979年版，第73页。

称宋代城市建设的"活化石"。[1]

宋代城市行道树种植规模也很可观。宋廷非常重视城市绿化，至北宋末年，不仅东京城壕内外都种上了杨柳，城里官道所植榆柳业已成荫，御街两旁砖石甃砌的御沟，"宣和间尽植莲、荷，近岸植桃、李、梨、杏，杂花相间，春夏之间，望之如绣。"[2]

公园、足球俱乐部都安排上了

讲过了市政建设，现在来讲生活配套设施。

宋代出现了包括皇家园林在内的具有公园性质的官私园林。据《续资治通鉴长编》记载，宋真宗大中祥符五年（1012）三月，"诏金明池、琼林苑先许士庶行乐，或小有纷竞，不至殴伤者，官司勿得擒捕。"[3]据《东京梦华录》记载："三月一日，州西顺天门外，开金明池、琼林苑，每日教习车驾上池仪范。虽禁从、士庶许纵赏，御史台有榜不得弹劾。"[4]可见，每年三月，皇家园林金明池、琼林苑都欢迎东京市民前往游玩。宋仁宗说过："山泽之利当与众共之。"[5]与百姓分享园林之乐，算是

1　邵庆国主编：《宋代科技成就》，郑州：河南科学技术出版社，2014年版，第17页。

2　〔宋〕孟元老撰，伊永文整理：《东京梦华录》卷2《御街》，上海师范大学古籍整理研究所编：《全宋笔记》第五编一，郑州：大象出版社，2012年版，第125页。

3　〔宋〕李焘撰：《续资治通鉴长编》卷77《真宗大中祥符五年三月甲午》，北京：中华书局，2004年版，第1760页。

4　〔宋〕孟元老撰，伊永文整理：《东京梦华录》卷7《三月一日开金明池琼林苑》，上海师范大学古籍整理研究所编：《全宋笔记》第五编一，郑州：大象出版社，2012年版，第161页。

5　〔宋〕周辉撰，刘永翔校注：《清波杂志校注》卷1《祖宗家法》，北京：中华书局，1994年版，第15页。

宋代"祖宗家法"之一。

《东京梦华录》说："州西北元有庶人园，有创台、流杯亭榭数处，放人春赏。"[1]《鸡肋编》说："成都自上元至四月十八日，游赏几无虚辰。使宅后圃名西园，春时纵人行乐。"[2]可见，一般意义上的公园，宋人也安排上了，除了京城之外，其他城市也有。

那么，宋人怎么逛公园呢？举个例子，李格非《洛阳名园记》记载了一个名为"天王院花园子"的洛阳名园：

> 洛中花甚多种，而独名牡丹曰花王，凡园皆植牡丹，而独名此曰花园子，盖无他池亭，独有牡丹数十万本。凡城中赖花以生者，毕家于此。至花时张幙幄，列市肆，管弦其中，城中士女，绝烟火游之。过花时则复为丘墟，破垣遗灶相望矣。今牡丹岁益滋，而姚黄、魏紫愈难得，魏花一枝千钱，姚黄无卖者。[3]

"天王院花园子"的牡丹品种多样、数量众多，各种业者聚居于此，可见它是一个具有大集市性质的大公园，是"城中士女"喜欢游玩赏花的地方，足以证明宋代女性逛公园是很平常的事情。而从"列市肆，管弦其中"来看，宋人逛公园也跟现代人一样"吃喝玩乐一条龙"。

---

1 〔宋〕孟元老撰，伊永文整理：《东京梦华录》卷6《收灯都人出城探春》，上海师范大学古籍整理研究所编：《全宋笔记》第五编一，郑州：大象出版社，2012年版，第159页。

2 〔宋〕庄绰撰，萧鲁阳点校：《鸡肋编》卷上，北京：中华书局，1983年版，第20页。

3 〔宋〕李格非撰，孔凡礼整理：《洛阳名园记》，朱易安、傅璇琮等主编：《全宋笔记》第三编一，郑州：大象出版社，2008年版，第167页。

　　有钱人也会开放私家园林给市民参观。《梦粱录》就提到了"内侍蒋苑使住宅侧筑一圃，亭台花木，最为富盛，每岁春月，放人游玩"。[1]有时私园主还会亲自担任导游，"导游"一词的出处也是宋人的文章[2]，苏轼《东坡志林》中就有"唐僧契虚遇人导游稚川仙府"一语。[3]

　　宋代有很多具有公共图书馆性质的私人藏书楼。《宋史·孝义传》记载，胡仲尧"构学舍于华林山别墅，聚书万卷，大设厨廪，以延四方游学之士"[4]，不仅欢迎游学者来读书，还管饭，可谓招待周到。据宋代朱弁《曲洧旧闻》记载，宋敏求家有大量精校善本，"居春明坊。昭陵时，士大夫喜读书者多居其侧，以便于借置故也。当时春明宅子比他处僦（作者注：jiù，租赁）直常高一倍。"[5]藏书家凭一己之力推高了所在区域的租房价格。

　　宋代出现了官办大型剧场。前文说到，宋代勾栏的出现代表剧场诞生。而宋代的瓦子勾栏，很多都是官办的。以临安为例，城内5处瓦子属修内司，城外瓦子则属殿前司。这些瓦子不仅有各种表演，还有集市、大酒楼、茶坊和饮食店等，名为军卒娱乐之地，实为市民娱乐场所。[6]

1　〔宋〕吴自牧著：《梦粱录》卷19《园圃》，杭州：浙江人民出版社，1980年版，第176页。

2　王福鑫著：《宋代旅游研究》，保定：河北大学出版社，2007年版，第328、329、334页。

3　〔宋〕苏轼撰，王松龄点校：《东坡志林》卷2《记刘梦得有诗记罗浮山》，北京：中华书局，1981年版，第43页。

4　〔元〕脱脱等撰：《宋史》卷456《孝义传》，北京：中华书局，1985年版，第13390页。

5　〔宋〕朱弁撰，孔凡礼点校：《曲洧旧闻》卷4，〔宋〕李廌、朱弁、陈鹄撰，孔凡礼点校：《师友谈记　曲洧旧闻　西塘集耆旧续闻》，北京：中华书局，2002年版，第141页。

6　孟凡人著：《宋代至清代都城形制布局研究》，北京：中国社会科学出版社，2019年版，第121页。

宋代出现了足球俱乐部和固定的球场。蹴鞠（足球）爱好者会组织或参加各种社团，其中，最著名的叫"齐云社"，算是很正规的足球俱乐部。据《东京梦华录》记载："宝津楼之南有宴殿，驾临幸，嫔御车马在此。寻常亦禁人出入，有官监之。殿之西有射殿，殿之南有横街，牙道柳径，乃都人击毬之所。"[1]可见这里是相对固定的民间球场，不过这应该是击鞠（马球）的球场。

宋代出现了公租房。宋廷拥有不少房地产，专设店宅务管理经营官屋和邸店的租赁事务。其中，宋真宗天禧元年（1017）店宅务出租房屋23300间，每间每天租金平均为164文[2]，约合人民币77元。

至于为数众多的军人，他们和家属统一居住在官方提供的营房里。日本学者久保田和男指出，在京禁军总数为22万人，禁军及其家属最多有90万人，为此，宋廷在城内外设了400个军营安置他们。[3]程民生教授则指出，营房一般不是集体宿舍，而是和家属一起居住的单间，一般是每人（即每家）1至2间。[4]

至于学校，唐代太学的入学资格是"五品以上及郡县公子孙，从三品曾孙"，而北宋太学，"八品以下子弟若庶人之俊异者"均可入学，已由士族门阀子弟的特殊学校变成向平民开放

---

1 〔宋〕孟元老撰，伊永文整理：《东京梦华录》卷7《驾幸宝津楼宴殿》，上海师范大学古籍整理研究所编：《全宋笔记》第五编一，郑州：大象出版社，2012年版，第164页。

2 程民生著：《宋代物价研究》，北京：人民出版社，2008年版，第54—55页。

3 〔日〕久保田和男著，郭万平译：《宋代开封研究》，上海：上海古籍出版社，2010年版，第185页。

4 程民生著：《宋代物价研究》，北京：人民出版社，2008年版，第60、592页。

的普通学校。[1]事实上，宋代有大量学校，包括中央的国子监、太学，地方的州学、县学和乡村学校，以及"民办官助"的书院等。宋廷命令诸路州、府、军、监均要办学，以教授主持学校，这也是"教授"成为学官之始，之前"教授"只是动词。另外，宋廷还积极支持民办书院，宋代书院达到203所之多。[2]

宋代拥有医院、药店、慈幼局、安济坊等医疗或公益机构，因有专文，兹不赘述。

宋代出现了最早的民间媒体——小报，"新闻"这个词就是宋人创造的。据《西湖老人繁胜录》记载，临安有"四百十四行"，"卖朝报"名列其中。[3]这里的"朝报"指的就是小报（详见后文）。

宋代由庵舍行者头陀负责报晓，他们还会客串"气象预报员"，一大早就沿街提醒居民当天天气情况，还会预告"常朝""后殿坐"等皇帝政务消息，"虽风雨霜雪，不敢缺此。"[4]在某种意义上也算干了媒体的活儿。

城乡居民二元化，市民阶层悄然形成

根据王曾瑜教授的分析，宋代社会生活中最重要、最常见的户名有四类：一、按人户身份区分，有官户（"谓品官，其

1　河南博物院编：《东京梦华：宋金元时期》，北京：科学出版社，2017年版，第45页。

2　龚延明编著：《宋代官制辞典（增补本）》，北京：中华书局，2017年版，第605、606、607页。

3　〔宋〕西湖老人撰，周百鸣标点：《西湖老人繁胜录》，王国平主编：《西湖文献集成》（第2册），杭州：杭州出版社，2004年版，第20—21页。

4　〔宋〕吴自牧著：《梦粱录》卷13《天晓诸人出市》，杭州：浙江人民出版社，1980年版，第118页。

亡殁者有荫同"）与民户、形势户与平户之别；二、按人户居住地区分，有乡村户和坊郭户之别；三、按有无田地等重要生产资料，有无房产等重要生活资料区分，有主户和客户之别，主户或称税户；四、乡村主户和坊郭主户又按财产分为五等和十等。"唐宪宗时，已有'坊郭户'和'乡村户'的区分。宋朝更将坊郭户和乡村户的区分，作为基本的户口分类之一。坊郭户作为法定户名的出现，是城市人口增加、城市经济发展的一个重要标志，是中国古代城市史的一件大事。"[1]

宋初各地都有坊郭户（城市户口）和乡村户（农村户口）的明确区别，就连沿边地区也不例外。可以说，随着城市人口的扩张，市民阶层悄然形成，宋时的话本、戏曲、词之类文艺形式，在很大程度上可说是坊郭户文艺。[2]

宋代经常整理户籍。根据规定，每逢闰年就推排家产、升降户等，以县为单位重造户口版籍，所以户籍又称"闰年图"。上门登记核实的内容包括各户籍贯、户主、丁口等，只登记二十岁至六十岁的男丁，不登记妇女。[3]

北宋时，东京以街巷为单位，将居民编列起来，每户门前放一块户牌，写明户主、妻子、子女、奴仆、寄居亲友等人的姓名、年龄、相貌特征等。同时，法律对户籍人口作了种种规定，如住店实行实名制，禁止外地人冒用京城户籍参加科举考

1　王曾瑜著：《宋朝阶级结构》，石家庄：河北教育出版社，1996年版，第4、5、8、11、12、14页。

2　葛剑雄主编，吴松弟著：《中国人口史（第三卷）》，上海：复旦大学出版社，2005年版，第614页。

3　邓广铭、漆侠、朱瑞熙、王曾瑜、陈振著：《宋史》，北京：中国大百科全书出版社，2011年版，第15页。

试[1]——可以说，宋代对城市人口实行了"大数据管理"。

宋代是如何区分城乡管理的呢？韩光辉教授分析，自唐代至五代辽宋时期，城市管理制度，包括不同类型城市的官制、管理职能和管理范围，都发生了重要变化，核心变化在于由县管理转变为由专门机构都厢、警巡院、录事司和司候司管理城市。其中，北宋构建了京城（开封府）、都厢、厢、坊四级京城城市行政管理系统[2]——可以简单地理解为，宋代城市是"设区市"，厢只管城市，不管乡村，前文所说的有权指挥救火的"厢巡检"就是厢官的一种。

而厢官的主要职责为维持辖区治安、实行社会福利救济、负责医疗卫生、协助修治水利、维持科考秩序、纠察劣质货物、调查户口等[3]，跟现代"市辖区"的职责没什么两样。厢坊制的出现，也是唐宋之际的社会大变革之一。

居住工作满一年，就能拿东京户口

在严密的管理下，宋人是不是都被"锁死"在家乡了？当然不是。

第一，宋人拥有迁徙自由，可以自由流动，改换户口很容易。据《宋史·刑法三》记载，曾布曾上议："古者乡田同井，人皆安土重迁。流之远方，无所资给，徒隶困辱，以至终身。

---

1 河南博物院编：《东京梦华：宋金元时期》，北京：科学出版社，2017年版，第19页。

2 韩光辉著：《宋辽金元建制城市研究》，"前言"，北京：北京大学出版社，2011年版，第4、5页。

3 韩光辉著：《宋辽金元建制城市研究》，北京：北京大学出版社，2011年版，第28—31页。

近世之民，轻去乡井，转徙四方，固不为患，而居作一年，即听附籍，比于古亦轻矣。"[1] 可见，宋人并不安土重迁，"居作一年，即听附籍"，即令东京，也不例外。

对于宋人喜欢自由迁徙这一点，可以举几个例子：

苏舜钦，梓州铜山（今四川中江）人，罢职后跑去苏州，当起了沧浪亭主人。[2]

欧阳修自称庐陵（今江西吉安）人，但他把家安在主政过的颍州（今安徽阜阳），晚年也选择"退居东颍"。[3]

苏颂是泉州同安（今福建厦门）人，因为父亲苏绅逝于润州丹阳（今江苏丹阳），他也搬到了丹阳。[4]

世人皆知临川（今江西抚州）先生，但王安石墓在建康（今江苏南京）蒋山东三里，"与其子雱分昭穆而葬。"[5]

可见，很多宦游四方（或许也曾随父辈宦游）的宋代名人，他们择一城终老，往往出自一己之好，既不安土重迁，也不执着于叶落归根，看起来更像现代人。

第二，宋代取消了贱民，百姓可以自由择业。由唐入宋，中国社会发生了天翻地覆的大变革，日本学者宫崎市定说："宋代的政治与前代相比，有好几个特殊的优点。打破以往的身

---

1 〔元〕脱脱等撰：《宋史》卷201《刑法三》，北京：中华书局，1985年版，第5008—5009页。

2 〔宋〕苏舜钦撰，沈文倬校点：《苏舜钦集》卷13《沧浪亭记》，上海：上海古籍出版社，1981年版，第157页。

3 〔宋〕吴处厚撰，李裕民点校：《青箱杂记》卷8，北京：中华书局，1985年版，第88页。

4 〔明〕黄仲昭纂：《八闽通志（修订本）》卷66《人物·泉州府·名臣》，福州：福建人民出版社，2017年版，第797页。

5 〔宋〕周辉撰，刘永翔校注：《清波杂志校注》卷12《王荆公墓》，北京：中华书局，1994年版，第514页。

份制，确立了独裁君主之下万民平等的原则即是其中之一。"[1]

以奴婢为例，唐人以"奴婢类同畜产"，宋人则从法律上抛弃了这一观念，以前的奴婢、部曲等从良民中划分出来的贱民，已是"名存实亡"。"旧制，士庶家僮仆有犯，或私黥其面。上以今之僮使本佣雇良民，癸酉，诏有盗主财者，五贯以上，杖脊、黥面、配牢城，十贯以上奏裁，而勿得私黥涅之。"[2]宋真宗认为，僮使本是"佣雇良民"，犯法不应由主人私自处置。南宋赵彦卫《云麓漫钞》说："《刑统》，皆汉唐旧文，法家之五经也。国初，尝修之，颇存南北朝之法及五代一时旨挥，如'奴婢不得与齐民伍'，有'奴婢贱人，类同畜产'之语，及五代'私酒犯者处死'之类，不可为训，皆当删去。"[3]就反映了当时法律和观念的这一重大变化。

再以宋代佃户为例，他们可以自由地"辞离""退佃"，即把租种的土地还给地主。[4]在这样的背景下，大量没有土地的流动人口涌入了城市。

可以说，与之前阶级固化的时代不同，宋代的阶级是可以流动的。对此，宫崎市定总结为："进入宋代以后，可以说社会进入了一个凭借个人实力说话的时代，人们常说，中世纪是重门阀的社会，而近世是重视个人才能的科举社会。财富的聚

1　〔日〕宫崎市定著，张学锋、马云超译：《从部曲到佃户——唐宋间社会变革的一个侧面》，上海：上海古籍出版社，2018年版，第68页。

2　〔宋〕李焘撰：《续资治通鉴长编》卷54《真宗咸平六年四月》，北京：中华书局，2004年版，第1189页。

3　〔宋〕赵彦卫撰，傅根清点校：《云麓漫钞》卷4，北京：中华书局，1996年版，第57页。

4　〔日〕宫崎市定著，张学锋、马云超译：《从部曲到佃户——唐宋间社会变革的一个侧面》，上海：上海古籍出版社，2018年版，第72页。

散流动也开始变得剧烈。宋代以后频繁出现的'形势户'一词中的'形势'，多少带有一些暴发户的语气，这是相对夸耀门阀的世家来说的。人生变化的剧烈，是近世社会的特征，这绝不是以'封建'之名表现出来的那种固定社会。"[1]

总的来说，宋廷是"非典型古代政府"，宋人也是"非典型古人"，但任谁也不能否认，宋人为后世留下了太多可供参酌的文化遗产。

1　〔日〕宫崎市定著，张学锋、马云超译：《从部曲到佃户——唐宋间社会变革的一个侧面》，上海：上海古籍出版社，2018年版，第80页。

宋史漫谈 1：百万人口大都市，全球唯宋人拥有

根据包伟民教授的说法，中国城市历史上，市区布局、建筑水平、道路营缮的基本格局在两宋时期形成，"这是因为在传统技术条件下，迄至宋末，大中城市已经达到了它所可能发展的上限，到帝制后期，城市的发展就主要体现在农村小市镇的成长了。"换言之，宋代大中城市发展的方方面面，代表中国古代的最高水平。[1]

先看一下宋代城市人口。一般认为，北宋东京坐拥150万人口，是同时期全世界唯一百万以上人口级别的超大城市。至于南宋临安，则可能有一百二三十万人。[2]10万户以上的城市，唐代有十多座，宋代增至四十多座。[3]

再看一下城市的人口密度。包伟民估算后认为：北宋东京城区内（含内外城，即城墙以内的人口）的人口密度达到1.2万—1.3万人/平方公里；至于南宋临安城区的人口密度，宋理宗淳祐年间达到2.1万人/平方公里，宋度宗咸淳年间甚至可能达到3.5万人/平方公里。"在中国传统社会中期的两宋时期，以单层或双层木结构建筑为主的开封府与临安府城区，其人口密度已经超过以多层钢筋水泥建筑为主的现代都市市区数倍，相比现代人口尤为众多的一些都市，差距也有限。"[4]

接下来看一下宋代的城市化率。学者赵冈指出，北宋城市

1　包伟民著：《宋代城市研究》，北京：中华书局，2014年版，第303页。

2　葛剑雄主编，吴松弟著：《中国人口史（第三卷）》，上海：复旦大学出版社，2005年版，第574、583页。

3　孙机著：《从历史中醒来：孙机谈中国古文物》，北京：生活·读书·新知三联书店，2016年版，第193页。

4　包伟民著：《宋代城市研究》，北京：中华书局，2014年版，第277、278、366页。

人口比例为20.1%，南宋为22.4%。这一数字经常被引用。不过，学者吴松弟有不同看法，他认为："就全南宋地域而言，将城市人口占总人口的比重定在12%，或许更合理一些。"不管怎么说，研究宋代城市人口的学者，很多都对宋代城市化水平给予较高评价。[1]

值得注意的是，城市人口不单单是指"城墙内的人口"，也不是"该地区所有的人口"，而是"府州县城和草市、镇、市的人口"，即宋人所说的"州府县镇城郭等第户"。[2]

部分地区的城市人口所占比重示意图

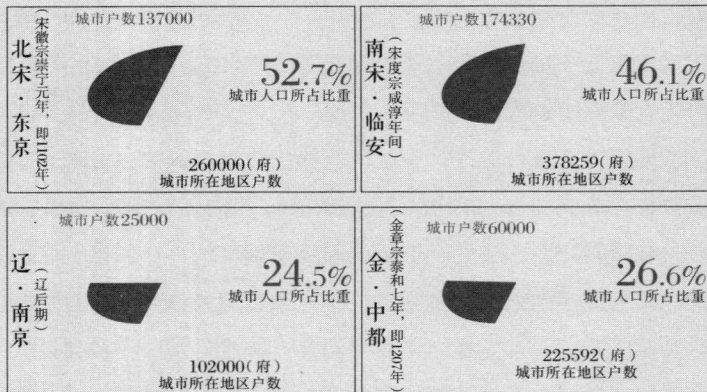

北宋·东京（宋徽宗崇宁元年，即1102年）	南宋·临安（宋度宗咸淳年间）
城市户数137000	城市户数174330
52.7% 城市人口所占比重	**46.1%** 城市人口所占比重
260000（府）城市所在地区户数	378259（府）城市所在地区户数
辽·南京（辽后期）	金·中都（金章宗泰和七年，即1207年）
城市户数25000	城市户数60000
24.5% 城市人口所占比重	**26.6%** 城市人口所占比重
102000（府）城市所在地区户数	225592（府）城市所在地区户数

资料来源：葛剑雄主编，吴松弟著：《中国人口史（第三卷）》，上海：复旦大学出版社，2005年版，第615—616页。

从示意图中可以看出，北宋东京、南宋临安的城市人口约为所在府总户数的四五成，辽（契丹）南京（位于今北京）、金中都（位于今北京）则都不到三成，显见辽、金的城市规模

1　葛剑雄主编，吴松弟著：《中国人口史（第三卷）》，上海：复旦大学出版社，2005年版，第619页。

2　葛剑雄主编，吴松弟著：《中国人口史（第三卷）》，上海：复旦大学出版社，2005年版，第614、615页。

不如两宋。

据学者进一步研究，如果仅计算都城所在京县的城市人口而不是整个府的城市人口的话，则无论是南宋的临安城，还是辽的南京城，城市人口占比都很高。"南京城达46.1%，即南京城所在的析津、宛平两县的近一半人口居住在都城。临安城更高达93.6%，也就是说，临安城所在的钱塘、仁和两县每10人中有9人居住在都城。"[1]

那么，宋代中国总人口有多少？以北宋和与之并立的辽、夏为例，宋徽宗时期，北宋人口已经破亿[2]；人口鼎盛时期的辽，总人口约有900万；人口鼎盛时期的西夏，总人口或达300万。[3]

值得一提的是，唐代人口约为5100万，尚不及汉代的6000万。[4]宋初仅有3090504户，以一家五口计算，则人口仅有1545万。人口是经济发展最重要的指标，从北宋仅用120多年时间就从1545万人口的"惨淡开局"达成"中国人口首度破亿"这一历史性任务，便可知宋史大家邓广铭为什么这么说："宋代是我国封建社会发展的最高阶段。两宋期内的物质文明和精神文明所达到的高度，在中国整个封建社会历史时期之内，可以说是空前绝后的。"[5]

---

1 葛剑雄主编，吴松弟著：《中国人口史（第三卷）》，上海：复旦大学出版社，2005年版，第617页。

2 邓广铭、漆侠、朱瑞熙、王曾瑜、陈振著：《宋史》，北京：中国大百科全书出版社，2011年版，第131页。

3 葛剑雄主编，吴松弟著：《中国人口史（第三卷）》，上海：复旦大学出版社，2005年版，第197、201页。

4 全汉昇口述，叶龙整理：《中国社会经济通史》，北京：北京联合出版公司，2016年版，第83页。

5 邓广铭著：《宋史十讲》，"代前言"，北京：中华书局，2008年版，第3页。

第三章

宋人跟你听同款书玩同款球

身为一名自食其力的劳动者，你可曾想过，春节、清明、端午、中秋这些让你"动力满满"的法定节假日，是怎么来的？

在这方面，宋代的存在感相当强烈——算起来，宋代的"旬休＋节假日"，跟现代的"周末＋节假日"总天数差不多，现代的放假方式，或许借鉴了宋代的办法？

其实，我们跟宋人"共享"的节俗和娱乐项目蛮多的。

第一，我们跟宋人过着一样的节日，并沿袭了宋代以来的节俗。

譬如，在宋代，鞭炮春联压岁钱正式成为"过年老三样"，有宋诗为证：

> 爆竹声中一岁除，春风送暖入屠苏。
> 千门万户曈曈日，总把新桃换旧符。

诗中提到的爆竹就是我们熟悉的鞭炮，诗中的桃符则逐步演变成了春联。不过，诗中提到的屠苏，也就是喝屠苏酒习俗，现代人挺陌生。我们总觉得现在年味儿越来越淡，或许是因为，我们没有将古人过节的"仪式感"完全继承下来，过着过着，所有节日都成了情人节、购物节。

看看宋代陈元靓《岁时广记》所收录的"立春"习俗词条：

> 出土牛、送寒牛、应时牛、示农牛、进春牛、鞭春牛、争春牛、买春牛、造春牛、送春牛、评春牛、绘春牛、舁牧人、缠春杖、立春幡、赐春幡、簪春幡、赐春胜、剪春胜、剪春花、戴春燕、为春鸡、进春书、贴春

字、撰春帖、请春词、赐春馔、作春饼、馈春盘、食春菜、设酥花、酿柑酒、殡冷淘、进浆粥、尚烹豚、忌食薑、浴蚕种、辟蚰蜒、贮神水、占气候、验风雨、望白云、移芒儿[1]

有没有一种"虽然不知宋人在干吗但是看起来好忙好有趣"的感觉?

第二,我们跟宋人听过同样的故事。

我在很小的时候就看完了《三国演义》连环画,当时已能感受到书中强烈的"尊刘抑曹"倾向,近年读到苏轼写的段子才发现,原来宋代小儿也这么想,他们"闻刘玄德败,颦蹙有出涕者;闻曹操败,即喜唱快"。

有意思的是,现代中国人耳熟能详的四大名著故事中,历史背景是三国的三国故事、历史背景是唐代的西游故事、历史背景是北宋的水浒故事,宋人统统没错过。也就是说,我们听的故事和听故事的心境跟宋人差不多,这就非常奇妙了。

第三,我们跟宋人玩过同款运动。

类似"足球""马球""摔跤""武术""高尔夫球"的运动风靡于宋,从宫廷到民间,无论男女、老少、军民都爱玩。在这一点上,现代人可能就稍逊风骚了,因为我们的运动风气比不上宋代的男女老少,毕竟,我们的男女老少最热爱的"运动"是刷手机。

现在,不妨放下手机,去宋代看一看"宋人怎么玩"吧!

---

1 〔宋〕陈元靓撰,许逸民点校:《岁时广记》,"目录",北京:中华书局,2020年版,第10—11页。

跟现代人一样，宋人也听三国、西游、水浒故事，玩马球、足球、高尔夫球，本章就来说说宋人跟现代人玩过的那些"同款"。

宋人听三国故事，且已倾向"尊刘抑曹"

说书是宋代新创的艺术形式之一，说书人称为"说话人"，说书用的底本叫"话本"，根据内容，说书大致分三个类型：[1]

第一是"讲史"，也就是说历史故事。其中，讲梁、唐、晋、汉、周兴替的叫"五代史"，讲魏、蜀、吴故事的叫"说三分"。当时"说三分"的故事情节已经过比较充分的艺术加工，对听众有着强烈的感染力。[2]

据苏轼《东坡志林》记载：

> 王彭尝云："涂巷中小儿薄劣，其家所厌苦，辄与钱，令聚坐听说古话。至说三国事，闻刘玄德败，颦蹙有出涕者；闻曹操败，即喜唱快。以是知君子小人之泽，百世不斩。"[3]

---

1 田银生著：《走向开放的城市——宋代东京街市研究》，北京：生活·读书·新知三联书店，2011年版，第191页。

2 周宝珠著：《宋代东京研究》，开封：河南大学出版社，1992年版，第434—435页。

3 〔宋〕苏轼撰，王松龄点校：《东坡志林》卷1《怀古》，北京：中华书局，1981年版，第7页。

　　可见，北宋时期，三国故事的听众已经倾向于"尊刘抑曹"，这对后世小说《三国演义》的创作有着重要的影响。[1]

　　第二是"说经"，也就是说佛经故事。在这一方面，有宋代话本《大唐三藏取经诗话》流传至今，为小说《西游记》的创作提供了丰富的素材。[2]

　　第三是"小说"，元明清以来的许多文学作品，最初的养料都来自宋代说书人的话本。其中，宋代"小说"《大宋宣和遗事》是后来《水浒传》的蓝本，《错斩崔宁》是戏曲《十五贯》的依据。[3]

　　至于发生在"当代"的水浒故事，宋人也安排上了。南宋周密的《癸辛杂识》收录了南宋龚开所作的《宋江三十六赞并序》，从中可以看出，当时宋江一伙已经有36人的规模，分别是：呼保义宋江、智多星吴学究、玉麒麟卢俊义、大刀关胜、活阎罗阮小七、尺八腿刘唐、没羽箭张清、浪子燕青、病尉迟孙立、浪里白跳张顺、船火儿张横、短命二郎阮小二、花和尚鲁智深、行者武松、铁鞭呼延绰、混江龙李俊、九文龙史进、小李广花荣、霹雳火秦明、黑旋风李逵、小旋风柴进、插翅虎雷横、神行太保戴宗、急先锋索超、立地太岁阮小五、青面兽杨志、赛关索杨雄、一直撞董平、两头蛇解珍、美髯公朱全、没遮拦穆横、拼命三郎石秀、双尾蝎解宝、铁天王晁盖、金枪

1　田银生著：《走向开放的城市——宋代东京街市研究》，北京：生活·读书·新知三联书店，2011年版，第191页。

2　周宝珠著：《宋代东京研究》，开封：河南大学出版社，1992年版，第435页。

3　田银生著：《走向开放的城市——宋代东京街市研究》，北京：生活·读书·新知三联书店，2011年版，第191页。

班徐宁、扑天雕李应。[1]

从这份名单可以看出，小说《水浒传》从宋人那里借鉴了多少内容，修改、独创和发展了多少内容。可以说，虽然相隔几百上千年，但我们和宋人听到的"三大名著"的故事，其实是差不多的。

宋人疯玩各种球，男女老少齐上阵

当然，宋人还跟你玩同款运动，"足球""马球""摔跤""武术""高尔夫球"等风靡于宋，从宫廷到民间，无论男女、老少、军民都爱玩。

中国古代称球为鞠或踘，足球运动在古代叫蹴鞠，宋时成为全民运动，齐云社便是全国性的"足球俱乐部"，当时还涌现出不少球星[2]，宋太祖、宋太宗都是蹴鞠爱好者。[3]（见图7）宋代蹴鞠以有球门（单球门）的对抗赛"筑球"居多，比赛时，两队各在球门一边，互不越界，双方各有球头（队长）、次球头（副队长）及队员，球员各司其职，球头负责将球踢入三丈（936厘米）高、直径一尺（31.2厘米）的球门"风流眼"，经过一定时间的比赛，按过球多少定胜负，胜者有赏，负者受罚，队长要吃鞭子，脸上涂白粉[4]——从"三丈"和"一尺"

---

1 〔宋〕周密撰，吴企明点校：《癸辛杂识》续集上《宋江三十六赞》，北京：中华书局，1988年版，第145—150页。

2 朱瑞熙、刘复生、张邦炜、蔡崇榜、王曾瑜著：《宋辽西夏金社会生活史》，北京：中国社会科学出版社，1998年版，第272—273页。

3 史泠歌著：《宋代皇帝的疾病、医疗与政治》，保定：河北大学出版社，2013年版，第156页。

4 周宝珠著：《宋代东京研究》，开封：河南大学出版社，1992年版，第462—464页。

这组对比数据可以看出，宋代蹴鞠需要极高的技巧。需要注意的是，唐代蹴鞠的形式是两个球门、两队互攻，更接近现代足球，宋代蹴鞠倒有点儿像踢篮球。

击鞠又称打球，是中国古代的马球，唐代已盛行，历宋而不衰，据说宋太宗就是击鞠高手。[1]宋人认为击鞠不仅仅是嬉戏，重要的是能锻炼骑术，所以在军队中非常流行。当时马球为空心红色、拳头大小的木制球，球棒有数尺长，击球的一端弯曲，制作精巧。为适合女子打球，唐时已有以驴代马的情况。宋代女子多骑驴上阵，但男子也有骑驴、骑骡的，宋人所说的大打、小打，即分别指骑马、骑驴打球。[2]

击丸，也称捶丸、步打，是由击鞠分化而来的，打法有点儿像高尔夫球，也是老少咸宜、男女齐参与的运动，宋徽宗、金章宗都喜欢捶丸。[3]

宋人疯爱相扑，在军队中，"壮士裸袒相搏而角胜负"，可见不仅要较量力气，还要斗智。而且，宋代相扑运动也不乏女子、小儿的身影。[4]展现力与美，从来不只是成年男子的专利。

至于武术，据说"功夫皇帝"宋太祖发明了中国六大名拳之一的太祖长拳，自此武术有了套路，相扑表演前，女艺人会表演拳术。[5]宋太祖还发明了"大小盘龙棍"，也就是双节棍。[6]

1　史泠歌著：《宋代皇帝的疾病、医疗与政治》，保定：河北大学出版社，2013年版，第156页。

2　周宝珠著：《宋代东京研究》，开封：河南大学出版社，1992年版，第464、466页。

3　周宝珠著：《宋代东京研究》，开封：河南大学出版社，1992年版，第467—468页。

4　周宝珠著：《宋代东京研究》，开封：河南大学出版社，1992年版，第474页。

5　周宝珠著：《宋代东京研究》，开封：河南大学出版社，1992年版，第480页。

6　邓广铭、漆侠、朱瑞熙、王曾瑜、陈振著：《宋史》，北京：中国大百科全书出版社，2011年版，第4页。

这位武力值极高的皇帝带动了社会尚武风气，后世特别爱编排宋代侠客故事，是有历史原因的。

宋人玩的象棋和星座都接近现代

至于比较安静的体育运动，你也跟宋人撞款了——宋人跟你下同款象棋。唐时将象棋称为"象戏行马"，有将、马、车、卒等。宋代司马光等人改进象棋，增加"偏""裨"二子，相当于后来的"士""象"。因为火器出现，宋代象棋还有了"炮"。[1]南宋陈元靓的《事林广记》记载了完整的象棋棋局，包括："将"，每次只能行一步，而且限于九宫之内。"士"，每次行一对角，也不离宫。"象"，每次行两个对角，但只有四个方位。"马"，每次行一个直角一对角。"炮"，必须隔子打一子。"车"，横冲直撞于东西南北各方向。"卒"，每次只能走一步，过河之后，有进无退[2]——可见，其玩法与现代差不多。

宋人还跟你玩同款星座。苏轼《东坡志林》中有一条叫"命分"："退之诗云：'我生之辰，月宿直斗。'乃知退之磨蝎为身宫，而仆乃以磨蝎为命，平生多得谤誉，殆是同病也。"[3]苏轼认为自己跟韩愈都是摩羯座（磨蝎），容易遭受磨难，可见，苏轼不仅玩星座，还相当信。

那么苏轼是不是摩羯座呢？苏轼的生日是宋仁宗景祐三年

1　周宝珠著：《宋代东京研究》，开封：河南大学出版社，1992年版，第470—471页。

2　〔宋〕陈元靓编，耿纪朋译：《事林广记（首次白话插图译本）》，南京：江苏人民出版社，2011年版，第141页。

3　〔宋〕苏轼撰，王松龄点校：《东坡志林》卷1《命分》，北京：中华书局，1981年版，第21页。

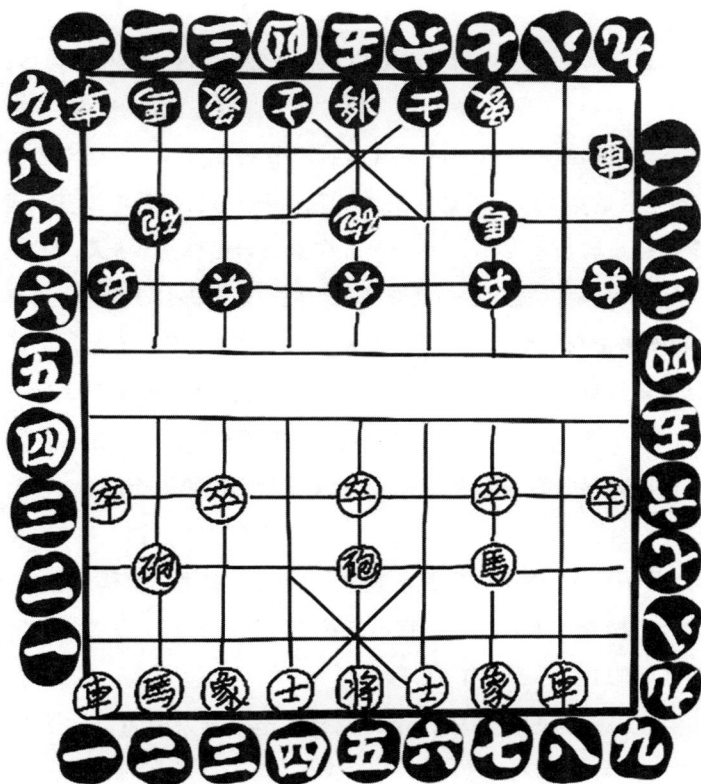

图片摹自《事林广记》中的"局面总图"，这幅图是最早的完整的象棋棋局。

（1036）十二月十九日[1]，按公历推算是1037年1月8日[2]，果然是摩羯座。这证明，宋人玩的星座，也跟现代差不多。

宋人的放假方式或许影响了现代

要玩，首先要有时间，所以，宋人跟你拥有同款假期。宋代的"公务员假期"非常多，据《辽宋西夏金代通史：典章制度卷》，宋初官员休假的节日有：岁节（春节）、冬至、寒食（冬至后的第105天）是"三大节"，每个节日各放7日假，其中休务（官员不必值日办公，可在家或自由休息）5天，朝假（皇帝不上朝，官员不必赴殿朝参，但需值日办公）2天。圣节（当朝皇帝与太后的生日）、上元（元宵节）、中元（七月十五日）各放朝假3天，其中休务1天。夏至、腊日（冬至后第三个戌日）各放朝假3天，不得休务。以上五节称为"五中节"。春社（立春后第五个戌日）、秋社（立秋后的第五个戌日）、上巳（三月三日）、端午、重阳、立春、人日（正月初七）、中和（二月一日）、春分、立夏、初伏、中伏、末伏、立秋、七夕、秋分、授衣（十月一日，官员皆授锦袄）、立冬，是"小节"，各放朝假1日，不休务。[3]

这一放假办法在宋代屡有调整，至宋神宗时重新定为76

1　〔宋〕苏轼撰，李之亮注译：《苏轼集》，"前言"，郑州：中州古籍出版社，2010年版，第3页。

2　林道心主编：《中国古代万年历》，石家庄：河北人民出版社，2003年版，第565页。

3　漆侠主编：《辽宋西夏金代通史：典章制度卷》，北京：人民出版社，2010年版，第180页。

天，加上官员还有旬休（每10天休息1天）[1]，不算婚丧病事假，宋代官员一年仅固定节假日就有100多天，跟现代非常相似，或许，现代假日的制定借鉴了宋代办法。

宋人可能跟你看过一样的大潮

现在你一定想到了，现代节日风俗，很多也有"宋代同款"，在此，我先详细说两条：

第一，苏轼的《八月十七日复登望海楼》诗中说："赖有明朝看潮在，万人空巷斗新妆。"这就是曾被很多人误用过的成语"万人空巷"的来历，描述的是人们走出家门去看潮水的盛况（所以巷子里都空了）。又据《梦粱录》记载："每岁八月内，潮怒胜于常时，都人自十一日起，便有观者，至十六、十八日倾城而出，车马纷纷，十八日最为繁盛，二十日则稍稀矣。"[2]可见，宋人喜爱观潮弄潮，尤以八月十八日最为热闹。这种风俗，就是延续到现代的"八月十八看大潮"。换言之，你看过的那么壮观的钱塘秋潮，宋人也看过。

第二，说一种契丹风俗——钩鱼。契丹（辽）虽然设了多个"京"，但皇帝最常待的地方名为捺钵（行在），而且四季要去不同的捺钵，因此，捺钵就是契丹的政治中心。其中，春捺钵的主要活动是钩鱼、捕鹅雁，由皇帝亲自主持。[3]简单地说，

1　漆侠主编：《辽宋西夏金代通史：典章制度卷》，北京：人民出版社，2010年版，第180、181页。

2　〔宋〕吴自牧著：《梦粱录》卷4《观潮》，杭州：浙江人民出版社，1980年版，第27—28页。

3　漆侠主编：《辽宋西夏金代通史：典章制度卷》，北京：人民出版社，2010年版，第1—2页。

钩鱼，就是皇帝每年春天都要凿冰取鱼，举办头鱼宴，来占卜年景、祭祀天地祖宗等，所以是一种盛典。其具体方式是：趁着江河还没解冻，人们来到冰上，将冰层凿洞，鱼为了透气，就会集中到被凿开的洞口，捕鱼者乘机将鱼钩出来。[1] 至于鱼的品种，据说是牛鱼。宋人程大昌曾将钩鱼的详细过程记录在《演繁露》中，并强调："达鲁河钩牛鱼，虏（作者注：契丹）中盛礼，意慕中国（作者注：宋）赏花钓鱼，然非钓也，钩也。"[2]

不得不说，每年看到新闻报道东北的"非遗"文化"查干湖冬捕"，我都会想起契丹的这种超级有仪式感的风俗。

鞭炮春联压岁钱，在宋代已成"过年老三样"

接下来，简单说说宋代节俗。

先说年俗。"爆竹声中一岁除，春风送暖入屠苏。千门万户曈曈日，总把新桃换旧符。"王安石这首众所周知的《元日》非常写实。随着火药、印刷术、造纸术的发展，从宋代开始，贴春联、放鞭炮（爆竹、炮仗、爆仗等）成为年俗。[3] 祭祖、拜年、守岁、出游、吃大餐、发压岁钱等很多年俗，宋代跟现代一致。[4] 据说宋代压岁钱称"随年钱"，意思是"按年龄发

---

1 宋德金著：《辽金西夏衣食住行》，北京：中华书局，2013年版，第63、65页。

2 〔宋〕程大昌撰，周翠英点校：《演繁露》卷3《北虏于达鲁河钩鱼》，济南：山东人民出版社，2018年版，第49—50页。

3 徐吉军等著：《中国风俗通史（宋代卷）》，上海：上海文艺出版社，2001年版，第613、618页。

4 〔宋〕周密撰，李小龙、赵锐评注：《武林旧事》卷3《岁晚节物》，北京：中华书局，2007年版，第97页。

放"，但《武林旧事》记载："后妃、诸阁又各进岁轴儿及珠翠百事吉、利市袋儿、小样金银器皿，并随年金钱一百二十文。旋亦分赐亲王贵邸、宰臣巨珰。"可见，宫里准备的随年金钱是120文。"至于爆仗，有为果子人物等类不一；而殿司所进屏风，外画钟馗捕鬼之类，而内藏药线，一爇（作者注：ruò，烧），连百余不绝。"可见，当时的鞭炮已经出现了100响的。[1]

宋人过年要吃年馎饦（bó tuō，一种面条）、喝屠苏酒。[2]有意思的是，"正月一日年节，开封府放关扑三日。"也就是允许市民玩赌博游戏"关扑"。[3]宋廷还会给租房的人免房租——"官放公私僦屋钱三日。"[4]

年俗中最"中二"最有趣的叫"卖懵懂"。陈元靓《岁时广记》说："元日五更初，猛呼他人，他人应之，即告之曰：'卖与尔懚（作者注：同懵）懂。'卖口吃亦然。"[5]"卖懵懂"又叫"卖痴呆"，指的是突然叫唤别人，如果对方答应，就可将懵懂卖给他，自己来年会变聪明。

还有一种风俗叫"照虚耗"，除夕在家中每一处点灯，据说可驱除鬼怪。[6]

1 〔宋〕周密撰，李小龙、赵锐评注：《武林旧事》卷3《岁除》，北京：中华书局，2007年版，第94页。

2 徐吉军等著：《中国风俗通史（宋代卷）》，上海：上海文艺出版社，2001年版，第623页。

3 〔宋〕孟元老撰，伊永文整理：《东京梦华录》卷6《正月》，上海师范大学古籍整理研究所编：《全宋笔记》第五编一，郑州：大象出版社，2012年版，第152页。

4 〔宋〕吴自牧著：《梦粱录》卷1《正月》，杭州：浙江人民出版社，1980年版，第1页。

5 〔宋〕陈元靓撰，许逸民点校：《岁时广记》卷5《元旦上》，北京：中华书局，2020年版，第139页。

6 〔宋〕周密撰，李小龙、赵锐评注：《武林旧事》卷3《岁晚节物》，北京：中华书局，2007年版，第97页。

宋人过元宵，除了赏花灯、猜灯谜，还有大批艺人表演，皇帝也会与民同乐。主要节食为上灯圆子、乳糖丸子等，其中苏州人吃孛娄。[1]据范成大的《吴郡志》记载："爆糯谷于釜中，名孛娄，亦曰米花。每人自爆，以卜一年之休咎。"[2]可见孛娄就是米花，也是中国最早的爆米花，苏州人用来占卜未来一年的运气。

宋代清明节是寒食节的一部分。寒食节旨在纪念介子推，须禁火三日，宋人在节前就备好节食，饿了就吃，故有"寒食十八顿"之说。寒食最有特色的食品是"子推燕"。宋人认为，若风干的子推燕能放到次年，可治疗口疮。[3]据《东京梦华录》，上坟、春游、上头（为男女孩办成年礼）都是寒食节节俗。[4]

清明节是寒食节第三天。北宋时，皇家园林金明池、琼林苑会举行龙舟争标等活动，吸引市民前往与皇帝同乐。[5]南宋时也差不多，这一天，宫中会让小内侍"用榆木钻火，先进者赐金碗、绢三匹"，这就是所谓的"钻燧改火"，"此日又有龙舟可观，都人不论贫富，倾城而出，笙歌鼎沸，鼓吹喧天，虽东京金明池未必如此之佳。……男跨雕鞍，女乘花轿，

1　徐吉军等著：《中国风俗通史（宋代卷）》，上海：上海文艺出版社，2001年版，第627—630页。

2　〔宋〕范成大撰，陆振岳点校：《吴郡志》卷2《风俗》，南京：江苏古籍出版社，1999年版，第14页。

3　徐吉军等著：《中国风俗通史（宋代卷）》，上海：上海文艺出版社，2001年版，第630—634页。

4　〔宋〕孟元老撰，伊永文整理：《东京梦华录》卷7《清明节》，上海师范大学古籍整理研究所编：《全宋笔记》第五编一，郑州：大象出版社，2012年版，第160页。

5　〔宋〕孟元老撰，伊永文整理：《东京梦华录》卷7《清明节》，上海师范大学古籍整理研究所编：《全宋笔记》第五编一，郑州：大象出版社，2012年版，第160—161页。

次第入城。"[1] 从某种意义上说，清明节也被过成了狂欢节、情人节。

洪迈《容斋随笔》说："唐玄宗以八月五日生，以其日为千秋节。张说《上大衍历序》云：'谨以开元十六年八月端午赤光照室之夜献之。'……然则凡月之五日皆可称端午也。"[2] 可见，每个初五都可以是"端午"。朱瑞熙等宋史专家的著作《宋辽西夏金社会生活史》说："宋代始以五月五日为端午节，又称端五、重五、重午、天中、浴兰令节。"[3] 端午节也是文人的晒书节，人们会吃粽子，喝菖蒲酒，戴长命缕辟邪，江南则流行泛舟竞渡等。[4]

宋代中秋节开始有了吃月饼习俗，《武林旧事》中便有"月饼"一词，可惜记载不详。当然，中秋节还要拜月，主要是为了向月亮许愿。一些地区还有中秋观潮、夜间放水灯等习俗，上述的八月十八看大潮就是中秋节的"周边"。[5] 当然，这一天，再穷的人也要置办家宴吃团圆饭并狂欢整夜，"虽陋巷贫窭之人，解衣市酒，勉强迎欢，不肯虚度。此夜天街卖买，直至五鼓，玩月游人，婆娑于市，至晓不绝。"[6]

---

1 〔宋〕吴自牧著：《梦粱录》卷2《清明节》，杭州：浙江人民出版社，1980年版，第11—12页。

2 〔宋〕洪迈撰，孔凡礼点校：《容斋随笔》卷1《八月端午》，北京：中华书局，2005年版，第3页。

3 朱瑞熙、刘复生、张邦炜、蔡崇榜、王曾瑜著：《宋辽西夏金社会生活史》，北京：中国社会科学出版社，1998年版，第423页。

4 徐吉军等著：《中国风俗通史（宋代卷）》，上海：上海文艺出版社，2001年版，第634、635、638、639、640页。

5 徐吉军等著：《中国风俗通史（宋代卷）》，上海：上海文艺出版社，2001年版，第645、646、648页。

6 〔宋〕吴自牧著：《梦粱录》卷4《中秋》，杭州：浙江人民出版社，1980年版，第26—27页。

除了上述节日，现代还有很多节俗源自宋代，譬如，腊八节吃腊八粥[1]，在此就不一一列举了。

其实不论宋代还是现代，节日的本质都是购物节、许愿节。即使现代人不去刻意考证这些习俗，它也不会轻易消失，毕竟，那是刻在中国人骨子里的东西。

1　徐吉军等著：《中国风俗通史（宋代卷）》，上海：上海文艺出版社，2001年版，第675—676页。

第四章

『宋人如何帮你打造地表最强中国胃』

古人很喜欢编开国皇帝们的段子，你大概也看过宋太祖赵匡胤发迹前的故事，譬如"千里送京娘"之类。

宋人就讲过一个赵匡胤与莴苣的段子：赵匡胤偷吃了僧人种的莴苣，因为他长得好看，反获僧人馈赠，他便答应"富贵无相忘"，当上皇帝后就帮僧人建了一座大寺。

莴苣是一种有趣的蔬菜，它是进口货，本来是吃叶子的，宋人将其选育成了茎用蔬菜。不管是吃叶还是吃茎，"赵匡胤生啃莴苣"还是画面太美令人不敢想象。

与莴苣一样，今天的很多常见食材，都是宋人发明或选育出来的，前者的代表是神奇的豆芽，后者的代表是小白菜等菘菜新品种。从此，白菜（菘菜的一种）成为国人餐桌上的"主菜"。而现代人餐桌上另一种重要蔬菜——萝卜，以及最重要的肉类——猪肉，也是从宋代开始得到重视的。

宋人的餐桌有多丰盛？从下表可见一斑：

宋代杭州出产的部分蔬菜水果一览表

蔬菜、食用菌	姜、葱、薤、大蒜、小蒜、菘、芥、生菜、芹、菠菜、葵菜、韭菜、苦荬、莙、蒿、蕨、莼、紫茄、水茄、甜瓜、梢瓜、黄瓜、丝瓜、葫芦（蒲芦）、冬瓜、瓠子、莴苣、萝卜、芜菁、山药、芋、藕、鸡头菜、甘露子、笋、茭白、黄耳蕈、玉蕈、茅蕈、竹菇、乳蕈、茯苓
水果、坚果、瓜类	柑橘、梅、桃、李、杏、樱桃、杨梅、枣、梨、棠梨、林檎（柰）、枇杷、棠球（野山楂）、木瓜、石榴、葡萄、柿子、桑葚、蜜屈律（拐枣）、甜瓜、银杏、栗子、梧桐子、莲子、菱角、甘蔗

资料来源：俞为洁著：《杭州宋代食料史》，北京：社会科学文献出版社，2018年版，第42—105页。

上述蔬果仅是"杭州土产"的一部分，但也能看出，相比更古的古人，宋人已经很有口福了。

宋代的水果蔬菜，每一类往往又有很多品种。以柿子为例，《梦粱录》就记载了方顶、牛心、红柿、椑柿、牛奶、水柿、火珠、步檐、面柿等，《西湖老人繁胜录》则记载了方顶柿、红柿、巧柿、绿柿和榄柿等。[1]

除了食材品类变得丰盛，宋代还是以炒为主的中国菜烹饪方式"定调"的重要节点，"炒菜"逐渐登上了平民的餐桌。而令无数现代人痴迷的火锅，也是宋代才开始面目清晰的——当时并没有吃起来酣畅淋漓的辣锅，宋人明确记下的第一款火锅，居然来自福建，自然是清汤锅。

我们今天盛行的一些饮食文化习俗，譬如秋天吃蟹，也源自宋代。随着发酵技术的发展，宋代的面食变得好吃起来，那些能够给人带来幸福感的面食，包括包子、面条之类，大概跟现代口味差不多。而另一种让人感到幸福的食物——糖，也在宋代得到大发展。

有意思的是，现代人熟知的"开门七件事"，正是在宋代完成了大集结。也可以这么说，你今天拥有的这款包罗万象的中国胃，正是宋人帮你定型的。

1　俞为洁著：《杭州宋代食料史》，北京：社会科学文献出版社，2018年版，第91页。

我小时候，我父亲经常提起一句民间谚语："诸肉不如猪肉，百菜不如白菜。"从这句话很明显可以看出猪肉和白菜的美味程度，以及它们对于中华美食之邦的重要性。那么，猪肉、白菜是何时开始重要起来的？是宋代。

在宋代以前和宋代的一段时间，"百菜之主"是"青青园中葵"，当时的"五菜"是指葵、韭、藿、薤（xiè）、葱，即所谓"葵甘、韭酸、藿咸、薤苦、葱辛"，葵是"五菜"的老大[1]，曾长期在中国人民的餐桌上唱主角，白菜不过是个"死跑龙套"的。但在宋代，这种格局变了——不仅白菜和猪肉，在主食、蔬果、肉类、水产、调料、饮料等方面，宋代都是关键节点，本章就来看看宋代吃货在打造"地表最强中国胃"过程中的杰出贡献吧！

主食：宋人拥有跟现代差不多的馒头、饺子、包子、面条

宋代非常重视粮食作物的多样化和产量的提升，据北宋僧人文莹的《湘山野录》记载：

真宗深念稼穑，闻占城稻耐旱，西天绿豆子多而粒大，各遣使以珍货求其种。占城得种二十石，至今

---

1 李晖：《趣说"五菜"》，载《古今农业》1994年第3期，第81—82页。

在处播之。西天中印土得绿豆种二石，不知今之绿豆
是否？始植于后苑，秋成日宣近臣尝之，仍赐占稻及
西天绿豆御诗。[1]

可见，宋廷对于引进和推广高产粮食品种是很用心的。在
宋人的辛勤劳作下，粮食产量大增，主食丰富起来。譬如，在
发酵技术的帮助下，宋人拥有了跟现代差不多的馒头、饺子、
包子、面条，仅《武林旧事》的"蒸作从食"（从食就是主食）
部分就记录了当时杭州市场上供应的50多种面食。[2]

关于国人对酵母的认识，学者王学泰说，发面技术约始于
东汉，南北朝时才有详细记载，当时是利用易于发酵的米汤为
引子来发面，"现在北方通行的用食碱（碳酸钙）中和发酵面
团以免过酸的做法，大约产生于宋元之间。"[3]合理猜测，宋代
主食比之前的时代好吃。

粮食产量提升了，宋人就拥有了花样繁多的豆制品。豆腐
之类豆制品早就出现了，但它们成为家常便饭，似乎是宋代
才有的事。换言之，现代人熟悉的各种豆制品于宋代悉数亮
相——之前人们直接食用大豆，会胀气难受，营养不易吸收，
故而"豆羹"成为底层百姓粗粝饮食的代名词，但食用豆制品
没有上述问题，因此，豆制品成了中国人所需蛋白质的主要

1　〔宋〕释文莹撰，郑世刚整理：《湘山野录》卷下，朱易安、傅璇琮等主编：《全宋
　　笔记》第一编六，郑州：大象出版社，2017年版，第57—58页。

2　俞为洁著：《杭州宋代食料史》，北京：社会科学文献出版社，2018年版，第33—
　　34页。

3　王学泰著：《中国饮食文化史》，桂林：广西师范大学出版社，2006年版，第121
　　页。

来源。[1]

在琳琅满目的各种主食中，我只说说现代已很少见的菰（gū）米。南宋林洪《山家清供》中载有"既香而滑"的"雕菰饭"，也就是菰米饭。[2]菰米就是茭草种子，为古代"六谷"之一，到了宋元时期，菰黑粉菌暴发，以致菰米难觅茭白（茭草被菰黑粉菌感染后生成的肉质茎）丛生，茭草就从粮食变成了蔬菜。[3]

换言之，宋人不仅享用过菰米，还率先吃起了茭白。苏颂《本草图经》同时记载了两种吃法："菰根，旧不著所出州土，今江湖陂泽中皆有之，即江南人呼为茭草者。生水中，叶如蒲、苇辈，刈以秣马甚肥。春亦生笋甜美，堪啖，即菰菜也，又谓之茭白。其岁久者，中心生白台如小儿臂，谓之菰手。""至秋结实，乃雕胡（作者注：雕菰）米也。古人以为美馔，今饥岁人犹采以当粮。"因为茭白"似土菌，生菰草中"，"故南方人至今谓菌为菰，亦缘此义也。"[4]林洪也说："蕈亦名菰。"[5]蕈（xùn）就是菌。

宋人感受到了茭草从粮食化身蔬菜的全过程，似乎是一种隐喻：宋代的一些事物，往往具有结束旧时代、开启新时代的意义。

1 俞为洁著：《杭州宋代食料史》，北京：社会科学文献出版社，2018年版，第37页。

2 〔宋〕林洪著：《山家清供》，〔宋〕陈达叟等撰：《蔬食谱 山家清供 食宪鸿秘》，杭州：浙江人民美术出版社，2019年版，第20页。

3 俞为洁著：《杭州宋代食料史》，北京：社会科学文献出版社，2018年版，第52—53页。

4 〔宋〕苏颂撰：《本草图经》卷9《菰根》，朱人求、和溪主编：《苏颂全集》，北京：国家图书馆出版社，2020年版，第1331—1332页。

5 〔宋〕林洪著：《山家清供》，〔宋〕陈达叟等著：《蔬食谱 山家清供 食宪鸿秘》，杭州：浙江人民美术出版社，2019年版，第33页。

菜：笋成高雅象征，菌进千家万户

宋代是蔬菜大调整大转型时期。以菘（sōng，青菜、白菜之类）为例，宋元时期大量推广种植菘，培育出许多优质新品种，菘最终取代葵，成为最受欢迎、食用量最大的蔬菜。（见图8）宋人还培育出了夏菘，即小白菜，弥补了夏季严重缺少绿叶菜的缺憾。[1]

宋人发明了蔬菜黄化技术，用来生产黄芽菜和韭黄。宋人将白菜进行黄化处理，得到黄芽菜，当黄化白菜品性稳定后，只要用它的种子播种，长出的菜也是"黄芽"的，黄芽菜就成了一个新品种。[2]对于黄芽菜，《梦粱录》是这样记载的："黄芽，冬至取巨菜，覆以草，即久而去腐叶，以黄白纤莹者，故名之。"[3]至于韭黄，据《东京梦华录》记载："十二月，街市尽卖撒佛花、韭黄、生菜、兰芽、勃荷、胡桃、泽州饧。"[4]说明当时市场上有韭黄供应。

宋人还开始发豆芽。据《山家清供》记载：

> 温陵人前中元数日，以水浸黑豆，曝之及芽，以糠皮置盆内，铺沙植豆，用板压，及长，则覆以桶，晓则晒之，欲其齐而不为风日侵也。中元则陈于祖宗

1 俞为洁著：《杭州宋代食料史》，北京：社会科学文献出版社，2018年版，第42—43页。

2 俞为洁著：《杭州宋代食料史》，北京：社会科学文献出版社，2018年版，第43、44页。

3 〔宋〕吴自牧著：《梦粱录》卷18《物产》，杭州：浙江人民出版社，1980年版，第163页。

4 〔宋〕孟元老撰，伊永文整理：《东京梦华录》卷10《十二月》，上海师范大学古籍整理研究所编：《全宋笔记》第五编一，郑州：大象出版社，2012年版，第188页。

之前，越三日出之，洗焯，渍以油、盐、苦酒、香料，可为茹。卷以麻饼，尤佳。色浅黄，名"鹅黄豆生"。[1]

"温陵"就是泉州，泉州人中元节前用来祭祖的"鹅黄豆生"就是黑豆芽。

萝卜在蔬菜中的重要地位，是唐宋时期确立的，之前，它被归类在芜菁"门下"。[2]《山家清供》中的"玉糁羹""骊塘羹""萝菔面"都离不开萝卜（萝菔、芦菔），这大概有两大原因：第一，林洪爱吃萝卜，"仆与靖逸叶贤良绍翁过从二十年，每饮适必索萝菔，与皮生啖，乃快所欲。"叶绍翁就是网红百搭名句"一枝红杏出墙来"的作者。第二，萝卜在宋代已成主流蔬菜，大宋第一吃货苏轼就是萝卜爱好者，他还用"若非天竺酥酡，人间决无此味"来赞美萝卜。[3]

宋代之前陆续从国外引进的菠菜、莴苣、丝瓜等蔬菜，在宋代已成为百姓的家常菜。[4]

据南宋周煇《清波杂志》记载：

> 五代时，有僧某卓庵道边，蓻（作者注：yì，种植）蔬丐钱。一日昼寝，梦一金色黄龙，食所蓻莴苣数畦。僧瘑惊，且曰："必有异人至。"已而见一伟丈

1　〔宋〕林洪著：《山家清供》，〔宋〕陈达叟等著：《蔬食谱　山家清供　食宪鸿秘》，杭州：浙江人民美术出版社，2019年版，第40页。

2　俞为洁著：《杭州宋代食料史》，北京：社会科学文献出版社，2018年版，第51页。

3　〔宋〕林洪著：《山家清供》，〔宋〕陈达叟等著：《蔬食谱　山家清供　食宪鸿秘》，杭州：浙江人民美术出版社，2019年版，第18、27、36页。

4　俞为洁著：《杭州宋代食料史》，"前言"，北京：社会科学文献出版社，2018年版，第8页。

夫，于所梦之所取莴苣食之。僧视其状貌凛然，遂摄衣延之，馈食甚勤。顷刻告去，僧嘱之曰："富贵无相忘。"因以所梦告之，且曰："公他日得志，愿为老僧只于此地建一大寺。"伟丈夫乃艺祖也。既即位，求其僧，尚存。遂命建寺，赐名普安，都人称为"道者院"。[1]

这个段子讲的是宋太祖偷吃僧人的莴苣反而得到馈赠后来建寺报答僧人的故事，很玄乎，加上"普安院"实际上建于周世宗显德年间，所以这个段子不可信。但有意思的是，宋人编排宋太祖偷吃莴苣，说明莴苣很常见，而且，段子里的莴苣很有可能是茎用莴苣。

宋初陶穀的《清异录》说："高国使者来汉，隋人求得菜种，酬之甚厚，故因名千金菜，今莴苣也。"[2]隋时莴苣传入中国，当时是叶用蔬菜，宋人将其选育成茎用蔬菜。《山家清供》提到"脆琅玕（láng gān，珠玉、美石）"的做法，需将"莴苣去叶皮，寸切"[3]，显然是茎用蔬菜。

宋人对食用菌栽培亦有大贡献。唐人就开始栽培食用菌，但宋元进一步出现人工接种技术，使食用菌大规模生产成为可能，从而成为人们的重要食材。南宋陈仁玉根据民间采食菌

---

1 〔宋〕周辉撰，刘永翔校注：《清波杂志校注》卷1《普安院》，北京：中华书局，1994年版，第6页。

2 〔宋〕陶穀撰，孔一校点：《清异录》卷上《千金菜》，〔宋〕陶穀、吴淑撰，孔一校点：《清异录 江淮异人录》，上海：上海古籍出版社，2012年版，第44页。

3 〔宋〕林洪著：《山家清供》，〔宋〕陈达叟等著：《蔬食谱 山家清供 食宪鸿秘》，杭州：浙江人民美术出版社，2019年版，第46页。

蕈的经验写成的《菌谱》一书，是世界上第一本食用菌专著。[1]
《山家清供》中还交代过试蕈之法，"姜数片同煮，色不变，可
食矣。"[2]

宋代充满文人趣味，喜欢雅化食物，蔬菜中的"笋"颇有
禅意，成为被雅化的典型。苏轼的名句"无肉令人瘦，无竹令
人俗"，就作于杭州的一座寺院里。[3]南宋高僧济公在《笋疏》
诗中吟咏道："拖油盘内煿（作者注：bó，煎烤）黄金，和米铛
中煮白玉。"[4]为标榜清雅，宋人以吃苦笋为时尚，苦笋价格高
于甜笋。当然，宋人也没忘了创纪录，北宋高僧赞宁撰有世界
上第一本竹笋专著——《笋谱》。[5]

果：宋人愉快地当上了吃瓜群众

在水果方面，宋人亦成果颇多，尤其是培育出了水蜜桃和
无核枇杷[6]，北宋蔡襄撰有我国最早的荔枝专著、果树栽培学专
著——《荔枝谱》，南宋韩彦直则著有我国最早的柑橘专著、

---

1 俞为洁著：《杭州宋代食料史》，北京：社会科学文献出版社，2018年版，第59—
  60页。

2 〔宋〕林洪著：《山家清供》，〔宋〕陈达叟等著：《蔬食谱　山家清供　食宪鸿秘》，
  杭州：浙江人民美术出版社，2019年版，第45页。

3 俞为洁著：《杭州宋代食料史》，"前言"，北京：社会科学文献出版社，2018年版，
  第9页。

4 〔宋〕林洪著：《山家清供》，〔宋〕陈达叟等著：《蔬食谱　山家清供　食宪鸿秘》，
  杭州：浙江人民美术出版社，2019年版，第21页。

5 俞为洁著：《杭州宋代食料史》，"前言"，北京：社会科学文献出版社，2018年版，
  第9页。

6 俞为洁著：《杭州宋代食料史》，北京：社会科学文献出版社，2018年版，第75、
  86页。

世界上首部完整的柑橘栽培学著作——《橘录》。[1]

陆游吟咏过自己种植的无核枇杷，显示宋代无核枇杷种植已相当普遍。这首《杂咏园中果子》诗中写道：

> 不酸金橘种初成，无核枇杷接亦生。
> 珍产已从幽圃得，浊醪仍就小槽倾。[2]

至于瓜类，薄皮甜瓜是中国本土植物，也是国人最常食的瓜种，宋代已出现种甜瓜专业户。[3]《武林旧事》记载了临安人的避暑食品，"时物则新荔枝、军庭李（二果产闽）、奉化项里之杨梅、聚景园之秀莲、新藕、蜜筒、甜瓜、椒核、枇杷、紫菱、碧芡、林禽、金桃、蜜渍昌元梅、木瓜、豆儿水、荔枝膏、金橘、水团、麻饮、芥辣、白醪、凉水、冰雪爽口之物。"[4]其中就有甜瓜，而宋人嗑的瓜子就是甜瓜子。

至于西瓜子，宋人也嗑到了。《西湖老人繁胜录》记载的"茶果仁儿"中有"西瓜仁"[5]，可见西瓜子已被宋人归入零食中。

洪迈之父洪皓曾于宋高宗建炎三年（1129）出使金国，却

1　邵庆国主编：《宋代科技成就》，郑州：河南科学技术出版社，2014年版，第42、44页。

2　〔宋〕陆游著，钱仲联校注：《剑南诗稿校注》卷31，上海：上海古籍出版社，2005年版，第2091页。

3　俞为洁著：《杭州宋代食料史》，北京：社会科学文献出版社，2018年版，第93—94页。

4　〔宋〕周密撰，李小龙、赵锐评注：《武林旧事》卷3《都人避暑》，北京：中华书局，2007年版，第83—84页。

5　〔宋〕西湖老人撰，周百鸣标点：《西湖老人繁胜录》，王国平主编：《西湖文献集成》（第2册），杭州：杭州出版社，2004年版，第10页。

被扣留十五年之久，他在《松漠纪闻续》中描述：

> 西瓜形如扁蒲而圆，色极青翠，经岁则变黄。其
> 脄类甜瓜，味甘脆，中有汁尤冷。《五代史·四夷附录》
> 云：以牛粪覆棚种之。予携以归，今禁圃乡圃皆有，
> 亦可留数月，但不能经岁，仍不变黄色。[1]

也就是说，洪皓正是从金国带回种子，让宋人吃上西瓜的人。
文天祥曾写下《西瓜吟》一诗，赞赏西瓜的消暑功能：

> 拔出金佩刀，斫破苍玉瓶。千点红樱桃，一团黄
> 水晶。
> 下咽顿除烟火气，入齿便作冰雪声。长安清富说
> 邵平，争如汉朝作公卿。[2]

看来，跟夏天用西瓜"续命"的现代人一样，宋人也很享
受这款"消暑神器"。

此外，因北宋隐逸诗人林逋（bū）在孤山过着"梅妻鹤子"
的日子，靠种梅树、卖梅果过活（见图9），为时人所仰慕，南
宋时人们就在孤山种了很多梅树，让当地成为著名景点，梅成
了一种隐逸的象征，食用梅花梅果，自然都是雅事。[3]

1　〔宋〕洪皓撰，阳羡生校点：《松漠纪闻续》，〔宋〕宋敏求等撰，尚成等校点：《春
　　明退朝录（外四种）》，上海：上海古籍出版社，2012年版，第54页。
2　〔宋〕文天祥撰，刘文源校笺：《文天祥诗集校笺》卷9《西瓜吟》，北京：中华书
　　局，2017年版，第801页。
3　俞为洁著：《杭州宋代食料史》，北京：社会科学文献出版社，2018年版，第71—
　　72页。

杨万里诗云："瓮澄雪水酿春寒，蜜点梅花带露餐。句里略无烟火气，更教谁上少陵坛。"既然梅中没有烟火气，自然都是仙气了。《山家清供》记载了这一味"蜜渍梅花"的做法："剥白梅肉少许，浸雪水，以梅花酝酿之，露一宿取出，蜜渍之，可荐酒。"林洪并评价为："较之敲雪煎茶，风味不殊也。"[1]

另一味"汤绽梅"更是风雅："十月后，用竹刀取欲开梅蕊，上下蘸以蜡，投蜜罐中。夏月，以热汤就盏泡之，花即绽，澄香可爱也。"[2]宋人通过"腌制花苞"实现了夏季赏梅。

花：宋人培育出了黄色、绿色的莲花

宋人喜爱以花入菜，获得跟梅花同样待遇的"雅花"还有菊花、栀子花，以及与莲花有关的一切，《山家清供》中的"紫英菊""蒨卜（栀子花）煎""莲房鱼包"即是明证。[3]

荼蘼花也是雅物。据《曲洧旧闻》记载：

> 蜀公（作者注：范镇）居许下，于所居造大堂，以长啸名之。前有荼醾（作者注：荼蘼）架，高广可容数十客。每春季花繁盛时，燕客于其下。约曰：有花飞堕酒中者，为余醮（作者注：jiào，干杯）一大白。

1 〔宋〕林洪著：《山家清供》，〔宋〕陈达叟等著：《蔬食谱　山家清供　食宪鸿秘》，杭州：浙江人民美术出版社，2019年版，第30—31页。
2 〔宋〕林洪著：《山家清供》，〔宋〕陈达叟等著：《蔬食谱　山家清供　食宪鸿秘》，杭州：浙江人民美术出版社，2019年版，第31—32页。
3 〔宋〕林洪著：《山家清供》，〔宋〕陈达叟等著：《蔬食谱　山家清供　食宪鸿秘》，杭州：浙江人民美术出版社，2019年版，第23、25、29页。

或语笑喧哗之际，微风过之，则满座无遗者。当时号为飞英会，传之四远，无不以为美谈也。[1]

被花瓣选中的幸运儿必须干杯，若所有杯里都落下飞花，就举座痛饮，这就是"飞英会"，宋人，到底是最会玩的古人。

对于种花技术，宋人也精研过，《续墨客挥犀》就说：

百花皆可接。有人能于茄根上接牡丹，则夏花而色紫；接桃枝于梅上，则色类桃而冬花；又于李上接梅，则香似梅而春花。投莲的（作者注：莲子）于豉瓮中，经年植之则花碧，用栀子水渍之则花黄。元祐中，畿县民家池中生碧莲数朵，盖用此术。[2]

可见，宋人对各种花的嫁接已是手到擒来，一句"傲娇"的"百花皆可接"真是道尽了宋人的风雅和智慧。

肉：你最爱的火锅可能是福建人发明的

宋代上流社会以羊肉为美。据《铁围山丛谈》记载：

---

1 〔宋〕朱弁撰，孔凡礼点校：《曲洧旧闻》卷3，〔宋〕李廌、朱弁、陈鹄撰，孔凡礼点校：《师友谈记　曲洧旧闻　西塘集耆旧续闻》，北京：中华书局，2002年版，第115页。

2 〔宋〕彭□辑撰，孔凡礼点校：《续墨客挥犀》卷7《接百花》，〔宋〕赵令畤等撰，孔凡礼点校：《侯鲭录　墨客挥犀　续墨客挥犀》，北京：中华书局，2002年版，第486页。

开宝末，吴越王钱俶始来朝。垂至，太祖谓大官："钱王，浙人也。来朝宿共帐内殿矣，宜创作南食一二以燕衎（作者注：kàn，快乐）之。"于是大官仓卒被命，一夕取羊为醢，以献焉，因号"旋鲊"。至今大宴，首荐是味，为本朝故事。[1]

宋太祖要招待贵客，御厨便"取羊为醢"创作了"旋鲊"，后来成为大宴必备菜色，可见羊肉在宫廷中的地位之高。

事实上，宋代御厨的肉食就是以羊肉为主，猪肉很少，其他肉类更少。譬如，宋神宗熙宁十年（1077）御厨消费了434463斤4两羊肉，猪肉只有4131斤[2]，羊肉是猪肉的一百多倍。

虽然猪肉被上流社会视为贱肉，但它无疑很重要，北宋东京每天至少消费上万头猪，而苏轼对于猪肉的推崇和营销（他亲自发明了东坡肉），则有效提升了猪肉的地位和普及程度。南宋因严重缺羊，成为中国肉类消费的调整时期，从此，猪肉在人们观念中不再"贱"了。虽然元人推崇牛羊肉，但因有宋代打下的食用猪肉的坚实基础，元代民间养猪业仍然发展迅猛。到了明代，猪肉就成了百姓餐桌上排名第一的肉类。[3]

值得一提的是，宋人非常珍惜肉类食材，骨、肉、皮、血、内脏、乳汁无一舍弃，都被加工成各种菜肴和副食[4]——是不

1　〔宋〕蔡絛撰，冯惠民、沈锡麟点校：《铁围山丛谈》卷6，北京：中华书局，1983年版，第107页。

2　王曾瑜著：《宋朝阶级结构》，石家庄：河北教育出版社，1996年版，第243页。

3　俞为洁著：《杭州宋代食料史》，北京：社会科学文献出版社，2018年版，第142、146页。

4　俞为洁著：《杭州宋代食料史》，北京：社会科学文献出版社，2018年版，第135—136页。

是很有现代中国人的味儿？

那么，宋人吃不吃狗肉？《宋刑统》记载了对盗杀、故杀、自杀犬的刑罚："盗杀犬者，决臀杖柒拾放。""故杀他人犬者，决臀杖伍拾放。杀自己犬者，决臀杖拾下放。"[1]其中刑罚最轻的是杀自家犬，要打十下屁股。可见，吃狗是非法的。同样，宋代也禁食马、牛、蛙类，但挡不住民间猎奇，可说屡禁不绝。[2]

宋人对野味也有兴趣。《山家清供》就记录了一种野兔吃法，无意中创下一项新纪录——最早以文字记录了火锅。据《山家清供》记载：

> 向游武夷六曲访止止师，遇雪天，得一兔，无庖人可制。师云："山间只用薄枇、酒酱、椒料沃之，以风炉安座上，用水少半铫（作者注：diào，煮开水熬东西用的器具），候汤响，一杯后各分以筯（作者注：zhù，箸），令自夹入汤摆熟，啖之。乃随宜各以汁供。"因用其法，不独易行，且有团圞（作者注：luán，团聚）热暖之乐。越五六年，来京师，乃复于杨泳斋伯岩席上见此，恍然去武夷如隔一世。杨，勋家，嗜古学而清苦者，宜此山林之趣。因作诗云："浪涌晴江雪，风翻晚照霞。"末云："醉忆山中味，浑忘

---

1 〔宋〕窦仪等详定，岳纯之校证：《宋刑统校证》卷15《厩库律》、卷19《贼盗律》，北京：北京大学出版社，2015年版，第202、258页。

2 俞为洁著：《杭州宋代食料史》，"前言"，北京：社会科学文献出版社，2018年版，第8—9页。

是贵家。"猪、羊皆可作。[1]

武夷山、大雪天、世外高人，雅人雅事凑齐了，食物确实应该取一个雅名，于是，多年后，林洪以晚霞比喻翻滚的火锅汤底，将其命名为"拨霞供"。从拨霞供的食用方法（肉切片腌制，食客夹肉放在开水锅里涮熟并蘸料吃，猪肉和羊肉都可照此办理）和热闹气氛来说，显然已跟现代火锅十分接近。

但总的来说，宋人对猎食野味的兴趣不大。学者俞为洁分析说："宋人的文化本质上是一种文人文化，追求的是宁静雅致，这种文化背景下，人们对野生动物容易产生欣赏和关爱的情怀，这会在一定程度上抑制猎食。因此宋人猎食野味，远不如此后的元人。"[2]

水产：你每到秋天都馋蟹的原因找到了

宋人对野生食材的兴趣主要体现在水产上，水产菜剧增是宋菜的一个特点，南宋杭州市场上有名可查的水产超过120种。[3]

宋人好食鲈鱼、鲥鱼，这两种鱼亦充满文化意味，文人多有吟诵者。[4]其中鲥鱼是最漂亮的鱼，多年前已成绝响，现代人再无口福享受。

值得一提的是，为了在转运过程中保持鱼的鲜活，宋人

---

1 〔宋〕林洪著：《山家清供》，〔宋〕陈达叟等著：《蔬食谱 山家清供 食宪鸿秘》，杭州：浙江人民美术出版社，2019年版，第27页。

2 俞为洁著：《杭州宋代食料史》，北京：社会科学文献出版社，2018年版，第128页。

3 俞为洁著：《杭州宋代食料史》，北京：社会科学文献出版社，2018年版，第154页。

4 俞为洁著：《杭州宋代食料史》，北京：社会科学文献出版社，2018年版，第156—157页。

还想出了通过机器运转使水保持流动状态以增加氧气供给的办法。[1]

至于又丑又腥的蟹，原被视为贱食，沈括讲了一个好笑的段子："关中无螃蟹，元丰中予在陕西，闻秦州人家收得一干蟹，土人怖其形状，以为怪物，每人家有病疟者，则借去挂门户上，往往遂差。不但人不识，鬼亦不识也。"[2]可见宋人，尤其是内陆人，对于蟹有一个较长的认知过程。

但是，当宋人"认清"了蟹之后，就出现了全民嗜蟹的盛况，中国蟹文化达到了高峰（见图10），宋代出现了两本蟹类专著，一本是北宋傅肱的《蟹谱》，一本是南宋高似孙的《蟹略》。在宋人看来，蟹与笋、梅一般高雅，食蟹可比肩观月赏菊、鲈鱼莼羹。[3]《山家清供》将蒸蟹取名为"持螯供"，认为"但以橙、醋，自足以发挥其所蕴也"[4]，不止名字风雅，通过烹饪和食用方法，也能反映出宋人追求真味的心态。

茶：原来抹茶和拉花是这么玩出来的

宋人爱茶，王公贵族、文人雅士、富商大贾、平民百姓都崇尚饮茶，城市里有各种类型的茶肆，为不同人群提供服务。[5]

1　俞为洁著：《杭州宋代食料史》，北京：社会科学文献出版社，2018年版，第173页。

2　〔宋〕沈括撰，金良年点校：《梦溪笔谈》卷25《杂志二》，北京：中华书局，2015年版，第246页。

3　俞为洁著：《杭州宋代食料史》，北京：社会科学文献出版社，2018年版，第161页。

4　〔宋〕林洪著：《山家清供》，〔宋〕陈达叟等著：《蔬食谱　山家清供　食宪鸿秘》，杭州：浙江人民美术出版社，2019年版，第31页。

5　张景明、王雁卿著：《中国饮食器具发展史》，上海：上海古籍出版社，2011年版，第253页。

宋时以团茶（饼茶）为主流，尤以建州（今福建建瓯一带）所产建茶为贵。宋廷在建州北苑设有"御茶园"，专制龙凤茶等，号称天下极品，往往有几千名采茶工匠在此劳作。[1]

据北宋王辟之《渑水燕谈录》记载：

> 建茶盛于江南，近岁制作尤精，龙、凤团茶最为上品，一斤八饼。庆历中，蔡君谟为福建运使，始造小团以充岁贡，一斤二十饼，所谓上品龙茶也。仁宗尤所珍惜，虽宰臣未尝辄赐，惟郊礼致斋之夕，两府各四人，共赐一饼。官人剪金为龙、凤花，贴其上。八人分蓄之，以为奇玩，不敢自试，有嘉客，出而传玩。欧阳文忠公云："茶为物之至精，而小团又其精者也。"[2]

蔡襄造出茶中极品小龙团，连宋仁宗也舍不得多赏赐一点儿给宰执。宰执有幸得到小龙团后，将其视为"传家宝"，贵客来了才能把玩，可见此茶之珍贵。

饮茶是雅事，在这一点上，寺院起到了推波助澜的作用。宋代饮茶已成禅林制度，僧众每天都会在固定时间围坐品茶，这就是"茶宴"。前来寺院学习的日本僧人将这一做法带回日本，于是，日本茶道兴起，并传播开来。[3]

1　王曾瑜著：《宋朝阶级结构》，石家庄：河北教育出版社，1996年版，第239页。

2　〔宋〕王辟之撰，吕友仁点校：《渑水燕谈录》卷8《事志》，〔宋〕王辟之、欧阳修撰，吕友仁、李伟国点校：《渑水燕谈录　归田录》，北京：中华书局，1981年版，第99页。

3　俞为洁著：《杭州宋代食料史》，北京：社会科学文献出版社，2018年版，第195页。

宋代茶的主要饮用方式是点茶（见图11）：将茶饼碾成细末，放在茶盏中，用少许沸水调为膏状，以汤瓶向茶盏中冲点沸水，一边冲点，一边以竹制茶筅（xiǎn）或银制茶匙在盏中搅动（击拂），当汤面形成粥面，就可饮用了[1]——是不是很像抹茶？

据蔡襄的《茶录》记载，这看似简单的流程，其实包括碾茶、罗茶、候汤、熁（xié）盏、点茶五个步骤，每一步都很讲究，其中熁盏、点茶是这样的：

> 凡欲点茶，先须熁盏令热，冷则茶不浮。[2]
>
> 茶少汤多，则云脚散；汤少茶多，则粥面聚。（建人谓之云脚、粥面。）钞茶一钱匕，先注汤调令极匀，又添注入，环回击拂，汤上盏可四分则止。视其面色鲜白，著盏无水痕为绝佳。建安斗试，以水痕先者为负，耐久者为胜。[3]

建安就是建州下辖的建安县。蔡襄所谓的"斗试"就是宋代上流社会喜欢的斗茶，斗茶斗的是谁能让茶沫长时间聚集不散，而高手冲茶时还可使汤面呈现出不同的图像和文字。[4]

陶毂《清异录》说：

> 茶至唐始盛，近世有下汤运匕，别施妙诀，使汤

---

1 扬之水著：《两宋茶事》，北京：人民美术出版社，2015年版，第45页。

2 〔宋〕蔡襄著，唐晓云整理校点：《茶录》上篇《论茶》，〔宋〕蔡襄等著，唐晓云整理校点：《茶录（外十种）》，上海：上海书店出版社，2015年版，第13页。

3 〔宋〕蔡襄著，唐晓云整理校点：《茶录》上篇《论茶》，〔宋〕蔡襄等著，唐晓云整理校点：《茶录（外十种）》，上海：上海书店出版社，2015年版，第13页。

4 俞为洁著：《杭州宋代食料史》，北京：社会科学文献出版社，2018年版，第192页。

纹水脉成物象者。禽兽虫鱼花草之属，纤巧如画，但须臾即就散灭。此茶之变也，时人谓茶百戏。[1]

宋人可以让"汤纹水脉"变成"禽兽虫鱼花草"，技艺高超，观赏性十足——诶，这不就是现代咖啡中的拉花么？

对所谓粥面，学者扬之水解释："建人制茶饼，每在其中添加富含淀粉之物，点作茶汤，便略如粥之内凝，时人因常常把茶称作'茗粥'。"[2]

《茶录》中提到的茶器包括茶焙、茶笼、砧椎、茶钤、茶碾、茶罗、茶盏、茶匙、汤瓶等八样，因为点茶是"以汤瓶煎水后注入放置茶末的茶盏"，所以最主要的茶器是茶盏（无盖茶碗）和汤瓶。因为"茶色贵白"，所以茶盏以黑色瓷釉、产自建州的"建盏"为上品。[3] 汤瓶乍看像茶壶，但其功能跟茶壶不同，把手、流的位置也不同。至于用来冲泡茶叶的茶壶，那是明代才有的。[4]

很显然，点茶是有钱有闲的人玩的高雅文化，但普通人也是要喝茶的，怎么办？可以考虑饮散茶。宋代已发明了散茶制法，成为从饼茶为主到散茶为主的转折时期，明代散茶一统天下，饼茶反而成了小众茶。[5]

宋代也有在茶水中加果子、果仁的"民间俗饮"，非常不

1　〔宋〕陶毂撰，孔一校点：《清异录》卷下《茶百戏》，〔宋〕陶毂、吴淑撰，孔一校点：《清异录　江淮异人录》，上海：上海古籍出版社，2012年版，第103页。

2　扬之水著：《两宋茶事》，北京：人民美术出版社，2015年版，第55页。

3　〔宋〕蔡襄著，唐晓云整理校点：《茶录》上篇《论茶》，〔宋〕蔡襄等著，唐晓云整理校点：《茶录（外十种）》，上海：上海书店出版社，2015年版，第11页。

4　王学泰著：《中国饮食文化史》，桂林：广西师范大学出版社，2006年版，第165页。

5　邵庆国主编：《宋代科技成就》，郑州：河南科学技术出版社，2014年版，第58页。

招士人待见，蔡襄说："建安民间皆不入香，恐夺其真。若烹点之际，又杂珍果香草，其夺益甚。正当不用。"[1]林洪说："今世不惟不择水，且入盐及果，殊失正味。"[2]然而，"民间俗饮"获得了元代统治者的欣赏，在元代流行一时。[3]

酒：红曲和干酵母，也都安排上了

宋人不仅嗜茶，也嗜酒，皇帝就是酒中豪客，当时的造酒机构酿造出了蔷薇露、流香、凤泉、玉练槌、真珠泉、苏合酒、杏仁酒等宫廷美酒，高官贵戚家中和大酒楼也都有招牌酒。[4]

宋代之前集中记载制曲酿酒技术的是北魏贾思勰的《齐民要术》，但只有一卷内容，而宋人写了专著——北宋朱肱的《北山酒经》（又名《酒经》）是我国现存第一部全面系统论述制曲酿酒工艺的专著。[5]

《北山酒经》首次记载了葡萄酒的酿造方法：

> 酸米入甑蒸，气上，用杏仁五两（去皮、尖），葡萄二斤半（浴过，干，去子、皮），与杏仁同于砂

1　〔宋〕蔡襄著，唐晓云整理校点：《茶录》上篇《论茶》，〔宋〕蔡襄等著，唐晓云整理校点：《茶录（外十种）》，上海：上海书店出版社，2015年版，第12页。

2　〔宋〕林洪著：《山家清供》，〔宋〕陈达叟等著：《蔬食谱　山家清供　食宪鸿秘》，杭州：浙江人民美术出版社，2019年版，第50页。

3　俞为洁著：《杭州宋代食料史》，北京：社会科学文献出版社，2018年版，第194页。

4　史泠歌著：《宋代皇帝的疾病、医疗与政治》，保定：河北大学出版社，2013年版，第85页。

5　俞为洁著：《杭州宋代食料史》，北京：社会科学文献出版社，2018年版，第206、213页。

盆内一处，用熟浆三斗，逐旋研尽为度，以生绢滤
过。其三斗熟浆泼饭，软盖良久，出饭，摊于案上。
依常法，候温，入曲搜拌。[1]

可见，当时葡萄酒是以葡萄为辅料的米酒，而非以葡萄为
主要原料的果酒。

《北山酒经》还记载了宋代制曲技术中的重大成就——红
曲工艺的发明和红曲的使用。[2]书中还说，宋人发明了干酵母，
这说明，至少在北宋，中国人就已认识到"酵"在酿酒中的重
要作用，并能依照季节温度的变化正确使用"酵"。[3]

其他饮料：皇帝亲自下令办饮料品鉴赛

我们看古装戏，习惯了古人端茶送客，但根据朱彧的《萍
洲可谈》，宋代风俗是端茶迎客、端汤送客，"今世俗客至则啜
茶，去则啜汤"，而契丹风俗正好相反，"辽人相见，其俗先点
汤，后点茶。"[4]

在宋代，汤和熟水是常见饮料，多用甘香药材制成。宋人
做汤，是预先以几种药草研磨合制为剂，待用时取出以沸水冲
点而成。宋人做熟水，则先将材料放入盛器，用沸水冲泡后加

1 〔宋〕朱肱著，高建新编著：《酒经》卷下《葡萄酒法》，北京：中华书局，2011年版，第169页。

2 邵庆国主编：《宋代科技成就》，郑州：河南科学技术出版社，2014年版，第59页。

3 〔宋〕朱肱著，高建新编著：《酒经》卷下《合酵》，"点评"，北京：中华书局，2011年版，第117页。

4 〔宋〕朱彧撰，李伟国点校：《萍洲可谈》卷1，〔宋〕陈师道、朱彧撰，李伟国点校：《后山谈丛 萍洲可谈》，北京：中华书局，2007年版，第110页。

盖密闭，加热即可饮用。[1]

宋代冷饮走进了寻常百姓家。《武林旧事》记载了"甘豆汤、椰子酒、豆儿水、鹿梨浆、卤梅水、姜蜜水、木瓜汁、茶水、沉香水、荔枝膏水、苦水、金橘团、雪泡缩脾饮、梅花酒、香薷饮、五苓大顺散、紫苏饮"等多款"凉水"。[2]前文也提到了，在宋仁宗命有司举办的饮料品鉴赛中，紫苏饮获第一名，成为"天下第一饮"。

调料：开门七件事，胜利大集结

宋代对调料亦有大贡献：结晶糖（砂糖、冰糖等）技术迟至唐代才传入中国，宋时得到大发展，在可以种甘蔗的南方，制糖成了重要产业，糖成了百姓的日常食材。[3]譬如，据《太平寰宇记》记载，宋初福州"土产"中就有"干白沙糖"，而它也是当时的贡品。[4]另外，宋人王灼还写出了世界上第一部完备的糖专著——《糖霜谱》。[5]

"酱油"之名首见于《山家清供》[6]，"柳叶韭"就是"用姜

1　俞为洁著：《杭州宋代食料史》，北京：社会科学文献出版社，2018年版，第199—200页。

2　〔宋〕周密撰，李小龙、赵锐评注：《武林旧事》卷6《市食》，北京：中华书局，2007年版，第170页。

3　俞为洁著：《杭州宋代食料史》，北京：社会科学文献出版社，2018年版，第229页。

4　〔宋〕乐史撰，王文楚等点校：《太平寰宇记》卷100《江南东道十二·福州》，北京：中华书局，2007年版，第1992页。

5　邵庆国主编：《宋代科技成就》，郑州：河南科学技术出版社，2014年版，第61页。

6　俞为洁著：《杭州宋代食料史》，北京：社会科学文献出版社，2018年版，第225—226页。

丝、酱油、滴醋拌食"的。[1]酱油实际上是一种发酵豆制品。

南宋女子浦江吴氏所作《中馈录》中，"肉生法""醉蟹""撒拌和菜"亦用到了酱油。[2]譬如，"撒拌和菜"的制作过程如下：

> 将麻油入花椒，先时熬一二滚，收起。临用时，将油倒一碗，入酱油、醋、白糖些少，调和得法安起。凡物用油拌的，即倒上些少，拌吃绝妙。如拌白菜、豆芽、水芹，须将菜入滚水焯熟，入清水漂着。临用时榨干，拌油方吃。菜色青翠不黑，又脆可口。[3]

由此观之，宋代拌凉菜的过程和用料，跟现代并无区别。

至于食用油，据《鸡肋编》记载："油，通四方可食与然者，惟胡麻为上，俗呼脂麻。"[4]宋代食用油主要是芝麻油（香油）、杏仁、红蓝花子、蔓菁子、仓耳子等也可榨油吃，燃灯用油则主要有桐油、旁毗子油、乌桕子油。菜籽油和大豆油是宋代新出现的食用油，发展势头迅猛。当时有很多官营、私营油坊，用油车榨油，油已成为不可或缺的日用消费品。[5]

于是，吴自牧在《梦粱录》中总结说："盖人家每日不可

1　〔宋〕林洪著：《山家清供》，〔宋〕陈达叟等著：《蔬食谱　山家清供　食宪鸿秘》，
　　杭州：浙江人民美术出版社，2019年版，第22页。

2　〔宋〕吴氏著：《中馈录》，〔宋〕王灼等著，田渊整理校点：《糖霜谱（外九种）》，
　　上海：上海书店出版社，2018年版，第20、21、28页。

3　〔宋〕吴氏著：《中馈录》，〔宋〕王灼等著，田渊整理校点：《糖霜谱（外九种）》，
　　上海：上海书店出版社，2018年版，第28页。

4　〔宋〕庄绰撰，萧鲁阳点校：《鸡肋编》卷上，北京：中华书局，1983年版，第32页。

5　俞为洁著：《杭州宋代食料史》，北京：社会科学文献出版社，2018年版，第220—
　　221页。

缺者，柴米油盐酱醋茶。"[1]现代人熟知的"开门七件事"，正是在宋代完成了大集结。

糖、油等让现代人发胖的高热量食材，是人类天性中一直在追求的东西，因为人类长期吃不饱。从这个意义上说，宋代调料的大发展，让人看到了"不饿肚子"的曙光。

结论：你只比宋人多吃了美洲作物

以上是宋人在饮食文化方面的调整和发展，有些改变或许微小，但其间的"蝴蝶效应"不容小觑。举几个例子：

宋代普及了炒菜。"炒"字出现得比较晚，但用炒的方法来做菜，至迟南北朝已经有了。然而，炒菜要走入千家万户，必须基于植物油和榨油技术的发展，以及铁锅的广泛运用，而宋代具备了相关条件，炒菜得以大发展[2]——上述吴氏的"肉生法"就运用了"红锅爆炒"的烹饪方式[3]；而《东京梦华录》中记载的每份不过十五文的"炒鸡兔"、每份不过二十文的"炒肺"，显然是平民小吃。[4]

宋代普及了三餐。学者姚伟钧、刘朴兵在《中国饮食史》中指出，宋代时，三餐制比唐代更为普及，"一日三餐""三

---

1 〔宋〕吴自牧著：《梦粱录》卷16《鲞铺》，杭州：浙江人民出版社，1980年版，第150页。

2 王学泰著：《中国饮食文化史》，桂林：广西师范大学出版社，2006年版，第128—129页。

3 〔宋〕吴氏著：《中馈录》，〔宋〕王灼等著，田渊整理校点：《糖霜谱（外九种）》，上海：上海书店出版社，2018年版，第20页。

4 〔宋〕孟元老撰，伊永文整理：《东京梦华录》卷2《饮食果子》、卷3《天晓诸人入市》，上海师范大学古籍整理研究所编：《全宋笔记》第五编一，郑州：大象出版社，2012年版，第132、139页。

餐"等词语开始大量出现在宋代文献中。[1]上文已经说明，宋人拥有丰富的夜生活，经常逛夜市吃夜宵，自然不可能如之前一般一天只吃两餐，宋代平民开启了一日三餐的饮食习惯。

宋代出现了菜系。《梦粱录》说："向者汴京开南食面店，川饭分茶，以备江南往来士夫，谓其不便北食故耳。"[2]说明北宋就出现了南食、北食、川饭三大菜系。

宋代找回了本味。自古以来，中国人特别重视追本溯源，宋代之前以大鱼大肉为珍，无法追求"本味"，宋人以蔬食为美，找回了"自然之味"。[3]

以上种种，共同构成了今日"中国胃"的基础。可以说，宋代饮食，既体现了精雅的一面，又很好地完成了平民化，宋人的风雅，其实就是懂得生活。

需要注意的是，一些现代人司空见惯的食品，像是南瓜、西红柿、玉米、辣椒、地瓜、花生、葵花籽、菠萝、土豆，都是美洲作物[4]，宋人吃不到。另外，有些食品有中国原产和外国原产之分：中国原产苹果是绵苹果，也就是柰[5]，现代人常吃的苹果是西洋苹果的后代，其中红富士只有几十年历史；木瓜有美洲原产番木瓜和中国原产宣木瓜之分，宋人吃的是国产木瓜，又称"铁脚梨"[6]；现代人吃的槐花来自洋槐，宋代槐树是

1　姚伟钧、刘朴兵著：《中国饮食史》，武汉：武汉大学出版社，2020年版，第495页。

2　〔宋〕吴自牧著：《梦粱录》卷16《面食店》，杭州：浙江人民出版社，1980年版，第145—146页。

3　王学泰著：《中国饮食文化史》，桂林：广西师范大学出版社，2006年版，第138页。

4　王学泰著：《中国饮食文化史》，"自序"，桂林：广西师范大学出版社，2006年版，第4—5页。

5　杜文玉、林兴霞编著：《图说中国古代饮食》，西安：世界图书出版西安有限公司，2013年版，第35页。

6　〔宋〕陶毂撰，孔一校点：《清异录》卷上《铁脚梨》，〔宋〕陶毂、吴淑撰，孔一校点：《清异录　江淮异人录》，上海：上海古籍出版社，2012年版，第42页。

国槐，主要吃槐叶，《山家清供》中的"槐叶淘"就是加入槐叶的凉面。[1]

最后多讲一点。《清波杂志》说："至于虚己纳谏，不好畋猎，不尚玩好，不用玉器，饮食不贵异味，御厨止用羊肉，此皆祖宗家法所以致太平者。"[2]宋代御厨很奢侈，但基本遵守了"止用羊肉""不得取食味于四方"[3]的"祖宗家法"，宋代皇帝理论上只能吃羊肉和京城菜，而不能穷奢极欲地追求山珍海味，或通过靡费的方式向京城运送外地奇珍。

实际情况怎样呢？举两个宋仁宗的例子：

据北宋陈师道《后山谈丛》记载，有一次，后宫嫔妃献上蛤蜊二十八个，一个一千钱，宋仁宗说："我常戒尔辈勿为侈靡，今一下箸费二十八千，吾不堪也。"[4]便不吃了。

据北宋邵伯温《邵氏闻见录》记载，宋仁宗皇后向宰相吕夷简索要皇帝爱吃的糟淮白鱼，吕夷简夫人准备献十奁（lián），吕夷简说两奁就够了，"玉食所无之物，人臣之家安得有十奁也？"[5]

看，纵是高居食物链顶端的人，也得学会惜福。

---

1 〔宋〕林洪著：《山家清供》，〔宋〕陈达叟等著：《蔬食谱 山家清供 食宪鸿秘》，杭州：浙江人民美术出版社，2019年版，第16页。

2 〔宋〕周辉撰，刘永翔校注：《清波杂志校注》卷1《祖宗家法》，北京：中华书局，1994年版，第15—16页。

3 〔宋〕邵伯温撰，李剑雄、刘德权点校：《邵氏闻见录》卷8，北京：中华书局，1983年版，第78页。

4 〔宋〕陈师道撰、李伟国点校：《后山谈丛》卷6，〔宋〕陈师道、朱彧撰，李伟国点校：《后山谈丛 萍洲可谈》，北京：中华书局，2007年版，第81页。

5 〔宋〕邵伯温撰，李剑雄、刘德权点校：《邵氏闻见录》卷8，北京：中华书局，1983年版，第78页。

第五章

宋代打破了『普通人』与『读书人』的次元壁

如果让你选择中国古代最伟大发明，你一定会脱口说出四个名字，但若只能选一个，你选什么？

我选印刷术。

我们的历史上也曾如西方一般，经历过"一小撮人垄断文化"的很长一个时期，那时候，拥有书，差不多是一种贵族特权。但印刷术撕开了这一切——随着雕版印刷术的发展、活字印刷术的出现，书，将更多人从蒙昧中拎了出来。所以，印刷术不仅是最伟大的发明之一，也是宋代最闪亮的名片之一。

看到这里，你就懂了，不就是"一页宋版一两金"嘛！那么，你真的了解过宋版书么？

至少，在很多文艺作品的道具中，难觅"宋版书"的踪影——你看到的很多"古籍"是"用宋体字印刷的线装书"，但宋版书的基本样式是"用欧颜柳等书法体印刷的蝴蝶装书"。

已进入无纸化时代的我们，很难再去跟努力追求一张纸一本书、如饥似渴淘书看书的古人共情了，但想到很多文明源头就出现在千年以前，千年之后的我们仍难免血脉偾张——

那时候，大量官方机构和民间人士忙着总结前代经验，记录当代心得，编纂成书，印刷出来，让文明流布四方，传之后世。

那时候，他们发明了带有香味和防虫功能的特种纸，让后人可有幸感受宋代的温度。

那时候，他们有了最初的版权意识，想出了保护版权的方法。

那时候，报纸开始发挥传播媒介作用，作为交易媒介的纸币正式登上历史舞台。

那时候，各种考试有了标准课本，平民通过考试实现阶级跃升成为活生生的现实。

那时候，皇帝会亲自上阵写《劝学诗》，鼓动大家通过科举博取功名。他说：

> 富家不用买良田，书中自有千钟粟。
>
> 安居不用架高堂，书中自有黄金屋。
>
> 出门莫恨无人随，书中车马多如簇。
>
> 娶妻莫恨无良媒，书中自有颜如玉。
>
> 男儿欲遂平生志，五经勤向窗前读。

整首诗看起来很功利，但细想起来，给更多人机会，是不是一种浪漫？

而宋代出版业，将浪漫变成了现实。

宋代的书长啥样？这好像不是个问题，毕竟各种文艺作品都告诉我们，古书一般是"线装＋宋体字"的样式，最多弄点儿竹简，就算非常古色古香了。

其实不然。四大发明告诉我们，无论是造纸术还是印刷术都有一个发展过程，古书怎么可能都长一样？至少宋版书并不等于"线装＋宋体字"。

实际上，宋代之前，书籍还是奢侈品，入宋后，出版业发展突飞猛进，书籍才成为大众消费品。自然而然，宋人发明了"新闻"，喝茶看报追八卦成了市民休闲娱乐的一部分。

书籍终于成了普通人可以问津的商品

中学历史课本告诉我们，唐代雕版印刷技术已然很高超，但问题是，"板印书籍，唐人尚未盛为之"[1]，当时书籍数量有限，价格高昂，唐代杜荀鹤说："卖却屋边三亩地，添成窗下一床书。"书价既贵，消费不起的人便只好靠手抄，杜牧、陆龟蒙就曾抄过上万卷书。[2]

这种情况在唐以后就改变了。五代十国是个存在感低的乱

1　〔宋〕沈括撰，金良年点校：《梦溪笔谈》卷18《技艺》，北京：中华书局，2015年版，第174页。

2　苏永强著：《北宋书籍刊刻与古文运动》，杭州：浙江大学出版社，2010年版，第161页。

世，却为宋代文化发展做了大量准备，当时印刷品已不局限于佛经、历书，开始出现了儒、道家的经典著作、文选、历史，以及百科类书，印刷业发达起来。其中，五代有一件不能不提的盛事——后唐宰相冯道等人推动将唐代《开成石经》（石经就是刻于石碑、摩崖上的儒家经籍和佛道经典，在冯道刊行儒家典籍之前，儒经自2世纪末开始至少三次被刻成石经）印刷成书，这是儒家经典的首次印刷，也是国子监印售官定书籍之始，此后，凡国子监所刻之书均称"监本"。[1]

连五代都这么给力，宋代自然更加优秀。可以说，在著书、印书、藏书方面，宋代先天拥有优势，后天还很努力。举个例子，宋真宗时代，年幼的欧阳修因家贫买不起书和纸笔，其母不得不"画荻教子"。[2]当时，甚至连国家藏书都不容易，朝廷虽然疯狂搜罗图书，但直到宋仁宗景祐年间，贵为"国家图书馆"的三馆、秘阁藏书也不过13.8万卷。[3]不过，未过多久，出版大盛，书价大降，当时1卷书不过20文到50文（约合人民币9.4元到23.5元）[4]，而下层平民的日收入约为100文，书，终于成了普通人可以问津的商品。

其间，宋廷发挥的主观能动性可圈可点：一方面，宋廷大力推动官刻书籍，同时以重赏鼓励私人刻书。像是洪迈刻有《万首唐人绝句》，获得皇帝"茶香金器之赐"。吕祖谦编

1　张抒著：《美哉宋体字》，重庆：重庆大学出版社，2013年版，第95—96页。

2　〔元〕脱脱等撰：《宋史》卷319《欧阳修传》，北京：中华书局，1985年版，第10375页。

3　苏永强著：《北宋书籍刊刻与古文运动》，杭州：浙江大学出版社，2010年版，第104页。

4　程民生著：《宋代物价研究》，北京：人民出版社，2008年版，第371—373页。

进《宋文鉴》，得到"银绢三百匹两"的赏赐。[1]另一方面，宋代科举向士大夫广泛开放，不重门第，只重成绩，也催生了书籍消费需求。

既然官方大力提倡，刻书有利可图，一时间各地纷纷设立书坊，以至全国各地，就连琼州（今海南岛）和西北地区，也有书籍出版业，当时还形成了蜀、浙、闽三大主要刻书区域，而作为京城的东京、临安无疑成为当时的出版中心。[2]叶梦得《石林燕语》对此品评道："今天下印书，以杭州为上，蜀本次之，福建最下。京师比岁印板，殆不减杭州，但纸不佳；蜀与福建多以柔木刻之，取其易成而速售，故不能工；福建本几遍天下，正以其易成故也。"[3]

一般人买得起的监本成了标准教材和题库

书籍能遍及全国、流传后世，当然少不了出版方的功劳。先举个民间出版的例子，朱熹曾因生活困窘，加上遭遇盗版，恰好他又住在出版业极发达的建阳（今福建南平市建阳区），于是便开了一家同文书院，由其子朱在、女婿刘学古经营，刻印出版了不少图书，甚至远销到了日本、高丽。[4]

朱熹这种自己写书自己出版的方式，主要是为了保护自己

1　张抒著：《美哉宋体字》，重庆：重庆大学出版社，2013年版，第104页。

2　田建平著：《宋代出版史》，北京：人民出版社，2017年版，第676页。

3　〔宋〕叶梦得撰，宇文绍奕考异，侯忠义点校：《石林燕语》卷8，北京：中华书局，1984年版，第116页。

4　李致忠著：《中国出版通史·宋辽西夏金元卷》，北京：中国书籍出版社，2008年版，第111—112页。

的知识产权，当然也会顺便出别人的书。据统计，他主持出版的有《周易》《尚书》《诗经》《春秋左传》《论语》《孟子》《大学》《中庸》《礼书》《近思录》《南轩集》《献寿记》《永城学记》《程氏遗书》《程氏外书》《包孝肃诗》《稽古录》《家仪》《乡仪》《楚辞协韵》《诫子孙文》《尹和靖帖》《白鹿洞记》《五贤祠堂记》《音训》《横渠先生帖》《康节先生诗》等40多种书籍，经史子集无所不包，从侧面反映出宋代出版业的繁荣景象。[1]

当然，宋代最大的出版方是各级官府，中央各机构和各路转运司、常平司、安抚司、提刑司、公使库，以及各州县、各学校都在刻书，因是用公款投资，所以通称"官刻"。[2]

中央各机构中，国子监已具备国家出版社性质，监本有三大特点——"便宜好吃又大碗"。国子监所刻印书籍范围很广，四部皆备，以经史、医书为多，其中包括"十七史"和1000卷的《太平御览》。宋建立45年，国子监所藏经史书版就增加了25倍。[3]

宋代皇帝非常重视监本的质量，为此不惜工本，还不允许随意涨价。有人觉得亏本，请求涨价，宋真宗说："此固非为利，正欲文籍流布耳。"意思就是，谈钱太俗气，传播文化才是他的目的。既然皇帝持这种态度，那么面向士子出售的监本就真的非常便宜了，当时甚至允许士子以纸张、印墨的成本价

1　田建平著：《宋代书籍出版史研究》，北京：人民出版社，2018年版，第142页。

2　周宝荣著：《走向大众——宋代的出版转型》，北京：中国书籍出版社，2012年版，第84页。

3　周宝荣著：《走向大众——宋代的出版转型》，北京：中国书籍出版社，2012年版，第84—85页。

购书。[1]

据《宋会要辑稿》记载，宋仁宗景祐五年（1038），有官员请求："自今应考试进士，须只于国子监有印本书内出题。"[2]该建议得到皇帝采纳。一般人能买得起的监本成了标准教材和题库，客观上保障了各阶层的教育和考试公平。

接下来说说书的贩售通路。唐代已经出现书店，但因彼时书籍多为手抄本，可想而知图书市场只是刚起步。到了宋代，书籍成为一般消费品的过程，自然伴随着图书市场的兴起。[3]

虽然"官刻"很厉害，但图书市场的主力是"坊刻"。坊刻就是书坊出品，书坊又叫书肆、书林、书堂、书铺、书籍铺等，仅南宋临安就有16家书坊。[4]而在建阳这个山区小县城，确切可考的书坊竟多达37家。[5]书坊往往集编辑、刻印、出版、发行于一体，图书刻印后直接交给书坊附属的铺子销售，这是宋代图书贩售的主要通路之一。换言之，书坊是出版社、印刷厂、书店三位一体的"大家伙"。这使得书坊迎合市场的趋向非常明显，它们会设法在一张纸上印出更多字，还偏向于出版生活气息浓厚的书籍，如《事林广记》等。[6]

---

1 周宝荣著：《走向大众——宋代的出版转型》，北京：中国书籍出版社，2012年版，第85—87页。

2 〔清〕徐松撰，刘琳、刁忠民、舒大刚、尹波等校点：《宋会要辑稿》选举3《贡举杂录一》，上海：上海古籍出版社，2014年版，第5294页。

3 张抒著：《美哉宋体字》，重庆：重庆大学出版社，2013年版，第68页。

4 尚光一著：《宋代文化市场与文学审美俗趣》，北京：中国书籍出版社，2015年版，第55—56页。

5 田建平著：《宋代出版史》，北京：人民出版社，2017年版，第710页。

6 尚光一著：《宋代文化市场与文学审美俗趣》，北京：中国书籍出版社，2015年版，第56、58页。

国子监
修内司 德寿殿
礼部 崇文院
司天监
刑部
国家机构出版

提刑司 茶盐司 仓台
转运司 计台
安抚司 公使库
路
公使库
州、府、军
地方政府出版 郡斋
县 县斋

太学
国子监
州府军学
教育机构出版

私家出版 私宅
家塾
祠堂

县学

书院出版

坊肆出版

寺院出版

道观出版

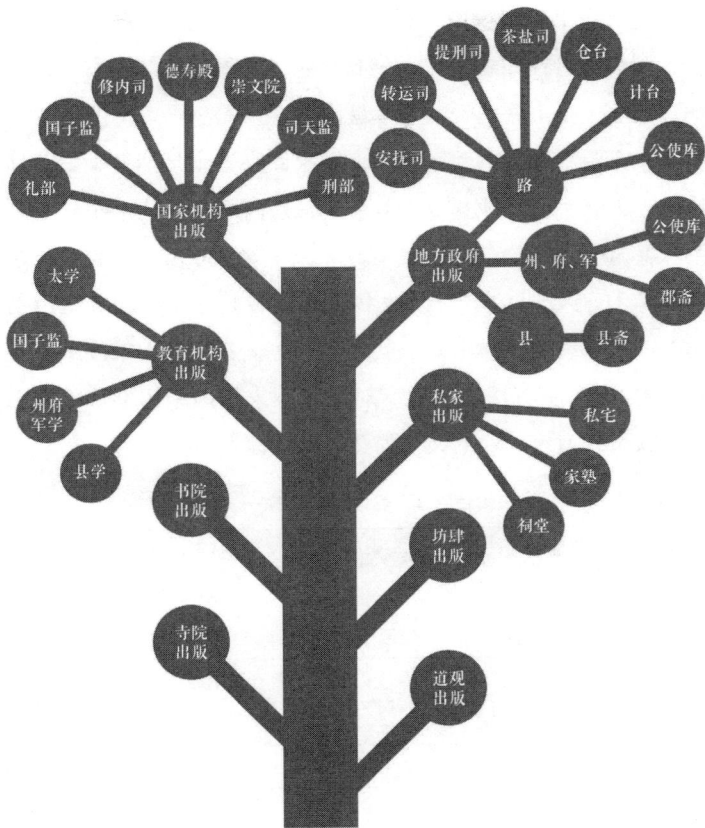

宋代书籍出版机构（者）

资料来源：田建平著：《宋代出版史》，"附录二"，北京：人民出版社，2017年版，第1158页。

宋代也有很多其他类型的图书市场。譬如，大相国寺的"集市"就是东京最著名的图书集散地。宋人也搞走街串巷式零售，也有类似现代的二手书书摊，消费者往往也能淘到珍本。[1]

1　尚光一著：《宋代文化市场与文学审美俗趣》，北京：中国书籍出版社，2015年版，第59页。

这么多书，都卖给了谁？《道山清话》说："近时印书盛行，而鬻者往往皆士人，躬自负担。"[1]很显然，读书考科举的广大士子是书籍消费的基本盘。

私人收藏家、书院、寺院、国家图书馆则是消费大户。据统计，宋代私人藏书家达700余人，是西周至五代上千年中藏书家总和的近3倍，其中藏书万卷以上者200多人，藏书最多者藏有10万卷书；至于各地书院，藏书上万卷的就有梁山书堂、南园书院、石林书院、鹤山书院等，其中鹤山书院藏书在10万卷以上[2]——用这些数字对比一下宋初国家图书馆的藏书量，就可知有宋一代的文化消费有多么惊人了。

宋代藏书3万卷以上藏书家一览表

藏书家	藏书数量
叶梦得	10万卷
魏了翁	10万卷
贺氏	10万卷
赵宗绰	7万卷
王惟潜	6万余卷
田伟	5.7万卷
陈振孙	5.1万余卷
王钦臣	4.3万卷
周密	4.2万卷
祁氏、吴氏、田氏	各4万余卷
方崧卿	4万卷

1　〔宋〕佚名撰，孔一校点：《道山清话》，〔宋〕宋敏求等撰，尚成等校点：《春明退朝录（外四种）》，上海：上海古籍出版社，2012年版，第69页。

2　秦开凤著：《宋代文化消费研究》，北京：商务印书馆，2019年版，第128、133页。

藏书家	藏书数量
宋敏求	3 万卷
沈立	3 万卷
刘季孙	3 万卷
雍子仪	3 万卷
钱绅	3 万卷
尤袤	3 万卷
赵令金	3 万卷
赵彦远	3 万卷
王介卿	3 万卷
蒋友松	3 万卷

资料来源：秦开凤著：《宋代文化消费研究》，北京：商务印书馆，2019年版，第129页。

宋版书装帧方式多为蝴蝶装

从手写时代到印刷时代，中国出现过简策装、卷轴装、旋风装、经折装、蝴蝶装、包背装、线装等多种书籍装帧形式。从蝴蝶装开始，书籍装帧正式步入册页装时代。[1]

宋代书籍存在多种装帧形式，以蝴蝶装为主流，"宋版书"通常就是指"蝴蝶装书"。[2]中国书籍装帧的基本范式是宋人定的，他们通过简约、实用的装帧设计，有效降低了书籍的成本，让普通人可以消费得起——当欧洲修道院还在玩华丽手抄

1　张树栋、庞多益、郑如斯著：《简明中华印刷通史》，桂林：广西师范大学出版社，2004年版，第176—177页。

2　杨永德、杨宁著：《中国古代书籍装帧》，北京：人民美术出版社，2008年版，第100页。

本的时候，中国印本从一开始就坚定地走向了大众化。[1]

近代藏书家叶德辉在《书林清话》中说："蝴蝶装者，不用线钉，但以糊粘书背，夹以坚硬护面。以板心向内，单口向外，揭之若蝴蝶翼然。"[2]可见，蝴蝶装的做法是：将书页单面印刷完毕，把有字的一面向里对折，以中缝为准将所有书页对齐，用糨糊粘在一张包背纸上，再用一张硬厚的整纸对折粘在书背（书脊）上作为封面封底，最后把上下左三边裁齐。这种书翻起来如蝴蝶两翼翻飞，故名"蝴蝶装"。其优点是：适合印刷通过版心的整幅图画；由于版心向内书口（书背对面）无字，有利于保护文字。蝴蝶装书起源于唐代，盛行于宋、元。[3]

蝴蝶装也有缺点：因系单面印刷，有字的一面油墨容易粘连；翻阅蝴蝶装书时，时常可见反页。于是，包背装应运而生。其做法是：将书页版心向外对折，折好后以书口版心为准戳齐。接下来的步骤，早期是将书页粘在包背纸上再裹书衣并裁齐，后来则在右边打眼并用纸捻订住、砸平，再裹书衣并裁齐。包背装可能出现于南宋后期，元代继续发展，盛行于明清。《永乐大典》《四库全书》即采用包背装。[4]

线装由包背装发展而来，明代面世，盛于明清。[5]其与包

1　田建平著：《宋代出版史》，北京：人民出版社，2017年版，第616—617页。

2　叶德辉著，吴国武、桂枭整理：《书林清话》卷1《书之称本》，叶德辉著，吴国武、桂枭整理：《书林清话：附书林馀话》，北京：华文出版社，2012年版，第20页。

3　杨永德、杨宁著：《中国古代书籍装帧》，北京：人民美术出版社，2008年版，第94—95页。

4　杨永德、杨宁著：《中国古代书籍装帧》，北京：人民美术出版社，2008年版，第100—102页。

5　杨永德、杨宁著：《中国古代书籍装帧》，北京：人民美术出版社，2008年版，第103页。

背装的主要区别是：改纸捻穿孔订为线订，改整张包背纸为前后两个单张书皮，改包背为露背。[1]

宋人也探讨过用线装订的问题。据张邦基《墨庄漫录》记载：

> 王洙原叔内翰常云："作书册，粘叶为上。久脱烂，苟不逸去，寻其次第，足可抄录。屡得逸书，以此获全。若缝缀，岁久断绝，即难次序。初得董氏《繁露》数册，错乱颠倒，伏读岁余，寻绎缀次，方稍完复，乃缝缀之弊也。"[2]

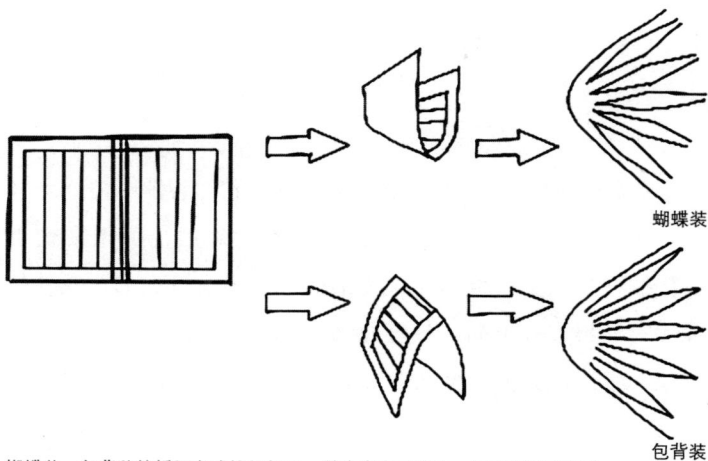

蝴蝶装

包背装

蝴蝶装、包背装的折页方式恰好相反，前者有字面在内，后者有字面在外。

1　张树栋、庞多益、郑如斯著：《简明中华印刷通史》，桂林：广西师范大学出版社，2004年版，第176—177页。

2　〔宋〕张邦基撰，孔凡礼点校：《墨庄漫录》卷4《王原叔作书册粘叶》，〔宋〕张邦基、范公偁、张知甫撰，孔凡礼点校：《墨庄漫录　过庭录　可书》，北京：中华书局，2002年版，第129页。

王洙认为，用线装订容易朽烂，粘页装订则无此问题。有学者认为，王洙提到的"缝缋（huì）"和"粘页"，是独立的装帧形式，曾在唐末五代时流行，后来逐渐消亡。[1]

正如王洙所说，宋人的糨糊很牢靠。据明代张萱《疑耀》记载：

> 今秘阁中所藏宋板诸书，皆如今制乡会进呈试录，谓之蝴蝶装。其糊经数百年不脱落，不知其糊法何似。偶阅王古心《笔录》，有老僧永光相遇，古心问僧："前代藏经，接缝如线，日久不脱，何也？"光曰："古法用楮树汁、飞面、白芨末三物，调和如糊，以之粘纸，永不脱落，坚如胶漆。"宋世装书岂即此法耶？[2]

有意思的是，从书籍放置方式，或可猜知装帧形式：

蝴蝶装书书口不怕磨损，且书衣是硬纸，可像现代书一样插在书架上，但与书根（书的下部）在下、书背在外的现代书插架方式不同，蝴蝶装书是以书口在下（可防灰尘和虫咬）、书根在外，所以古人会把书名写在书根上，以方便找书。[3]

包背装书，因版心在外、文字容易磨损，且有些书衣采用

1　杨永德、杨宁著：《中国古代书籍装帧》，北京：人民美术出版社，2008年版，第83页。

2　〔明〕张萱撰，栾保群点校：《疑耀》卷5《古装书法》，北京：文物出版社，2019年版，第175—176页。

3　杨永德、杨宁著：《中国古代书籍装帧》，北京：人民美术出版社，2008年版，第94页。

了软纸，所以要平放。[1]

线装书的书衣和书融在一起，书衣开始改称"书皮"。因书皮用的是软纸，也要平放。为了护书，人们还帮线装书安排了函或套[2]——装在函、套里的线装书，就是古装剧中最常见的道具书。

宋代印书主要使用欧颜柳体字

宋版书用什么字体来印刷？

在雕版印书方面，最早运用的是书法家的字体，包括欧阳询的欧体、颜真卿的颜体、柳公权的柳体。北宋刻书多用欧体，后来颜体、柳体也逐渐流行，浙江刻本多用欧体字，四川刻本多用颜体字，福建刻本多用柳体字。南宋中期，宋版书中出现一种瘦硬字体，更能体现出刀锋的效果，比较适合刻版，这可能就是宋体字的萌芽。到了明代中期，宋体字已很成熟，加上精益求精，遂奠定了标准印刷体的"江湖地位"。[3]

必须指出的是，宋体字不是一种书法体，它是因应印刷术的发展而出现的一种印刷体，所以一般人不能直接用毛笔书写宋体字。[4]

---

1 杨永德、杨宁著：《中国古代书籍装帧》，北京：人民美术出版社，2008年版，第101页。

2 杨永德、杨宁著：《中国古代书籍装帧》，北京：人民美术出版社，2008年版，第103、106页。

3 杨永德、杨宁著：《中国古代书籍装帧》，北京：人民美术出版社，2008年版，第257、260、261页。

4 张抒著：《美哉宋体字》，"前言"，重庆：重庆大学出版社，2013年版，第14—15页。

洪範政鑒卷第七之下

金行上

言之不從

周單襄公與晉郤錡郤犨郤至齊國佐語告

魯成公曰晉將有禍三郤其當乎夫郤氏晉

之寵人三卿而五大夫可以戒懼矣今郤伯

之語犯叔迂季伐 伯、駒伯也。叔苦成叔也。季 溫季也犯侵也迂夸誕也

犯則陵人迂則誣人伐則掩人有是寵

代於尚也 也而益之以三怨其誰能忍之雖齊國子亦

从图中可以看出，宋代印刷用字为书法体。宋仁宗赵祯撰有《洪范政鉴》，现存南宋淳熙年间内府钞本，图为书目文献出版社的该钞本影印版第302页"《洪范政鉴》卷第七之下《金行上》"。（〔宋〕赵祯著：《宋钞本洪范政鉴》，"影印说明"，北京：书目文献出版社，1992年版，第1页。）

虽然宋人有可能发明了宋体，但其应用可能不多，对大部分宋人而言，"宋体"还是一种陌生的字体。我们今天看惯的"宋体字"，更适合被称为"明体字"。为什么宋人不太熟的字体会被称为"宋体字"？因为，清代康熙十二年（1673），康熙帝明确规定："此后刻书，凡方体均称宋字，楷书均称软体。"[1]

活字印刷术在宋代已应用于出版

宋代出版业主要仰赖雕版印刷术。那么，宋人毕昇发明的活字印刷术发展情况如何？

从现存文字记载来看，除了沈括在《梦溪笔谈》中对毕昇操作泥活字印刷流程有详细记载之外，宋人周必大亦留下了相关记载：宋光宗绍熙四年（1193），周必大用沈括所记方法，以胶泥铜板刊印了他所著的《玉堂杂记》。其法当是指以胶泥活字在铜板上排字，再用纸加以摹印。[2]

至于出土实物，泥活字方面，甘肃武威市博物馆于1989年在该市亥母洞寺遗址发现用西夏文泥活字排印的《维摩诘所说经》，据推测为夏仁宗时期印本，是世界上现存最早的泥活字印本；木活字方面，1991年，宁夏贺兰县拜寺沟方塔废墟中出土了西夏文佛经《吉祥遍至口和本续》，据推断为12世纪下半叶印本，是"迄今为止世界上发现最早的木活字版印本

1　张抒著：《美哉宋体字》，重庆：重庆大学出版社，2013年版，第209、230页。

2　张树栋、庞多益、郑如斯著：《简明中华印刷通史》，桂林：广西师范大学出版社，2004年版，第154页。

实物"。[1]

虽然目前尚未出土举世公认的、真正意义上的活字印刷宋版书实物，但西夏活字印刷书籍已发现多种，一般认为，西夏的活字印刷术是由宋境传入的，据此可推断出，宋人已广泛运用活字印刷术出版书籍[2]——换言之，虽然宋人并不太熟悉"宋体字"和"线装"，但是，他们很熟悉"活字印刷"。

宋代福建人发明的椒纸堪称不传秘技

对出版业助力最大的行业首推造纸业。南唐李后主时所造的澄心堂纸，是当时的纸中极品，非常珍贵，在宋初的江南地区，价格每张约100文。"五代之季，江南李氏有国，造澄心堂纸，百金不许市一枚。……及李氏入宋，其纸遂流出人间。"[3]

不过，宋代也有很多物美价廉的纸。南宋初年1张印书纸才0.18文[4]，折合成人民币，还不到1分钱。下面我来说说宋代的两种特种纸：

第一种，建阳椒纸，香味可数百年不散。

早在2世纪或3世纪，纸张广泛应用于抄写书籍，古人就将黄蘗内皮加以浸渍并制成液体用来染纸了，这种工艺就是"染潢"。一般纸张在书写前后都要染潢，这样可使纸有香味、

1　张树栋、庞多益、郑如斯著：《简明中华印刷通史》，桂林：广西师范大学出版社，2004年版，第154、159、160页。

2　田建平著：《宋代出版史》，北京：人民出版社，2017年版，第966—967页。

3　叶德辉著，吴国武、桂枭整理：《书林清话》卷6《宋人钞书印书之纸》，叶德辉著，吴国武、桂枭整理：《书林清话：附书林馀话》，北京：华文出版社，2012年版，第165页。

4　程民生著：《宋代物价研究》，北京：人民出版社，2008年版，第404—405页。

能防蠹，而且表面光滑。[1]在此基础上，宋人研发出了带香味、能防蛀的特种纸。据叶德辉说：

> 宋时印书纸，有一种椒纸，可以辟蠹。……椒纸者，谓以椒染纸，取其可以杀虫，永无蠹蚀之患也。其纸若古金粟笺，但较笺更薄而有光，以手揭之，力颇坚固。吾曾藏有陆佃《埤雅》二十卷，旧为汲古阁、季沧苇、陈仲鱼诸家收藏，每卷有诸人印记。相传以为金源刻本，似即以此种椒纸印者也。又县人袁漱六芳瑛卧雪庐散出残书中，有《史记》表、传数卷，亦是此纸印成。色有黄斑，无一蠹伤虫蛀之处。是书今并归吾架上，岂椒味数百年而不散欤。是皆与蝴蝶装之粘连不解、历久如新者，同一失传之秘制也。[2]

叶德辉将椒纸与蝴蝶装并称为宋人的"同一失传之秘制"，显然是高度评价。

椒纸是谁发明的？"椒"是什么？学者钱存训认为，椒纸的发明者是宋代建阳人，而这里的"椒"指的是秦椒。[3]学者邵庆国则认为，这种印刷所用的椒纸，可能是用芸香科的花椒属植物果实水浸液处理过的纸。[4]

1　钱存训著，刘祖慰译：《李约瑟中国科学技术史·第五卷，化学及相关技术·第一分册，纸和印刷》，北京：科学出版社，2018年版，第67页。

2　叶德辉著，吴国武、桂枭整理：《书林清话》卷6《宋印书用椒纸》，叶德辉著，吴国武、桂枭整理：《书林清话：附书林馀话》，北京：华文出版社，2012年版，第164—165页。

3　钱存训著，刘祖慰译：《李约瑟中国科学技术史·第五卷，化学及相关技术·第一分册，纸和印刷》，北京：科学出版社，2018年版，第79页。

4　邵庆国主编：《宋代科技成就》，郑州：河南科学技术出版社，2014年版，第105页。

"秦椒"是什么？据苏颂《本草图经》记载：

> 秦椒，生泰山川谷及秦岭上，或琅琊，今秦、凤间及明、越、金、商州皆有之。初秋生花，秋末结实，九月、十月采。陶隐居云：似椒而大，色黄黑，或呼大椒。苏恭云：叶及茎、子都似蜀椒，但实细味短。《尔雅》云："檓（作者注：huǐ），大椒。"郭璞云："椒，丛生，生实大者名为檓。"《诗·唐风》云："椒聊。"且陆机疏云："椒似茱萸，有针刺。茎、叶坚而滑，蜀人作茶，吴人作茗，皆合煮其叶以为香。今成皋诸山谓之竹叶椒，其木亦如蜀椒，少毒热，不中合药，可著饮食中，又用蒸鸡、豚最佳。东海诸岛上亦有椒，枝、叶皆相似，子长而不圆，甚香，其味似橘皮。岛上獐鹿食其叶，其肉自然作椒、橘香。"而今南北所生一种椒，其实大于蜀椒，与陶及郭、陆之说正相合，当以实大者为秦椒。其云蜀、吴作茶、茗，皆煮其叶，今不复如此。盖古人所食，与今异者多矣。[1]

从苏颂的描述来看，秦椒可能是一种果实较大的花椒。

第二种，15米长的巨幅纸，宋初就能够生产。

据苏易简《文房四谱》记载：

---

1 〔宋〕苏颂撰：《本草图经》卷11《秦椒》，朱人求、和溪主编：《苏颂全集》，北京：国家图书馆出版社，2020年版，第1413—1414页。

黟（作者注：yī，今安徽黟县）、歙（作者注：shè，今安徽歙县）间多良纸，有凝霜、澄心之号。复有长者，可五十尺为一幅。[1]

据"1宋尺＝31.2厘米"推算，"50宋尺一幅"就是一张纸长达15.6米。这说明，宋人已能生产巨幅纸。宋代以前，长卷之类的长幅巨纸，一般是将一张张小幅纸用糨糊粘连起来，而宋代能直接制造三五丈长的巨幅纸，直到1798年，欧洲才开始生产12—15米长的纸。辽宁博物馆藏的宋徽宗赵佶草书《千字文》，一张纸长三丈有余，中无接缝，制造加工技艺精湛。[2]

值得一提的是，苏易简的《文房四谱》中的《纸谱》，是世界上关于纸的第一部专著。[3]

宋代造纸业已经有了循环经济的概念。北宋时已经应用还魂纸，也就是再生纸。举个例子，中国历史博物馆藏宋太祖乾德五年（967）写本《救诸众生苦难经》，纸的背面有3块未捣碎的故纸残片，经鉴定为再生纸。[4]

由于宋代书籍多为单面印刷，旧纸的反面也被宋人利用起来。叶德辉说：

宋时印书，多用故纸反背印之，而公牍尤多。……观此数则，知古时纸料之坚，故可一用再用。而古人

1　〔宋〕苏易简著，石祥编著：《纸谱》，〔宋〕苏易简著，石祥编著：《文房四谱》，北京：中华书局，2011年版，第197页。

2　邵庆国主编：《宋代科技成就》，郑州：河南科学技术出版社，2014年版，第105页。

3　邵庆国主编：《宋代科技成就》，郑州：河南科学技术出版社，2014年版，第13页。

4　邵庆国主编：《宋代科技成就》，郑州：河南科学技术出版社，2014年版，第101页。

从苏颂的描述来看，秦椒可能是一种果实较大的花椒。图片摹自《本草图经》中的秦椒。

爱惜物力之意，亦可于此见之矣。[1]

至于与印刷相关的制墨、制笔业，当然也很发达。《东京梦华录》说，大相国寺市场贩卖"赵文秀笔""潘谷墨"等名笔、名墨。[2]潘谷号称"墨仙"，可见技艺精湛。[3]

宋人发明了"新闻"和"版权"

洪迈为他的作品《容斋续笔》所作的序，讲的是一件"趣事"，全文如下：

> 是书先已成十六卷，淳熙十四年八月，在禁林（作者注：学士院）日入侍至尊寿皇圣帝（作者注：宋孝宗）清闲之燕，圣语忽云："近见甚斋随笔？"迈竦而对曰："是臣所著《容斋随笔》，无足采者。"上曰："煞（作者注：shà）有好议论。"迈起谢，退而询之，乃婺女所刻，贾人贩鬻于书坊中，贵人买以入，遂尘乙览。书生遭遇，可谓至荣。因复裒（作者注：póu）臆说缀于后，惧与前书相乱，故别以一二数而

1　叶德辉著，吴国武、桂枭整理：《书林清话》卷8《宋元明印书用公牍纸背及各项旧纸》，叶德辉著，吴国武、桂枭整理：《书林清话：附书林馀话》，北京：华文出版社，2012年版，第221、223页。

2　〔宋〕孟元老撰，伊永文整理：《东京梦华录》卷3《相国寺内万姓交易》，上海师范大学古籍整理研究所编：《全宋笔记》第五编一，郑州：大象出版社，2012年版，第134—135页。

3　周宝珠著：《宋代东京研究》，开封：河南大学出版社，1992年版，第240页。

目曰续，亦十六卷云。绍熙三年三月十日，迈序。[1]

这个故事说的是，洪迈的《容斋随笔》16卷写完后，就被宋孝宗"先睹为快"了，因为有人盗印了这部书，又被"贵人"买进了宫里，送到了皇帝面前，作者本人只好自嘲"书生遭遇，可谓至荣"。可见，自从有了出版，就有了盗版，而且十分嚣张，连皇帝都是盗版的受害者。

幸好，宋人发明了"版权"。叶德辉说：

> 宋人刻书，于书之首尾或序后、目录后，往往刻一墨图记及牌记。其牌记亦谓之墨围，以其外墨阑环之也。又谓之碑牌，以其形式如碑也。[2]

牌记就是版权记录，一般会刻明作者、编撰者、注疏者、出版者、出版时间、出版地、字数、版数、定价等，跟现代书籍的版权页极相似。[3]当然，这也是一种广告。[4]

盗版的盛行，促使宋人产生了反盗版意识，宋廷也明令禁止盗版。版权所有者向政府申请并认定后，可得到政府出具的版权保护公文，张贴在出版商聚集之地，违反者将被追责。这一公文，其实就是宋廷在版权保护方面的法律条文，版权所

1 〔宋〕洪迈撰，孔凡礼点校：《容斋续笔》卷1，〔宋〕洪迈撰，孔凡礼点校：《容斋随笔》，北京：中华书局，2005年版，第219页。

2 叶德辉著，吴国武、桂枭整理：《书林清话》卷6《宋刻书之牌记》，叶德辉著，吴国武、桂枭整理：《书林清话：附书林馀话》，北京：华文出版社，2012年版，第154页。

3 田建平著：《宋代出版史》，北京：人民出版社，2017年版，第653页。

4 汪洋编著：《中国广告通史》，上海：上海交通大学出版社，2010年版，第30页。

有者的这种自我保护意识，便是知识产权意识的萌芽。[1]所以，叶德辉认为"翻板有例禁始于宋人"，他举例说，他收藏的《东都事略》目录后有长方牌记说："眉山程舍人宅刊行。已申上司，不许覆板。"[2]

除了版权之外，宋代还有许多令人称道的"小发明"。譬如，阅读实现平民化、市民阶层兴起之后，宋人发明了"新闻"。[3]

宋代有官方发行的"朝报"，也有民间发行的"小报"，两种报纸都是批量印刷的，"北宋末期和整个南宋，报纸从内容到形式都出现了平民化趋势，小报沿街售卖成为东京、临安等大都市里的文化景观。"[4]

"新闻"就是"小报"的别名。小报可视为最早的民间媒体，其搜集的是朝报未报之事，或官员有所陈请而未得施行之事，也有得之于街市传闻的内容，未必属实。小报记者分工明确，其中"内探"专门刺探皇宫内的新闻，"省探"专门刺探三省（中书省、门下省、尚书省）的新闻，"衙探"专门刺探三省以下官衙的新闻[5]——从小报的内容和记者的分工来看，我们就能够想象得出，小报非常犀利和八卦，能够满足市民的好奇心。

小报能犀利到什么程度呢？举个例子，大观四年（1110），

1 田建平著：《宋代出版史》，北京：人民出版社，2017年版，第668页。

2 叶德辉著，吴国武、桂枭整理：《书林清话》卷2《翻板有例禁始于宋人》，叶德辉著，吴国武、桂枭整理：《书林清话·附书林馀话》，北京：华文出版社，2012年版，第41页。

3 〔宋〕赵升编，王瑞来点校：《朝野类要》卷4《朝报》，北京：中华书局，2007年版，第88—89页。

4 周宝荣著：《走向大众——宋代的出版转型》，北京：中国书籍出版社，2012年版，第155页。

5 龚延明编著：《宋代官制辞典（增补本）》，北京：中华书局，2017年版，第727页。

小报上出现了一份痛斥蔡京的伪诏，怒骂蔡京"目不明而强视，耳不聪而强听，公行狡诈，行迹诡谲。内外不仁，上下无检"，宋徽宗十分恼怒，要求内外收捕嫌疑之人。[1]

为新闻传播提供速度保障的，是当时完备的邮传机构——递铺。朝报、小报可通过递铺传播四方，各地可据此了解京师各方面的动向。[2]

纸币是造纸术和印刷术的完美结晶

如果造纸术、印刷术是"CP"，它们的"完美结晶"应该是纸币——当印刷业还不壮大时，人们明知带着沉重的金属货币做生意不方便，但也只能忍受，而当印刷术普及之后，人们就果断发明了纸币。所以，蜀民发明交子—交子收归国有—出现各种纸币，就是一个自然而然的过程了。[3]

早在唐代，已经出现"用纸代表货币"的情况——各地商贾在京城出手货物后，可把货款存入长安的机构，换取一纸证明，到指定的外地去兑现，这就是"飞钱"。但飞钱主要是汇票，一般认为它只是信用凭据，而不是真正的纸币。到了宋代，因蜀地只被获准通行沉重而廉价的铁钱，做生意有诸多不便，促使当地16户商人联合发行了"交子"，至宋仁宗天圣元年（1023），宋廷将交子发行权收归国有，在益州（今四川成都）设了官方机构"交子务"，发行各种面额的"交子"，后来

1　周宝荣著：《走向大众——宋代的出版转型》，北京：中国书籍出版社，2012年版，第156—157页。

2　汪圣铎著：《宋代社会生活研究》，北京：人民出版社，2007年版，第485—486页。

3　全汉昇口述，叶龙整理：《中国社会经济通史》，北京：北京联合出版公司，2016年版，第109页。

又发行"钱引"，南宋又发行"会子"，这些真正的纸币通行于越来越广大的地区，为中国创下另一项世界纪录——中国成为世界上最早使用纸币的国家。[1]

从元代费著所作的《楮币谱》来看，宋廷为了发行"交子"，设置了两个专门机构：一是"益州交子务"，负责铸印，"所铸印凡六：曰敕字，曰大料例，曰年度，曰背印，皆以墨；曰青面，以蓝；曰红团，以朱。六印皆饰以花纹，红团、背印则以故事。"这些印文自然是要印到交子上的，可见当时运用了相对复杂和高级的套色印刷技术，民间仿制并非易事。二是"抄纸院"，负责生产纸币专用纸，"所用之纸，初自置场，以交子务官兼领，后虑其有弊，以他官董其事。"可见交子务和抄纸院既互相合作又互相牵制，正是为了防止监守自盗。事实上，早在蜀地商人自行发行交子之时，就采取了"表里印记，隐密题号，朱墨间错"这样的防伪措施。[2]可见，没有完善的印刷术，纸币就不可能诞生和流行。

基于印刷业和商业的发达，宋代印刷广告也成熟了，欧阳修在《归田录》中说，京师食店，"皆大出牌榜于通衢。"[3]这一时期的招牌广告已不局限于用文字写出店名，还具有介绍商品、宣传商品的功能。譬如，中国历史博物馆收藏了一件北宋时期济南刘家功夫针铺的方形铜版，内容包含招牌、商标和广告词，是我国现存最早的印刷广告实物，比西方公认的最早的

1　钱存训著，刘祖慰译：《李约瑟中国科学技术史·第五卷，化学及相关技术·第一分册，纸和印刷》，北京：科学出版社，2018年版，第86—87页。

2　〔元〕费著著：《楮币谱》，〔宋〕洪遵等著，任仁仁整理校点：《泉志（外三种）》，上海：上海书店出版社，2018年版，第184—185页。

3　〔宋〕欧阳修撰，李伟国点校：《归田录》卷2，〔宋〕王辟之、欧阳修撰，吕友仁、李伟国点校：《渑水燕谈录　归田录》，北京：中华书局，1981年版，第26页。

印刷广告早三四百年。[1]

对于宋版书，后世有"一页宋版一两金"之说，现实中，一页宋版书比一两黄金贵得多，因为宋版书的纸张、书写、校对、雕刻、印刷都是足以保存和流传千年的极品，那些纸页中透出的，是追求极致的工匠精神。然而，书籍成为平民消费品这件事的最大意义在于，平民可以通过读书改变命运，阶级的"次元壁"打破了。正如邓广铭先生所说，"造纸术虽开始于汉代，而其普遍盛行和技术的大量提高，则是宋代的事"[2]，中国人早在西汉就掌握了造纸技术，却要等待千年之后，普通人才能真正拥有纸。对于宋代平民拥有书籍，获得能从"田舍郎"登上"天子堂"的神秘能力这件事，怎么点赞都不过分。

把印刷术和造纸术大发展这件事放进整个世界的历史长河中，它同样熠熠生辉，"古代世界的所有产品之中，论意义很少有比得上中国发明的纸张和印刷术的。两者都对世界文明的形成起过深刻的作用，对各处广大人民的精神和日常生活产生过久远的影响。"[3]

---

1 汪洋编著：《中国广告通史》，上海：上海交通大学出版社，2010年版，第29页。
2 邓广铭著：《宋史十讲》，"代前言"，北京：中华书局，2008年版，第3页。
3 钱存训著，刘祖慰译：《李约瑟中国科学技术史·第五卷，化学及相关技术·第一分册，纸和印刷》，北京：科学出版社，2018年版，第1页。

第六章

宋代诗人们沉迷吸猫不可自拔

我在网上看过一幅重新解读"狸猫换太子"故事的漫画，故事大意为：宋真宗发现初生的儿子被换成了活的狸猫，觉得猫猫好可爱，于是不管孩子了，将猫猫养大，并传位给它。

这个荒诞的故事，非常符合这届吸猫网友的"脑回路"。"吸猫"，就是以亲亲抱抱举高高，甚至一头扎在猫身上感受味道等方式来表达喜爱的一种行为。在网上，到处都是被称为"猫奴""铲屎官"的养猫、吸猫人士，他们给猫咪安排了一个"试图占领蓝星（地球）的喵星人"的"人设"，上述故事，反映的正是这些人微妙又有趣的心理。

从"猫"的字面来看，猫咪最初进入人类家庭，似乎是基于一种约定，即人类向猫提供居所，猫帮人类捕鼠护粮。到了宋代，随着出版业大发展，捕鼠护书亦成为现实而广泛的社会需求，猫的家庭地位便更加凸显。可以说，人与猫一开始是"合作伙伴"，但因猫咪又萌又神秘，又从"打工猫"演变成以卖萌为生的"宠物"，最终成为人类的"家人"。宋人会煮一种"人口粥"，由全家老小和猫狗分享，似乎就是在强调猫狗的"家人"地位。

可见，将猫与其他家养动物区别开来，甚至赋予其人类性格，这不是现代才有的事。至少在宋代，人们已经痴迷吸猫，并用诗词来记录养猫生活中的"小确幸"了。仅在本章出现的"为猫写诗"的宋代著名铲屎官就有陆游、梅尧臣、杨万里、林逋、范成大、文天祥、黄庭坚、张商英、罗大经、刘克庄、叶绍翁、林希逸、蔡肇等，涵盖了宋代文艺圈的各个层面。

宋代文人爱猫、养猫、写猫，充分"暴露"了他们的"三观"。

譬如，宋光宗绍熙三年（1192）十一月四日，在这样一个著名的日子，陆游写下了他的名篇《十一月四日风雨大作》：

> 僵卧孤村不自哀，尚思为国戍轮台。
> 夜阑卧听风吹雨，铁马冰河入梦来。[1]

同一天，在写下忧国忧民的爱国诗篇之前，陆游还写了一首无忧无虑的"吸猫诗"：

> 风卷江湖雨闇村，四山声作海涛翻。
> 溪柴火软蛮毡暖，我与狸奴不出门。[2]

这两首诗是"姊妹篇"，同样名为《十一月四日风雨大作》。很明显，在诗人看来，"爱国"和"撸猫"并不矛盾——享受眼前小生命的温暖陪伴，岂不正是值得用心追寻的美好生活的一部分？

如果让我用一种动物来形容宋代，那一定是猫。猫是历史悠久的伴侣动物，但人们至今看不懂它，这跟宋代在舆论场中的处境十分相似。然而，人们一旦愿意去了解猫，就会发现猫的好处，乃至变成吸猫一族。而若你看到了宋代本来的样子，也会发现它的可爱之处。

还在等什么，快随我一起，去感受那些有趣的宋人吸猫故事吧！

1　〔宋〕陆游著，钱仲联校注：《剑南诗稿校注》卷26，上海：上海古籍出版社，2005年版，第1830页。

2　〔宋〕陆游著，钱仲联校注：《剑南诗稿校注》卷26，上海：上海古籍出版社，2005年版，第1829页。

连续两天，我的猫咪兰兰多次摆弄一板只剩两片的西瓜霜润喉片，一副不打开不罢休的可爱模样，于是我渐悟了——薄荷，猫之酒也，宋人诚不我欺。

当代铲屎官都知道，猫薄荷是一种能让猫咪如痴如醉的神秘植物，但事实上，跟猫薄荷不是一种植物的薄荷也有类似功效，而这一点早在宋代就被发现了，宋人真不愧是最富生活情趣的古人啊！

咏猫是宋代诗人的宝藏题库

古人最初养猫，是因为发现猫会捕鼠，陆佃（陆游的祖父）在《埤（pí，增加）雅》中说："鼠善害苗，而猫能捕鼠，去苗之害，故猫之字从苗。"[1]而国人将猫视为宠物，大抵是从宋代开始，因为宋人跟现代人一样愉快地接受了"猫是宠物"的设定。（见图12）

首先，宋人不仅把猫统称为"狸奴""衔蝉"等[2]，还给自家爱猫取了爱称。譬如，司马光家的猫叫"虪（shù，黑虎）。"[3]

---

1 〔宋〕陆佃著，王敏红校点：《埤雅》卷4《释兽》，杭州：浙江大学出版社，2008年版，第35页。

2 〔清〕黄汉辑，卢晓白点校：《猫苑》卷下，〔清〕黄汉、王初桐辑，卢晓白点校：《猫苑 猫乘》，杭州：浙江人民美术出版社，2016年版，第58页。

3 〔清〕王初桐辑，卢晓白点校：《猫乘》卷1，〔清〕黄汉、王初桐辑，卢晓白点校：《猫苑 猫乘》，杭州：浙江人民美术出版社，2016年版，第115页。

陆游养过的"青史留名"的猫更多，从《得猫于近村以雪儿名之戏为作诗》《赠粉鼻》《赠猫》三首诗中可以看出，他给爱猫们分别取了名字，叫"雪儿""粉鼻""小於菟（wū tú）"[1]，这跟给猫取名并视为家人的当代猫奴没啥两样。

其次，宋人允许猫咪上自己的床。张商英（北宋宰相、书法家）说他和猫"高眠永日长相对，更约冬裘共足温"（《猫》），冬天把猫当暖宝宝用。杨万里说他午睡时"猫枕桃笙苦竹床"（《新暑追凉》），反正夏天也得猫陪睡就对了。[2]

可见，宋代铲屎官不但沉迷吸猫不可自拔，而且喜欢写"猫诗"，这些被猫征服、为猫倾倒的诗坛猫奴无意中给我们留下了许多有趣的宋诗——当然，很多诗不能只看字面意思，不过，那不在本文讨论范围内。

先说人称"宋诗开山祖师"的梅尧臣，他有一首《祭猫》诗：

> 自有五白猫，鼠不侵我书，
> 今朝五白死，祭与饭与鱼，
> 送之于中河，呪（作者注：zhòu，祝告）尔非尔疏。
> 昔尔啮一鼠，衔鸣绕庭除，
> 欲使众鼠惊，意将清我庐。
> 一从登舟来，舟中同屋居，
> 糗粮虽甚薄，免食漏窃余。
> 此实尔有勤，有勤胜鸡猪，

1　〔宋〕陆游著，钱仲联校注：《剑南诗稿校注》卷23、卷28、卷42，上海：上海古籍出版社，2005年版，第1710、1961、2656页。

2　〔清〕王初桐辑，卢晓白点校：《猫乘》卷8，〔清〕黄汉、王初桐辑，卢晓白点校：《猫苑　猫乘》，杭州：浙江人民美术出版社，2016年版，第191、203页。

世人重驱驾，谓不如马驴，

已矣莫复论，为尔聊唏嘘。[1]

在这首诗中，梅尧臣回忆了爱猫"五白"优秀的一生，堪称一首"赞美诗"兼"悼亡诗"，看得出痛失爱猫的铲屎官柔肠百结、非常深情了。

陆游更是深度吸猫人士。据我不完全统计，他从58岁到84岁的26年间至少写了25首"猫诗"，似乎还对猫的品种有研究，他说："海州猫为天下第一。"海州在今江苏连云港。他在诗中经常唠叨猫咪"时时醉薄荷"，羡慕可以免费一醉的猫咪——"自怜不及狸奴黠，烂醉篱边不用钱。"[2]看来家里专门种了薄荷给猫吃。

薄荷和猫的神秘关系，并不是只有铲屎官才懂，欧阳修《归田录》说"薄荷醉猫"乃"世俗常知"[3]，这似乎是宋代"众所周知的秘密"，可见宋人很精通"猫学"。

遗世独立的猫咪，很得隐者的欢心。林逋在《咏猫》诗中说："纤钩时得小溪鱼，饱卧花阴兴有余。自是鼠嫌贫不到，莫惭尸素在吾庐。"[4]意思是说，他家穷到连老鼠也不来，他便去钓鱼给猫吃，希望猫别丢下自己。看来，面对喵星人时，梅

1 〔宋〕梅尧臣著，朱东润编年校注：《梅尧臣集编年校注》卷26，上海：上海古籍出版社，2020年版，第1066页。

2 〔宋〕陆游著，钱仲联校注：《剑南诗稿校注》卷38、卷42、卷83，上海：上海古籍出版社，2005年版，第2428、2656、4464页。

3 〔宋〕欧阳修撰，李伟国点校：《归田录》卷2，〔宋〕王辟之、欧阳修撰，吕友仁、李伟国点校：《渑水燕谈录 归田录》，北京：中华书局，1981年版，第33页。

4 〔清〕王初桐辑，卢晓白点校：《猫乘》卷8，〔清〕黄汉、王初桐辑，卢晓白点校：《猫苑 猫乘》，杭州：浙江人民美术出版社，2016年版，第193页。

妻鹤子的隐士也只是个卑微的普通人。

慵懒的猫咪，让铲屎官也有借口慵懒。范成大在《习闲》诗中提到他"闲看猫暖眠毡褥"[1]，不愧是诗人，把"习闲成懒懒成痴"这种拖延症症状描述得相当清新脱俗。文天祥生病时也很懒，他在《又赋》诗中说："病里心如故，闲中事更生。睡猫随我嬾（作者注：lǎn，懒），黠鼠向人鸣。"[2]看来是把观察猫咪当成了一种休闲。

当然，猫咪的战斗力也值得大书特书。黄庭坚在《乞猫》诗中说，他的爱猫死了，他深受鼠辈侵扰，"闻道狸奴将数子，买鱼穿柳聘衔蝉。"[3]意思是说，他听说有狸猫待产，连忙带着一串鱼前往"聘猫"。

宋人请猫回家非常有仪式感，要带盐或鱼做聘礼，这种别致又可爱的风俗，体现出时人对于猫咪的喜爱和另眼相看。至于为什么要用盐聘猫，清人黄汉在《猫苑》中保存了一种说法："吴音读盐为缘，故婚嫁以盐与头发为赠，言有缘法，俗例相沿，虽士大夫亦复因之。今聘猫用盐，盖亦取有缘之意。"[4]换言之，人们把聘猫和婚嫁同样视为"要看缘分的事"，以平等的视角来看待猫咪。

被隆重聘到铲屎官家中后，有些猫咪认真负责，好评如

---

1 〔清〕王初桐辑，卢晓白点校：《猫乘》卷8，〔清〕黄汉、王初桐辑，卢晓白点校：《猫苑　猫乘》，杭州：浙江人民美术出版社，2016年版，第203、204页。

2 〔宋〕文天祥撰，刘文源校笺：《文天祥诗集校笺》卷5《又赋三首》，北京：中华书局，2017年版，第412页。

3 〔清〕王初桐辑，卢晓白点校：《猫乘》卷8，〔清〕黄汉、王初桐辑，卢晓白点校：《猫苑　猫乘》，杭州：浙江人民美术出版社，2016年版，第190页。

4 〔清〕黄汉辑，卢晓白点校：《猫苑》卷下，〔清〕黄汉、王初桐辑，卢晓白点校：《猫苑　猫乘》，杭州：浙江人民美术出版社，2016年版，第60页。

潮。罗大经（南宋学者）在《猫》诗中说"狸奴虽小策勋奇"[1]，黄庭坚在《谢周元之送猫》诗中说他家猫"将军细柳有家风"[2]，这二位俨然请回了两个大将军。

当然，有的铲屎官不可避免地遭遇了不尽职的猫咪。刘克庄（南宋词人、诗人）就写了一首《诘猫》诗："古人养客乏车鱼，今汝何功客不如。饭有溪鱼眠有毯，忍教鼠啮案头书。"叶绍翁（南宋诗人）则在《题猫图》诗中弱弱地抱怨："醉薄荷，扑蝉蛾。主人家，奈鼠何。"[3]

然而，最终不少人坦然接受了"猫不捕鼠"的设定。林希逸（南宋理学家）在《戏号麒麟猫》诗中说："道汝含蝉实负名，甘眠昼夜寂无声。不曾捕鼠只看鼠，莫是麒麟误托生？"[4] 不仅不抱怨猫咪撂挑子，还笑嘻嘻地献上"彩虹屁"。

综上所述，有些人表面上是著名诗人，背后谁还不是个普通铲屎官？

书籍普及衍生出养猫护书需求

为何诗人多猫奴？我想是因为：一、诗人是读书人，普遍有护书的需求，自然而然就会养猫，在护书的同时顺便吸一

1　〔宋〕罗大经撰，王瑞来点校：《鹤林玉露》乙编卷4，北京：中华书局，1983年版，第195—196页。

2　〔清〕王初桐辑，卢晓白点校：《猫乘》卷8，〔清〕黄汉、王初桐辑，卢晓白点校：《猫苑　猫乘》，杭州：浙江人民美术出版社，2016年版，第190页。

3　〔清〕王初桐辑，卢晓白点校：《猫乘》卷8，〔清〕黄汉、王初桐辑，卢晓白点校：《猫苑　猫乘》，杭州：浙江人民美术出版社，2016年版，第191、193页。

4　〔清〕黄汉辑，卢晓白点校：《猫苑》卷下，〔清〕黄汉、王初桐辑，卢晓白点校：《猫苑　猫乘》，杭州：浙江人民美术出版社，2016年版，第91页。

波猫；二、诗人热衷于把生活琐事记录下来，因宋代印刷业发达，就算这些"猫诗"尚算不上脍炙人口，也能流传下来。鉴于宋代是古代科举和印刷业发展的巅峰期，出现了大量书店和藏书家，可以推论出，当时捕鼠护书成为全社会的现实需求。

举两个例子。蔡肇（北宋画家）在《乞猫》诗中说："腐儒生计惟黄卷，乞取衔蝉与护持。"[1]可见他养猫就是为了"护黄卷"。

作为藏书家，陆游养猫的初衷也是护书——"裹盐迎得小狸奴，尽护山房万卷书。"然而，事情向不可控的方向发展了——"狸奴不执鼠，同我爱青毡。""狸奴睡被中，鼠横若不闻。""但思鱼餍足，不顾鼠纵横。"但是，懒猫最终成功俘获铲屎官的芳心，"勿生孤寂念，道伴有狸奴。"陪伴是最长情的告白，捕不捕鼠的不重要，陆游释然地说："暮秋风雨暗江津，不下书堂已过旬。鹦鹉笼寒晨自诉，狸奴毡暖夜相亲。""溪柴火软蛮毡暖，我与狸奴不出门。"[2]啥也别说了，宅家抱猫是最幸福的事！

在众生沉醉于"撸猫吸猫盘猫"的时代，也有"清醒"的人，苏轼就曾上书宋神宗说："养猫以捕鼠，不可以无鼠而养不捕之猫"，对此，罗大经有话说："余谓不捕犹可也，不捕鼠

---

1 〔清〕黄汉辑，卢晓白点校：《猫苑》卷下，〔清〕黄汉、王初桐辑，卢晓白点校：《猫苑 猫乘》，杭州：浙江人民美术出版社，2016年版，第93页。

2 〔宋〕陆游著，钱仲联注：《剑南诗稿校注》卷15、卷23、卷26、卷69、卷71、卷75，上海：上海古籍出版社，2005年版，第1179、1710—1711、1829—1830、3866、3956、4123—4124页。

而捕鸡则甚矣。"[1]大致意思是，猫不捕鼠完全没毛病，跑去抓鸡就有点儿戏过了！

上述事例恰恰反映出，"不捕之猫"很常见，宋人非常明确地将猫分为两种，一种是卖艺为生的捕鼠能手，一种是卖萌为生的可爱宠物。《梦粱录》说："猫，都人畜之捕鼠。有长毛、白黄色者称曰'狮猫'，不能捕鼠，以为美观，多府第贵官诸司人畜之，特见贵爱。"[2]而这些被宠上天的观赏猫，甚至害怕老鼠。洪迈在《夷坚志》中说，"桐江民"将爱猫投于瓮中捕鼠，"鼠跳踯上下，呼声甚厉。猫熟视不动，意伺其便也。久之，乃跃而出"，主人又投入另一只爱猫，"方投瓮，亦跃而出。"主人又让婢女去借来邻居家的猫，"至，窥瓮，爪婢衣，不肯下，至破袖伤臂。"[3]三只猫都是不捕鼠甚至怕老鼠的。

在宋代，养猫不是读书人的禁脔，而是整个社会的时尚。据范成大的《吴郡志》记载，腊月二十五日"食赤豆粥，云辟瘟，举家大小无不及，下至婢仆猫犬皆有之；家中有外出者，亦贮其分，名曰口数粥"。[4]《梦粱录》也说，腊月二十五日，"士庶家煮赤豆粥祀食神，名曰'人口粥'，有猫狗者，亦与焉。不知出于何典。"[5]意思是说，腊月二十五日，不论贫富，

1 〔宋〕罗大经撰，王瑞来点校：《鹤林玉露》丙编卷5，北京：中华书局，1983年版，第316页。

2 〔宋〕吴自牧著：《梦粱录》卷18《物产》，杭州：浙江人民出版社，1980年版，第171页。

3 〔宋〕洪迈撰，何卓点校：《夷坚志》夷坚三志己卷第十《桐江二猫》，北京：中华书局，1981年版，第1381—1382页。

4 〔宋〕范成大撰，陆振岳点校：《吴郡志》卷2《风俗》，南京：江苏古籍出版社，1999年版，第14页。

5 〔宋〕吴自牧著：《梦粱录》卷6《十二月》，杭州：浙江人民出版社，1980年版，第49页。

家家要煮红豆粥，全家老小和仆人都有份，如果家中有人外出未归，也必须给他留一份，猫狗也都有一份，以此来"祀食神""辟瘟"，这就是"人口粥"或"口数粥"——猫狗也算进了"人口"，显然是被视为"家人"的，真是一种温馨可爱的风俗。

可以说，从一开始，猫就兼具了功能性和观赏性：一方面，被广泛地应用于护书；另一方面，靠颜值和个性成为人类的家庭成员。

养猫周边在宋代已是成熟产业

既然爱猫属于社会时尚，宋代自然也有成熟的宠物经济。

陆游在《老学庵笔记》中说，秦桧孙女养的狮猫走丢了，秦家到临安府报案，发动全城搜寻，结果找到数以百计的狮猫，但都不是丢失的那只[1]——这件事除了说明秦家着实气焰熏天之外，还说明当时养猫是常事，随随便便就能找到同一品种的猫上百只。

宋代有专门的猫市。《东京梦华录》说："相国寺，每月五次开放，万姓交易。大三门上皆是飞禽猫犬之类，珍禽奇兽，无所不有。""养犬则供饧糟，养猫则供猫食并小鱼。"[2]可见，当时不仅有宠物市场，还有专门的猫粮和小鱼出售。《武林旧

---

1 〔宋〕陆游撰，李剑雄、刘德权点校：《老学庵笔记》卷3，北京：中华书局，1979年版，第32页。

2 〔宋〕孟元老撰，伊永文整理：《东京梦华录》卷3《相国寺内万姓交易》《诸色杂卖》，上海师范大学古籍整理研究所编：《全宋笔记》第五编一，郑州：大象出版社，2012年版，第134、135、139页。

事》则说，临安"小经纪"的经营项目有"猫窝、猫鱼、卖猫儿、改猫犬"[1]，其中"改猫犬"疑为宠物美容。可见，临安人的日常消费包括宠物及猫窝、猫粮、宠物美容等周边产品，当年喵星人的生活水平也"很现代"。

因为猫受宠，宋代不仅有大量关于猫的诗词、画作，甚至还出现了造假现象。《夷坚志》说，住在临安内北门外西边小巷的孙三夫妇，把白猫染成红色，骗倒不少邻居，最终一名内侍上当，花300贯钱买走了这只猫。[2]

根据程民生《宋代物价研究》一书中摘录的各种牲畜价格可以推算出，300贯钱可以买到数十只羊或两三百头猪。[3] 从《夷坚志》中这个"乾红猫"故事也可以看出，在宋人眼中，宠物跟家畜不一样。

总的来说，养猫风靡于宋代，除了文化发达以至"护书成为刚需"之外，还基于两个原因：

一是经济发达。毕竟，只有平民富足后，才会将动物视为宠物，并愿意以远高于家畜的价格购买宠物。

二是城市发达。宋代城市以商业为主导，市民阶层出现，城市人口激增，行业分工精细，宠物及周边自然而然就成了产业。

其实，不只是宋人，中国人，尤其是文人自古爱猫，其原因正如黄汉所言，"蠢动杂生之中，有一物能得名贤叹赏、词

---

1 〔宋〕周密撰，李小龙、赵锐评注：《武林旧事》卷6《小经纪（他处所无者）》，北京：中华书局，2007年版，第174、175、177页。

2 〔宋〕洪迈撰，何卓点校：《夷坚志》夷坚三志己卷第九《乾红猫》，北京：中华书局，1981年版，第1372页。

3 程民生著：《宋代物价研究》，北京：人民出版社，2008年版，第316—317页。

人题咏，则其为生也荣矣。然非有德性异能，岂易致哉。古今来品题文藻，旁及猫者匪少，盖猫固有德性异能也。"[1]对于猫拥有"德性异能"的这一特性，想必古今中外的铲屎官都能达成共识吧！

最后说一个段子。据南宋李心传《建炎以来朝野杂记》记载：

> 夏，令廙（作者注：kuàng）始奉诏选上及宗子伯浩入禁中。伯浩丰而泽，上清而癯。高宗初爱伯浩，忽曰："更仔细观之。"乃令二人并立，有猫过，伯浩以足蹴之，上拱立如故。高宗曰："此儿轻易乃尔，安能任重耶！"乃赐伯浩白银三百两，罢之。而育上于张婕妤所，时年六岁矣。[2]

绍兴年间，宋高宗选宗子入宫，选出一胖一瘦两个孩子，高宗喜欢胖的，就留下胖子，让瘦子走。恰好一只猫路过，胖子一脚将猫踢走。高宗说："猫偶然经过，为啥踹它？你不稳重，不能担负重任。"于是，胖子被打发走了，瘦子留下，就是后来的宋孝宗。

不管宋孝宗是不是真的"猫选之子"，这个段子至少能告诉我们两件事：虐猫没有好果子吃；皇宫也养猫，皇帝也是猫奴。

---

1 〔清〕黄汉辑，卢晓白点校：《猫苑》卷下，〔清〕黄汉、王初桐辑，卢晓白点校：《猫苑　猫乘》，杭州：浙江人民美术出版社，2016年版，第89页。
2 〔宋〕李心传撰，徐规点校：《建炎以来朝野杂记》乙集卷1《壬午内禅志》，北京：中华书局，2000年版，第497—498页。

宋史漫谈2：宋人也爱看大象海豹

宋人也养狗，当时的狗是传统中国犬种，包括细犬、松狮犬、罗江狗等：细犬就是哮天犬的原型；松狮犬，古代被作为猎犬使用；至于罗江狗，宋仁宗时期御史宋禧曾建议用蜀地的罗江狗来代替宫廷卫士，这种狗"赤而尾小者，其儆如神"[1]，疑为大型犬。

宋人已有保护动物的意识。据江少虞《事实类苑》记载，宋初，一名公主"衣贴绣铺翠襦入宫"，宋太祖说："汝当以此与我，自今勿复为此饰。"因为点翠使用的是从活翠鸟身上拔下的羽毛，公主佩戴点翠饰品，很容易引发天下人效仿，"主家服此，宫闱戚里皆相效，京城翠羽价高，小民窥利，展转贩易，伤生寖（作者注：jìn，渐渐）广，实汝之由。汝生长富贵，当念惜福，岂可造此恶业之端？"[2]

宋人也玩赏其他动物。据《萍洲可谈》记载：

> 元祐间，有携海鱼至京师者，谓之海哥。都人竞观，其人以槛寘（作者注：zhì，置）鱼，得金钱则呼鱼，应声而出，日获无算。贵人传召不少暇。一日，至州北李驸马园，放入池中，呼之不复出，设网罟（作者注：gǔ）百计，竟失之。[3]

---

1 〔宋〕魏泰撰，李裕民点校：《东轩笔录》卷12，北京：中华书局，1983年版，第137页。

2 〔宋〕江少虞撰：《事实类苑》卷1《祖宗圣训》，上海：上海古籍出版社，1993年版，第5—6页。

3 〔宋〕朱彧撰，李伟国点校：《萍洲可谈》卷2，〔宋〕陈师道、朱彧撰，李伟国点校：《后山谈丛 萍洲可谈》，北京：中华书局，2007年版，第148—149页。

宋哲宗元祐年间，有人带海哥（海豹）到东京，借此捞了一大笔钱，当时东京人竞相观赏，有钱人还把海豹邀到家里欣赏，结果把海豹玩丢了。

《宋代物价研究》中举例说：宋神宗熙宁年间，日本僧人成寻曾在应天府的官方养象所观看驯象表演；南宋初年，有北方客商驱赶骆驼到广西博白，当地人争相观看，通过巡回展出，客商赚得盆满钵满。[1]

宋人还具有维护生态平衡、避免竭泽而渔的意识。宋太祖建隆二年（961）二月曾下"禁采捕诏"：

> 王者稽古临民，顺时布政，属阳春在候，品汇（作者注：huì，类）咸亨，鸟兽虫鱼，俾各安于物性，罝罘（作者注：jū fú，捕捉鸟兽的网）罗网，宜不出于国门，庶无胎卵之伤，用助阴阳之气，其禁民无得采捕鱼虫、弹射飞鸟。仍永为定式，每岁有司具申明之。[2]

这项"祖宗之法"得到了很好的执行，其重点是"令民二月至九月无得采捕虫鱼，弹射飞鸟"，而二月至九月正是鸟兽虫鱼的产卵繁殖期[3]——是不是跟现代季节性禁渔很相似？

再举两个皇帝的例子。《玉壶清话》说，宋仁宗读书读到"周高祖（作者注：郭威）幸南庄，临水亭，见双凫（作者注：

1　程民生著：《宋代物价研究》，北京：人民出版社，2008年版，第492—493页。

2　司义祖整理：《宋大诏令集》卷198《政事五十一》，北京：中华书局，1962年版，第729页。

3　周宝珠著：《宋代东京研究》，开封：河南大学出版社，1992年版，第102—103页。

野鸭）戏于池，出没可爱，帝引弓射之，一发叠贯，从臣称贺"时，掩卷对左右说："逞艺伤生，非朕所喜也。"[1]《道山清话》说，宋哲宗折了一根柏枝把玩，担任讲官的程颐说："方春万物发生之时，不可非时毁折。"哲宗赶紧把树枝扔了[2]——这说明，宋人认为不可随意伤生害命，这种观念覆盖所有生命，而不只是偏爱宠物。

---

1 〔宋〕文莹撰，郑世刚、杨立扬点校：《玉壶清话》卷5，〔宋〕文莹撰，郑世刚、杨立扬点校：《湘山野录　续录　玉壶清话》，北京：中华书局，1984年版，第45页。
2 〔宋〕佚名撰，孔一校点：《道山清话》，〔宋〕宋敏求等撰，尚成等校点：《春明退朝录（外四种）》，上海：上海古籍出版社，2012年版，第67页。

宋史漫谈3：陆游吸猫小史

　　因在《剑南诗稿》中检索到了25首与猫有关的诗，我按时间顺序将陆游的心路历程做一简单记录，请读者一起感受一下萌老头儿吸猫的快乐。

《剑南诗稿》中的25首"猫诗"

　　1.淳熙十年（1183）八月，山阴。《赠猫》（节选）：裹盐迎得小狸奴，尽护山房万卷书。

　　2.淳熙十三年（1186）冬，严州任所。《夜坐观小儿作拟毛诗欣然有赋》（节选）：夜阑我困儿亦归，独与狸奴分坐毯。

　　3.绍熙二年（1191）秋，山阴。《得猫于近村以雪儿名之戏为此诗》：似虎能缘木，如驹不伏辕。但知空鼠穴，无意为鱼餐。薄荷时时醉，氍毹（作者注：qú shū，毛织的地毯）夜夜温。前生旧童子，伴我老山村。

　　4.绍熙二年秋，山阴。《戏咏闲适》（节选）：暮秋风雨暗江津，不下书堂已过旬。鹦鹉笼寒晨自诉，狸奴毡暖夜相亲。

　　5.绍熙三年（1192）秋，山阴。《壬子九日登山小酌》（节选）：玉脍莼中橙尚绿，彩猫糕上菊初黄。

　　6.绍熙三年冬，山阴。《十一月四日风雨大作》：风卷江湖雨暗（作者注：暗）村，四山声作海涛翻。溪柴火软蛮毡暖，我与狸奴不出门。

　　7.绍熙四年（1193）冬，山阴。《赠粉鼻》：连夕狸奴磔鼠频，怒髯嘿嘿（作者注：xùn，喷）血护残囷（作者注：qūn，圆形谷仓）。问渠何似朱门里，日饱鱼餐睡锦茵？

　　8.庆元四年（1198）秋，山阴。《嘲畜猫》：甚矣翻盆暴，嗟君睡得成！但思鱼餍足，不顾鼠纵横。欲骋衔蝉快，先怜上树轻。胸山在何许？此族最知名。（俗言猫为虎舅，教虎百为，惟不教上树；又谓海州猫为天下第一。）

9.庆元六年（1200）春，山阴。《赠猫》：盐裹聘狸奴，常看戏座隅。时时醉薄荷，夜夜占氍毹。鼠穴功方列，鱼餐赏岂无。仍当立名字，唤作小於菟。

10.嘉泰三年（1203）六月，山阴。《初归杂咏》（节选）：偶尔作官羞问马，颓然对客但称猫。

11.开禧元年（1205）秋，山阴。《鼠败书》（节选）：向能畜一猫，狡穴讵弗获？

12.开禧元年秋，山阴。《北窗》（节选）：陇客询安否，狸奴伴寂寥。

13.开禧元年闰八月，山阴。《习嬾自咎》（节选）：猧（作者注：wō，小狗）子巡篱落，狸奴护简编。

14.开禧元年冬，山阴。《鼠屡败吾书偶得狸奴捕杀无虚日群鼠几空为赋此诗》（节选）：服役无人自炷香，狸奴乃肯伴禅房。书眠共藉床敷暖，夜坐同闻漏鼓长。

15.开禧二年（1206）夏，山阴。《戏书触目》（节选）：狸奴闲占熏笼卧，燕子横穿翠径飞。

16.开禧二年夏，山阴。《自嘲》（节选）：猫健翻怜鼠，庭荒不责童。

17.开禧二年冬，山阴。《小室》（节选）：狸奴不执鼠，同我爱青毡。

18.开禧三年（1207）夏，山阴。《独酌罢夜坐》（节选）：勿生孤寂念，道伴有狸奴。

19.开禧三年冬，山阴。《岁末尽前数日偶题长句》（节选）：谷贱窥篱无狗盗，夜长暖足有狸奴。

20.嘉定元年（1208）春，山阴。《二感》（节选）：狸奴睡被中，鼠横若不闻。

21.嘉定元年冬，山阴。《冬日斋中即事》（节选）：我老苦寂寥，谁与娱晨暮？狸奴共茵席，鹿麑（作者注：ní，幼鹿）随杖屦（作者注：jù，鞋）。

22.嘉定元年冬，山阴。《书叹》（节选）：猧子解迎门外客，狸奴知护案间书。

23.嘉定二年（1209）秋，山阴。《题画薄荷扇》：薄荷花开蝶翅翻，风枝露叶弄秋妍。自怜不及狸奴黠，烂醉篱边不用钱。

24.嘉定二年秋，山阴。《嘉定己巳立秋得膈上疾近寒露乃小愈》（节选）：童子贪眠呼不省，狸奴恋暖去仍还。

25.嘉定二年冬，山阴。《赠猫》：执鼠无功元不劾，一箪鱼饭以时来。看君终日常安卧，何事纷纷去又回？

注：淳熙十三年陆游58岁（周岁，下同），嘉定二年陆游84岁。文中山阴、严州（位于浙江西部）为诗人作诗地点。未标明"节选"者即为整首诗。

资料来源：〔宋〕陆游著，钱仲联校注：《剑南诗稿校注》卷15、卷18、卷23、卷23、卷25、卷26、卷28、卷38、卷42、卷53、卷63、卷63、卷64、卷65、卷66、卷67、卷69、卷71、卷74、卷75、卷79、卷80、卷83、卷84、卷85，上海：上海古籍出版社，2005年版，第1179、1412、1710、1710—1711、1807、1829、1961、2428、2656、3164、3583—3584、3590、3624—3625、3666、3750—3751、3761、3866、3956、4080、4123—4124、4297—4299、4321、4464、4490—4491、4533页。

第七章

宋代女性，不只是女儿妻子母亲

说到宋代女性，你是不是会第一时间想起"从一而终""饿死事小失节事大"之类"名句"，还有"裹小脚""着装保守"之类画面？

那么，这些是真相吗？

举个例子。很多人知道一个关于李清照的"八卦"——传说她因为坚持跟第二任丈夫、一个名为张汝舟的家暴男离婚而坐过牢。

事实上，宋代法律支持女性主动提出离婚，她们不需要为此负刑责。李清照当年发现张汝舟有营私舞弊、骗取官职的行为，便告发了他，并要求离婚。经查属实，张汝舟被除名编管柳州，李清照获准离婚。[1]但因《宋刑统》规定："诸告周亲尊长、外祖父母、夫、夫之祖父母，虽得实，徒贰年。"[2]所以，相传李清照被判刑，后获救。可见，若李清照获刑是实，那并不是因为她要求离婚，而是因为她告发了丈夫。

对于李清照改嫁一事，宋人坦然记录了下来，很多明清人士却不愿承认，因为他们认为"改嫁"是"一代词后"的人生污点，宋人与明清人士的观念不同可见一斑。现代人对于宋代女性的印象，往往就跟李清照这段秘辛一样，似乎有一点儿了解，却又很可能远离真相。

其实我们可以开拓一下思路，将女性从宫廷和家庭视角中拉出来，我们会看到她们对于宋代中国政治、经济、文化、军事、生活等各方面的推动作用，而宋代统治阶级男性对于"女性接受教育并发挥聪明才智"也算乐见其成，这算是当时社会文化发展的"红利"吧！

当然，宋代确实有"裹脚"这样的封建糟粕，此风在元明清愈

---

1 王扬著：《宋代女性法律地位研究》，北京：法律出版社，2015年版，第43—45页。
2 〔宋〕窦仪等详定，岳纯之校证：《宋刑统校证》卷24《斗讼律》，北京：北京大学出版社，2015年版，第314页。

演愈烈，有些明人开始认为正常的脚是丑的。明人选辑的《乐府群珠》卷4《朱履曲》中，就连续出现两段糟心文：

嘲大足

一疋绢鞋帮刚勾，底根用半个丝紬，上面绣着一对大黄牛，雨伞大枯荷叶，七尺五牡丹头，姐姐由兀自穿不上提着走。[1]

嘲丑妓

烧饼脸石灰抹就，黄头发搽上香油，两只脚大似打渔舟，你也歌不的新水令，唱不得小梁州，姐姐则好去卓儿上收按酒。[2]

满心糟粕的人不仅丑化不愿裹脚的女性，还鼓吹女性"守节"，根据《古今图书集成·闺媛典·闺节部》所载历代节妇人数，我们可以得出"自汉至清节妇越来越多"的结论。可见，封建专制主义的加强，会导致古代女性的境遇更加悲惨。

《古今图书集成·闺媛典·闺节部》所载历代节妇人数统计表

朝代	汉	魏晋南北朝	隋唐	两宋	元	明	清顺治、康熙朝
历时（年）	426	324	326	319	97	276	79
人数（人）	22	29	32	152	452	27141	9482
年均人数（人）	0.05	0.09	0.1	0.48	4.66	98.34	120.0

资料来源：王扬著：《宋代女性法律地位研究》，北京：法律出版社，2015年版，第49页。

1　卢前校：《乐府群珠》卷4《朱履曲》，上海：商务印书馆，1955年版，第242页。

2　卢前校：《乐府群珠》卷4《朱履曲》，上海：商务印书馆，1955年版，第242页。

先说一条冷知识：金庸武侠小说塑造的"全真七子"都是道教的真人，也都是真实存在过的真人。他们是全真道创始人王重阳的七大弟子、全真道开派七位祖师，史称"北七真"。七人是同乡，孙不二、马丹阳、谭处端生于北宋末年，郝大通、王处一、刘处玄、丘处机生于金灭北宋之后。最年长的孙不二是唯一女性，本是马丹阳之妻，入道后号为清静散人，为一派宗师[1]——是不是跟你认识的全真七子不太一样？没错，本文要说的宋代女性也是如此，大众似乎对她们有一点儿了解，但又不是真的了解。

宋代法律赋予女性财产继承权

说到宋代女性，很多人脑子里第一时间蹦出来的是"裹小脚""着装保守""从一而终""女子无才便是德""饿死事小失节事大""大门不出二门不迈"等字眼，当然会觉得她们地位低，至于有多低？基本上就是传宗接代的工具人吧！所以很多创作者会给以"嫡庶贵贱"为主要看点的故事安排一个宋代背景，这可真是又冤枉宋人了。事实上，比起其他朝代，包括大众认为女性最开放的唐代，宋代不仅不输，甚至更胜一筹，有

1　夏征农主编：《辞海（1999年版缩印本）》，上海：上海辞书出版社，2000年版，第408页。

学者断言："在历代王朝中，宋朝女性的地位是最高的。"[1]

众所周知，无论男女，钱就是话语权，我们先看看宋代法律对女性财产继承权的规定。

《宋刑统·户婚律》的相关记载包括：

> 诸应分者，田宅及财物兄弟均分。（其祖、父亡后，各自异居，又不同爨，经三载以上，逃亡经六载已上，若无父祖旧田宅、邸店、碾硙、部曲、奴婢见在可分者，不得辄更论分。）妻家所得之财，不在分限。（妻虽亡没，所有资财及奴婢，妻家并不得追理。）兄弟亡者，子承父分。（继绝亦同。）兄弟俱亡，则诸子均分。（其父祖永业田及赐田亦均分。口分田即准丁中老小法。若田少者，亦依此法为分。）其未娶妻者，别与娉财（作者注：行聘礼时所赠财物）。姑、姊妹在室者，减男娉财之半。寡妻妾无男者，承夫分。若夫兄弟皆亡，同壹子之分。（有男者，不别得分，谓在夫家守志者。若改适，其见在部曲、奴婢、田宅，不得费用，皆应分人均分。）[2]

> 诸身丧户绝者，所有部曲、客女、奴婢、店宅、资财，并令近亲（亲，依本服，不以出降。）转易货卖，将营葬事及量营功德之外，余财并与女。（户虽同，资财先别者，亦准此。）无女，均入以次近亲。

1　张良著：《宋服之冠：黄岩南宋赵伯澐墓文物解读》，北京：中国文史出版社，2017年版，第113页。

2　〔宋〕窦仪等详定，岳纯之校证：《宋刑统校证》卷12《户婚律》，北京：北京大学出版社，2015年版，第169页。

无亲戚者。官为检校。若亡人在日，自有遗嘱处分，
证验分明者，不用此令。[1]

  请今后户绝者所有店宅、畜产、资财，营葬、功
德之外，有出嫁女者，叁分给与壹分，其余并入官。
如有庄田，均与近亲承佃。如有出嫁亲女被出及夫亡
无子，并不曾分割得夫家财产入己，还归父母家后，
户绝者并同在室女例，余准令、敕处分。[2]

上述规定的大概意思可分三部分：

第一，分家须分给未嫁女（在室女）一部分财产，这叫"奁
产"，即嫁妆，一般为未娶妻男性所得"娉财"的一半。女子出
嫁后将奁产带入夫家，并仍拥有奁产的所有权，如果女子离婚或
改嫁，有权带走全部奁产。夫家分家析产时，不可分妻子的奁产。

第二，如果妻妾丧夫又没儿子，可以继承丈夫财产，前提
是为丈夫守寡。

第三，如果一个家庭没有儿子只有女儿，那么在处理完丧
葬等事宜后，将财产交给未嫁女；如果女儿已出嫁，给三分之
一；如果出嫁女离婚或夫亡无子，则按未嫁女办法处理。

以上仅是《宋刑统》的记载，宋代还有其他相关法规，给
我们探讨宋代女性的财产继承权提供了依据。美国学者伊沛霞
说，《宋刑统》中"在室女可分到未婚兄弟结婚费用的一半"
的规定源自唐代，当时男方家庭送给女方的聘金应该超过女方

---

1 宋〕窦仪等详定，岳纯之校证：《宋刑统校证》卷12《户婚律》，北京：北京大学
  出版社，2015年版，第169—170页。

2 〔宋〕窦仪等详定，岳纯之校证：《宋刑统校证》卷12《户婚律》，北京：北京大学
  出版社，2015年版，第170页。

家庭在结亲事宜上的净支出（而宋代流行厚嫁），"在宋代，法律条令修改得与社会习俗更接近，所以南宋的判官引用法规判给'在室女'更大份额的家产。基本原则是未婚姑娘应该得到等同于儿子继承的产业的一半，而不像唐代那样，只不过是男人结婚费用的一半。这个公式意味着如果一家人有一个男孩、两个女儿，都不曾结婚，男孩可得到一半家产，女孩各得四分之一。"[1]这种说法援引自《名公书判清明集》——"在法：'父母已亡，儿女分产，女合得男之半。'"[2]

总的来说，宋代女性法律地位得到了规范和提高，学者王扬认为："其表现是女性财产继承权在国家法律中得到明确确认，结束了几千年来女性无财产继承权的历史。南宋《名公书判清明集》的发掘，验证了女性财产继承权的落实。"[3]

宋代是平民社会，体现在婚姻方面，就是流行厚嫁，嫁女费用普遍超过娶妻[4]——汉末魏晋南北朝是古代最崇尚门阀的时代，出现"尚阀阅"的门阀婚姻，这种情况一直持续到唐代后期。唐末五代门阀制度被摧毁，庶族士人兴起，门阀婚姻观念逐渐淡薄。宋代，"取士不问家世，婚姻不问阀阅"，唯财是婚的行为逐渐增多，这种现象被称为"财婚"。[5]

据宋代赵彦卫《云麓漫钞》记载：

1　〔美〕伊沛霞著，胡志宏译：《内闱——宋代妇女的婚姻和生活》，南京：江苏人民出版社，2010年版，第92页。

2　周名峰校释：《名公书判清明集校释（户婚门）》，北京：法律出版社，2020年版，第300页。

3　王扬著：《宋代女性法律地位研究》，北京：法律出版社，2015年版，第8—9页。

4　程民生著：《宋代物价研究》，北京：人民出版社，2008年版，第449页。

5　游君彦、姜莉著：《宋代社会生活研究——以园林与婚姻为例》，成都：四川大学出版社，2019年版，第73—74页。

唐人推崔、卢等姓为甲族，虽子孙贫贱，皆家世所重。今人不复以氏族为事，王公之女，苟贫乏，有盛年而不能嫁者；间阎富室，便可以婚侯门，婿甲科。[1]

宋代女性嫁妆能折合多少钱呢？范仲淹为其在苏州办的义庄定了规矩，接受义庄救助的族人，嫁女可支取30贯（折合人民币10857元），娶妻可支取20贯（折合人民币7238元）。这两个数字，可视为当地穷人嫁女娶妻的基本费用。至于富室嫁女，那就没有上限了。可见，对宋人来说，嫁妆是不小的负担，如果不提前积攒，甚至必须卖房卖地来筹措。丰厚的嫁妆，可以显著提升出嫁女在夫家的地位，为了让女儿过得好一些，宋代的父母也是蛮拼的。[2]

因为女性奁产受到法律保护，女方家庭多给出嫁女一些奁产，实际上不会吃亏，或许，这也是宋人重"财婚"的重要原因。然而，对于确实无力置办嫁妆的家庭来说，厚嫁之风可能是灾难性的：其一，"贫人女至老不得嫁"，有些想要出嫁的女孩长大后无法按时出嫁；其二，有些地方"生女不举"，根本不给女孩长大的机会。[3]

当然，宋人婚姻也讲门当户对，但是以才学、官品、财产为标准，而不是以往的血缘门阀，这是宋代"门第婚"的特点。[4]

南宋王楙《野客丛书》记载，惠州"温都监女"年十六

---

1 〔宋〕赵彦卫撰，傅根清点校：《云麓漫钞》卷3，北京：中华书局，1996年版，第51页。

2 程民生著：《宋代物价研究》，北京：人民出版社，2008年版，第447—448页。

3 程民生著：《宋代物价研究》，北京：人民出版社，2008年版，第452页。

4 王扬著：《宋代女性法律地位研究》，北京：法律出版社，2015年版，第66页。

岁，不肯嫁人，听说苏轼来了，开心地向人说："此吾婿也。"
她夜里跑去听苏轼讽咏，在窗外徘徊，被苏轼发觉了，她就翻
墙离开。苏轼听说少女想嫁给自己，就打算给她说媒，但未成
行，少女便去世了，苏轼怅然为她赋词一首，其中有一句"拣
尽寒枝不肯栖"。[1]这个故事看起来是迷妹用生命去追星的悲剧，
但也反映出少女奉行自己做主、宁缺毋滥的婚姻观，一点儿也
不输给现代女性——这是典型的少女爱才子的例子。

朱彧《萍洲可谈》说："近世宗女既多，宗正立官媒数十
人掌议婚，初不限阀阅。富家多赂宗室求婚，苟求一官，以庇
门户，后相引为亲。京师富人如大桶张家，至有三十余县主。"[2]
一个大土豪家族里娶了三十多位县主，这是典型的男方求势、
女方求财的例子。

北宋魏泰《东轩笔录》记载，晏殊向范仲淹说："吾一女
及笄，仗君为我择婿。"范仲淹说："监中有二举子，富皋、张
为善，皆有文行，他日皆至卿辅，并可婿也。"于是晏殊选了
"潜力股"富皋，也就是后来的名相富弼[3]——这是当时典型的
名士强强联姻的例子。

那么，宋代家长挑女婿时，会不会考虑女孩的心意？程颐
在《孝女程氏墓志》一文中记载了程家为程颢女儿寻觅良配的
心路历程：

---

1 〔宋〕王楙撰，王文锦点校：《野客丛书》卷24《东坡卜算子》，北京：中华书局，
  1987年版，第277—278页。
2 〔宋〕朱彧撰，李伟国点校：《萍洲可谈》卷1，〔宋〕陈师道、朱彧撰，李伟国点
  校：《后山谈丛 萍洲可谈》，北京：中华书局，2007年版，第112页。
3 〔宋〕魏泰撰，李裕民点校：《东轩笔录》卷14，北京：中华书局，1983年版，第
  160页。

　　孝女程氏，其第二十九，有宋名臣诇羽之后，故宗正寺丞颢之女。幼而庄静，不妄言笑；风格潇洒，趣向高洁；发言虑事，远出人意；终日安坐，俨然如齐；未尝教之读书，而自通文义。举族爱重之，择配欲得称者。其父名重于时，知闻遍天下，有识者皆愿出其门。访求七八年，未有可者。既长矣，亲族皆以为忧，交旧咸以为非，谓自古未闻以贤而不嫁者。不得已而下求，尝有所议，不忍使之闻知，盖度其不屑也。母亡，持丧尽哀，虽古笃孝之士，无以过也，遂以毁死。[1]

　　从上文可以看出，程氏是"自通文义""举族爱重"的才女，程家努力寻找能配得上她的男子，访求七八年无果，不得已考虑降低标准，但因知道女孩会"不屑"，不敢向她提起这个建议。女孩24周岁时因母丧哀痛去世，当时仍然未婚——显然，程家在此过程中考虑了女孩的心情，盼能帮她找到称意之人，只是事与愿违。

　　在该文中，程颐对这位侄女评价很高，认为她具备"高识卓行"，"亦天地中一异人也。"他还说："众人皆以未得所归为恨，颐独不然。……颐恨其死，不恨其未嫁也。"他的理由是："苟未遇贤者而以配世俗常人，是使之抱羞辱以没世。"[2]换言之，令他痛惜的是侄女早死，而非未嫁。他认为，与其让有才有德、堪配贤者的女孩勉强嫁给世俗常人，还不如任她单身。

1　〔宋〕程颢、程颐著，王孝鱼点校：《河南程氏文集》卷11，〔宋〕程颢、程颐著，王孝鱼点校：《二程集》，北京：中华书局，1981年版，第640—641页。

2　〔宋〕程颢、程颐著，王孝鱼点校：《河南程氏文集》卷11，〔宋〕程颢、程颐著，王孝鱼点校：《二程集》，北京：中华书局，1981年版，第641页。

丈夫损害妻子财产，妻子可提出离婚

宋代法律赋予了女性离婚权。在"订婚无故三年不成婚""丈夫长期外出不归""丈夫雇卖妻子与人""妻子人身受到侵害"等诸多情况下，女性均可提出离婚。而实际上，"男方有疾""男方狎妓""男方生活习惯不好""男方经营不善导致妻子财产受损"都有可能成为女性主动求离的理由，法官也会判决双方离婚，离婚后的女性普遍得以再嫁。[1]

宋代法律规定女性丧夫后可以改嫁，祖父母、父母甚至有权强制其再嫁。除了国家法律提倡寡妇改嫁之外，作为国法补充的"家法"也支持寡妇改嫁，这是后世家法规定中没有的。[2]

必须强调的是，唐律就规定了"若男女不相安谐而和离"的"协议离婚"，宋元明清都抄了唐代的作业。但是，"礼法""舆论"有时比"法律"更强大，事实上，宋元明清时期，唯有宋代不以再嫁为耻，不歧视再嫁女，因此，宋代女性再婚非常普遍。据统计，《夷坚志》中的再婚事例多达61例，其中包括6位三婚女子；再婚时间可考者共41例，其中北宋4例、南宋37例。[3]

一般而言，再婚女多为低阶层女性，但宋代士人阶层中也有不少女性有再婚经历，包括杜衍、范仲淹、贾逵等人的母

1　王扬著：《宋代女性法律地位研究》，北京：法律出版社，2015年版，第39、40、42页。

2　王扬著：《宋代女性法律地位研究》，北京：法律出版社，2015年版，第27、42、43页。

3　王扬著：《宋代女性法律地位研究》，北京：法律出版社，2015年版，第38、43页。

亲，岳飞、张九成等人的妻子，薛居正、程颢等人的儿媳，魏了翁等人的女儿。[1]据《东轩笔录》，王安石次子有心疾，娶庞氏女为妻，生有一子，因觉孩子不像自己，竟想杀了孩子，还跟妻子"日相斗哄"。王安石觉得儿子"失心"，就主动帮儿媳离婚并找了新对象。[2]

宋代寡妇的家庭地位高于唐代

我们以"女户"为例，看看宋代女性和唐代女性地位的微妙差别。在唐代，女户指的是"丈夫死后，若户内无男子，则以寡妇为户主"，换言之，但凡家中有男子，不论是丁男、老男，还是小男，都得以男子为户主。而宋代，如果寡妇的家庭中存在赘婿、嗣子、幼子、接脚夫（寡妇招纳的后夫）、义男等男子，则以寡妇为户主，立为女户。学者李智萍在《宋代女户的特点》一文中总结说："按照宋代法律，在夫死妻在的家庭中，作为女户户主，寡妇享有绝对优先的立继权，同时，寡妇还享有绝对优先的财产权等相关权利。……宋代妇女在两性地位上虽然仍处于劣势，寡妇的家庭地位却已经不容忽视，不仅大大高于前代，而且国家法律也予以认可。"[3]

另外，据学者林恩显研究，自汉代以降，"由汉族建立而与北方游牧（或边疆）民族接壤的强大朝代之中，未取和亲路

---

1 〔美〕伊沛霞著，胡志宏译：《内闱——宋代妇女的婚姻和生活》，南京：江苏人民出版社，2010年版，第181页。

2 〔宋〕魏泰撰，李裕民点校：《东轩笔录》卷7，北京：中华书局，1983年版，第77页。

3 李智萍：《宋代女户的特点》，载《妇女研究论丛》2009年第6期，第52、53页。

线的，仅有宋、明两代。"[1]不和亲是明代受到不少网友欣赏的重要原因，因为这显示了某种力量感，但人们经常忽略了，被很多人认为"又屉又弱"的宋廷也不和亲。南宋朱熹认为中原王朝和"夷狄"和亲是"自取羞辱"，明代方逢时也说"和亲辱也"，可见，宋明不和亲，是基于华夷观念的不可调和。[2]虽然宋廷最终并未做到好好保护宗室女性，但它毕竟未主动将她们当作"维持对外关系的筹码"，还算是有那么一点点节操的。

在婚俗方面，我们可以这么想：人有各种各样，各地风物不同，婚俗怎么可能整齐划一？譬如，宋代两广地区的女孩十四五岁即自力更生，为自己准备嫁妆，准备好了就嫁给心上人，父母并不干涉，这显然是自由恋爱，是女孩通过劳动保障了婚姻自主权。[3]

宋代有女子考科举，也有女子当官上阵

关于古代女性从政从戎的文学形象，我们比较熟知的是女扮男装替父从军立下战功的花木兰、女扮男装考中状元当上高官的孟丽君，她们的故事发生的前提都是"女扮男装"。然而，偏偏是涉及宋代的文学作品中，出现了以佘太君为代表的杨门女将，以及梁红玉这种公开上阵的女性形象，这不是偶然的，因为：

其一，佘太君的原型，有人说是折（shé）家将代表人物

1　林恩显著：《中国古代和亲研究》，哈尔滨：黑龙江教育出版社，2012年版，第3页。

2　林恩显著：《中国古代和亲研究》，哈尔滨：黑龙江教育出版社，2012年版，第107页。

3　程民生著：《宋代地域文化史》，合肥：安徽文艺出版社，2017年版，第22页。

折德扆（yǐ）的女儿，但她未被正史记录下来。"梁红玉"却是《宋史》明确记载过的，她就是"中兴四将"之一韩世忠的夫人梁氏。《宋史·韩世忠传》说，宋金交战时，"战将十合，梁夫人亲执桴（作者注：fú）鼓，金兵终不得渡。"[1]可见梁夫人是真正上过战场立过功的。

其二，文艺作品中的女状元是虚构的，但在宋代，科举的大门真的向女性敞开过——宋廷举行了空前绝后的女童子考试。

据《建炎以来朝野杂记》记载，宋孝宗淳熙元年（1174）夏，"女童林幼玉求试，中书后省挑试所诵经书四十三件，并通。四月辛酉，诏特封孺人。"[2]这位女神童当时只有九岁。

值得注意的是，女童子考试是童子科的一部分，跟进士科同属科举项目，晏殊即通过童子科获赐同进士出身，杨亿通过童子科获授秘书省正字[3]，换言之，若林幼玉是男童，应该也能成为进士或官员。

据《宋会要辑稿》记载，宋宁宗嘉定五年（1212），又出现一名八岁女神童吴志端，本应由中书覆试，不过在大臣反对下，由中书覆试和"特封"改为国子监考试通过后给予物质奖励，待遇降低了，但宋廷对于女性读书仍持鼓励态度。[4]（见图13）

其三，在各种宫斗剧中，女官（见图14）的专职是管理后宫事宜、服侍帝后，但宋代有一部分更像文官的女官，称为

---

1 〔元〕脱脱等撰：《宋史》卷364《韩世忠传》，北京：中华书局，1985年版，第11361页。

2 〔宋〕李心传撰，徐规点校：《建炎以来朝野杂记》乙集卷15《女神童》，北京：中华书局，2000年版，第778页。

3 〔元〕脱脱等撰：《宋史》卷311《晏殊传》、卷305《杨亿传》，北京：中华书局，1985年版，第10195、10079—10080页。

4 〔清〕徐松撰，刘琳、刁忠民、舒大刚、尹波等校点：《宋会要辑稿》选举12《童子科》，上海：上海古籍出版社，2014年版，第5512页。

"内尚书"或"内夫人"。

据《朱子语类》记载，宫中有内尚书，"主文字，文字皆过他处，天子亦颇礼之，或赐之坐，不系嫔御。亦掌印玺，多代御批。行出底文字，只到三省。"[1]对于内尚书的职责，邓小南教授阐述道："章奏等上行文书进入内廷之后，由尚书内省负责登记编目、伺候进呈、代批文字，乃至降出；帝王的旨意，也通过尚书内省宫官的协助，形成内批，颁降至外廷。"对于尚书内省，北宋后期的官员慕容彦逢评价说："国家建省于内，以总女官之职；政本所系，盖与外之中台无以异也。"邓小南教授认为，以"内省"（尚书内省）与"中台"（尚书省）对比，以为"政本所系"，可见其对尚书内省的作用估计甚高。[2]

内尚书的起居，原则上不受皇帝干扰，"内夫人别居一宫，宫门金字大牌曰：'官家无故至此，罚金一镒。'"也就是朱熹所说的内尚书"不系嫔御"，跟有侍寝之责的女官不一样。[3]

另外，放眼当时整个中国，甚至有女兵部队参与作战。据《续资治通鉴长编》，宋仁宗康定元年（1040）九月，任福等人攻白豹城，"及禽伪张团练并蕃官四人、麻魁七人"[4]，"麻魁"就是西夏女兵。女子参战，是西夏妇女有一定社会地位的表现。[5]

---

1 〔宋〕朱熹著，〔宋〕黎靖德编：《朱子语类》卷128，武汉：崇文书局，2018年版，第2328页。

2 邓小南：《掩映之间——宋代尚书内省管窥》，载《汉学研究》2009年6月第27卷第2期，第13、25页。

3 邓小南：《掩映之间——宋代尚书内省管窥》，载《汉学研究》2009年6月第27卷第2期，第24—25页。

4 〔宋〕李焘撰：《续资治通鉴长编》卷128《仁宗康定元年九月壬申》，北京：中华书局，2004年版，第3044页。

5 史金波著：《西夏风俗》，上海：上海文艺出版社，2017年版，第170页。

相比其他时代，宋代"女主"（皇后、太后、太皇太后）群体介入政治的程度更深，口碑也较好，包括"有吕武之才，无吕武之恶"的刘太后，"女中尧舜"高太后等，此为大众所知，就不多言了。

总的来说，不管宋代女性介入政治、军事的程度有多深，她们无疑是拥有政治、军事才华的。

宋代"女文青"辈出，或为历代之最

宋代女性连政坛都能涉足，文坛更不在话下。我们先看一个表格：

清代厉鹗《玉台书史》收录的历代女书法家统计表

类别 时期	宫闱	女仙	名媛	姬侍	名妓	灵异	杂录	每一时期总人数
唐以前	18	2	17	1				38
唐代	6	5	12		1			24
五代	6		2					8
宋代	12		29	6	12	2	2	63
金元	1	1（尼）	12		1			15
明代	7		25	3	19		1	55
每类总人数	50	8	97	10	33	2	3	203

注：厉鹗生活在清代前期，其收录的清代女书法家只有9人，因此表格中去掉了清代。

资料来源：方建新、徐吉军著：《中国妇女通史·宋代卷》，杭州：杭州出版社，2011年版，第464页。

据上表不完全统计，自先秦至明代，各种身份的女书法家共203人，宋代即占三成多，不仅远超前代，也超过了记载最全面、人数遗漏应该较少的明代。可见，宋代女性从事书法活动的人数最多，则大致可以推断出，女性从事文化活动最活跃的时代也是宋代。[1]

史书记载中，男性事迹占绝对多数，女性事迹统计起来很困难，但仅从流传下来的文学作品就可以看出，宋代才女辈出，成绩斐然。据统计，《宋诗纪事》《全宋词》《全宋诗》《全宋文》中分别收录女性作者120人、90多人、200多人、10多人，至于作品未流传下来的才女，更是不知凡几。[2]

宋代从事文学创作的女性人数多，水平也高，"四大女词人"李清照、朱淑真、吴淑姬、张玉娘，以及与李清照齐名的魏夫人，是其中的佼佼者。[3]在此仅举一个女诗人的例子。欧阳修非常欣赏来自泉州的谢伯景、谢希孟兄妹的诗文，其中，"伯景之女弟希孟，亦工诗，所著百余篇，修亦称其隐约深厚，守礼而不自放，有古幽闲淑女之风。盖伯景母通经，自教其子女，故希孟之诗如此。"[4]可见，谢氏兄妹的文学素养来自其母亲的家庭教育。能得到一代文宗高度肯定，可以想象这位才女是何等文采风流。

宋代女性中还有一些善于绘画、通晓音律、精通医学数学的。在此仅举一例，北宋词人李之仪说他的妻子胡文柔（名淑

1　方建新、徐吉军著：《中国妇女通史·宋代卷》，杭州：杭州出版社，2011年版，第464页。

2　方建新、徐吉军著：《中国妇女通史·宋代卷》，杭州：杭州出版社，2011年版，第457页。

3　方建新、徐吉军著：《中国妇女通史·宋代卷》，杭州：杭州出版社，2011年版，第460页。

4　〔明〕黄仲昭纂：《八闽通志（修订本）》卷67《人物·泉州府·文苑》，福州：福建人民出版社，2017年版，第829页。

修，字文柔）非常有才华，尤精于算数，连全能科学家沈括有疑问时也会请教胡文柔。[1]

宋代多才女，是基于宋代女性爱阅读、爱学习。铁爱花教授在《宋代士人阶层女性研究》中说，在她统计的墓志资料中，能阅读诗词文类书籍的女性有30人，约占总数的14.6%。[2]

宋代有女士、女生、女老师，也有男女"同学"

宋代女性读书，得到了社会和家庭的鼓励，宋代士人对女性读书普遍持赞赏态度，并将有见识的女性奉为楷模。朱熹认为"女子亦当有教"，并指出可以看"曹大家《女戒》、温公《家范》"等书。[3]袁燮说："盖所谓'女士'者，女子而有贤士之行也。其识高，其虑远，其于义理甚精，而不移于流俗，闺阃楷模，于是乎在。岂独惟中馈是供乎？"[4]连宋高宗也说："朕以谓书不惟男子不可不读，虽妇女亦不可不读，读书则知自古兴衰，亦有所鉴诫。"[5]

社会风气如此，宋代自然出现了女学生和女老师。对于女性教育，宋代是以家庭教育为主，但也有一些人会让女孩跟兄

1 方建新、徐吉军著：《中国妇女通史·宋代卷》，杭州：杭州出版社，2011年版，第481页。

2 铁爱花著：《宋代士人阶层女性研究》，北京：人民出版社，2011年版，第254页。

3 〔宋〕朱熹著，〔宋〕黎靖德编：《朱子语类》卷7，武汉：崇文书局，2018年版，第96页。

4 〔宋〕袁燮撰，李翔点校：《絜斋集》卷21《何夫人宣氏墓志铭》，杭州：浙江大学出版社，2020年版，第335页。

5 〔清〕徐松辑，刘琳、刁忠民、舒大刚、尹波等校点：《宋会要辑稿》后妃2《皇后皇太后杂录二》，上海：上海古籍出版社，2014年版，第281页。

弟一起上学。[1]

宋代还有以教书为业的女性。著作佐郎刘琚之女刘氏，在丈夫死后，教街坊、亲族中的幼童读书写字，并获取报酬以自足，赢得乡亲一致尊重，左邻右舍经过她的门前都不敢高声喧哗——很显然，刘氏此举具有女性办学的性质，她就是一位女老师。[2]

在宋代之前，对女性的教学主要集中在妇德方面。而宋代女性阅读涵盖了儒佛道经典、女教典籍、家训、史书、诗词文、音乐、诸子百家、方技小说、天文历算、医药数术等，可说无所不包。当时无论是守旧还是开明的士大夫，都十分重视对女性的教学。[3]举个例子，司马光（在女教观点上较为保守）曾为苏轼母亲做墓志铭，他是这样夸程夫人的：

> 妇人柔顺足以睦其族，智能足以齐其家，斯已贤矣；况如夫人，能开发辅导其夫、子，使皆以文学显重于天下，非识虑高绝，能如是乎？古人之称有国有家者，其兴衰无不本于闺门，今以夫人益见古之人可信也。[4]

可见，以司马光为代表的北宋士人眼中的"贤妇标准"是

1　方建新、徐吉军著：《中国妇女通史·宋代卷》，杭州：杭州出版社，2011年版，第452—454页。

2　铁爱花著：《宋代士人阶层女性研究》，北京：人民出版社，2011年版，第268页。

3　方建新、徐吉军著：《中国妇女通史·宋代卷》，杭州：杭州出版社，2011年版，第442、452、454页。

4　〔宋〕司马光：《程夫人墓志铭》，〔宋〕苏洵著，曾枣庄、金成礼笺注：《嘉祐集笺注》，上海：上海古籍出版社，1993年版，第526页。

德才兼备，这跟后世"女子无才便是德"的观念有很大不同。[1]

士人家庭女性会跟士大夫交游

在现代人的刻板印象中，能跟古代士大夫交往唱和的异性似乎只有妓女，并且往往涉及感情。但实际上，宋代士人家庭的女性跟士大夫交往是很常见的事，并且佳话频传，得到了丈夫支持。

上述李之仪之妻胡文柔才华横溢，跟沈括、苏轼均有交往，沈括视其为益友。胡文柔常去苏轼家，苏轼被贬后，她亲自做衣服送给苏轼，并将其视为知己，苏轼则命儿媳妇向胡文柔学习。这些事迹，都是李之仪亲笔所记。[2]

上述女神童林幼玉（林滋之女），虽然年幼，也会与名士交往唱和，获得赞赏：洪适曾作《答林神童》一诗，赞叹她"文律何愁知者希"；喻良能曾作《赠神童林公滋公泽女神童幼玉》，称赞她"语音娅姹春帘燕，稚齿清便兰砌芽"。[3]

宋代女性还会介入丈夫或儿子的外事或政事处理事宜。欧阳修曾为梅尧臣妻子写墓志铭，借此记下了梅尧臣对妻子的评价，节选如下：

> 吾穷于世久矣，其出而幸与贤士大夫游而乐，入

1　方建新、徐吉军著：《中国妇女通史·宋代卷》，杭州：杭州出版社，2011年版，第443页。

2　铁爱花著：《宋代士人阶层女性研究》，北京：人民出版社，2011年版，第302—303页。

3　铁爱花著：《宋代士人阶层女性研究》，北京：人民出版社，2011年版，第304—305页。

则见吾妻之怡怡而忘其忧，使吾不以富贵贫贱累其心者，抑吾妻之助也。吾尝与士大夫语，谢氏多从户屏窃听之，间则尽能商榷其人才能贤否及时事之得失，皆有条理。吾官吴兴，或自外醉而归，必问曰："今日孰与饮而乐乎？"闻其贤者也则悦，否则叹曰："君所交，皆一时贤俊，岂其屈己下之耶？惟以道德焉，故合者尤寡。今与是人饮而欢耶？"……其性识明而知道理，多此类。[1]

可见，梅尧臣夫人谢氏善于品评人物，经常帮丈夫判别来客的贤愚，监督丈夫的人际交往，梅尧臣认为谢氏"性识明而知道理"。[2]

当然，宋代女性也会鼓励丈夫、儿子读书。如：洪迈记载，饶州风俗，"为母妻者，以其子与夫不学为辱"[3]；欧阳修母亲郑氏亲自教儿子学字，留下了"画荻教子"的佳话；正如司马光所言，苏洵妻子程夫人是一位既会打理家庭，又能鼓励丈夫、教育儿子的"模范女性"。

宋代女子是生产生活的半边天

与宋代男性一样，宋代女性也在推动社会各个方面的发展：

1　〔宋〕欧阳修著，洪本健校笺：《欧阳修诗文集校笺》居士集卷36《南阳县君谢氏墓志铭》，上海：上海古籍出版社，2009年版，第940页。

2　铁爱花著：《宋代士人阶层女性研究》，北京：人民出版社，2011年版，第233、245、246页。

3　铁爱花著：《宋代士人阶层女性研究》，北京：人民出版社，2011年版，第263页。

相传毕生致力于海上救助并因此遇难的宋初奇女子林默，在宋代就被认可了海神地位，多次受到册封，她就是数以亿计的现代人信仰的妈祖。[1]

相传宋代女子柳七娘，为了指引丈夫回家，在闽江滨海修了罗星塔，罗星塔被外国人称为"中国塔"，是国际公认的海上重要航标。[2]

相传宋末元初的黄道婆，在海南潜心学习多年，然后回到松江（今属上海）一带传播先进的棉纺织技术，成为杰出的纺织技术革新家。[3]

相传北宋出现史上首例种痘案例，负责种痘的是一位峨眉山女神医，被接种者是宰相王旦的儿子王素。[4]

宋代女性也是优秀的商人、手艺人等职业女性，她们积极参与社会的生产和活动。譬如，"浦江（今属浙江）吴氏"出了一本名为《中馈录》的菜谱[5]，她可能是史上第一位出书的女厨师。传统名菜"宋嫂鱼羹"的发明人宋五嫂也是一位优秀的女厨师，她还跟宋高宗有一些渊源，"宋五嫂者，汴酒家妇，善作鱼羹，至是侨寓苏堤，光尧（作者注：宋高宗）召见之，询旧，凄然，令进鱼羹。人竞市之，遂成富媪。"[6]

---

1 黄纯艳著：《宋代东亚秩序与海上丝路研究》，北京：中国社会科学出版社，2018年版，第223—224页。

2 陈贞寿著：《丝绸之路促文明——宋代与元代的海上贸易与海防》，北京：中国大百科全书出版社，2018年版，第13—14页。

3 夏征农主编：《辞海（1999年版缩印本）》，上海：上海辞书出版社，2000年版，第2474页。

4 韩毅著：《宋代瘟疫的流行与防治》，北京：商务印书馆，2015年版，第89页。

5 〔宋〕吴氏著：《中馈录》，〔宋〕王灼等著，田渊整理校点：《糖霜谱（外九种）》，上海：上海书店出版社，2018年版，第18页。

6 〔明〕田汝成著，陈志明编校：《西湖游览志馀》卷3《偏安佚豫》，北京：东方出版社，2012年版，第35页。

在一些南方地区，妇女可能不是"半边天"，而是"整片天"。在闽蜀两广一些地区，女子是商业活动、农业生产、重体力劳动的主力，有的还要出入官府打官司[1]——这些走出家门乘风破浪的姐姐，显然不信什么"男主外，女主内"。

回头说说那位创造了"首个成功种痘纪录"的峨眉山女神医，若非她的病人王素和病人家属王旦很有名，她的事迹就不会流传下来，但即使如此，她的姓名也淹没在历史长河中了——这就是古代女性，尤其是古代普通劳动女性的悲哀之处。

然而，虽然正史傲慢地忽略了女性作为独立个体的事实，以致现代人讲述宋代女性事迹时必须经常加上"相传"二字，但从零星的资料中，还是可以拼凑出宋代女性的大致模样——

她们未必拥有自己的名字，却也不用冠夫姓；她们是女儿、妻子、母亲，更是拥有个性的女人，对国家和社会有贡献的人；她们是她们自己，而不是谁的附属品。

---

1 程民生著：《宋代地域文化史》，合肥：安徽文艺出版社，2017年版，第26—27页。

宋史漫谈4：说说缠足和守节

任何时代都会有暗黑的一面，溺婴、屠城、买卖人口、杀人祭鬼、阉人为奴等，都是古人的暗黑操作，作为迫害女性至深的缠足，自然也是其中一项。

缠足从何时开始？明代郎瑛认为，"女人缠足，起于后唐后主宫人窅（作者注：yǎo）娘"[1]，但此事无定论，历来有夏、商、春秋、战国、秦、汉、晋、六朝、隋、唐、五代、北宋等许多说法，今人多倾向于五代或北宋，也就是认同"命令窅娘缠足跳舞"的李后主为始作俑者，李煜即位时宋已建立，说是宋人开始缠足也未尝不可。换言之，宋人躲不掉教唆女子缠足的责任。然而，宋人对于缠足的态度和操作，倒也不是现代人"想当然"的那个样子。[2]

首先，女性缠足，一开始是为了追求所谓的"美"，随着越来越多人跟风，其经历了从宫廷到都市到城市到乡村、从北方到南方的演变过程，从"时尚"演变成了"风俗"。当然，缠足没有一丝一毫的美，它是部分统治阶级男性畸形心理作用下的恶俗和伤害，但在宋代，缠足并未作为"礼俗"固定下来，也就是说，它并不必然是所有女性的枷锁。随着女性缠足越来越普遍，宋人的质疑和反对声越来越大。程颐六世孙程淮就规定家族女性不准缠足、贯耳。[3]南宋车若水更是明确提出

---

1 〔明〕郎瑛著，安越点校：《七修类稿》卷22《辩证类·女人缠足蝉鬓》，北京：文化艺术出版社，1998年版，第270页。

2 邱志诚著：《国家、身体、社会：宋代身体史研究》，北京：科学出版社，2018年版，第334页。

3 邱志诚著：《国家、身体、社会：宋代身体史研究》，北京：科学出版社，2018年版，第336、338页。

了质疑："妇人缠脚，不知起于何时，小儿未四五岁，无罪无辜，而使之受无限之苦，缠得小来不知何用。"[1]这是国人发出的最早的反对缠足的呼声。

宋代之后，缠足恶俗愈演愈烈，一步步将女性推向深渊：元代不禁汉女缠足，反而歌颂之，元代曲词杂剧无论描写哪个时代的人物，都要写到小脚；明代更加重视"贞节"，不仅推广缠足，还开始反向操作，说正常的脚是丑的；清廷几次禁止缠足，结果却是，汉人女子没禁住，满人女子也陷了进去，因为此时缠足已成为女性的一部分，当脚大就会嫁不出去、活不下去，女性还能怎么办？正如学者邱志诚所总结的，"缠足自宋元迄明清，其间在男权的注视下，在女性被动的主动（甚至是主动的被动）参与下，经历了一个从时尚到民俗、礼俗再内化为性别符号的过程。"[2]

其次，宋代缠足，主要是上层妇女的事，劳动妇女基本不缠足。跟明清片面追求脚小不同的是，宋人更追求脚窄，起初缠足的是成年女性，就个案来说，似乎也不影响跳舞，也就是并未导致残疾，后来演变成幼童缠足，其性质显然已经属于残害女童身心健康了。经测量，出土的宋代缠足女鞋长13.3厘米至18厘米，可见缠过的脚只有四五寸长，仅相当于数岁幼童脚长，已然令人震惊，可想而知后世被迫缠出"三寸金莲"的女性经历过怎样的身心摧残。[3]

---

1 〔宋〕车若水撰：《脚气集》卷上，〔宋〕俞文豹、车若水撰：《清夜录 脚气集》，北京：中华书局，1991年版，第11页。

2 邱志诚著：《国家、身体、社会：宋代身体史研究》，北京：科学出版社，2018年版，第333、356、357、358、359、360、361页。

3 邱志诚著：《国家、身体、社会：宋代身体史研究》，北京：科学出版社，2018年版，第343、351、352页。

在宋代，跟女子缠足类似的风俗是男子文身，文身在宋代"军人、犯人、社会人"中广泛流行，但这一风俗没有流传到后世[1]，针对女性的缠足，后世却是变本加厉，本来在宋代属于"恶俗"的东西，最终异变成必须奉行的"礼教"——可以说，官方态度和主流舆论，在很大程度上影响了女性的自我塑造和被塑造。

女子再嫁的情况，跟缠足类似。宋代对女子再嫁有很大的宽容度，但到了明代，朝廷开始大力鼓吹"守节"，对于30岁以前夫亡守制、50岁以后不"改节"的民间女性，不仅要"旌表门闾"，还会"除免本家差役"[2]——在令人难以抗拒的利诱下，女性即使不愿"守节"，也会有人逼她"自愿守节"。

有人认为这种糟糕的变化应归咎于宋人，因为，宋代理学兴起，其中有部分糟粕，成为明清统治者加强专制统治的利器。但学说终究只是工具，关键还要看统治者本身在想什么。《宋史·道学一》说："道学盛于宋，宋弗究于用，甚至有厉禁焉。"[3]宋代各种学说并立，理学并不占优势，宋理宗时才取得官方统治思想地位，当时距宋亡只有30多年。[4]后世统治者则竭力提倡他们所理解的理学，使其一家独大，女性地位遂江河日下。

《古今图书集成·闺媛典·闺节部》所载历代节妇人数显示，在宋之前，节妇很罕见，宋代节妇很少，元明清则陡然增

---

1 邱志诚著：《国家、身体、社会：宋代身体史研究》，北京：科学出版社，2018年版，第290、291、352、353页。

2 苗春德主编：《宋代教育》，开封：河南大学出版社，1992年版，第212页。

3 〔元〕脱脱等撰：《宋史》卷427《道学一》，北京：中华书局，1985年版，第12710页。

4 陈振著：《宋史》，上海：上海人民出版社，2016年版，第599页。

多——这说明，"有选择"和"没选择"的差别巨大，社会的提倡和逼迫，往往会决定女性的一生。

现在来看看第一个提倡"饿死事极小，失节事极大"的程颐的"心路历程"。

该观点来自《河南程氏遗书》中的对话：

> 问："孀妇于理似不可取，如何？"曰："然。凡取，以配身也。若取失节者以配身，是己失节也。"又问："或有孤孀贫穷无托者，可再嫁否？"曰："只是后世怕寒饿死，故有是说。然饿死事极小，失节事极大。"[1]

同时，《河南程氏遗书》收录了这样的对话：

> 又问："再娶皆不合礼否？"曰："大夫以上无再娶礼。凡人为夫妇时，岂有一人先死，一人再娶，一人再嫁之约？只约终身夫妇也。但自大夫以下，有不得已再娶者，盖缘奉公姑，或主内事尔。如大夫以上，至诸侯天子，自有嫔妃可以供祀礼，所以不许再娶也。"[2]

只约束别人而不约束自己，那叫"双标"，而综合程颐的

1　〔宋〕程颢、程颐著，王孝鱼点校：《河南程氏遗书》卷22下，〔宋〕程颢、程颐著，王孝鱼点校：《二程集》，北京：中华书局，1981年版，第301页。

2　〔宋〕程颢、程颐著，王孝鱼点校：《河南程氏遗书》卷22下，〔宋〕程颢、程颐著，王孝鱼点校：《二程集》，北京：中华书局，1981年版，第303页。

两段对话来看，其实他并不只是反对女性再嫁，他认为男女都应从一而终。然而，这种观点经过明清统治者片面宣扬和强化，成为只针对女性的桎梏。[1]

实际上，"君对臣的束缚越来越强导致臣的地位越来越低"和"男子对妻妾的控制越来越强导致女性地位越来越低"，都是封建专制主义的必然选择。这告诉我们，必须明辨"传统文化"和"封建糟粕"的本质区别，发扬该发扬的，唾弃该唾弃的。

1　王扬著：《宋代女性法律地位研究》，北京：法律出版社，2015年版，第27页。

经济篇

被人低估的宋代——经济科技社会福利

第一章

宋代铜钱怎么折算人民币？

如果你追剧经验丰富，应该很清楚，以宋为背景的武侠剧特别多，所以，你对这样的场景一定不陌生：大侠进酒店一坐，点上一壶茶、一碟花生米、一盘牛肉，再来一坛酒，自斟自饮酒足饭饱后，顺手往桌上扔了一锭大银："50两/100两，不用找了！"

本书看到这里，你就已知道了，这个场景槽点满满：宋代流行点茶，不用茶壶；花生是美洲作物，宋人吃不到；宋代杀牛违法，正经酒店恐怕不卖牛肉。

现在的关键是，宋人能不能用银子结账？ 50两/100两银子有多少购买力？ 50两/100两有多重，能不能顺手一扔？这就涉及度量衡问题了。

度量衡是个大题目，先看下表：

宋代各种民秤一览表

名　称	制作与行用时间	范围	用途	最大称量	1斤当今克数
一斤秤	宋真宗大中祥符二年（1009）以后	各地	市肆杂用	1斤	640±
五斤秤	宋真宗大中祥符二年（1009）以后	各地	市肆杂用	5斤	640±
十五斤秤	五代至宋	各地	薪炭稻谷等	15斤	
十六斤秤	两宋	东南等	稻谷等	16斤	
十四斤谷秤	南宋	东南	稻谷等	14斤	
十三斤谷秤	南宋	东南	稻谷等	13斤	
十八斤茶秤	北宋中期	四川	袋茶等	18斤	
安邑盐商席秤	宋哲宗元祐七年（1092）制	山西安邑	解盐袋席	220—222斤	636.4—642.2
含口盐商席称	宋哲宗元祐七年（1092）制	山西含口	解盐袋席	219—221斤	
垣曲盐商席秤	宋哲宗元祐七年（1092）制	山西垣曲	解盐袋席	218—220斤	

名　称	制作与行用时间	范围	用途	最大称量	1斤当今克数
连州市秤	宋理宗淳祐六年（1246）前后	广东连州	银等物		600
苏州市秤	宋徽宗大观二年（1108）前后	苏州			600+
四川大邑市秤		四川大邑			605
南宋垂钩杆秤	南宋后期	南宋各地			
等子	北宋中期以后	各地		1两以下	

资料来源：郭正忠著：《三至十四世纪中国的权衡度量》，北京：中国社会科学出版社，1993年版，第60页。

可见，宋代度量衡挺混乱。事实上也是，宋尺、宋升、宋斤都有很多种，给生活和做生意带来了诸多不便。但是，在发展度量衡方面，宋人仍有独特贡献。譬如，宋人创制了古代最精密的秤——等子。

等子是交换经济活跃、金银流通和科技工艺进步的产物，其精度已达到昔日一两的千分之一，约相当于40毫克，很适合用来称量金银和贵细物品。可见，宋人使用金银可能已相当普遍，大侠可以用银子结账，商家也可以用等子称量找头，其间没有技术障碍。

前文提到，《东京梦华录》说："大抵都人风俗奢侈，度量稍宽，凡酒店中不问何人，止两人对坐饮酒，亦须用注碗一副，盘盏两副，果菜碟各五片，水菜碗三五只，即银近百两矣。"宋人尚奢，酒店的餐具、饮食往往走精致路线，如果大侠有吃完饭揣走盘子的爱好，一顿饭花个几十上百两银子也不是不可能。只不过，这么重一坨银子砸下来，桌子非碎了不可，而若一个人随身携带几百几千两银子行走江湖，也有点儿太重了。

看到这里，你是不是觉得，了解一下宋代度量衡也挺有必要？那就来了解一下吧！

看书看到这里，你大概会有一个深深的疑问，前文提到的"每斤油不过31.2文，约合人民币14.7元""50宋尺一幅，就是一张纸长达15.6米"是怎么算出来的？

现代人想对宋代有直观了解，必然会对"宋人身高多少厘米""宋代粮食亩产多少千克""平民一天收入能折合多少人民币""宋人买一座房子的钱能折合多少人民币"之类的有趣问题产生疑问，本章就负责搞定宋代度量衡，以及铜钱跟人民币折算的问题，使读者了解本书是怎么折算出各种数字的。

宋代的"石"是"量"也是"衡"

度量衡，是用于测量计算长短、容积、轻重的物体的统称，其中，测量计算长短的器具称为度，测量计算容积的器皿称为量，测量计算轻重的工具称为衡。为了跟宋代区别，本书的现代度量衡单位统一采用厘米（或米）、毫升、克（或千克），至于宋代度量衡单位，则主要考察尺、升、斤，我们分别称之为宋尺、宋斤、宋升。

宋尺、宋升、宋斤都不止一种，我们只说专家学者认为比较常用的那种。依学者厘定，1宋尺约合31.2厘米；1宋升约合700毫升；1宋斤约合640克，1两约合40克（1宋斤为16两）。[1]

1　丘光明著：《中国古代度量衡》，北京：中国国际广播出版社，2011年版，第142、143、144、147页。

举个例子，在宋代，"六尺男儿"的概念是当事人身高达到187.2厘米。至于《水浒传》说武大郎不满五尺和武松身长八尺，显然是作者夸张所致，因为按照宋尺，兄弟俩身高分别为156厘米以下和249.6厘米，前者为正常身高偏矮，后者则过高了。

事情没有结束。譬如，宋代以升计算粮食，这是容量单位，而现代用克（或千克）这种重量单位计算，这就要说说宋代的"石"了。在宋代，"石"既是"量"又是"衡"，且最终退出衡制，以量制一直沿用到近代。[1] 所以我们可以在宋代记载中看到，宋兵拉弓的力量用"石、斤"计算，算粮食时一般用"石、斛、斗、升（1石为1斛、10斗、100升）"。那么，宋代1石粮食相当于现代的多少克（或千克）？

先以石为衡计算。沈括《梦溪笔谈》说"今人乃以粳米一斛之重为一石。凡石者，以九十二斤半为法"[2]，那么1石就是92.5宋斤、59.2千克。

再以石为量计算。宋代1石为100升，也就是现代的70000毫升，这就涉及一个容重问题了。为此，我取了糙米、稻谷、小麦，称出1000毫升米、稻、麦分别重958.5克、743克、848克，也就是1石米、稻、麦分别重67095克、52010克、59360克，考虑到称量受各种因素影响可能存在较大误差，这三个数字其实都跟59.2千克差不太多，可以得出"无论石是衡还是量，其所'容纳'的粮食都差不太多"的结论。因此，本书

---

1 郑颖、郑钦予编著：《古代计量拾零》，北京：中国标准出版社，2017年版，第25页。

2 〔宋〕沈括撰，金良年点校：《梦溪笔谈》卷3《辨证一》，北京：中华书局，2015年版，第17页。

统一以沈括记载为准，无论米、稻、麦，均以"1石为59.2千克"计算。

值得一提的是，宋人创制了五斗斛，即原本1石为1斛，在某些情况下变成了1斛为5斗、0.5石。

宋人已经提出了10两为1斤的十进制

宋人在发展度量衡的过程中有何贡献呢？在此只讲两点：

第一，北宋乐律学家李照所造的秤，以1合之水重1两，1升之水重1升（斤），1斗之水重1秤（10斤）。也就是说，他不再用传统的累黍法定重，而改用水的比重作为重量的自然物质标准，又将16两1斤改为10两1斤的十进制，这是度量衡的重大改革和突破，可惜其建议未被宋廷采纳。1959年我国以1千克4℃的水为1升，又将16两1斤改为10两1斤，与李照的创议不谋而合，而李照的改革之举比现代早了千年。[1]

第二，古衡发展到宋代，其精确程度迥异于往昔，宋人创制和使用的古代最精密衡器——"等子"，甚至沿用至今。等子是专门用来称量珍细物品和轻微重量的小型衡器，也称"等秤""戥（děng）秤"等，精度已达一两的千分之一，约相当于40毫克。在古代权衡精密化的发展进程中，等子的出现具有划时代的意义，而这跟一位宦官有莫大关系——刘承规（又名刘承珪）是北宋宦官，曾奉命校量和改定秤法，他制作的等秤，是史籍所见最早的等子。等子的使用，反映了宋代商品经

1　丘光明著：《中国古代度量衡》，北京：中国国际广播出版社，2011年版，第146—147页。

济活跃、竹木金属加工工艺学高度发展，也可据此认为，宋代金银流通相当频繁。[1]

说个有意思的事。李廌（zhì）在《师友谈记》中记录了他跟秦观的一次对话，秦观提及："某少时用意作赋，习贯（作者注：同惯）已成，诚如所谕，点检不破，不畏磨难，然自以华弱为愧。邢和叔尝曰：'子之文，铢两不差，非秤上秤来，乃等子上等来也。'"[2]邢恕（字和叔）用等子来赞美秦观著文精准，可见等子已成为宋代日用品。

另外，传为南宋梁楷所作的《蚕织图》展现了用秤称量蚕茧的情形（见图15）。张择端《清明上河图》中，赵太丞家柜台上有一方形物体（见图16），疑为算盘。这说明，至迟在北宋末年，中国人已经发明了算盘——这两个例子，生动地体现了宋人是如何精打细算过小日子的。

宋代最常用"省陌"，以77为100

依照我们熟悉的古代常识，1贯（缗）为1000文，但宋人实际使用时会出现许多花样，《东京梦华录》说："都市钱陌，官用七十七，街市通用七十五，鱼、肉、菜七十二陌，金银七十四，珠珍、雇婢妮、买虫蚁六十八，文字五十六陌，行市

1　郭正忠著：《三至十四世纪中国的权衡度量》，北京：中国社会科学出版社，1993年版，第66、67、81页。

2　〔宋〕李廌撰，孔凡礼点校：《师友谈记》，〔宋〕李廌、朱弁、陈鹄撰，孔凡礼点校：《师友谈记　曲洧旧闻　西塘集耆旧续闻》，北京：中华书局，2002年版，第16页。

各有短长使用。"[1] 宋代最常用的是"省陌"，以77为100，即1贯为770文。[2] 因此，除非特殊情况，本书中的贯、缗均按770文计算。

那么，宋代1文钱相当于现代人民币多少元？折算古今币值，可以大米价格为媒介，即在宋代、现代米价一致的前提下考察文和元的关系。举个例子，宋神宗熙宁元年（1068）以前的15年间，即宋仁宗皇祐年间至宋英宗治平年间，全国平均粮价的中等价是每石686文[3]，即1石686文、1千克11.6文，以现代米价是每千克5.4元计算，1文钱约合人民币0.47元。

熙宁二年（1069），东京大雪，朝廷下诏："令籍贫民不能自存者，日给钱二十。"可据此认为，当时维持生命的最低费用是每人每天20文。[4] 20文相当于9.4元。据《东京梦华录》记载，在夜市上吃一份荤菜小吃，需要15文钱[5]，即7元。

中等人户的家产可以衡量社会生活的水平，我们来算算宋代中产之家的财产。根据程民生教授《宋代物价研究》中的数据，北宋时中产之家的财产约为1000贯，比汉代中产之家高10倍以上。[6] 换算成人民币，1000贯就是36.19万元。

宋人"遭遇"的房价是多少？因后文将详谈，在此只举一个拆迁的例子：宋神宗元丰六年（1083），开封府要拆迁东

1 〔宋〕孟元老撰，伊永文整理：《东京梦华录》卷3《都市钱陌》，上海师范大学古籍整理研究所编：《全宋笔记》第五编一，郑州：大象出版社，2012年版，第138页。

2 〔宋〕欧阳修撰，李伟国点校：《归田录》卷2，〔宋〕王辟之、欧阳修撰，吕友仁、李伟国点校：《渑水燕谈录 归田录》，北京：中华书局，1981年版，第36页。

3 程民生著：《宋代物价研究》，北京：人民出版社，2008年版，第123页。

4 程民生著：《宋代物价研究》，北京：人民出版社，2008年版，第564—565页。

5 〔宋〕孟元老撰，伊永文整理：《东京梦华录》卷2《州桥夜市》，上海师范大学古籍整理研究所编：《全宋笔记》第五编一，郑州：大象出版社，2012年版，第127页。

6 程民生著：《宋代物价研究》，北京：人民出版社，2008年版，第572—573页。

由于宋钱铸造量大，现代人可以轻易买到宋钱。图为宋仁宗时所铸铜钱。

京城墙内三十步的建筑物，涉及"百姓税地并舍屋"130户，应照价赔偿22600余贯。[1]这些位于京城边缘地带的房产，平均每户（有的可能是房产的一部分）173.8贯，折合人民币62898.22元。

必须指出的是，两宋319年间，由于物价上涨等原因，基于时间和地域的米价变动极大，所以我们必须确定一个时间点——本书币值转换以上述"皇祐年间至治平年间全国平均米价"为准。这样换算出来的数字只是为了让读者更直观地

1　程民生著：《宋代物价研究》，北京：人民出版社，2008年版，第44页。

感受宋代的情况，可能与实际情况差别很大。因宋代兼用金银、铁钱、纸币等，为免混乱，我尽量采用以铜钱计算出来的数据。

总结一下，本书所用计量单位如下：

1 宋尺 =31.2 厘米

1 宋斤 =16 两 =640 克

1 石 =92.5 宋斤 =59.2 千克

1 宋升 =700 毫升

1 贯 =770 文

1 文 =0.47 元人民币

第二章

资产想赶上县城土豪，
包拯得坐三百一十九年南衙

如果你是深度网络使用者，大概会看到网上流传着许多关于宋代国家或官员很有钱的传说，包括"宋代GDP占全世界的七成或八成""宋代岁入高达1.5亿两或1.6亿白银""宋代高官年薪高达上千万人民币"……我们知道我们的古代文明和经济水平"一骑绝尘"，如果这种"水平"数字化、具体化了，我们当然觉得更燃、更带劲。

不过仔细想想，这些数字禁不起推敲——如果给你一些答案，它没有详细史料佐证，也没有周密运算过程，你是不是也会疑窦丛生？

现在请跟着我的思路思考一下，要计算一位宋代官员的薪资，需要分几步？

第一步，我们需要知道这个官员在一段特定时间内，具体有哪些"可以拿钱的头衔"，这就需要了解特定时间内的宋代官制；

第二步，我们需要知道这位官员担任这些官职时宋廷的俸禄制度；

第三步，我们需要知道特定时间内多种物资的价格，这就需要了解宋代物价。

以上三步，哪一步都困难重重。算一个官员的薪资尚且如此，算一个国家、整个世界的GDP，可想而知可能性有多低。

不过，"宋代平民或富豪大致收入有多少""宋代特定文官或武官大致收入有多少""宋代某一特定年份的国家岁入大致有多少""宋人买房比较轻松还是比较吃力""宋代岁币算不算沉重的经济负担"等比较微观的问题，还是可以试着探讨的。

先看可反映宋代劳动人民日收入情况的几个"个案"：

宋代基层劳动人民日收入情况一览表

身　　份	所处时段	日收入（文）	约合人民币（元）
宋廷绫锦院雇用的女工	宋太宗开宝年间	86	40.42
东京官府雇用的河工	宋哲宗元祐年间	300	141
宋廷雇用的抄书人	宋徽宗崇宁年间	116	54.52
建州茶场雇用的采茶工	两宋之际	70	32.9
打柴为生的洛阳山民	北宋后期	100	47
打零工为生的淮西佣者	北宋	100	47

资料来源：详见正文。

怎么样？这些数字是符合你的心理预期，还是让你有一点儿惊讶？不管怎样，来看看正文怎么说吧！

很多人都知道一个"常识"——宋代官员薪水很高，百姓被剥削得很厉害，所以现代穿越爱好者一般最想去宋代，但又坚决不想当平头百姓。对此，清代学者赵翼和宋代大儒朱熹也很赞成，前者评价"宋制禄之厚"时称："其待士大夫可谓厚矣。……然给赐过优，究于国计易耗。恩逮于百官者惟恐其不足，财取于万民者不留其有余，此宋制之不可为法者也。"[1]后者则批评当朝："古者刻剥之法，本朝皆备，所以有靖康之乱。"[2]

那么，本章就来看看宋代官员俸禄是怎么发放的，顺便科普一下奇葩的宋代官制，同时，看看宋代各阶层收入和国家岁入到底有多少。

历史上包拯只主管开封府一年多

先以群众最为熟悉的包拯为例。根据各种文艺作品的描述，包拯似乎一直坐镇开封府，他铡过的各种坏蛋（主要是虚构的外戚、宗室、贪官等）排起队能绕地球七圈。但事实上，宋代

1　〔清〕赵翼著，王树民校证：《廿二史劄记校证》卷25《宋制禄之厚》，北京：中华书局，2013年版，第565页。

2　〔宋〕朱熹著，〔宋〕黎靖德编：《朱子语类》卷110，武汉：崇文书局，2018年版，第2054页。

根本就没杀过几个贪官；宋代外戚、宗室没有作死的能量，偶尔作死的也基本上不会死，尤其是宗室犯罪，一般"锁闭"了事；宋代司法审判周详严密，官员没有就地正法的权力，且死刑执行方式多为"决重杖一顿处死"[1]，根本就不用刀，更遑论使用铡刀这种匪夷所思的刑具——当然，宋代有铡刀，但那是用来铡草的。

还有，包拯只当过一年多开封知府，而且这任期还算长的。根据《开封府题名记》，从宋太祖建隆元年（960）二月到宋徽宗崇宁四年（1105）闰二月八日，主持开封府者共有183人次[2]，平均任期不到一年。

开封府在皇宫之南，故称南衙，在包拯之前，只有宋太宗、赵廷美、赵元僖、宋真宗曾以亲王身份兼任开封府尹，在包拯之后的宋徽宗时期，曾短暂地出现文臣担任开封府尹的情况，所以，文艺作品以包拯为"开封府尹"，只是一种不正规的俗称。事实上，开封府不设正知府，凡任知府者必带"权"字，所以，包拯主掌开封府时的职位全名叫"权知开封府事"，也可称为权知开封府、知开封府、知府、尹正、权知府、天府尹、牧民天府、省府学士等。权知开封府事是一个差遣，没有具体品级。[3]所以，想知道包拯坐南衙时能拿多少年薪，首先要确定，他当时担任了哪些可以拿薪水的职位。

1　魏殿金著：《宋代刑罚制度研究》，济南：齐鲁书社，2009年版，第95、164页。

2　周宝珠著：《宋代东京研究》，开封：河南大学出版社，1992年版，第118页。

3　龚延明编著：《宋代官制辞典（增补本）》，北京：中华书局，2017年版，第568、569页。

包拯官场履历大致情况

举进士，除（同"授""除授"，授官、职、差遣等）大理评事（①京官本官阶），出知建昌县（差遣），以父母皆老，辞不就

监和州税（差遣），解官归养父母

赴调（实授某差遣），知天长县（差遣）

徙（外任官平级调动）知端州（差遣），迁（依次升官）殿中丞（②京朝官本官阶）

拜（除授文武阶官等）监察御史里行（差遣），改监察御史（差遣）

历三司户部判官（差遣），出为京东转运使（差遣），改尚书工部员外郎（③京朝官本官阶）、直集贤院（职），徙陕西（差遣），又徙河北（差遣）

入为三司户部副使（差遣）

除天章阁待制（职）、知谏院（差遣）

除龙图阁直学士（职）、河北都转运使（差遣）

徙知瀛州（差遣）

知扬州（差遣）

徙庐州（差遣），迁刑部郎中（④朝官本官阶）

坐失保任（据我分析，应是指"荐人不当"。荐举"选人"改官、文武臣差遣或关升之官员，称举主，与被举官员有"同罪连坐"之责），左授（降官）兵部员外郎（⑤朝官本官阶）、知池州（差遣）

复官（⑥即恢复刑部郎中的官，刑部郎中为"中行郎中"，带待制以上职，迁为左、右司郎中），徙江宁府（差遣）

召（皇帝降诏召外任官还阙授官）权知开封府（差遣），迁右司郎中（⑦朝官本官阶，左、右司郎中带待制以上职分别转左、右谏议大夫）

迁谏议大夫（⑧朝官本官阶）、权御史中丞（差遣）

以枢密直学士（职）权三司使（差遣）

迁给事中（⑨朝官本官阶，左、右谏议大夫转给事中），

为（实授某差遣、某职名）三司使（差遣）

　　拜枢密副使（差遣）

　　迁礼部侍郎（⑩朝官本官阶），辞不受，寻以疾卒

　　赠（对死者授以官职）礼部尚书

资料来源：〔元〕脱脱等撰：《宋史》卷169《职官九》、卷316《包拯传》，北京：中华书局，1985年版，第4026、10315—10318页。

龚延明编著：《宋代官制辞典（增补本）》，北京：中华书局，2017年版，第715、719、720、721、729页。

接下来，再看《文献通考·职官考一》对于宋初官制的分析：

宋朝设官之制，名号品秩一切袭用唐旧。然三师、三公不常置，宰相不专用三省长官。中书、门下并列于外，又别置中书于禁中，是谓政事堂，与枢密院对掌大政。天下财赋，内庭诸中外筦库，悉隶三司。中书省但掌册文、覆奏、考帐。门下省主乘舆八宝，朝会位版，流外较考，诸司附奏挟名而已。台、省、寺、监，官无定员，无专职，悉皆出入分莅庶务。故三省、六曹、二十四司互以他官典领，虽有正官，非别敕不治本司事，事之所寄，十亡二三。……至于官人授受之别，则有官、有职、有差遣。官以寓禄秩、叙位著，职以待文学之选，而差遣以治内外之事。其次又有阶、有勋、有爵。故士人以登台阁、升禁从为显宦，而不以官之迟速为荣滞；以差遣要剧为贵途，而不以阶、

勋、爵邑有无为轻重。[1]

这段话的意思是，看北宋前期的官制，不能望文生义。北宋前期实行官、职、差遣分离（宋神宗时期曾对官制进行改革，称为元丰改制，因十分复杂且与本书无关，所以不介绍了），往往需要同时看三个职务才能知道该官员到底是什么官：官就是本官，能体现实际品级和俸禄，需一级级升迁，上文中的①—⑩就是包拯曾任过的本官；职，标志文学高选，意思就是该官员很有才华；差遣，才是实际差事。[2]

通过包拯的简历可以确定，他获得权知开封府这个差遣时，本官为右司郎中。至于职，在很久以前，包拯曾为龙图阁直学士，那么，他坐南衙时，这个职还在不在？（司马光说包拯"迁龙图阁直学士、知瀛州，又迁枢密直学士、知开封府"[3]，本文仍以《宋史》为准。）

按规矩，左右司郎中带待制以上职分别转为左、右谏议大夫，而包拯确实从右司郎中转为谏议大夫（应是右谏议大夫），加上知开封府必须"以待制（从四品）或少卿（正六品）以上差充"，他在开封府时一定有待制以上的职，而龙图阁直学士距他一生最高的职——枢密直学士仅低一级，那么他知开封府时当然仍是龙图阁直学士。他在知开封府任上，被京城百姓称为"包待制"，应是因为他曾为天章阁待制。同样，历史上也

---

1 〔宋〕马端临著：《文献通考》卷47《职官考一》，北京：中华书局，2011年版，第1361页。

2 龚延明编著：《宋代官制辞典（增补本）》，北京：中华书局，2017年版，第734—735页。

3 〔宋〕司马光撰，邓广铭、张希清校：《涑水记闻》卷10，北京：中华书局，1989年版，第207—208页。

留下了"包龙图"这个称呼，则是因为他曾为龙图阁直学士。[1]那么，现在明确了，包拯是以龙图阁直学士（从三品）、右司郎中（从五品上）身份权知开封府事，其具体任职时间为宋仁宗嘉祐元年（1056）十二月至嘉祐三年（1058）四月。[2]

巧的是，嘉祐二年（1057）十月，《嘉祐禄令》颁行，我们可以参照该禄令中有关"龙图阁直学士""右司郎中""权知开封府事"的条款，算出包拯的年薪。

包拯主政开封府期间的俸禄收入统计

一、龙图阁直学士

1.料钱：120贯（每月）；衣赐：春、冬绫各5匹，绢17匹，罗1匹，绵50两。（发放原则："如本官料钱、衣赐小于本等数，即依本等，否则依本官。"换言之，既有官又有职的，哪份高领哪份。）

2.添支钱：15贯（每月）。

3.添支：钱15贯（每月），春、冬小绫各3匹，绢各15匹，春罗1匹，冬绵50两。（发放原则："诸学士添支钱，曾任执政官以上者，在京、在外任并支；其余在京支。米、面、茶、炭、奉马、傔人衣粮，内、外任并给。"换言之，在京任职的包拯拿得到这笔钱，其中米、面、炭等数字不详，忽略不计。）

二、右司郎中

料钱：35贯（每月）；衣赐：春、冬绢各13匹，罗1匹，冬绵30两。（根据上述原则，这一笔包拯拿不到。）

1　龚延明编著：《宋代官制辞典（增补本）》，北京：中华书局，2017年版，第153、199页。

2　周宝珠著：《宋代东京研究》，开封：河南大学出版社，1992年版，第115—116页。

三、权知开封府事

1.料钱：20贯（每月）；衣赐：春、冬绢各5匹，绵15两。（发放原则："如差员外郎以上充，衣赐、料钱随本官。"换言之，包拯符合"员外郎以上"条件，拿不到这一笔。）

2.添支钱：100贯（按月发放）。

资料来源：龚延明编著：《宋代官制辞典（增补本）》，北京：中华书局，2017年版，第775、777、778、787、793页。

根据上述数据可以得知，包拯能拿到的货币收入包括：直学士的料钱120贯、添支30贯和知府的添支100贯，合计每月250贯；实物收入包括：10匹绫、6匹小绫、47匹绢、2匹罗、100两绵。

至于这些实物的价值，根据《宋代物价研究》列举的数据，我尽量选取年代接近的物价，分别为：1匹绫2500文（宋徽宗宣和五年，即1123年，中等绫）、1匹小绫1430文（嘉祐四年，即1059年）、1匹绢1300文（嘉祐年间）、1匹罗2000文（宋太宗淳化二年，即991年）、1两绵76文（嘉祐年间）。[1]根据1贯=770文、1文=0.47元，可以得出包拯一整年所能取得的实物收入总价为106280文，再加上整年的货币收入3000贯（即231万文），折合起来全年收入约为人民币113.57万元。

另外，有人说包拯能拿到"公使钱""职田"两笔巨款，我认为拿不到，理由详见附录《宋代俸禄中的"大头"，不是

1　程民生著：《宋代物价研究》，北京：人民出版社，2008年版，第234、246、247、248页。

每个官儿都有》，兹不赘述。

武臣收入明显高于文官

以同样方式，来算算宋仁宗表弟李璋担任武胜军节度使（官）、殿前都指挥使（差遣）[1] 时的年薪。

李璋担任殿帅期间的俸禄收入统计

1. 节度使：

料钱：400贯（每月）；衣赐：春、冬绢各100匹，大绫各20匹，小绫各30匹，绵各500两，罗各10匹。

2. 管军带节者（出任节度使的管军，殿前都指挥使就是管军之一，简称殿帅）：

月给禄粟：150石。（发放原则："凡一石给六斗，米、麦各半。""管军支六分米，四分麦。"换言之，他能拿到54石米、36石麦。）

3. 掌兵或遥领之节度使：

盐（岁给）：5石。

4. 节度使：

元随、傔人：元随50人。（发放原则："元随每人每月粮二石，每石折钱300文；又有衣赐。"换言之，这笔钱就是按1个仆人每月600文来发放补贴，因衣赐数字不详，忽略不计。）

资料来源：龚延明编著：《宋代官制辞典（增补本）》，北京：中华书局，2017年版，第775、785、790、792页。

---

1 〔元〕脱脱等撰：《宋史》卷464《外戚中》，北京：中华书局，1985年版，第13566页。

这里要引入米、麦、盐的价格，我采用的是1石米686文（宋仁宗皇祐后期至宋英宗治平年间全国平均米价）、1石小麦500文（宋仁宗庆历四年，即1044年）、1石食盐2775文（1宋斤30文，庆历八年，即1048年）[1]，"大绫"则按照上述"中等绫"计算，最后得出结论，李璋总共能赚到5292203文，约合人民币248.73万元。

身为节度使，李璋每年还能拿到一笔"公使钱"，以"节度使，万贯至三千贯，凡四等"计算，这笔钱最低为108.57万元，最高为361.9万元。

那么，在官场一直不得志的柳永能挣到多少钱？

柳永，世称柳屯田，屯田员外郎（从六品上）就是柳永的最后一个职位，也是他曾经做过的最高的本官，我们就以此来计算。跟屯田员外郎有关的钱包括："料钱：30贯（每月），衣赐：春、冬绢26匹，罗1匹，冬绵30两。"这笔钱共315280文，约合人民币14.82万元。值得注意的是，柳永此时并无差遣，坐领干薪。[2]

很多人以为宋代官员俸禄普遍很高，但这大约并不符合事实。因为，别说包拯这个档次的，就是柳永这种级别的官员都不多。宋代文官分朝官、京官、选人三类，选人约占五分之四。五品以上高级官员，俸禄高得惊人，还能拿到大量赏赐，而广大低级官员，俸禄很低，连生活都有困难。[3]据沈括记载，

1　程民生著：《宋代物价研究》，北京：人民出版社，2008年版，第128、217页。

2　龚延明编著：《宋代官制辞典（增补本）》，北京：中华书局，2017年版，第257、777页。

3　黄惠贤、陈锋著：《中国俸禄制度史（修订版）》，武汉：武汉大学出版社，2015年版，第285、287页。

宋初一名月俸仅为"700文钱、驿券肉半斤"的三班奉职在驿舍题诗道："三班奉职实堪悲，卑贱孤寒即可知。七百料钱何日富，半斤羊肉几时肥？"朝廷听说后认为："如此何以责廉隅？"便增加了俸禄。增俸后，选人俸禄仍很低。一位县尉作诗说："五贯九百五十俸，省钱请作足钱用。妻儿尚未厌糟糠，僮仆岂免遭饥冻？赎典、赎解不曾休，吃酒、吃肉何曾梦？为报江南痴秀才，更来谒索觅甚瓮。"[1]

有趣的是，宋代皇帝也拿工资，由左藏库每月给皇帝发放1200贯钱。宋廷对西夏用兵时，因财政吃紧，宋仁宗还放弃了这笔钱。[2]这说明，这笔钱其实就是皇帝的零花钱。

当兵或打零工可以养家糊口

宋代普通士兵的收入有多少？以北宋禁军为例，基本工资包括料钱、月粮、春冬衣等名目，还有郊祀赏赐、特支钱等各种名目的补助。其中，俸钱1000文者称上禁兵（即上四军：捧日、天武、龙卫、神卫），700文、500文者称中禁兵，不满500文（即400文、300文）者称下禁兵。[3]

我们以料钱500文的"中禁兵长行"为例，北宋张方平说，这些人可拿"月粮二石五斗"，还有"春冬衣紬（绸）、绢六

---

1 〔宋〕沈括撰，金良年点校：《梦溪笔谈》卷23《讥谑》，北京：中华书局，2015年版，第223—224页。

2 〔元〕脱脱等撰：《宋史》卷179《食货下一》，北京：中华书局，1985年版，第4351页。

3 王曾瑜著：《宋朝军制初探（增订本）》，北京：中华书局，2011年版，第281页。

匹，绵一十二两，随衣钱三千"。[1]我们按月粮皆为米、每年绸绢各3匹、随衣钱按年发放、每匹绸价值800文（宋真宗大中祥符九年，即1016年）[2]计算，一名"中禁兵长行"的收入可折合为30792文钱，约合人民币1.45万元。

至于士兵的补助部分，仅三年一次的郊赏，就相当于一二十个月的俸钱，最为丰厚。假设上述"长行"是隶属"拱圣、神勇等军"的中禁兵，这笔补助可能是15贯，也就是每年5贯。[3]加上这笔钱，他的年收入就达到了1.63万元人民币。不过，由于各种补助发放随机性很大，数额不定，其实不太好这么折算。

下面算算基层劳动人民的收入。（见图17）程民生在《宋代物价研究》中提到几个例子，分别为：宋太宗开宝四年（971），朝廷绫锦院雇用女工的报酬为每天86文；宋哲宗元祐年间，东京雇河工，每人给200文，百姓仍不愿服役，官府只好由和雇变为摊差，民间再贴100文雇人应役，换言之，河夫1天可得300文；宋徽宗崇宁年间，朝廷雇人抄书，每天给116文；两宋之际，建州茶场雇用采茶工匠几千人，每人每天的工钱是70文；北宋后期，洛阳一位山民靠"负薪入市"，一天收入100文左右；北宋淮西（今江淮地区）一位打零工的佣者，靠出卖劳动力，每天可得钱100文；北宋沧州一位妇人在城镇卖水果，每天利润为数十文。[4]

1　王曾瑜著：《宋朝军制初探（增订本）》，北京：中华书局，2011年版，第282页。

2　程民生著：《宋代物价研究》，北京：人民出版社，2008年版，第245页。

3　王曾瑜著：《宋朝军制初探（增订本）》，北京：中华书局，2011年版，第299页。

4　程民生著：《宋代物价研究》，北京：人民出版社，2008年版，第347、349、350、352、354、558、559页。

可见，100文是城乡底层百姓普遍的日收入。[1]不考虑休假停工停业的情况，北宋小商贩和出卖劳动力者的年收入为36500文钱，折合人民币1.72万元。

当然，底层也有可能取得不菲的收入。譬如，南宋临安有高级厨娘，自带厨具登门制作一次高档宴席，价钱高达300贯[2]——这是特殊情况，再加上南宋物价飞涨，不宜用北宋物价折算，我就不折算了。

以此观之，在军俸可以正常发放、百姓可以正常工作的情况下，基层军民的生活水平相较前代有所提高。[3]司马光在《训俭示康》中说："近岁风俗，尤为侈靡，走卒类士服，农夫蹑丝履。"[4]可见宋代普通人也追求"奢侈品"。沈括也说："唐人作富贵诗，多纪其奉养器服之盛，乃贫眼所惊耳。"[5]意思就是说，唐人被贫穷限制了想象力。这也从侧面证明了，宋人的小日子，过得比唐人滋润。

在北宋东京，腰缠万贯才能算小康

宋代有钱人的收入怎么样？举个例子，何薳《春渚纪闻》记载，宋徽宗宣和年间，官府向民间搜刮军费，海州怀仁县杨

1　程民生著：《宋代物价研究》，北京：人民出版社，2008年版，第559页。

2　程民生著：《宋代物价研究》，北京：人民出版社，2008年版，第356页。

3　程民生著：《宋代物价研究》，北京：人民出版社，2008年版，第575页。

4　〔宋〕司马光撰：《温国文正司马公文集（四部丛刊缩印本）》卷69《训俭示康》，上海：商务印书馆，第506页。

5　〔宋〕沈括撰，金良年点校：《梦溪笔谈》卷14《艺文一》，北京：中华书局，2015年版，第142页。

六秀才的寡妻刘氏一次就捐出"家财十万缗"。[1]那么这位富婆的家产应有上百万贯，折合人民币3.619亿元！

有趣的是，当官府"调夫辇运数日，尽空其库藏者七间"之后，这笔钱忽然又回来了，"屋间之钱已复堆垛盈满，数之正十万缗"，刘氏查出钱是从青州富户麻十万家"飞"来的，于是派人去麻家还钱，麻十万惊嗟良久，说："吾家福退，钱归有德，出于天授。今复往取，违天理而非人情，不敢袛领也。"刘氏说："我既诚输此钱以助国用，岂当更之。"就将这笔巨款散施贫民，助修佛道观宇，一钱不留，从此其家益富[2]——这个故事充满了神话色彩，但也说明，当时家财十万贯以上的富户并不少见。

宋代州分雄、望、紧、上、中、中下、下七等，县分赤、次赤、畿、次畿、望（四千户以上）、紧（三千户以上）、上（二千户以上）、中（千户以上）、下（不满千户）、下下（五百户以下）十等。[3]海州为上州，怀仁是中县[4]，人口有限，怎么看都是一个平平无奇的小地方，种地想必没有多大出息，要想富还得靠经商——我猜怀仁县杨家应该是盐商。因为海州有板浦、惠泽、洛要三个盐场，其中，洛要场位于怀仁县洛要镇（今江苏赣榆）。[5]

1　〔宋〕何薳撰，张明华点校：《春渚纪闻》卷2《杂记》，北京：中华书局，1983年版，第15页。

2　〔宋〕何薳撰，张明华点校：《春渚纪闻》卷2《杂记》，北京：中华书局，1983年版，第15页。

3　龚延明编著：《宋代官制辞典（增补本）》，北京：中华书局，2017年版，第584、608页。

4　〔元〕脱脱等撰：《宋史》卷88《地理四》，北京：中华书局，1985年版，第2179—2180页。

5　吉成名著：《宋代食盐产地研究》，成都：巴蜀书社，2009年版，第26页。

也就是说，想要跟刘氏这位十八线县城土豪PK资产，包拯坐一年南衙可不行，得坐319年（恰好是整个宋代）！

东京作为京师，富户自然要多得多，家产100万贯者很多，10万贯者更是比比皆是。北宋末年，医生王况因救治盐商获得1万贯钱，被人称为"小康"。[1]这意味着，在东京，拥有1万贯才能达到小康标准，也就是361.9万元人民币。

有意思的是，在宋初，二十万钱已经算是天文数字了。曹彬率军平定南唐，获宋太祖赏钱二十万，他满意地说："人生何必使相（作者注：拥有宰相头衔的节度使），好官亦不过多得钱尔。"[2]这说明了两点：货币在贬值；宋人的财富比前朝增加了。

宋代国家岁入没有一些网友想象中那么高

宋代国家岁入能折合多少人民币？由于宋代岁入单位混乱，往往把各种货币、实物的数字硬生生加在一起，我们只能选取一个记载较详细的年份来"硬算"一下。

宋真宗天禧五年（1021）国家岁入一览表

种　类	数量（计算整数）	折合铜钱（文，取小数点后3位）	备　注
钱	26530000贯	204.281亿	1贯钱为770文，假设钱都是铜钱，且为省陌

1　程民生著：《宋代物价研究》，北京：人民出版社，2008年版，第576页。

2　〔元〕脱脱等撰：《宋史》卷258《曹彬传》，北京：中华书局，1985年版，第8980页。

种 类	数量 （计算整数）	折合铜钱 （文，取小 数点后3位）	备 注
金	14400两	1.44亿	1两金10000文（宋真宗大中祥符末年）
银	883900两	8.839亿	1两银1000文（宋真宗景德年间）
丝	4170020两	1.043亿	1斤丝400文（宋神宗熙宁末年），即1两25文
绵	18991000两	14.433亿	1两绵76文（宋仁宗嘉祐年间）
绢	1552000匹	20.176亿	1匹绢1300文（嘉祐年间）
紬（绸）	9415000匹	75.32亿	1匹绸800文（大中祥符九年，即1016年）
绫	344000匹	8.6亿	1匹中等绫2500文（宋徽宗宣和五年，即1123年）
絁	137000匹	3.425亿	1匹白絁2200文，1匹皂絁2800文（宋真宗天禧二年，即1018年），假设各半，即1匹絁2500文
纱縠	25000匹	0.45亿	1匹纱1800文（熙宁六年，即1073年）
锦绮	28000匹	0.269亿	1两锦80文（熙宁五年，即1072年），假设1匹为12两，则1匹锦为960文
布	3057000匹	30.57亿	1匹布1000文（宋仁宗皇祐四年，即1052年）
茶	760000斤	0.463亿	1斤茶60.9文（嘉祐六年，即1061年）
盐	163800石	4.545亿	1石盐2775文（宋仁宗庆历八年，即1048年）

种　类	数量 （计算整数）	折合铜钱 （文，取小 数点后3位）	备　　注
香药、真珠、犀、象	700000斤 条片颗	28亿	1斤一等香4000文（景德三年，即1006年），假设全都是香料
竹木、蘧箔	3600000 条片	23.832亿	1棵树木662文（宋高宗绍兴年间），假设全都是木
五谷	29830000石	204.634亿	1石米686文，假设全都是大米
草	30000000围	2.4亿	1围草8文（宋太宗时期）
木炭、薪蒿	30000000 斤束	3.99亿	1斤木炭6.6文（大中祥符五年，即1012年），1束薪柴20文（宋仁宗后期），假设各半，即平均1斤束为13.3文
总数	1.6亿	636.71亿	折合人民币299.2537亿元

注：

1.表格中尽量选取价格相对平稳的北宋物价，但全系个案，无法顾及年代、地域等情况导致的价格波动，所以有"布比绸贵"等不合理之处，重申一下，这里只是为了让数据更为直观而"硬算"。

2.本章实物价格参照《宋代物价研究》记载之数字折算，除前述明确为省陌（一贯为770文）的小绫（每匹一贯六百六十文省，即1430文）之外，均为足陌（一贯为1000文）。据高晦叟《珍席放谈》，"今则凡官司出入，悉用七十七陌，谓之省陌者是已。独封赠钱、输官帛陌犹用八十，乃唐时余制也。"可见计算岁入以"八十为陌"为妥，但为了统一起见，计算铜钱时，仍用一贯为770文的省陌。

资料来源：〔宋〕李焘撰：《续资治通鉴长编》卷97《真宗天禧五年十二月》，北京：中华书局，2004年版，第2259—2260页。

程民生著：《宋代物价研究》，北京：人民出版社，2008年版，第201、246、248、250、254、270、273、329、334、486、536、537页。

〔宋〕高晦叟撰，孔凡礼整理：《珍席放谈》卷上，朱易安、傅璇琮等主编：《全宋笔记》第三编一，郑州：大象出版社，2008年版，第180页。

钱	204.281亿文
	26530000贯
金	1.44亿文
	14400两
银	8.839亿文
	883900两
丝	1.043亿文
	4170020两
绵	14.433亿文
	18991000两
绢	20.176亿文
	1552000匹
䌷（绸）	75.32亿文
	9415000匹
绫	8.6亿文
	344000匹
絁	3.425亿文
	137000匹
纱縠	0.45亿文
	25000匹
锦绮	0.269亿文
	28000匹
布	30.57亿文
	3057000匹
茶	0.463亿文
	760000斤
盐	4.545亿文
	163800石
香药、真珠、犀、象	28亿文
	700000斤条片颗
竹木、薤箔	23.832亿文
	3600000条片
五谷	204.634亿文
	29830000石
草	2.4亿文
	30000000围
木炭、薪蒿	3.99亿文
	30000000斤束

宋真宗天禧五年（1021）国家岁入柱状图

在表格中，我把所有种类的数量硬加在一起，得出一个1.6亿的数值。《宋史·食货下一》记载的天禧末年岁入为"一万五千八十五万一百（作者注：没有计量单位）"[1]，即约1.5亿，跟1.6亿很接近，可见古人就是"不顾计量单位硬算"的。所以，假如看到有人在网上说"北宋岁入最高达到1.6亿或1.5亿两白银""北宋GDP占全世界的70%或80%"，大家笑笑就好了——仍以1两银相当于铜钱1000文计算，1.5亿两银就是铜钱1500亿文，折合人民币高达705亿元。而表格显示，天禧五年岁入为铜钱636.71亿文，折合人民币将近300亿元。很显然，我算出来的数字跟一些网友想象中的数字是有很大差距的。

值得一提的是，天禧末年的人口数字也很明确——8677677户。[2]以每户5人计算，此时人口约为4339万，大家可以粗略算一下宋人要缴纳多少赋税。

最后，来看一看北宋的房价，试举几例如下：

宰相吕端生前不治产业，死后诸子贫困，将住宅抵押出去。宋真宗大中祥符二年（1009），宋廷花5000贯赎回房子，仍令其子居住。[3]这座住过宰相的宅第价格是5000贯，折合人民币180.95万元。

宋神宗元丰年间，镇江朱方门外有圃卖300贯，后成为沈括住宅，即梦溪所在地[4]，折合人民币10.857万元。

1　〔元〕脱脱等撰：《宋史》卷179《食货下一》，北京：中华书局，1985年版，第4349页。

2　邓广铭、漆侠、朱瑞熙、王曾瑜、陈振著：《宋史》，北京：中国大百科全书出版社，2011年版，第131页。

3　程民生著：《宋代物价研究》，北京：人民出版社，2008年版，第41页。

4　程民生著：《宋代物价研究》，北京：人民出版社，2008年版，第45页。

　　宋徽宗建中靖国元年（1101），苏轼准备定居常州，花500贯买了一座老宅[1]，折合人民币18.095万元。

　　苏舜钦在苏州花4万钱买一废园，"构亭北碕（作者注：qí，弯曲的岸），号沧浪焉。"[2]打造出著名的沧浪亭，地价折合人民币1.88万元。

　　看到这里，是不是忽然明白，年入1万多元的宋代底层百姓为什么会被"消费主义"所惑，居然争相"类士服，蹑丝履"了？

1　程民生著：《宋代物价研究》，北京：人民出版社，2008年版，第45页。

2　〔宋〕苏舜钦撰，沈文倬校点：《苏舜钦集》卷13《沧浪亭记》，上海：上海古籍出版社，1981年版，第157—158页。

宋史漫谈5：宋代俸禄中的"大头"，
不是每个官儿都有

宋代俸禄中有两个"大头"，一是公使钱，二是职田，这两笔收入，不是每个官儿都有。下面我们就来看看包拯和李璋的情况。

公使钱时常跟公用钱混称，但两者不是一回事。宋人潘汝士的《丁晋公谈录》曾在一段话中同时提到"有公用钱州军""有公使节帅、防、团、刺史"[1]，可见公用钱和公使钱有区别。

公用钱是中央机构和地方府、州、军、监的办公费用，主要用于公务接待，不能放进个人腰包。据《宋会要辑稿》记载，开封府有"每岁万贯"的公用钱[2]，这部分就是办公费用。所以，身为知府的包拯个人拿不到这笔钱。

公使钱是给予节度使、观察使、节度观察留后、防御使、团练使、刺史等个人的军事专项基金，《宋史·外戚中》说："旧制，刺史以上所赐公使钱得私入，而用和（作者注：李璋的父亲李用和）悉用为军费。"[3]可见，李璋出任节度使时，是能拿到这笔钱的。

至于特定的"李璋担任武胜军节度使"能拿到多少公使

---

1 〔宋〕潘汝士撰，杨倩描、徐立群点校：《丁晋公谈录》，〔宋〕潘汝士撰，杨倩描、徐立群点校：《丁晋公谈录（外三种）》，北京：中华书局，2012年版，第14—15页。

2 〔清〕徐松撰，刘琳、习忠民、舒大刚、尹波等校点：《宋会要辑稿》礼62《赉赐一》，上海：上海古籍出版社，2014年版，第2124页。

3 〔元〕脱脱等撰：《宋史》卷464《外戚中》，北京：中华书局，1985年版，第13565页。

钱，《宋史·职官十二》说：

> 自节度使兼使相，有给二万贯者。其次，万贯至七千贯，凡四等。节度使，万贯至三千贯，凡四等。节度观察留后，五千贯至二千贯，凡四等。观察使，三千贯至二千五百贯，凡二等。防御使，三千贯至千五百贯，凡四等。团练使，二千贯至千贯，凡三等。刺史，千五百贯至五百贯，凡三等。亦有不给者。（观察使以下在禁军校者，皆不给。）京守在边要或加钱给者，罢者如故，皆随月给受，如禄奉焉。（咸平五年，令河北、河东、陕西诸州，皆逐季给。）[1]

从这段话可以看出三个要点：一是"节度使，万贯至三千贯，凡四等"；二是"观察使以下在禁军校者，皆不给"；三是"皆随月给受，如禄奉焉"。换言之，虽然人在东京担任管军，但是李璋还是能领到节度使的公使钱，至于确切数目，那就不好说了，这笔"万贯至三千贯"的钱可视为俸禄每月领取。那么这笔钱是"月薪"还是"年薪"？我认为这笔钱是"年薪"。因为宋代亲王岁给公使钱最高可达5万贯，少的则给5000贯、6000贯。[2]按照常理，普通节度使的公使钱显然不可能超过5万贯这个数字。

至于"职田"，是给外任官的，身为殿帅、节度使的李璋

---

1 〔元〕脱脱等撰：《宋史》卷172《职官十二》，北京：中华书局，1985年版，第4144页。

2 龚延明编著：《宋代官制辞典（增补本）》，"总论"，北京：中华书局，2017年版，第44页。

拿不到。那么，身为开封知府的包拯算不算外任官，能不能拿到这笔收入？

据《宋史·职官十二》，庆历年间曾限定职田数，这是最接近嘉祐年间的一次改革，"凡大藩长吏二十顷，……凡节镇长吏十五顷，……凡防、团以下州军长吏十顷……"[1]北宋地方上设有府、州、军、监，其中，府包括京府（东京开封府、西京河南府、南京应天府、北京大名府）和次府、府三等，州按格分为都督州、节度州、观察州、防御州、团练州、军事州。[2]节度州就是节镇。[3]以此推断，大藩至少涵盖了都督州，那么，大藩是否包括开封府？

看《宋史·职官十二》中其他时代对于职田的规定："咸平中，……其两京、大藩府四十顷，次藩镇三十五顷，……（作者注：熙宁间）凡知大藩府（三京、京兆、成都、太原、荆南、江宁府，延、秦、扬、杭、潭、广州。）二十顷，节镇十五顷……"[4]宋真宗咸平年间的"两京"指的是东京、西京，因当时还未设置南京（宋真宗大中祥符年间设置）、北京（宋仁宗庆历年间设置）[5]，可见，东京、西京不属于"大藩府"。而宋神宗熙宁年间的"三京"指的是西京、南京、北京，被列入

1　〔元〕脱脱等撰：《宋史》卷172《职官十二》，北京：中华书局，1985年版，第4146页。

2　龚延明编著：《宋代官制辞典（增补本）》，"总论"，北京：中华书局，2017年版，第23—24页。

3　龚延明著：《中国历代职官别名大辞典（增订本）》，北京：中华书局，2019年版，第283页。

4　〔元〕脱脱等撰：《宋史》卷172《职官十二》，北京：中华书局，1985年版，第4145—4147页。

5　龚延明编著：《宋代官制辞典（增补本）》，北京：中华书局，2017年版，第581、582页。

了"大藩府"，但东京仍被排除在外。

《文献通考·职官考一》则记载："藩府除授虽带都督之名，而实不行都督之事。京府以及四方大镇，皆有牧尹，而类非亲王不除。"[1]似乎指的是藩府即都督州，东京自然是京府了。

由此可见，庆历年间的"大藩"包不包括京府，可以存疑，但肯定不包括东京。那么，大藩、大藩镇、大藩府究竟是什么意思？周密《齐东野语》记载了一句话："侂胄（作者注：韩侂胄）怨望殊甚。宜以厚赏酬其劳，处以大藩，出之于外。勿使预政，以防后患。"[2]可见，藩一定是"外地"。而这也是常识，"藩"者，屏障也，东京作为北宋的中心，还能去保卫别的地方吗？

所以结论是：包拯坐南衙时，拿不到职田和公使钱这两笔"大头"；李璋管军时，可以拿到公使钱，但没有职田。

---

1 〔宋〕马端临著：《文献通考》卷47《职官考一》，北京：中华书局，2011年版，第1362页。

2 〔宋〕周密撰，张茂鹏点校：《齐东野语》卷3《绍熙内禅》，北京：中华书局，1983年版，第43页。

宋史漫谈6：算算澶渊之盟的经济账

现在，我试着分析一下一个争议很大的事件——澶渊之盟。

宋真宗景德元年（1004），宋与契丹（辽）签订澶渊之盟，王钦若说这是不光彩的"城下之盟"，宋真宗无法释怀，便在王钦若怂恿下，导演了各种天书、封禅闹剧，其实就是为了证明自己签约是正确的。神神叨叨的事做多了，人们也就看不到那个致力于劝天下人读书、告诫官员须清廉、创下"咸平之治"盛世的宋真宗了。于是，现代网友中不乏讥讽宋为"大送"或"大怂"（当然这个字应该是"孱"）的言论，然而，实际情况是，澶州之战中，双方都孱了，不愿意打了，所以停战和谈。

为什么这么说？因为战场上发生了极具戏剧性的一幕：辽军主将萧挞览被宋军射杀，辽军先孱了，但宋军并不知情，在信息不对称的情况下，辽军提出和谈，双方一拍即合。[1]

> **澶渊之盟的主要内容（宋辽"两朝誓书"）**
>
> 1.宋辽为地位平等的兄弟之国，宋为兄，辽为弟。
> 2.宋每年向辽提供"助军旅之费"，银十万两，绢二十万匹，宋不派使臣专程送往辽，只令人送至己方边境的雄州（今河北雄县）交割。
> 3.双方划清领土边界，"沿边州军，各守疆界，两地人户，不得交侵。"

1　邓广铭、漆侠、朱瑞熙、王曾瑜、陈振著：《宋史》，北京：中国大百科全书出版社，2011年版，第26页。

4.约定司法合作，保证不骚扰对方农田，"或有盗贼逋逃，彼此无令停匿；至于垄亩稼穑，南北勿纵绎骚。"

5.双方不得对彼此设防，"所有两朝城池，并可依旧存守；沟濠完葺，一切如常。即不得创筑城隍，开拔河道。"

资料来源：〔宋〕庄绰撰，萧鲁阳点校：《鸡肋编》卷中，北京：中华书局，1983年版，第45页。

澶渊之盟达成后，辽兴宗重熙年间（宋仁宗庆历年间），辽趁着宋内外交困，曾迫使宋增加岁币，这就是重熙增币（庆历增币）。其余时间，两方都算守约，澶渊之盟带来了宋辽百年和平这样非常难得的成果，可以说，没有和平的环境，就没有璀璨的宋代文化。

现在问题来了，宋真宗时期给契丹的岁币能折合多少人民币？以1两银1000文、1匹绢1300文计算，绢20万匹、银10万两为3.6亿文，折合人民币1.692亿元。重熙增币后，这笔钱变成绢30万匹、银20万两，总数为5.9亿文，折合人民币2.773亿元。

宋夏之战后也有一个庆历和议，主要内容为："宋册封元昊为夏国主，夏对宋名义上称臣，宋每年'赐'夏绢十三万匹、银五万两、茶两万斤，还按年在双方的节日赠西夏银两万二千两，绢、帛、衣着两万三千匹，茶一万斤。重开沿边榷场贸易，恢复民间商贩往来。"[1]也就是说，宋每年给西夏"绢（帛、衣

---

1 邓广铭、漆侠、朱瑞熙、王曾瑜、陈振著：《宋史》，北京：中国大百科全书出版社，2011年版，第30页。

着）15.3万匹、7.2万两银和3万斤茶叶"。这笔钱又是多少呢？以1斤茶60.9文、绢价（有一部分是帛、衣着，我全部按绢算）银价同上计算，这笔钱约为2.727亿文，约合人民币1.282亿元。

可见，从宋仁宗庆历年间开始，宋廷每年要拿出约4亿元人民币来应付辽、夏——宋仁宗庆历八年（1048）的户数已增至10723695户[1]，按每户5人计算，就是5362万人，平均每人负担岁币约合7.46元/年。

7.46元，只够东京市民一顿粗饱，看起来并不多，但不能只看账面数字。毕竟，宋人须将银绢运送到雄州交割，光运费就是一笔巨款。所以，对于惨变"背锅侠"的百姓来说，岁币无疑是沉重的负担。

耐人寻味的是，但凡遇到"可能会引发战争"的难题，宋廷首先会想到用钱解决：担心武将外戚宗室搞事情，就给予优厚待遇养起来；担心灾民造反，就招进军队养起来；李元昊之父李德明归顺宋廷，宋廷便每年赐银、绢、钱、茶[2]；就连幽云十六州，宋太祖一开始也是搞了封桩库（即内藏库），打算攒到500万贯就将其赎回来，如果辽人不给，再用这笔钱募兵去打回来。[3]

宋廷为什么动辄花钱"苟着"？因为划算。以军费支出来说，宋仁宗时每年开支在6000万贯左右，此后虽有缩减，也不低于4000万贯。[4]我们取最低的每年4000万贯来算，宋军每年

---

1 〔宋〕李焘撰：《续资治通鉴长编》卷165《仁宗庆历八年十二月》，北京：中华书局，2004年版，第3978页。

2 邓广铭、漆侠、朱瑞熙、王曾瑜、陈振著：《宋史》，北京：中国大百科全书出版社，2011年版，第28页。

3 〔宋〕王曾撰，张其凡点校：《王文正公笔录》，北京：中华书局，2017年版，第10页。

4 田晓忠著：《宋代田赋制度研究》，北京：中国社会科学出版社，2016年版，第102页。

军费是308亿文，折合人民币144.76亿元，1年之军费，若拿来"苟着"，可以应付辽夏36年。因此，对于重熙增币，宋仁宗的基本态度是："国家经费，取之非一日之积，岁出以赐夷狄，亦未至困民。若兵兴调发，岁出不赀，非若今之缓取也。"大臣王拱辰问："犬戎无厌，好窥中国之隙。且陛下只有一女，万一欲请和亲，则如之何？"宋仁宗说："苟利社稷，朕亦岂爱一女耶？"[1]也就是说，即使开和亲先例，宋仁宗也不愿打仗。

当然，即使不打仗，宋军的军费开支也是天文数字，但是，不开战毕竟可以省下不少军费，还可维持和平环境，避免生离死别，跟这些利益一比，"岁币及其衍生费用"就显得"不贵"了。宋人自己便承认，向契丹支付的岁币，相较与其交战的军费开支，不过百分之一二。[2]此外，大家不打仗之后，边境多开榷场，彼此做起贸易[3]，以宋之经济实力，自然分分钟把花出去的钱赚回来了。

按照宋代皇帝的"祖宗家法"，签下澶渊之盟并不令人意外，反倒是宋徽宗撕毁盟约并跟金人签海上之盟，去撩拨日暮途穷的昔日盟友，实在匪夷所思。客观地看，签订和约后通过贸易互通有无，去赚对方的钱，确实是比通过战争互相争夺资源更好的方式，宋、辽、夏、金都用行动证明了这一点——然而，事实也证明，用钱和用兵，终究不能互相取代。

---

1 〔宋〕魏泰撰，李裕民点校：《东轩笔录》卷9，北京：中华书局，1983年版，第102—103页。

2 陈峰著：《宋代军政研究》，北京：中国社会科学出版社，2010年版，第27页。

3 邓广铭、漆侠、朱瑞熙、王曾瑜、陈振著：《宋史》，北京：中国大百科全书出版社，2011年版，第28页。

第三章

中国人制霸『海丝』的大时代

你可曾想过，指南针这个小玩意儿，为什么会成为伟大的发明？

接下来，我们要进入的就是指南针的主场。

宋代航海技术有了长足发展，四大发明之一的指南针高调亮相——宋人在海船上装设指南针，并绘制和利用早期航海地图，于是，在任何气候条件下，在任何地理方位上，宋船都能准确定向定位，实现远洋航行。由此，两宋成为"海上丝绸之路"发展的鼎盛时期，中国与外国进行"资源大交换"的热络时期到来了。

宋代出口商品分类表

种　　类	品　　名
手工业制品	瓷器、陶器、纺绸、布帛、书籍、漆器等
金属制品	铜器、铜钱、金银、铅、锡等
工艺品	玩具、乐器、伞、梳、扇等
农副产品	茶、糖、酒、果脯、米、盐、药材等

宋代进口商品分类表

种　　类	品　　名
珍宝	金银、象牙、犀角、珍珠、珊瑚、玳瑁、翠羽、玛瑙、猫儿眼睛、琉璃等
香料	沉香、乳香、降真香、龙涎香、蔷薇水、檀香、笺香、光香、金颜香、笃耨香、安息香、速香、暂香、黄速香、生香、麝香木等
药材	苏木、阿魏、肉豆蔻、白豆蔻、没药、胡椒、丁香、木香、苏合油、脑子、鹿茸、茯苓、人参、麝香等
日常用品	吉贝布、番布、高丽绢、绸布、松板、杉板、罗板、乌蓁木、席、折扇等
军事用品	硫黄（硫磺）、镔铁、日本刀、皮货、筋角等

资料来源：黄纯艳著：《宋代海外贸易》，北京：社会科学文献出版社，2003年版，第35、55页。

由上表可见，宋代海外贸易的本质，简单地说，就是宋的手工业产品卖出去，外国的资源性商品运进来：

通过出口，宋人传播了思想，使造纸术、印刷术、中国瓷器的影响流布四方。

通过进口，宋人获得了他们热爱的琉璃、蔷薇水等洋玩意儿，获得了棉花和高产稻种，获得了手工业所需的重要原料。

通过海外贸易，宋人砥砺出不断向前、勇敢进取的海商品格，抵达了前人未能到达的区域。

那时海外贸易的执牛耳者，就是我们中国，而今天一些著名城市和港口的崛起，最早也可追溯到宋代海外贸易。所以，小小指南针可将世界联系起来，它是伟大的发明，而"海上丝绸之路"，自然也是伟大的路。

必须指出的是，宋代海外贸易并不是"野蛮生长"的，宋廷非常积极介入其间，制定了海外贸易的"游戏规则"，打造了世界上最早的海外贸易机构，出台了世界上最早的海外贸易法规，实现了海外贸易管理的制度化。他们还大力鼓励百姓出海、塑造海神、重用海商，显示出不同于后世"其他古代"的开放气质——元代对于海外贸易，整体上尚算鼓励，但实行过多次海禁；明代长期实行严厉海禁，开禁后仍严格控制民间贸易；清初海外贸易曾短暂自由发展，然后海禁和迁海政策来了，开禁以后，贸易仍受到很大限制。[1]

总的来说，宋代奠定了中国古代海外贸易的基本范围[2]，前面的汉唐和后世的元明清，都未超出这个"圈子"。

1　黄纯艳著：《宋代海外贸易》，北京：社会科学文献出版社，2003年版，第5页。

2　黄纯艳著：《宋代海外贸易》，北京：社会科学文献出版社，2003年版，第14页。

中学历史课本上有一个重要知识点，叫"经济重心南移"，而且此"移"不可逆，这件影响中国至少一千年的大事，恰好完成于宋代。其实，仔细回味你学过的历史知识，中国历史的很多转折点出现于宋代。譬如，伴随着经济重心南移，海上丝绸之路于宋代迎来"主角光环"。

宋代海丝已经完全"碾压"了陆丝

中国古代有三条丝路，分别从西北、西南和海路通向境外，称为北方丝绸之路（即"丝绸之路"）、南方丝绸之路和海上丝绸之路，史籍对三条丝路的明确记载都始于汉武帝时代。宋代这三条丝路仍通行，然而，海丝已经完全"碾压"了陆丝。[1]

两宋是海丝发展的鼎盛时期，其最直观的表现是，宋代航海技术有了长足发展，四大发明之一的指南针高调亮相——宋人在海船上装设指南针[2]，并绘制和利用早期航海地图[3]，在任何

---

[1] 黄纯艳著：《宋代东亚秩序与海上丝路研究》，北京：中国社会科学出版社，2018年版，第203、207页。

[2] 全汉昇口述，叶龙整理：《中国社会经济通史》，北京：北京联合出版公司，2016年版，第102—103页。

[3] 陈贞寿著：《丝绸之路促文明——宋代与元代的海上贸易与海防》，北京：中国大百科全书出版社，2018年版，第34页。

气候条件下，在任何地理方位上，宋船都能准确定向定位，实现远洋航行。

沈括《梦溪笔谈》最早记载了指南针的制作原理、使用方法，略晚的《萍洲可谈》则率先记录了中国商人在航海中使用指南针的具体情况，朱彧是这样记载的：

> 舟师识地理，夜则观星，昼则观日，阴晦观指南针，或以十丈绳钩，取海底泥嗅之，便知所至。海中无雨，凡有雨则近山矣。[1]

可见，北宋"舟师"利用指南针、天文导航，并配合以"海底取泥"的地文导航技术实现了海上航行。因《萍洲可谈》记述的是朱彧之父朱服主政广州时的见闻，可以推断出，至迟在宋徽宗初年，中国海船就已使用指南针了。[2]

两宋造船业极发达，许多地方都有造船厂，其中闽船质量为天下之冠[3]，《太平寰宇记》甚至将"海舶"列为泉州"土产"。[4]宋船上有很多"黑科技"加持：宋船运用了减摇龙骨，当船在风浪里横摇时，减摇龙骨会增加阻尼力矩从而减轻摇摆；宋船上的水密隔舱技术十分成熟，宋人用隔舱板把船舱分

1　〔宋〕朱彧撰，李伟国点校：《萍洲可谈》卷2，〔宋〕陈师道、朱彧撰，李伟国点校：《后山谈丛　萍洲可谈》，北京：中华书局，2007年版，第133—134页。

2　〔宋〕朱彧撰，李伟国点校：《萍洲可谈》，"前言"，〔宋〕陈师道、朱彧撰，李伟国点校：《后山谈丛　萍洲可谈》，北京：中华书局，2007年版，第95—97页。

3　陈贞寿著：《丝绸之路促文明——宋代与元代的海上贸易与海防》，北京：中国大百科全书出版社，2018年版，第40页。

4　〔宋〕乐史撰，王文楚等点校：《太平寰宇记》卷102《江南东道十四·泉州》，北京：中华书局，2007年版，第2031页。

割成互不相通的一个个舱区，当一舱破损漏水时，邻舱可照常使用，另外，这种结构还可以使船舶行驶更加稳定。[1]宋人每年能造数千艘船，其中，宋徽宗时出使高丽的"神舟"，装载量已达1100吨。自东晋到隋唐，僧侣赴印度取经都搭外国船，到了宋代就反过来了，外商多改乘中国船，直到欧洲人东来以前，全部中西贸易由中国船担任。[2]有学者认为，宋人取得了南洋制海权，成为海上贸易的主导力量。[3]

宋廷热衷于制定海外贸易的"游戏规则"

在以重农抑商为底色的古代，宋人偏偏是"重商"的另类，以"江海求利，以资国用"为基本商贸政策。[4]

宋人热衷于制定海外贸易的"游戏规则"，在唐代设置管理海外贸易官员——市舶使的基础上[5]，宋代打造了世界上最早的海外贸易机构，出台了世界上最早的海外贸易法规，实现了海外贸易管理的制度化。[6]

具体来说，宋廷于立国之初就设了提举市舶司，后来在东京设有专管对外贸易的榷易院（署），又在多处设市舶司，由市舶司发给海舶贸易许可证——公据。这些市舶司分设在京东

1　邵庆国主编：《宋代科技成就》，郑州：河南科学技术出版社，2014年版，第138—139页。

2　陈贞寿著：《丝绸之路促文明——宋代与元代的海上贸易与海防》，北京：中国大百科全书出版社，2018年版，第43页。

3　陈鸿彝著：《中华交通史话》，北京：中华书局，2013年版，第336、338、339页。

4　陈鸿彝著：《中华交通史话》，北京：中华书局，2013年版，第339页。

5　梁二平著：《海上丝绸之路2000年》，上海：上海交通大学出版社，2016年版，第168页。

6　陈鸿彝著：《中华交通史话》，北京：中华书局，2013年版，第343页。

东路（密州市舶司，密州即今山东诸城）、两浙路（秀州、杭州、明州、温州等地设有市舶司、市舶务、市舶场，秀州在今上海、浙江嘉兴一带，明州就是今浙江宁波）、福建路（泉州市舶司）、广南东路（广州市舶司），辐射了北起山东半岛、南到闽广的广大沿海地区。[1]

宋神宗时，世界上首部成文海商法——《元丰广州市舶条法》颁布，系统地规定了海外贸易的主管机关、贸易主体、出入境管理、经营许可证和外商保护制度等内容，是当时官府进行海外贸易管理的基本法律依据，可惜原本律文早已佚失。[2]

我们可从《萍洲可谈》一窥当时外国船入境的过程：

> 既至，泊船市舶亭下，五洲巡检司差兵监视，谓之"编栏"。凡舶至，帅漕与市舶监官莅阅其货而征之，谓之"抽解"，以十分为率，珍珠龙脑凡细色抽一分，玳瑁苏木凡粗色抽三分，抽外官市各有差，然后商人得为己物。象牙重及三十斤并乳香，抽外尽官市，盖榷货也。商人有象牙稍大者，必截为三斤（作者注：原书注称"疑当为'三十斤'"）以下，规免官市。凡官市价微，又准他货与之，多折阅，故商人病之。舶至未经抽解，敢私取物货者，虽一毫皆没其余货，科罪有差，故商人莫敢犯。[3]

1　杨文新著：《宋代市舶司研究》，厦门：厦门大学出版社，2013年版，第11、46、47页。

2　任满军：《宋朝〈市舶条法〉基本范畴简析》，载《江苏警官学院学报》2006年1月第21卷第1期，第106、107页。

3　〔宋〕朱彧撰，李伟国点校：《萍洲可谈》卷2，〔宋〕陈师道、朱彧撰，李伟国点校：《后山谈丛　萍洲可谈》，北京：中华书局，2007年版，第132页。

　　简单地说，外商船舶进入口岸后停在海上，由市舶官员登船查验货品，按比例抽取实物，以贡品名义运交宋廷，这叫做"抽解"，也就是进口税；凡属国家统购包销的"禁榷物资"，由市舶司购买；其余商品称"博易物资"，由中外商人按市价自行买卖，也可由外商自行运销内地。[1]

　　值得注意的是，宋廷还特意针对外国船只海难问题订立了"防守盗纵诈冒断罪法"，据《宋会要辑稿》记载：

　　　　（作者注：宋哲宗）元符二年五月十二日，户部言："蕃舶为风飘着沿海州界，若损败及舶主不在，官为拯救，录物货，许其亲属召保认还，及立防守盗纵诈冒断罪法。"从之。[2]

　　　　（作者注：宋徽宗政和）四年正月二十一日，尚书省言："奉诏，钱塘江阳村去年十月二十一日，海客舟船靠阁（作者注：搁浅），为江潮倾覆，沉溺物货，损失人命，滨江居民渔户乘急盗取财物，梢徒互相计会，坐视不救，利于取财。可令杭州研穷根究，不得灭裂。未获人名，立赏三百贯告捉，不原赦降。仍令尚书省立法以闻。今拟修下条：诸州船因风水损失，或靠阁收救未毕，而乘急盗取财物者，并依水火惊扰之际公取法。即本船梢徒互相计会，利于私取财，坐视不救，（海内不可收救处非。）若纵人盗者，徒二年；故纵而盗罪重者，与同罪；取财赃重者，加公取

1　陈鸿彝著：《中华交通史话》，北京：中华书局，2013年版，第343页。

2　〔清〕徐松撰，刘琳、刁忠民、舒大刚、尹波等校点：《宋会要辑稿》职官44《市舶司》，上海：上海古籍出版社，2014年版，第4207页。

罪一等。"从之。[1]

宋廷规定，如外商船舶为风浪所损，甚而船主失踪，官府应及时抢救，并登录全部物品，允许其亲属取回。趁机盗取财物者，会被法办。可见，宋人明白，发展外贸，就得保护外商权益，保护外商，首先要立法，其观念很接近现代。

与普遍禁止百姓出境的其他主要朝代不同，宋廷对百姓出海持鼓励态度，每年出海季节，市舶司和地方官府都会主持祈风祭海活动，并犒设海商。宋廷还主动提升了海神的地位，宋理宗时"以海神为大祀"，将海神与天地宗庙神灵同列[2]——可以看出妈祖和保生大帝信仰勃兴于八闽并延续至今的原因了吧？

宋廷非常重视海商的作用，特别是在南海贸易和与高丽、日本贸易中独领风骚的闽商，官方要找商人充当信使时，首先会想到闽商。[3]譬如，宋神宗想与中断40多年官方交往的高丽恢复交往，就请闽商居间牵线，恰好高丽政府也非常重视宋商，于是，一名泉州商人完成了这个任务。王辟之《渑水燕谈录》说："高丽，海外诸夷中最好儒学，祖宗以来，数有宾客贡士登第者。自天圣后，数十年不通中国。熙宁四年，始复遣使修贡，因泉州黄慎者为向导，将由四明登岸。比至，为海风

1　〔清〕徐松撰，刘琳、刁忠民、舒大刚、尹波等校点：《宋会要辑稿》食货50《船（战船附）》，上海：上海古籍出版社，2014年版，第7123页。

2　黄纯艳著：《宋代东亚秩序与海上丝路研究》，北京：中国社会科学出版社，2018年版，第223—224页。

3　黄纯艳著：《宋代东亚秩序与海上丝路研究》，北京：中国社会科学出版社，2018年版，第213页。

飘至通州海门县新港。"[1]可见，这位闽商带来了高丽使者。

值得一提的是，在福建，从事海上贸易属于"全民行动"，"福建一路多以海商为业"，无论从官方还是民间态度来说，商业已经成为福建沿海船户的重要"本业"。[2]不得不说，宋人距离"重农轻商、崇本抑末的古人形象"最远，反而比较接近现代人。

瓷器取代丝绸成为最大宗出口商品

两宋海外贸易涉及哪些货物？简单地说，就是宋的手工业产品卖出去，外国的资源性商品运进来。正如宋史大家邓广铭所总结的："从两宋与亚、欧、非诸洲的海上贸易来说，从中国运出的，大都为瓷器、丝绸以至铜钱之类，亦即大多为手工业制造品，而从那些地区与国家交换来的，则多为香料、药材、象牙、玛瑙、车渠、苏木等物，亦即大多为从自然界采集而得者。两相比较，其孰为进步，孰为落后，自然也是很清楚的。"[3]

随着宋代南方经济发展和经济重心南移，出口商品供给中心、进口商品消费中心都转移到了南方，特别是东南沿海地区。以福建为例，宋代福建农业、手工业生产均以出口为导向：宋境内共有四大蔗糖产地，福建就占两处（泉州、福州），福建还有专门种甘蔗制糖的糖霜户，蔗糖远销东南亚；茶叶种植

1　〔宋〕王辟之撰，吕友仁点校：《渑水燕谈录》卷9《杂录》，〔宋〕王辟之、欧阳修撰，吕友仁、李伟国点校：《渑水燕谈录　归田录》，北京：中华书局，1981年版，第112页。

2　黄纯艳著：《宋代东亚秩序与海上丝路研究》，北京：中国社会科学出版社，2018年版，第213页。

3　邓广铭著：《宋史十讲》，"代前言"，北京：中华书局，2008年版，第9—10页。

遍及全闽，出现了专门种茶的园户，闽茶是最重要的出口商品之一；福建水果生产已成为农业中一种"独立"的产业，产品深受各国欢迎；福建是全国三大刻书中心中产量最高的一个，"福建本"大量输往海外各国；福建瓷器、丝绢、棉布、矿冶均在全国名列前茅，相关产品亦成为海外畅销货。[1]

举两个例子。宋廷严禁出口铜钱，"以铜钱出外界，一贯以上，为首者处死"[2]，但因宋钱深受各国喜爱，仍被大量走私出境。蔡襄的《荔枝谱》记载，当时荔枝种植规模很大，"一家之有，至于万株""一岁之出，不知几千万亿""水浮陆转，以入京师，外至北戎西夏。其东南，舟行新罗、日本、流求、大食之属，莫不爱好，重利以酬之"[3]，可见福建荔枝最远已销到了阿拉伯国家。

值得一提的是，从汉代开始，中国出口商品以丝绸为最大宗，但拜占庭窃取了养蚕织丝技术之后，中国丝绸在欧洲市场的发展速度减缓，至宋代，瓷器取代丝绸成为最大宗出口商品，"海上丝绸之路"也就成了"陶瓷之路"。宋船所到之处都有宋瓷的身影，在亚洲，日本、高丽及东南亚各国都大量进口宋瓷。[4]

除了向海外贩卖丝绸、瓷器等手工业产品，宋人的造船、航海、锻铁、耕作、指南针、火药、造纸术、印刷术等科学技术和生产技能也传播到世界各地，促进了世界文明的全面提升。[5]

1　廖大珂著：《福建海外交通史》，福州：福建人民出版社，2002年版，第47—51页。

2　〔宋〕李焘撰：《续资治通鉴长编》卷132《仁宗庆历元年五月乙卯》，北京：中华书局，2004年版，第3122页。

3　〔宋〕蔡襄撰：《荔枝谱》，彭世奖校注、黄淑美参校：《历代荔枝谱校注》，北京：中国农业出版社，2008年版，第9—10页。

4　黄纯艳著：《宋代海外贸易》，北京：社会科学文献出版社，2003年版，第36页。

5　陈鸿彝著：《中华交通史话》，北京：中华书局，2013年版，第341—342页。

宋人喜爱"海淘"高端洋玩意儿

在进口方面，宋代进口的资源性商品大致分四类：

第一类是奢侈品。宋代香料贸易额占进出口量首位，以至出现专门运输香料的"香舶"。[1]（见图18）当时，犀象、玛瑙、珊瑚、玳瑁、水晶、琉璃、蔷薇水等"洋奢侈品"深受中国市场欢迎，这跟现代人喜欢"海淘"外国奢侈品是一样的。

赵汝适《诸蕃志》说："蔷薇水，大食国花露也。"[2]那么，它是怎么提取出来的呢？

据蔡絛《铁围山丛谈》记载：

> 旧说蔷薇水，乃外国采蔷薇花上露水，殆不然，实用白金为甑，采蔷薇花蒸气成水，则屡采屡蒸，积而为香，此所以不败。但异域蔷薇花气，馨烈非常。故大食国蔷薇水虽贮琉璃缶中，蜡密封其外，然香犹透彻，闻数十步，洒著人衣袂，经十数日不歇也。[3]

根据程民生教授估算，这种蔷薇水每瓶价格应为120贯至130贯[4]，约合人民币4.3万元至4.7万元一瓶，是一种非常昂贵

1 张良著：《宋服之冠：黄岩南宋赵伯澐墓文物解读》，北京：中国文史出版社，2017年版，第88页。

2 〔宋〕赵汝适著，杨博文校释：《诸蕃志校释》卷下《志物》，〔宋〕赵汝适、〔意〕艾儒略著，杨博文、谢方校释：《诸蕃志校释 职方外纪校释》，北京：中华书局，2000年版，第172页。

3 〔宋〕蔡絛撰，冯惠民、沈锡麟点校：《铁围山丛谈》卷5，北京：中华书局，1983年版，第97—98页。

4 程民生著：《宋代物价研究》，北京：人民出版社，2008年版，第490页。

的高端香水。

第二类是民生用品。宋代进口了大量木材、枣子、吉贝（棉花）、土布、红驼毛、白沙糖、镔铁等民生用品，照顾到人民生活的方方面面。[1]

第三类是生产原料。譬如，宋人开始广泛使用火药，而火药的重要原料之一——硫磺，曾经从日本大量进口。[2]前述福建的丝、棉产品大量向海外出口，很受各国人民欢迎，同时，纺织业所需的重要染料，如苏木、紫矿，则须从国外进口。[3]也就是说，当时的进出口贸易实际上是互相交织、互相补充的。

第四类是新品种。文莹的《湘山野录》说："真宗深念稼穑，闻占城稻耐旱，西天绿豆子多而粒大，各遣使以珍货求其种。"[4]宋真宗向印度求取高产绿豆品种，应该也是海外贸易的一部分。占城稻之前便由海商引入福建，宋真宗注意到此事，这才向更广大地区推广。[5]

《续墨客挥犀》说："闽岭以南多木绵，土人竞植之，有至数千株者，采其花为布，号吉贝布。余后因读《南史·海南诸国传》，言林邑（作者注：即宋时占城，在今越南中部）等国出古贝木。……盖俗呼古为吉耳。"[6]可见木绵（棉花的原始形态）

1　陈鸿彝著：《中华交通史话》，北京：中华书局，2013年版，第341页。

2　周宝珠著：《宋代东京研究》，开封：河南大学出版社，1992年版，第212页。

3　廖大珂著：《福建海外交通史》，福州：福建人民出版社，2002年版，第50页。

4　〔宋〕释文莹撰，郑世刚整理：《湘山野录》卷下，朱易安、傅璇琮等主编：《全宋笔记》第一编六，郑州：大象出版社，2017年版，第57页。

5　黄纯艳著：《宋代海外贸易》，北京：社会科学文献出版社，2003年版，第270页。

6　〔宋〕彭□辑撰，孔凡礼点校：《续墨客挥犀》卷1《吉贝布》，〔宋〕赵令畤等撰，孔凡礼点校：《侯鲭录　墨客挥犀　续墨客挥犀》，北京：中华书局，2002年版，第427页。

传入中国的过程，应该也跟海外贸易有关。

"上海""福建人""温州人"登上历史舞台

相比唐代，宋代海外贸易版图大大拓宽了。宋宗室赵汝适于宋理宗时期曾担任"提举福建路市舶"，撰有《诸蕃志》，收录的都是一手可靠资料。[1] 据《诸蕃志》上卷"志国"可知，与宋有贸易往来的国家（地区）约有60个。而宋商的足迹最远可达红海沿岸及非洲东海岸，这是唐人未能到达的区域[2]，可以说是最早的"红海行动"了。

海外贸易和航海业的发展，也促进了沿海港口城市的发展。在南宋中后期，泉州已超过广州，成为全国第一大港，也是当时世界最大港口之一。宋代的上海镇也因海外贸易逐步显露锋芒，入元后得以升格为县，直至最终成为全国最大港口，上海的辉煌前景，正肇始于宋。[3]

因为海上贸易，宋廷获利丰厚。宋神宗元丰元年（1078）仅广州、明州、杭州三处市舶的"乳香贸易"一项收入就达894719缗[4]，折合人民币3238万元。

国家搭台，商人唱戏，百姓也是重要的获益人——宋代，从公卿大将到平民百姓，都热衷于扬帆出海做生意，而海商

---

1 〔宋〕赵汝适著，杨博文校释：《诸蕃志校释》，"前言"，〔宋〕赵汝适、〔意〕艾儒略著，杨博文、谢方校释：《诸蕃志校释 职方外纪校释》，北京：中华书局，2000年版，第1页。

2 黄纯艳著：《宋代海外贸易》，北京：社会科学文献出版社，2003年版，第30、34、35页。

3 黄纯艳著：《宋代海外贸易》，北京：社会科学文献出版社，2003年版，第218、224页。

4 陈鸿舞著：《中华交通史话》，北京：中华书局，2013年版，第339页。

中人数最多的正是东南沿海的农户、渔户，为了高达十倍的丰厚利润，他们去探索航路，开拓贸易，创造一个又一个奇迹。[1]

宋代海外贸易，不仅发展了经济，也塑造了人。譬如，正是在宋代，中国对外贸易重心完成由陆丝向海丝的转移，"福建人"形成了重商、向海谋生、善于经营、勇于开拓的海洋性地域特征，拥有类似海洋性地域特征的"温州人"也在这一时期逐渐面目鲜明起来。[2]

在古代经济发展史上，宋代海外贸易的地位，你可能不曾低估，却不见得会料到，它的实力如此彪悍、影响如此深远吧！

1　黄纯艳著：《宋代海外贸易》，北京：社会科学文献出版社，2003年版，第99—100页。

2　黄纯艳著：《宋代东亚秩序与海上丝路研究》，北京：中国社会科学出版社，2018年版，第227页。

第四章

宋，一个『家里有矿』的『基建狂魔』

说起中国古代最宏伟的工程，你第一时间想起了什么？是长城，还是大运河？是故宫，还是秦始皇陵？

说到这个话题，宋代不得不"退出群聊"：第一，宋代疆域局促，"没资格"大规模修长城或大运河；第二，宋代皇帝不太有其他时代同行那些"世俗的欲望"，宋代宫殿、皇陵的规模实在不起眼（当然，审美肯定错不了）。

但有趣的是，宋代在经济和科技发展的方方面面都留下了非常强势的印记，请看下表：

宋代几个关键经济指标

指标	宋　代	其他时代
总人口	宋徽宗时期北宋人口破亿（不含其他政权人口）	唐代人口约5100万，汉代6000万
垦田数	7亿至7.5亿亩之间	宋代垦田数，汉唐未达到，元明未超过
粮食产量	普遍产量为两石；可实现亩产三四石；出现六七石的高产纪录	唐代最高产量为两石；宋代数字超过隋唐，远超战国、秦汉
铸钱量	宋神宗熙宁六年（1073）铸钱600万贯，为中国古代峰值	唐玄宗天宝年间铸钱32.7万贯
产铁量	宋神宗元丰元年（1078）产铁12.5万吨	宋代人均产铁量是唐代的6倍多

资料来源：详见正文。

根据很多穿越作品的设定，穿越者在古代"作妖"，主要靠的是"远超古人的见识和技术"，但假如现代人穿越到宋代，不要说在技术、智商上碾压宋人，不反过来被碾压就不错了，因为：

宋人对现代三大能源都有深刻认识。宋人记载，东京市民已普遍使用煤炭做燃料了。我们可以回忆一下，现代家庭中普及煤炭，那才是几十年前的事？

对于宋人创制的很多东西，我们只有点赞的份儿：《清明上河图》中的虹桥，精巧结实，令人惊叹；北宋虔州（今赣州）的下水道至今好用，排涝功能比现代下水道强大；大科学家苏颂有个留图纸的好习惯，于是他的故乡厦门有了"水运仪象台"复制品，你可以去判断一下，那是现代普通人理解范围内的东西？

宋代粮食产量傲视群伦，是因为宋人装备精良、细节到位：从所向披靡的"开荒神器"鐴（chì）刀到节省体力的"懒人插秧神器"秧

苏颂水运仪象台复制品。拍摄于厦门同安苏颂公园。

马，从手把手传授农业技术的《耕织图诗》的传播到"地力常新壮"肥料科学理论的加持，宋人把原本最劣等的两浙土地变成了最好的沃土，从此有了"苏湖熟，天下足"的谚语。

除了科学家之外，宋代皇帝和士大夫也不是"四体不勤五谷不分"的废物，他们也在为经济和科技发展做贡献。譬如，宋真宗为了了解占城稻，曾在宫中种植占城稻并亲自观察。文人们则写出了《洛阳牡丹记》《芍药谱》《桐谱》《菊谱》《荔枝谱》《橘录》[1]……俨然个个是生物学界"大拿"。

---

1 邵庆国主编：《宋代科技成就》，郑州：河南科学技术出版社，2014年版，第41页。

　　看到这里，你会发现，无论是农业、手工业，还是商业，宋代往往是"古代扛把子"，因为，在那个"时空"，从来不缺理想主义，更加不缺实干家。

地球人都知道，中国古代四大发明包括造纸术、印刷术、火药和指南针。其中，造纸术始于汉代，而其遍及天下，则是宋代的事；火药发明于唐代，而"火药"一名面世、火药被广泛运用，则是宋代的事；雕版印刷术发明于唐盛行于宋，而活字印刷术的发明，则是宋代的事；指南针发明并运用于航海，也是宋代的事[1]——换言之，宋代是中国古代科学技术发展的关键期、总结期、巅峰期。

其实，除了将四大发明补齐并发扬光大之外，宋代还搞出了很多"大家伙"，在经济和科技方面拥有不少亮眼数字。

宋人对世界三大能源有新认识

宋人有一项显而易见的成就——他们对煤炭、石油、天然气的认识和运用领先全球，世界三大能源，宋人都安排上了。

在宋代，煤炭（石炭）已进入千家万户。陆游《老学庵笔记》说："北方多石炭，南方多木炭"[2]；庄绰《鸡肋编》说："昔汴都数百万家，尽仰石炭，无一家然薪者。"[3]庄绰这个说法

---

1 邓广铭著：《宋史十讲》，"代前言"，北京：中华书局，2008年版，第3页。

2 〔宋〕陆游撰，李剑雄、刘德权点校：《老学庵笔记》卷1，北京：中华书局，1979年版，第12页。

3 〔宋〕庄绰撰，萧鲁阳点校：《鸡肋编》卷中，北京：中华书局，1983年版，第77页。

可能夸张了，但也可见煤是民间的主要燃料。宋神宗熙宁七年（1074），东京官定煤价为每宋斤4文钱[1]，即每千克2.94元人民币，这是普罗大众负担得起的价格。

在宋代之前，中国人对石油并不陌生，但石油的定名人却是北宋的沈括。沈括不仅给予"石油"一个精准的名称，还曾用石油制墨，并进行了"神预言"："此物后必大行于世，自余始为之。盖石油至多，生于地中无穷，不若松木有时而竭。"[2]宋人对石油的利用可谓淋漓尽致，他们建了世界上首个炼油厂"猛火油作"，将石油运用于火攻（详见后文），还发明了以石油为原料的石烛。

中国是世界上最早发现和开发天然气的国家之一，早在西汉时期，我国便出现了天然气井"火井"。[3]天然气的主要成分是甲烷，并混有硫化氢等有毒气体。[4]宋仁宗时，陵州（今四川仁寿）推官杨佐发明了"雨盘"，可保证人们开采天然气时不受有毒气体侵害。

据《宋史·杨佐传》记载：

> 杨佐，字公仪，本唐靖恭诸杨后，至佐，家于宣。及进士第，为陵州推官。州有盐井深五十丈，皆石也，底用柏木为榦（作者注：hán，井垣、井栏或

1　程民生著：《宋代物价研究》，北京：人民出版社，2008年版，第537页。

2　〔宋〕沈括撰，金良年点校：《梦溪笔谈》卷24《杂志一》，北京：中华书局，2015年版，第227页。

3　陈红梅：《四川古代天然气开发的技术成果》，载《盐业史研究》1999年第4期，第34页。

4　邵庆国主编：《宋代科技成就》，郑州：河南科学技术出版社，2014年版，第394页。

井栏上支撑辘轳的构件），上出井口，垂绠（作者注：gěng，汲水用的绳子）而下，方能及水。岁久翰摧败，欲易之，而阴气腾上，入者辄死；惟天有雨，则气随以下，稍能施工，晴则亟止。佐教工人以木盘贮水，穴窍洒之，如雨滴然，谓之"雨盘"。如是累月，井翰一新，利复其旧。[1]

显然，宋人率先认识到了天然气溶解于水的化学特性[2]，所以，修复盐井时，会特意选择雨后施工，雨盘问世后，人们就可以随时进行井下作业。可见，雨盘是一种可以解决有毒气体问题的简便有效的工具。[3]

既然说到了盐井，那就顺便说一下宋人在这一领域的一项重大发明。苏轼《东坡志林》记载，宋仁宗时期，蜀地创制"筒井法"（卓筒井技术）[4]，"卓筒"是直如竹筒的意思。简单地说，这种技术就是用圜刃凿出口径只有碗大，却深达几十丈的竹筒状直井，用粗大的竹子做井套隔绝淡水，用较小的竹子做桶出入井中，一桶可装几斗，用机械提升。这种汲取盐卤的方式曾沿用很久，现代还有相关遗址。

卓筒井技术实现了从大口浅井到小口深井的过渡，其中包

---

1 〔元〕脱脱等撰：《宋史》卷333《杨佐传》，北京：中华书局，1985年版，第10695页。

2 陈红梅：《四川古代天然气开发的技术成果》，载《盐业史研究》1999年第4期，第35页。

3 邵庆国主编：《宋代科技成就》，郑州：河南科学技术出版社，2014年版，第394页。

4 〔宋〕苏轼撰，王松龄点校：《东坡志林》卷4《井河》，北京：中华书局，1981年版，第77页。

含多项创新，例如，圜刃应是世界上第一个深井钻头。卓筒井技术发明比西方早800多年，有"中国古代第五大发明"之称。[1]

钢铁是南方经济反超北方的关键

宋代矿冶业数字很亮眼。以产铁量为例，宋神宗元丰元年（1078）产铁量高达12.5万吨，宋代人均产铁量是唐代的6倍多。宋人还可能已懂得炼焦煤，并以焦煤炼铁，英国直到1709年才用焦煤炼铁成功。[2]宋代炼铁炉内形已接近近代高炉，非常先进。[3]

宋代中国的冶炼技术领先西方数百年，出现和发展了各种"黑科技"：炼银有"灰吹法"，炼钢有"灌钢法"，炼铜有"胆水浸铜法"。

沈括在《梦溪笔谈》中这样记载"胆水浸铜法"：

> 信州铅山县有苦泉，流以为涧，挹其水熬之则成胆矾，烹胆矾则成铜，熬胆矾铁釜久之亦化为铜。水能为铜，物之变化固不可测。[4]

1　邵庆国主编：《宋代科技成就》，郑州：河南科学技术出版社，2014年版，第123页。

2　全汉昇口述，叶龙整理：《中国社会经济通史》，北京：北京联合出版公司，2016年版，第103—105页。

3　邵庆国主编：《宋代科技成就》，郑州：河南科学技术出版社，2014年版，第127页。

4　〔宋〕沈括撰，金良年点校：《梦溪笔谈》卷25《杂志二》，北京：中华书局，2015年版，第241页。

信州铅山县即今江西铅（yán）山。"胆水浸铜法"的原理为：利用铁从含铜离子的溶液中将铜置换出来，再经烹炼，制得铜锭，其间要用到天然的胆水——自然界中的硫化铜矿物经大气中氧气的风化氧化，会生成硫酸铜，因其色蓝如胆，被古人称为胆矾或石胆，其经雨水浇淋，溶解后汇集到泉水中，就成了"胆水"。当泉水中的硫酸铜浓度足够高时，便可汲来，将铁片投入其中，取得金属铜，所以这种方法叫"浸铜法"。这项曾在宋代大放异彩的技术，堪称现代水法冶金的先声。[1]

至于灰吹法，则是利用金银易溶于铅、铅易于被氧化成氧化铅（俗称密陀僧或黄丹）、氧化铅可能被排出或被炉灰吸收的性质，把金银从铅中提取出来的技术，这种技术在宋代很流行，近代仍为炼银等工业生产所采用。[2]

中国早期冶炼钢铁最突出的成就是"灌钢法"，其方法是用生铁铁液灌入未经锻打的熟铁，使碳较快地、均匀地渗入。只要配好生铁和熟铁的比例，就能准确地控制钢中的碳含量，经反复锻打，就可以得到质地均匀、质量较好的钢铁。宋人已普遍运用灌钢法，他们用作刀剑锋刃的钢材就是灌钢。[3]而宋人大量制造先进的钢农具并用于生产，正是促进南方开发和经济重心南移的"利器"。

宋代对于各种矿的开采和冶炼都比较充分，矿产不仅具有农业和军事价值，也具有商业价值。沈括说："国朝初平江南，

1　邵庆国主编：《宋代科技成就》，郑州：河南科学技术出版社，2014年版，第121—122页。

2　邵庆国主编：《宋代科技成就》，郑州：河南科学技术出版社，2014年版，第125页。

3　邵庆国主编：《宋代科技成就》，郑州：河南科学技术出版社，2014年版，第127—128页。

岁铸钱七万贯。自后稍增广，至天圣中岁铸一百余万贯，庆历间至三百万贯。熙宁六年以后岁铸铜铁钱六百余万贯。"[1]宋神宗熙宁六年（1073）铸钱600万贯，为中国古代的峰值。而明代每年铸钱数额只有18.9万贯，盛唐时（唐玄宗天宝年间）也不过32.7万贯。[2]

虽然钱多，宋代却有钱荒之患，因为很多宋钱流出境外，跑到南洋乃至非洲东岸去了——宋代矿冶业的发展为海外贸易提供了大量商品，金、银、铜、铁制品畅销海外，尤其是铜钱，深受各国欢迎，被大量走私到海外。[3]

与宋并立的契丹（辽）、西夏市场上广泛流通的也是宋钱——契丹铸钱极少，辽景宗时置铸钱院，年额仅有500贯，因此，当时契丹市场上几乎专用宋钱。[4]西夏市面上流通的钱币也以宋钱为主，本国自铸钱币不多。[5]宋钱在各地通行无阻，反映了当时海外贸易兴盛，宋在贸易中处于主导地位。

搞建筑工程也是宋人的强项

现代中国建设者拥有"基建狂魔"的美誉，事实上，中国人一直拥有这种"天赋"，宋人当然并不例外。譬如，前文提到北宋刘彝在虔州（今江西赣州）建造了完备的下水道福寿沟，

---

1 〔宋〕沈括撰，金良年点校：《梦溪笔谈》卷12《官政二》，北京：中华书局，2015年版，第122页。

2 全汉昇口述，叶龙整理：《中国社会经济通史》，北京：北京联合出版公司，2016年版，第107、147页。

3 廖大珂著：《福建海外交通史》，福州：福建人民出版社，2002年版，第48—49页。

4 李卫著：《辽金钱币》，北京：紫禁城出版社，2009年版，第18页。

5 高英民著：《中国古代钱币》，北京：学苑出版社，2007年版，第220页。

至今仍在发挥泄洪作用。与其"配套"的是，孔子第46代孙孔宗翰曾在知虔州任上将虔州打造成"铁城"，"城滨章、贡两江，岁为水啮。宗翰伐石为址，冶铁锢之，由是屹然，诏书褒美。"[1]可见，福寿沟和铁城墙，共同守护着当地人民，使其不受洪水侵害。

下面仅以塔和桥梁为例，看看宋人有哪些惊世之作。据欧阳修《归田录》记载：

> 开宝寺塔在京师诸塔中最高，而制度甚精，都料匠预浩所造也。塔初成，望之不正而势倾西北。人怪而问之，浩曰："京师地平无山，而多西北风，吹之不百年，当正也。"其用心之精盖如此。[2]

以是观之，被称为"天下第一塔"的开宝寺塔实际上是一座"斜塔"，其塔身镶砌着褐色琉璃砖瓦，远看近似铁色，因此从元代起俗称"铁塔"，它就是我们今天所说的开封铁塔。据分析，它曾是坐落在水池上的水中塔，建筑艺术风格奇特、罕见。[3]

开元寺料敌塔则以高度取胜，它是国内现存最高的砖质结构、模仿阁楼式木塔，始建于宋真宗咸平四年（1001），落成

1　〔元〕脱脱等撰：《宋史》卷297《孔道辅传》，北京：中华书局，1985年版，第9885—9886页。

2　〔宋〕欧阳修撰，李伟国点校：《归田录》卷1，〔宋〕王辟之、欧阳修撰，吕友仁、李伟国点校：《渑水燕谈录　归田录》，北京：中华书局，1981年版，第1页。

3　邵庆国主编：《宋代科技成就》，郑州：河南科学技术出版社，2014年版，第160页。

于宋仁宗至和二年（1055），高达84.2米，共有11层。[1]

说到宋代桥梁，能见度最高的无疑是《清明上河图》中的虹桥了（见图19），这里有一个连续剧一样的故事。

据《渑水燕谈录》记载：

> 青州城西南皆山，中贯洋水，限为二城。先时，跨水植柱为桥，每至六七月间，山水暴涨，水与柱斗，率常坏桥，州以为患。明道中，夏英公守青，思有以捍之，会得牢城废卒，有智思，叠巨石固其岸，取大木数十相贯，架为飞桥，无柱。至今五十余年，桥不坏。庆历中，陈希亮守宿，以汴桥屡坏，率尝损官舟、害人，乃命法青州所作飞桥。至今沿汴皆飞桥，为往来之利，俗曰虹桥。[2]

据《宋史·陈希亮传》记载：

> 州跨汴为桥，水与桥争，常坏舟。希亮始作飞桥，无柱，以便往来。诏赐缣以褒之，仍下其法，自畿邑至于泗州，皆为飞桥。[3]

青州（今山东青州）的桥原有桥柱，常被洪水冲毁，宋仁

1　邵庆国主编：《宋代科技成就》，郑州：河南科学技术出版社，2014年版，第158页。

2　〔宋〕王辟之撰，吕友仁点校：《渑水燕谈录》卷8《事志》，〔宋〕王辟之、欧阳修撰，吕友仁、李伟国点校：《渑水燕谈录　归田录》，北京：中华书局，1981年版，第100—101页。

3　〔元〕脱脱等撰：《宋史》卷298《陈希亮传》，北京：中华书局，1985年版，第9919页。

宗明道年间，知青州夏竦想解决这个问题，一位当过狱卒的智者建议以木材构筑大跨径无桥柱的飞桥，结果非常耐用。庆历年间，知宿州（今安徽宿州）陈希亮遇到同样问题，就学习青州，在汴河上建了一座无柱飞桥。宋廷给陈希亮点赞，并命令东京等处都建造飞桥。因此，东京汴河上有三座飞桥。飞桥是我国桥工首创的以木构件纵横相架而成的稳定的木拱桥，古今中外独一无二。[1]

再说说蔡襄主持修建的、号称"天下第一桥"的洛阳桥。洛阳桥是泉州的一座石梁墩桥，完成于宋仁宗嘉祐四年（1059），体现了三项重要科技成就：开创了筏型基础，即沿着桥的中轴线抛置大量石块，形成一条连接江底的矮石堤，然后在上面建造桥墩，这种方法直到近代才被人们所认识；首度运用"种蛎固基法"，即利用牡蛎大量迅速繁殖的特点，把原来松散的石堤粘成牢固的整体，这是世界上首次把生物学应用于桥梁工程；宋人还采用"浮运架梁法"，利用海潮涨落，控制运石船的位置，将每块重达20至30吨的大石梁架在洛阳江上。[2]

最后说说安平桥。位于晋江的安平桥俗称五里桥，是古代世界最长的梁式石桥，也是我国现存最长的海港石桥，被誉为"天下长桥无此长"，现存长度为2070米，桥墩331座。[3]

值得一提的是，宋代桥梁建设实现了标准化。譬如，位于秦淮河支流二干河上的长乐桥，从桥身的长宽高，到各种石构

1　左浚霆编著：《从〈清明上河图〉看北宋民间百态》，北京：研究出版社，2013年版，第67页。

2　邵庆国主编：《宋代科技成就》，郑州：河南科学技术出版社，2014年版，第163—164页。

3　邵庆国主编：《宋代科技成就》，郑州：河南科学技术出版社，2014年版，第165页。

件的尺度，再到桥体不同部位的石料、桥身承载负荷、石拱的圆弧、砌筑工艺等，都是严格按照《营造法式》的规范来施工的。[1]

李诚编修的《营造法式》是北宋官方修订和刊行的建筑设计、施工专著，类似现代的设计手册和建筑规范，是中国古籍中最完善的建筑技术专著[2]——宋廷热衷于总结技术并刊行天下，用以指导实践，这又是一个实际案例。

宋代耕地面积和粮食产量惊人

接下来简单说说宋代的农业成就。

中学历史课本讲宋代经济时有个关键词——占城稻（占城在今越南）。占城稻宋初传入福建，特点是"不择地而生"，宋真宗便从福建取种，向江、淮、两浙推广，"内出种法，命转运使揭榜示民。后又种于玉宸殿，帝与近臣同观"[3]，可见皇帝还在宫中种了试验田，对于推广新品种相当上心。结果，许多原本不种或少种稻的地区都成了种稻区。由于占城稻为早熟种，富有智慧的宋人又培育出了晚占城、红占城、寒占城等新品种。[4]

宋代粮食单位面积产量，不仅超过隋唐，更远超战国、秦

1　邵庆国主编：《宋代科技成就》，郑州：河南科学技术出版社，2014年版，第155—156页。

2　邵庆国主编：《宋代科技成就》，郑州：河南科学技术出版社，2014年版，第169页。

3　〔元〕脱脱等撰：《宋史》卷173《食货上一》，北京：中华书局，1985年版，第4162页。

4　韩茂莉著：《宋代农业地理》，太原：山西古籍出版社，1993年版，第225—226页。

汉。宋人通过双季稻或稻麦复种（见图20），可实现亩产稻麦或稻谷三四石（177.6千克至236.8千克），甚至出现六石（355.2千克）或七石（414.4千克）的高产纪录[1]——"七石"这个数字，拿到现代也很"能打"。而两石（118.4千克）左右是宋时全国广大地区的普遍产量。换言之，唐代最高产量为两石[2]，这是一个能上新闻的特殊数字，而到了宋代，这只是一个稀松平常的数字。

宋代谚语"苏湖熟，天下足"[3]，很好地反映了宋代农业发展的特点。两浙地区的田土原是最劣等的，至宋却一跃成为最肥沃的土地，秘诀就是精耕细作，"由于有充足的劳动力和劳动者的辛勤劳动，加上一套精耕细作的生产经验，使两浙原来的最劣等的土地，一跃而成为全国最为肥沃的农业先进地区了。"[4]当然，精耕细作离不开冶炼技术的发展，有了钢农具，人们才能拥有将各型各款土地变成肥沃农田的"魔法"。

至于开拓有多艰辛？我们来看一个《梦溪笔谈》记载的实际案例：

> 苏州至昆山县凡六十里，皆浅水，无陆途，民颇病涉，久欲为长堤，但苏州皆泽国，无处求土。嘉祐

1　邓广铭、漆侠、朱瑞熙、王曾瑜、陈振著：《宋史》，北京：中国大百科全书出版社，2011年版，第136页。

2　漆侠著：《中国经济通史·宋代经济卷》，北京：经济日报出版社，1999年版，第154页。

3　〔清〕厉鹗辑撰：《宋诗纪事》卷100《谣谚杂语》，上海：上海古籍出版社，2013年版，第2366—2367页。

4　漆侠著：《中国经济通史·宋代经济卷》，北京：经济日报出版社，1999年版，第147—149页。

中人有献计，就水中以蘧蒢（作者注：qú chú，用竹或苇编的粗席）刍藁（作者注：chú gǎo，喂牲畜的草）为墙，栽两行，相去三尺，去墙六丈又为一墙，亦如此。滤水中淤泥实蘧蒢中，候干则以水车决去两墙之间旧水，墙间六丈皆土，留其半以为堤脚，掘其半为渠，取土以为堤，每三四里则为一桥，以通南北之水。不日堤成，至今为利。[1]

可见，在现代人眼中最是富饶的苏州一带，原本连路和土都没有，而先民硬是让当地改换了天地。说到底，世间哪有什么种族天赋？不过是全靠聪明的脑瓜和勤劳的小手罢了。

宋人的智慧和勤劳具体体现在以下方面：

在垦田方面，据漆侠先生推算，宋代垦田数在7亿至7.5亿亩之间，即7.2亿亩可能是宋代的最高数字，这一数字不仅前代（如汉唐）未曾达到，后来的元明两代也未超过。[2]

宋人发明了梯田。南宋范成大曾以梯田为诗，这是关于梯田的最早记载，背山面海的福建，即主要以梯田形式扩充耕地面积。[3]方勺说福建人："垦山陇为田，层起如阶级，然每远引溪谷水以灌溉，中途必为之硙（作者注：wèi，石磨），不唯碓（作者注：duì，舂，捣）米，亦能播精。（播精谓去其糠

1　〔宋〕沈括撰，金良年点校：《梦溪笔谈》卷13《权智》，北京：中华书局，2015年版，第136—137页。

2　漆侠著：《中国经济通史·宋代经济卷》，北京：经济日报出版社，1999年版，第65页。

3　陈贞寿著：《丝绸之路促文明——宋代与元代的海上贸易与海防》，北京：中国大百科全书出版社，2018年版，第18—19页。

秏，以水运之，正如人为，其机巧如此。）"[1]不仅开垦了梯田，还善于利用水力完成"簸米去糠"等农活，不愧是机智的福建人。

宋人有很多给力的生产工具，在此只说一下"开荒神器"鎝刀和"懒人插秧神器"秧马：鎝刀是一种钢刃农具，安装在犁上，可以处理丛生的杂草，是宋人改造江淮两浙大片低洼地的得力工具；秧马是插秧时使用的一种工具，人骑在上面插秧，相较弯腰插秧，节省了不少体力。[2]

宋人非常善于利用水力机械，他们灌溉时使用的是"高大上"的筒车和龙骨车，其中，南方水稻种植区，几乎家家都有

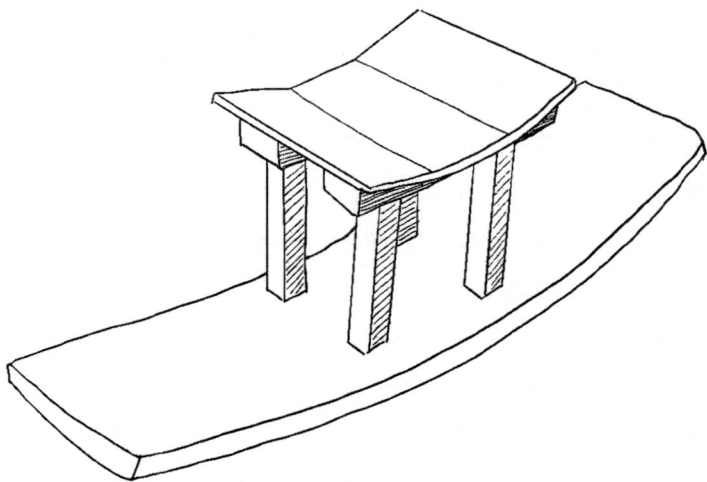

秧马是宋代出现的插秧工具，可在田中滑移，相比弯腰站在水中干活，使用秧马可使劳动强度大大降低。

1　〔宋〕方勺撰，许沛藻、扬立扬点校：《泊宅编》卷3，北京：中华书局，1983年版，第15页。

2　漆侠著：《中国经济通史·宋代经济卷》，北京：经济日报出版社，1999年版，第123、125页。

龙骨车。[1]（见图21）

在肥料科学方面，南宋陈旉（fū）在《农书》中提出"地力常新壮"的先进理论："或谓土敝则草木不长，气衰则生物不遂，凡田土种三五年，其力已乏。斯语殆不然也，是未深思也。若能时加新沃之土壤，以粪治之，则益精熟肥美，其力当常新壮矣，抑何敝何衰之有？"[2]他认为肥料可以让地力更肥沃，指出肥料是农业的关键因素之一，促进了肥料科学大发展。

在技术传承方面，宋廷比较务实，鉴于大多数农民看不懂《劝农文》，从宋仁宗时期开始，便以图文并茂、通俗易懂的方式劝农，宋高宗时，这种方式已成为制度——地方官楼璹（shú）精心绘制了《耕织图》，每图配一首讲解诗，进呈宋高宗，这就是《耕织图诗》。宋高宗诏命绘于各地治所大门两侧，让百姓学习。[3]其中的《插秧》诗是这样写的："晨雨麦秋润，午风槐夏凉。溪南与溪北，啸歌插新秧。抛掷不停手，左右无乱行。我将教秧马，代劳民莫忘。"[4]还是比较通俗易懂的。

除粮食种植之外，宋代蔬菜、果树、桑棉等经济作物均有大发展，在此就不详述了，仅补充一点：宋代文人士大夫特别爱为花、菜、果、木作谱，欧阳修的《洛阳牡丹记》、陈翥（zhù）的《桐谱》、韩彦直的《橘录》等均是"世界首部"，这类著作大多记有植物的名称、特征、性状和繁殖方法等，包

1　漆侠著：《中国经济通史·宋代经济卷》，北京：经济日报出版社，1999年版，第126—127页。

2　〔宋〕陈旉著，刘铭校释：《陈旉农书校释》卷上，北京：中国农业出版社，2015年版，第57页。

3　俞为洁著：《杭州宋代食料史》，北京：社会科学文献出版社，2018年版，第17页。

4　〔宋〕楼璹撰：《耕织图诗（附录）》，〔宋〕陈旉、楼璹撰：《农书　耕织图诗（附录）》，上海：商务印书馆，1939年版，第2页。

含丰富的生物学内容。[1]

可见，在宋代，科技不是"奇技淫巧"，而是自然而然的生活，文人士大夫不是"四体不勤五谷不分"的废物，他们直接介入包括农业科学在内的各种自然科学和技术领域，并作出贡献，这大概就是这个时期人们灵感特别多、成果特别丰硕的主要原因。所以英国著名科技史学家李约瑟说："每当人们研究中国文献中科学史或技术史的任何特定问题时，总会发现宋代是主要关键所在。不管在应用科学方面或在纯粹科学方面都是如此。"[2]

1　邵庆国主编：《宋代科技成就》，郑州：河南科学技术出版社，2014年版，第41、44页。

2　〔英〕李约瑟著，袁翰青等译：《李约瑟中国科学技术史·第一卷，导论》，北京：科学出版社，2018年版，第139页。

宋史漫谈7：宋人心中也有星辰大海

看过许多宋代"黑科技"之后，你对宋人的印象可能是"功利而聪明"，但事实证明，钻进钱眼并不影响宋人讲究名节，在注重实用的同时，宋人也着眼未来，心中藏着星辰大海。

在中学课本中，宋代文人的定位多是文学家，因此被戏称为"背默天团"，其实，这个天团中有不少全能型"宝藏男孩"，譬如苏轼、苏颂、燕肃、蔡襄等。但是，如果在宋代，乃至整个古代去选一个在所有领域都很"能打"的人，那这个人一定是"十二气历首倡者""陨石发现者""隙积术和会圆术首创者""指北针和地磁偏角记录者""声音共振实验者""石油定名者""化石研究者""立体地图发明者"和"提取荷尔蒙方法记载者"沈括，一位不折不扣的"11世纪全科天才"。

在天文学方面，沈括成果颇丰：他提出了一种比现行阳历"格里历"更合理的阳历"十二气历"，即以十二气为一年，一年四季，每季三个月，按节气定月份，大月31日，小月30日，一般大小月相间，一年最多有一次两个小月相连，这一历法简单实用，但因其否定传统，并未真正实行过。[1] 在天象观测方面，沈括详细记载了宋英宗治平元年（1064）在宜兴发生的一次陨石，观察到陨石是流星体坠落到地面的残余部分，"发其窍，深三尺余，乃得一圆石，犹热，其大如拳，一头微锐，色如铁，重亦如之。"[2]

---

1 邵庆国主编：《宋代科技成就》，郑州：河南科学技术出版社，2014年版，第422—423页。

2 〔宋〕沈括撰，金良年点校：《梦溪笔谈》卷20《神奇》，北京：中华书局，2015年版，第191—192页。

在数学方面，沈括通过对堆叠的酒坛和垒起的棋子进行研究，提出了求其总数的正确方法——隙积术，也就是高阶等差级数的求和方法。他考察了圆弓形中弧、弦和矢之间的关系，提出由弦和矢的长度求弧长的近似公式，这就是会圆术，促进了平面几何学发展。[1]

在物理学方面，沈括也有多项成果：在磁学方面，他考察了指南针的4种放置方式的优劣，发现磁针"锐处常指南，亦有指北者"[2]，而指南的磁针"常微偏东，不全南也"[3]，这是关于指北针和地磁偏角的最早的明确记载，400多年后，哥伦布航行美洲时才发现地磁偏角。在光学方面，沈括进行了凹面镜成像实验，还运用光的直线传播原理说明了月相的变化规律和日月食的成因。在声学方面，他进行了声音共振实验，西方直到17世纪才出现类似实验，而且，"声学"一词，也是沈括首先提出的。[4]

在地学上，沈括研究了竹笋、核桃、芦根、鱼蟹等化石，明确指出它们是古代动植物遗迹，并据此推论出古代的自然环境："延郡（作者注：延州，今陕西延安）素无竹，此入在数十尺土下，不知其何代物，无乃旷古以前，地卑气湿而宜竹耶？"[5]

1　邵庆国主编：《宋代科技成就》，郑州：河南科学技术出版社，2014年版，第423页。

2　〔宋〕沈括撰，金良年点校：《补笔谈》卷3《药议》，〔宋〕沈括撰，金良年点校：《梦溪笔谈》，北京：中华书局，2015年版，第314页。

3　〔宋〕沈括撰，金良年点校：《梦溪笔谈》卷24《杂志一》，北京：中华书局，2015年版，第232页。

4　邵庆国主编：《宋代科技成就》，郑州：河南科学技术出版社，2014年版，第236、237、424页。

5　〔宋〕沈括撰，金良年点校：《梦溪笔谈》卷21《异事》，北京：中华书局，2015年版，第209页。

他对化石的论述比达芬奇早400多年。[1]

在地图学方面，沈括率先制作出立体地图，"予奉使按边，始为木图，写其山川道路。其初遍履山川，旋以面糊、木屑写其形势于木案上，未几寒冻，木屑不可为，又镕蜡为之，皆欲其轻，易故也。至官所则以木刻。上之，上召辅臣同观，乃诏边州皆为木图，藏于内府。"[2]此举比欧洲早700余年。[3]

在植物学和医学方面，沈括对多种植物的名称、形态和功能作了周密的观察分析，纠正了古书中的错误。他还注意收集整理验方，他记述的"秋石方"是已知最早的提取荷尔蒙的记载。[4]

在化学化工方面，如前文所述，沈括的主要成就是给石油定名，这个名称远比之前的石脂水、猛火油等更贴切。

至此，已经可以看出沈括是一个在自然科学界无所不能的高阶能力者了，但这还没完，其实他在政治、经济、历史、外交、军事、考古、音律、绘画、书法、诗词等社会科学和人文科学领域都有建树。

沈括还是非常优秀的记录者。他随手记下了活字印刷术的操作过程和毕昇这个很容易被淹没在浩瀚历史中的平民名字，我们就可以满世界说"活字印刷术是中国人发明的，他的名字

1　邵庆国主编：《宋代科技成就》，郑州：河南科学技术出版社，2014年版，第421页。

2　〔宋〕沈括撰，金良年点校：《梦溪笔谈》卷25《杂志二》，北京：中华书局，2015年版，第247页。

3　邵庆国主编：《宋代科技成就》，郑州：河南科学技术出版社，2014年版，第421页。

4　邵庆国主编：《宋代科技成就》，郑州：河南科学技术出版社，2014年版，第426页。

叫毕昇"，这样的发明权，任谁都夺不走。而沈括随手记下的还有《木经》作者喻皓（欧阳修《归田录》作"预浩"）、精通历法的盲人天文学家卫朴、巧合龙门的水工高超等充满智慧的平民精英，以及发明船坞的宦官黄怀信，还记录了胆水浸铜法、灌钢法、雨盘等先进科技。[1]

正因为沈括取得了许多重大成就，李约瑟称沈括为"中国整部科学史中最卓越的人物"，说《梦溪笔谈》是"中国科学史上的里程碑"。[2]从某种意义上说，沈括的成就代表了宋代科技的整体面貌，《梦溪笔谈》是集体智慧的结晶，个体的光辉折射出的是科学的魅力，而曾经那么不遗余力传播文化知识、弘扬科学技术的宋人，怎能不让人觉得可敬可爱呢！

1　〔宋〕沈括撰，金良年点校：《梦溪笔谈》卷3《辨证一》、卷11《官政一》、卷13《权智》、卷18《技艺》、《补笔谈》卷2《权智》，北京：中华书局，2015年版，第22、115—116、131、174—175、296页。

2　〔英〕李约瑟著，袁翰青等译：《李约瑟中国科学技术史·第一卷，导论》，北京：科学出版社，2018年版，第140页。

第五章

宋代君臣，背地里都是老中医

　　说起宋代皇帝这个群体，你的第一印象是什么？恐辽恐金？没有进取心？经常为生不出儿子伤脑筋？

　　你的这种模模糊糊的第一印象，或许跟他们的基因和体质有关系。

　　说起中国皇帝这个群体，你脑中的形象就清晰多了，你知道，他们中的不少人，很善于玩死自己——有的人甚至还是风评不错的"英主"，却为了追求长生，不幸嗑药而死。

　　事实上也是，据专家分析，中国皇帝最常见疾病第一名就是"中毒"，包括丹药中毒、酒精中毒和壮阳药中毒等。

　　至于宋代皇帝与嗑药，倒是很少有传说将其联系起来。事实上也是，脑血管疾病才是宋代皇帝的第一死因。

　　至于宋代皇帝进取心不强，也可以从身体上找找原因——譬如，宋太祖、宋英宗、宋高宗、宋光宗的某些言行，跟恐惧症症状非常相似。

　　专家研究发现，宋代皇子女的夭亡率非常高。我们可以猜想，皇宫是一个令人感觉压力巨大、不易生养的糟糕环境。

了解了皇帝、皇子女的一些情况之后，我们还可以推而广之，考察一下宋代人民所处的医疗环境。

事实上，宋代医学发展进入了空前繁荣期，宋廷、官员、医家积极主动地搞出了许多令现代人不敢相信的成就：

自皇帝以下读书人，大都对编纂医书和亲自行医充满热情，宋代因此成为古代医学的大总结时期。

宋廷致力于普及药店、医院，努力教养医生，实施送药下乡等惠民政策。

面对各种瘟疫，各级政府有一套完整的"战疫"办法。

从有效应对难产到给小孩成功种痘，从补牙种牙到手术治疗白内障，宋代医者的见识和技术，可能要比文艺作品中的"老中医"厉害得多……

看到这里，你是不是满心好奇和疑惑？请赶紧跟随我，去了解这个"无儒不通医"的神奇时代吧！

宋廷各级官员中，文官无疑春风得意、走路带风，处于"鄙视链"顶端，武官和伎术官则经常处于底端。所谓伎术官，就是"以解天文、占卜筮、谙音乐、明医术、精书艺、擅图画等技艺得官职者"，他们属于杂流，比不上科举出身的"仕类"，也叫技术官。如此看来，厕身伎术官行列、最高品级只有从六品的医官比较卑微。[1]但，歧视从来都是相对的，宋代其实重武也重医，在医学方面，宋代绝对是中国史上浓墨重彩的一笔。

宋代医学有多厉害？其一，称医生为"大夫""郎中"，始于北宋。[2]其二，医学考试标准化，制售药品规范化，始于北宋。其三，现代人熟知的宋代名人大都通医，其中很多人还有医书传世，可以说，宋代君臣多通医，就是这么硬核。

通过标准化考试大力选拔和培养医学人才

宋代有一套完整的医疗卫生体系，这首先体现在医政和医学制度上。

宋代翰林院下设翰林医官院，负责为皇帝、后宫、宗室治病，也会奉命给百官及众人诊治，同时掌管国家医药政令。翰

1　龚延明编著：《宋代官制辞典（增补本）》，北京：中华书局，2017年版，第738页。

2　朱瑞熙：《宋代官民的称谓》，载《上海师范大学学报》1990年第3期，第104页。

林医官院的医官、医职、医工泛称为"太医"，其中，专为帝后治病的称"医师"。地方上也驻有医官，称"医学博士"。宋徽宗时改订官阶，又有了和安大夫、成和大夫、成安大夫、成全大夫、保和大夫、平和大夫、保安大夫等名目。[1]于是，人们开始将医者统称为"大夫"。（见图22）

我们在各种文艺作品中认识了不少"太医"，大概率会觉得"太医专门为宫廷服务"，但是在宋代，太医会轮值地方，称"驻泊医官"[2]，还会在军民遇到疫病时，被朝廷派往一线。

宋代将医学教育纳入了儒学教育体系。在中央，主要由太医局负责教养医学生，宋徽宗时还曾在国子监下设医学（太医学），医学生称为"医生"。地方上也设有医学，医学设有医学教授。当时医学教育已有比较科学的分科，譬如，太医局的医学生分为九科：大方脉、风科、小方脉、眼科、疮肿兼伤折科、产科、口齿兼咽喉科、针灸科、金镞兼书禁科。[3]

宋代办医学校是认真的。据学者邱志诚统计，宋徽宗时各地普遍设立医学，全国地方医学每年在籍医学生约为1851人，可见规模很大，"宋代的医学教育是历代最有成效者。"[4]

为了招到优秀的医学生，宋代实行面向全国考生的标准化医学考试，开了我国医学史之先河。医官何大任还编纂了名为《宋太医局诸科程文格》的题库，于宋宁宗嘉定五年（1212）

1　龚延明编著：《宋代官制辞典（增补本）》，北京：中华书局，2017年版，第80、82、606、607页。

2　龚延明编著：《宋代官制辞典（增补本）》，北京：中华书局，2017年版，第82页。

3　龚延明编著：《宋代官制辞典（增补本）》，北京：中华书局，2017年版，第310、606页。

4　邱志诚著：《国家、身体、社会：宋代身体史研究》，北京：科学出版社，2018年版，第81—82页。

颁行全国，其中载有试题87道，并附有标准答案[1]——可见，善于"将一切标准化"的宋人也没放过医疗卫生领域，非常具有"现代思维"。

宋代医官除了通过医学培养之外，也有从民间或进士中选出来的。譬如，孙用和本是宋仁宗曹皇后在娘家的"私人医生"，在皇后进宫后又为她治病，遂从布衣变成了医官。[2]朱肱为宋哲宗元祐三年（1088）进士，宋徽宗崇宁元年（1102）因故被黜，闲居杭州大隐坊专心写《伤寒百问》，后因宋徽宗大兴医学，他得以"转换跑道"当起了医官。[3]另外，"知医儒臣"往往会去干医官的活儿，孙用和的儿子孙奇、孙兆是宋仁宗景祐元年（1034）进士，都是名医，曾进入校正医书局工作。[4]

两宋致力于普及药店、医院和公墓

令人瞩目的是，宋廷在全球率先创办了国营药店——为了平抑物价，王安石推行"市易法"，并于宋神宗熙宁九年（1076）六月创办太医局熟药所（卖药所），这就是中国乃至世界上第一家国营药店，也是现代中药店的前身。[5]

1　李顺保校注：《宋太医局诸科程文格注释——宋代国家医学考试试题集》，"前言"，北京：学苑出版社，2007年版，第4、8页。

2　〔宋〕邵伯温撰，李剑雄、刘德权点校：《邵氏闻见录》卷2，北京：中华书局，1983年版，第15页。

3　薛芳芸著：《宋代文士通医现象研究》，太原：山西人民出版社，2012年版，第23页。

4　孟永亮、梁永宣：《北宋校正医书官孙奇、孙兆考述》，载《辽宁中医药大学学报》2013年11月第15卷第11期，第208页。

5　薛芳芸著：《宋代文士通医现象研究》，太原：山西人民出版社，2012年版，第197页。

熟药所既是国营药店，也是制药厂，在严格品控下，制出各种丸、散、膏、丹卖给百姓，由于"国标中成药"比较便宜、服用方便、易保存、疗效好，深受市场欢迎。宋徽宗时期，熟药所增为5所，并设了专门的药厂——2个修合药所，从此，卖药、制药机构各司其职，后来，修合药所更名为医药和剂局，卖药所更名为医药惠民局。此外，还设有"收买药材所"，负责药材收购，由政府控制药材市场，以防假药坑害百姓。[1]宰相何执中认为，"太医局熟药所，其惠甚大，当推之天下"，宋徽宗批准实施，于是，全国各地都卖起了中成药，且多半是从东京的和剂局"进货"，相当于国营药店连锁化了，边远地区也能吃到来自京师的中成药。[2]宋廷大办药店，除了惠民，也得到了不菲的利润，"都邑惠民多增五局，货药济四方，甚盛举也。岁校出入，得息钱四十万缗"[3]，年利润达40万贯，折合人民币1.45亿元，可见规模之大。

中成药有"国标"，配方也要有"国标"。宋神宗时期，就诏命天下进献良方，医官开始整理编修，最终汇总成了《太平惠民和剂局方》，这是我国第一部由国家颁行的成药典。[4]其中，牛黄清心丸、苏合香丸、紫雪丹、四物汤、逍遥散等名方至今仍在使用，该书被历代奉为中医学习入门之书。[5]

1　〔宋〕太平惠民和剂局编，刘景源整理：《太平惠民和剂局方》，"导读"，北京：人民卫生出版社，2007年版，第1—2页。

2　薛芳芸著：《宋代文士通医现象研究》，太原：山西人民出版社，2012年版，第198页。

3　〔宋〕蔡絛撰，冯惠民、沈锡麟点校：《铁围山丛谈》卷6，北京：中华书局，1983年版，第102页。

4　韩毅著：《宋代医学方书的形成与传播应用研究》，广州：广东人民出版社，2019年版，第13页。

5　薛芳芸著：《宋代文士通医现象研究》，太原：山西人民出版社，2012年版，第10、198页。

药局在各地相继设立，成为地方上主要的医疗机构。而由各级政府开办的类似医院的病坊、安济坊，也非常多。至宋徽宗时，要求凡户数上千的城寨镇市都要设置安济坊，并配备有政府经费、管理人员和奖惩制度，为"境内病卧无依之人"治病。[1]

对于不幸辞世且无人安葬者的后事，两宋也安排好了——宋廷在各地建有标准化的公墓漏泽园，用来掩埋因疾疫和穷困客死他乡或无家可归死于道旁之人的尸骨，且有一定的程序和明确的安葬标准。[2]

可以说，在医事制度上，宋代拥有各种各样的"国标"，一直在努力实现"从摇篮到坟墓""从教养医生到普及药店医院"的医疗卫生制度化和社会化。

宋代各级政府有一套完整的"战疫"办法

对军队及民间的疾病防治，宋代有一套完整和规范的应对体系。宋太祖时期，就制定了包括疾病预防和疫病流行期间紧急防治的军中医事制度，这一制度被宋廷长期坚持下来。据学者韩毅研究，其内容包括：由翰林医官院派人定期（一般为三年）前往军营驻地巡诊、颁方；在夏秋、腊月或疫病流行时节，由太医局配制夏药、腊药、瘴药、茶药，由和剂局制造，翰林医官院负责发给诸军；建立军医、兽医制度；疫

1　郭文佳著：《宋代社会保障文化研究》，北京：中国文史出版社，2014年版，第120—122页。

2　郭文佳著：《宋代社会保障文化研究》，北京：中国文史出版社，2014年版，第41、42页。

病发生时，由翰林医官院、太医局选派优秀医官和医生前往治疗。[1]

大灾往往伴有大疫，民间遇到大灾时，宋廷就会派良医巡诊、赐药、颁方。地方官和地方医官也有责任防疫，他们的任务包括：及时上报疫情，执行朝廷应对疫病的各项政令，打击巫术和谣言；派医诊治，公布医方，发放药物，建立病坊，掩埋尸体；划拨钱粮赈济，申请减免租赋，有些地方官还拿出自己的俸钱来支援抗疫。[2]

由于宋代官吏多通医，也会积极传播医学知识，苏轼就曾在杭州推广"圣散子方"。当然，抗疫过程中也有牺牲者，宋玙、田昼等官员就是因为感染瘟疫而殉职的。[3]

"治已病"不如"治未病"，宋廷很注重预防疫病。譬如，南宋时，每年夏天，宋廷都会派医官到临安城内外施医送药，为穷苦百姓诊治，另外还派士兵送药下乡。[4]

本草、方剂、针灸、解剖各方面全面发展

为了整理医学书籍，宋仁宗时，专门成立了医书出版机构"校正医书局"。在宋廷组织下，宋代医学家完成了对古代主要医学经典的校勘整理。[5]其中，北宋就有10次大规模的中央官刻医书活动，每次皆有一种或数种重要专著面世，流布四方，

1　韩毅著：《宋代瘟疫的流行与防治》，北京：商务印书馆，2015年版，第255页。

2　韩毅著：《宋代瘟疫的流行与防治》，北京：商务印书馆，2015年版，第148、407页。

3　韩毅著：《宋代瘟疫的流行与防治》，北京：商务印书馆，2015年版，第407页。

4　薛芳芸著：《宋代文士通医现象研究》，太原：山西人民出版社，2012年版，第198页。

5　邵庆国主编：《宋代科技成就》，郑州：河南科学技术出版社，2014年版，第280页。

流传后世[1]——可见，印刷术在其间起到了重要的加持作用。

先说本草学。宋太祖时就修了《开宝新详定本草》并刊行，这是我国乃至世界第一部版刻印刷的药物学书籍。宋仁宗时，进一步整理本草文献，编成《嘉祐本草》。苏颂奉旨主持编修《图经本草》（《本草图经》），这是我国第一部版刻印刷的药物图谱。为了搜集资料，宋廷在全国征集药图、标本、解说，完成中国药学史上继唐代《新修本草》之后进行的规模最大的，也是最后一次由政府组织的全国药物大普查。[2]

再说医方书。宋太宗时，王怀隐等奉旨编写《太平圣惠方》，收方16834首，全面展现了宋初及以前医学发展的水平。[3]宋徽宗时，宋廷主导编纂《圣济总录》，收方2万首，将宫中禁方和各地秘方验方"一把抓"，代表了北宋医学理论、临床医学和方剂学发展的最高成就。[4]

再说其他方面。宋仁宗时，王惟一奉旨铸造史上首批（共2具）立体针灸教学用铜人，并编成《新铸铜人腧（shù）穴针灸图经》。2具铜人被安放在翰林医官院和大相国寺，成为针灸医疗范本、教学考试工具。《新铸铜人腧穴针灸图经》不仅付梓发行，也刻在碑上，存于相国寺，供人观摩。[5]

宋仁宗时，宜州（今广西河池）推官吴简与医生、画工观

1　薛芳芸著：《宋代文士通医现象研究》，太原：山西人民出版社，2012年版，第9页。

2　邵庆国主编：《宋代科技成就》，郑州：河南科学技术出版社，2014年版，第281—283页。

3　邵庆国主编：《宋代科技成就》，郑州：河南科学技术出版社，2014年版，第285页。

4　韩毅著：《宋代医学方书的形成与传播应用研究》，广州：广东人民出版社，2019年版，第26页。

5　河南博物院编：《东京梦华：宋金元时期》，北京：科学出版社，2017年版，第160—161页。

察了尸体的内脏器官，由画工宋景绘成最早的人体解剖学图谱——《欧希范五脏图》。宋徽宗时，医学家杨介和画工绘制了更精确的《存真图》，成为生理解剖学的范本。[1]

在解剖学理论发展的基础上，法医检验与之相结合，就催生了一批法医检验专著，其中最著名的就是南宋宋慈的《洗冤集录》，这是世界上首部法医专著，它不仅是中国古代法医学尸体检验的指导书籍，也影响到了朝鲜、日本、越南等国，宋慈是当仁不让的"法医之祖"。[2]

名言"达则为贤相，穷则为良医"荡涤世风

从上述各种"政府主导"创下的纪录来看，宋代皇帝很会下任务，在在显示出重医的态度。不过，宋代皇帝不仅重医，而且通医，宛如一个医药世家。

譬如，宋太祖曾亲自为宋太宗艾灸治背，也"取艾自灸"，可见他通医道。[3]早年他曾打算放过一名战俘，但此人病重求死，"及斩之，因令部曲视其疾患之状。既而睹其脏腑及肉色，自上至下，左则皆青，右则无他异，中心如线直分之，不杂发毫焉。"[4]可见宋太祖还是最早的人体解剖观察者。

1　邵庆国主编：《宋代科技成就》，郑州：河南科学技术出版社，2014年版，第288、289页。

2　邵庆国主编：《宋代科技成就》，郑州：河南科学技术出版社，2014年版，第290页。

3　薛芳芸著：《宋代文士通医现象研究》，太原：山西人民出版社，2012年版，第9页。

4　〔宋〕王曾撰，张其凡点校：《王文正公笔录》，北京：中华书局，2017年版，第11—12页。

宋太宗是个"攒药方狂魔"。他登基前就攒了千余首验方，成为《太平圣惠方》这部大书的"家底"。[1]他为《太平圣惠方》作序说："朕尊居亿兆之上，常以百姓为心，念五气之或乖，恐一物之失所，不尽生理，朕甚悯焉。所以亲阅方书，俾令撰集，冀溥天之下，各保遐年，同我生民，跻于寿域。"[2]展现出重视民生的感性一面。

宋真宗喜欢开药方。王旦气羸多病，宋真宗送给他用苏合香丸制作的苏合香酒，王旦"饮之，大觉安健"，"自此臣庶之家皆仿为之，苏合香丸盛行于时。"[3]宋真宗还具备保护劳动者的意识，曾下令让京城役工高温天工作量减半。[4]

宋徽宗就更厉害了，他亲自下场编撰了《圣济经》十卷，这部书的升级版就是《圣济总录》。[5]宋徽宗在《圣济经》自序中同样说得很感性："使上士闻之，意契而道存。中士考之，自华而擿实。可以养生，可以立命，可以跻一世之民于仁寿之域。用广黄帝氏之传，岂不美哉！"[6]

宋高宗在饮食卫生方面颇有见识。他在宫中时，"每进膳，必置匙箸两副，食前多品，择取欲食者，以别箸取置一器中，

1　邵庆国主编：《宋代科技成就》，郑州：河南科学技术出版社，2014年版，第285页。

2　〔宋〕王怀隐等编，郑金生、汪惟刚、董志珍校点：《太平圣惠方（校点本）》，"御制《太平圣惠方》序"，北京：人民卫生出版社，2016年版，第9页。

3　〔宋〕沈括撰，金良年点校：《梦溪笔谈》卷9《人事一》，北京：中华书局，2015年版，第93页。

4　〔元〕脱脱等撰：《宋史》卷7《真宗二》，北京：中华书局，1985年版，第133页。

5　李顺保校注：《宋太医局诸科程文格注释——宋代国家医学考试试题集》，"前言"，北京：学苑出版社，2007年版，第7页。

6　〔宋〕赵佶撰，〔宋〕吴禔注，李顺保、程玫校注：《宋徽宗圣济经》，"宋徽宗御制《圣济经》序"，北京：学苑出版社，2014年版，第5页。

食之必尽，饭则以别匙减而后食。吴后尝问其故，对曰：'不欲以残食与宫人食也。'"[1]可见，宋高宗已认识到使用公筷公勺的重要性了。

宋代宗室中也有医学家：宋太祖少子赵德芳的孙子赵从古，撰有《六甲天元运气钤》二卷；宋神宗同母弟嘉王赵頵本对论政有兴趣，被人提点之后顿悟，"尔后惟求医书，与其僚讲汤液方论而已。朝廷果贤其好古，降诏褒谕。至今医家有《嘉王集方》。"[2]

宋代儒士、官员普遍喜欢钻研医术，宛如一支医生预备队。譬如，上述创纪录的药学家苏颂和法医学家宋慈，皆非职业医者，而是官员；《宋史·艺文六》收录了王素（著名谏官）的《经验方》，刘彝（水利学家）的《赣州正俗方》，文彦博（名相）的《药准》，司马光的《医问》，郑樵（史学家）的《鹤顶方》，陆游的《陆氏续集验方》，苏轼、沈括的《苏沈良方》[3]，这些人的主要建树都不体现在医学上，但他们仍然积极为医学做贡献；欧阳修、蔡襄、张载、程颢、程颐、黄庭坚、辛弃疾、朱熹、文天祥等一大批你认识的"斜杠青年"都通医，甚至可以说，宋世无儒不通医。[4]

宋代出现这一盛景，是基于世风的转变：

1　〔明〕田汝成著，陈志明编校：《西湖游览志馀》卷2《帝王都会》，北京：东方出版社，2012年版，第12页。

2　〔宋〕朱彧撰，李伟国点校：《萍洲可谈》卷1，〔宋〕陈师道、朱彧撰，李伟国点校：《后山谈丛　萍洲可谈》，北京：中华书局，2007年版，第111—112页。

3　〔元〕脱脱等撰：《宋史》卷207《艺文六》，北京：中华书局，1985年版，第5308、5315、5317、5319、5320页。

4　薛芳芸著：《宋代文士通医现象研究》，"前言"，太原：山西人民出版社，2012年版，第2页。

首先，范仲淹功不可没。经历过五代乱世的文人们一门心思明哲保身，导致宋初世风很糟糕，但随后就出现了大规模整革。宋代"完美偶像"范仲淹说："能及小大生民者，固惟相为然。既不可得矣，夫能行救人利物之心者，莫如良医。"[1]提出"达则为贤相，穷则为良医"的观点，加上他所主张的"先天下之忧而忧，后天下之乐而乐"，对于提振世风起到了很大作用。朱熹说："宋朝忠义之风，却是自范文正作成起来也。"[2]所以，当世士人乐于钻研医道乃至成为医者，就不足为奇了。

其次，除了宋廷鼓励民间献秘方之外，人们也开始主动将"不私于己"作为道德要求，私人赖以谋生的秘术，被视为天下之公器，而非一家之禁脔，秘方成为可以流布的知识，有识之士也就有了编撰方书的条件。[3]

可以说，宋人胸怀天下，试图践行儒家仁爱思想，才是宋代能达成上述成就的根本。

在学术上，宋人首先提出"传染病"概念

从医学本身看，宋人有哪些开创性的贡献？

首先，宋代分科精细，已接近近代医学分科。宋之前只有内科（方脉）、针灸科、外科（疡）、儿科（少小）、五官科（耳

---

1 〔宋〕吴曾撰：《能改斋漫录》卷13《范文正愿为良医》，上海：上海古籍出版社，1979年版，第381页。

2 王瑞来著：《立心立命：宋代士大夫政治文化随笔》，北京：中华书局，2019年版，第7页。

3 薛芳芸著：《宋代文士通医现象研究》，太原：山西人民出版社，2012年版，第20页。

目口齿），宋仁宗时，已分设大方脉（内科）、风科（内科）、小方脉（小儿内科）、产科（妇产科）、眼科、疮肿科（外科）、口齿咽喉科（口腔科）、金镞科（创伤外科）等，还有针科、伤折科等。[1]

必须指出的是，宋代有男性产科医生，在宫内宿值的"内宿医官"中就有产科医官。[2]从宋代开始，中医妇产科已成为独立的临床医学学科，而宋代最著名的妇产科学家是南宋的陈自明，他著有我国第一部比较完善的综合性妇产科专著——《妇人大全良方》，对中医妇产科的发展产生了极为深远的影响。[3]值得一提的是，《妇人大全良方》中提出了"男虽十六而精通，必三十而娶；女虽十四而天癸至，必二十而嫁"等晚婚优育的学术思想。[4]

儿科方面，不能不提的是钱乙的儿科专著《小儿药证直诀》，这本书成书于宋徽宗时期，书中出现了治疗肾虚的"地黄丸"。[5]换言之，钱乙"发明"了六味地黄丸。

其次，宋人在疾病研究和防治方面有许多突破。尤其是，宋人对传染病很有研究，还率先提出了"传染之病"的概念。[6]

1　史泠歌著：《宋代皇帝的疾病、医疗与政治》，保定：河北大学出版社，2013年版，第99页。

2　龚延明编著：《宋代官制辞典（增补本）》，北京：中华书局，2017年版，第82页。

3　邵庆国主编：《宋代科技成就》，郑州：河南科学技术出版社，2014年版，第298页。

4　〔宋〕陈自明撰，王咪咪整理：《妇人大全良方》，"导读"，北京：人民卫生出版社，2006年版，第5页。

5　邵庆国主编：《宋代科技成就》，郑州：河南科学技术出版社，2014年版，第302页。

6　韩毅著：《宋代瘟疫的流行与防治》，北京：商务印书馆，2015年版，第81—82页。

举个例子，曾长期困扰人类的烈性传染病天花（又称痘疮），于汉唐时传入中国[1]，至宋代，人们已经有了治疗天花和种痘预防的成功案例。周密曾在《齐东野语》中记载"老医"为其子女治愈痘疮一事：

> 癸酉岁，儿女皆发痘疮。……既而次女疮后，余毒上攻，遂成内障，目不辨人，极可忧。遍试诸药，半月不验。后得老医一方，用蛇蜕一具，净洗，焙令燥。又天花粉（即瓜蒌根。）等分细末之，以羊子肝破开，入药在内，麻皮缚定，用米泔水熟煮，切食之，凡旬余而愈。其后程甥亦用此取效，真奇剂也。[2]

清代朱纯嘏在《痘疹定论》中记载了宋真宗时期宰相王旦邀请峨眉山女神医为其三子王素种痘成功的医案[3]——值得再次强调的是，宋代有女性名医。

宋人已经认识到了隔离传染病人的重要性。宋徽宗时，权知开封府吴居厚请求在全国设置将理院，"以病人轻重而异室处之，以防渐染"，也就是按照病情轻重，将病人分别安置在不同的房舍加以治疗，以防传染。[4]

1　韩毅著：《宋代瘟疫的流行与防治》，北京：商务印书馆，2015年版，第88—89页。

2　〔宋〕周密撰，张茂鹏点校：《齐东野语》卷8《小儿疮痘》，北京：中华书局，1983年版，第139页。

3　韩毅著：《瘟疫来了：宋朝如何应对流行病》，郑州：中州古籍出版社，2017年版，第125—126页。

4　韩毅著：《瘟疫来了：宋朝如何应对流行病》，郑州：中州古籍出版社，2017年版，第27页。

宋人对癌症也有研究。东轩居士在《卫济宝书》中说：

> 癌疾初发者，却无头绪，只是肉热痛。过一七或二七，忽然紫赤微肿，渐不疼痛，迤逦软熟紫赤色，只是不破。宜下大车螯散取之。然后服排脓、败毒、托里、内补等散。破后用麝香膏贴之。五积丸散，疏风和气，次服余药。[1]

必须指出的是，"癌"字就是该书首创的。为了帮助读者理解，书中还绘制了颇为形象的癌原图。[2]

宋人在眼科方面也有建树。《秘传眼科龙木论》是我国现存最早的眼科专著，为宋元医家辑录前人著述而成，据考其"龙木总论"完成于北宋时期。[3]书中所列内外障眼病共有72种，可手术治疗的共有41种，其中14种白内障可通过金针拨障术治疗，可见该书是一部眼科手术学著作。[4]

宋人还会补牙植牙。陆游《岁晚幽兴》诗中写到了"染须种齿笑人痴"，并自注说："近闻有医以补种堕齿为业者。"[5]

1　〔宋〕东轩居士撰，赵正山点校：《卫济宝书》卷上，〔宋〕东轩居士、李迅撰，赵正山点校：《卫济宝书　集验背疽方》，北京：人民卫生出版社，1989年版，第21页。

2　邵庆国主编：《宋代科技成就》，郑州：河南科学技术出版社，2014年版，第296页。

3　邵庆国主编：《宋代科技成就》，郑州：河南科学技术出版社，2014年版，第304—305页。

4　接传红、高健生整理：《秘传眼科龙木论》，"导读"，北京：人民卫生出版社，2006年版，第4页。

5　〔宋〕陆游著，钱仲联校注：《剑南诗稿校注》卷56，上海：上海古籍出版社，2005年版，第3263页。

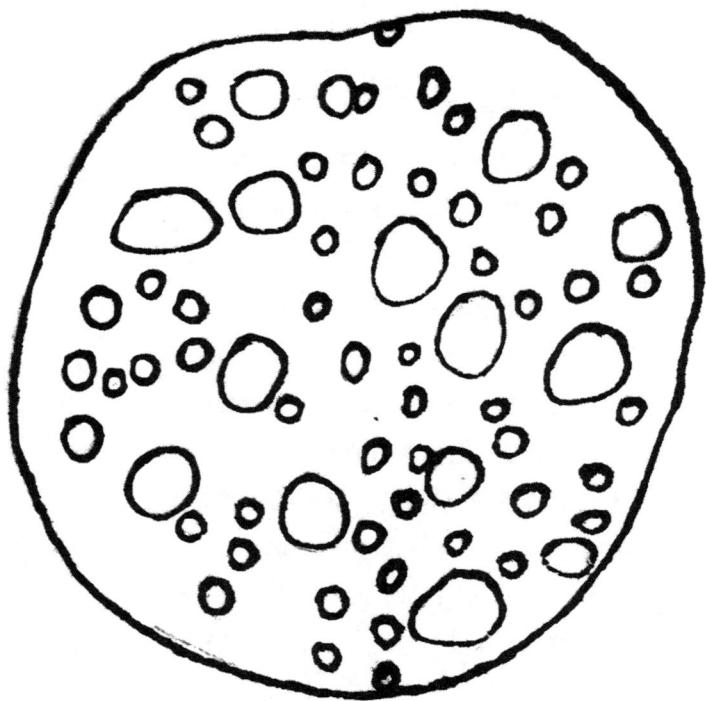

图片摹自《卫济宝书》中的癌原图。

那么，宋人如何做外科手术？据《太平惠民和剂局方》的"花蕊石散"一条记载：

> 若牛抵，肠出不损者，急内入，细丝桑白皮尖茸为线，缝合肚皮，缝上掺药，血止立活。如无桑白皮，用生麻缕亦得，并不得封裹疮口，恐作脓血。如疮干，以津液润之，然后掺药。[1]

---

1 〔宋〕太平惠民和剂局编，刘景源整理：《太平惠民和剂局方》卷8《花蕊石散》，北京：人民卫生出版社，2007年版，第213页。

　　《卫济宝书》的"打针法"一条则指出，制作出阳针、阴针、炼刀、小钩等之后，要"用桑白皮、紫藤香煮一周时，以紫藤香末藏之"。可见，宋人会通过煮沸方式来为手术器械消毒。[1]

　　手术需要麻醉剂，宋人就用草乌散进行正骨麻醉，他们还发现了曼陀罗花的麻醉作用。[2]

　　再次，宋人的卫生理念非常先进。宋人有早起洗脸、早晚刷牙、饭后漱口、睡前洗脚、经常洗手洗澡的卫生习惯，所以公共浴室遍地[3]，还有贩卖洗脸水、牙刷的商贩——宋代已经出现药物牙膏的雏形，也有了与现代类似的植毛牙刷，比西方牙刷早500年。[4]

　　说到刷牙，《太平圣惠方》中就载有多种揩齿法，在此仅举一例：

　　　　揩齿令光白，贝齿散方：
　　　　贝齿　文蛤　海蛤　石决明（各一两）　光明砂（半两）　龙脑（一分）
　　　　右件药捣细罗为散，于乳钵中研入龙脑令匀，每日早晨及夜卧常用揩齿，去口气，益牙齿，甚验。[5]

1　〔宋〕东轩居士撰，赵正山点校：《卫济宝书》卷上，〔宋〕东轩居士、李迅撰，赵正山点校：《卫济宝书　集验背疽方》，北京：人民卫生出版社，1989年版，第28页。

2　史泠歌著：《宋代皇帝的疾病、医疗与政治》，保定：河北大学出版社，2013年版，第111页。

3　徐吉军等著：《中国风俗通史（宋代卷）》，上海：上海文艺出版社，2001年版，第414—416页。

4　邵庆国主编：《宋代科技成就》，郑州：河南科学技术出版社，2014年版，第305页。

5　〔宋〕王怀隐等编，郑金生、汪惟刚、董志珍校点：《太平圣惠方（校本）》卷34《揩齿令白净诸方》，北京：人民卫生出版社，2016年版，第696页。

可见，宋人已认识到揩齿应早晚行之，揩齿方有点儿像是现代药物牙膏，宋人的生活方式和理念跟现代人很相似了。

最后，介绍一位被宋廷认可的、来自民间的"医神"，他就是闽人推崇并信仰了近千年的保生大帝吴本——这应该是两宋，尤其是北宋重医的最好注脚吧！

宋史漫谈8：为啥宋代皇帝子嗣艰难寿命不长？

宋初陶毂在《清异录》中说："天下有九福：京师钱福、眼福、病福、屏帏福，吴越口福，洛阳花福，蜀川药福，秦陇鞍马福，燕赵衣裳福。"[1] 其中"病福"指的就是京师医药行业发达，宋人很有安全感。

但同时，一个耐人寻味的现实是，两宋18帝中，只有3人活到了60岁以上，即高宗、孝宗、理宗；多达4人曾内禅，即徽宗、高宗、孝宗、光宗；除了开国皇帝赵匡胤之外，只有8人是"前任"的亲生儿子（真宗、仁宗、神宗、哲宗、钦宗、光宗、宁宗、恭帝），还有5人是"前任"的兄弟（太宗、徽宗、高宗、端宗和末帝），4人是"前任"的养子（英宗、孝宗、理宗、度宗）。这似乎暗示了两点：宋代皇帝身体不好，甚至短命；宋代皇帝很难生出或养大孩子。

宋代皇帝短不短命？其实不算短。按照《宋史》记载的宋代皇帝寿命（虚岁），18人平均年龄约为47.4岁。宋代皇帝的平均寿命，按照史泠歌教授在《宋代皇帝的疾病、医疗与政治》中的说法，在历代中仅次于清代。但同时，宋代皇帝的平均寿命远低于同时代统治阶级上层男性的平均寿命——64岁。[2]

史泠歌还指出："中国皇帝最常见疾病依次为中毒、脑血管疾病、精神疾病、外伤与感染等。……和其他朝代相比，宋代皇帝是脑血管疾病发病率最高的群体。"换言之，脑血管疾

1　〔宋〕陶毂撰，孔一校点：《清异录》卷上《九福》，〔宋〕陶毂、吴淑撰，孔一校点：《清异录　江淮异人录》，上海：上海古籍出版社，2012年版，第18页。

2　史泠歌著：《宋代皇帝的疾病、医疗与政治》，保定：河北大学出版社，2013年版，第64页。

存活皇子女 ○　　早夭皇子女 ●

(927—976)
太祖赵匡胤
在位时间：960—976
寿数
(50)
子　　女

(939—997)
太宗赵炅
在位时间：976—997
寿数
(59)
子　　女

(968—1022)
真宗赵恒
在位时间：997—1022
寿数
(55)
子　　女

(1010—1063)
仁宗赵祯
在位时间：1022—1063
寿数
(54)
子　　女

(1032—1067)
英宗赵曙
在位时间：1063—1067
寿数
(36)
子　　女

(1048—1085)
神宗赵顼
在位时间：1067—1085
寿数
(38)
子　　女

(1077—1100)
哲宗赵煦
在位时间：1085—1100
寿数
(24)
子　　女

(1082—1135)
徽宗赵佶
在位时间：1100—1126
寿数
(54)
子　　女

(1100—1156)
钦宗赵桓
在位时间：1126—1127
寿数
(57)
子　　女

(1107—1187)
高宗赵构
在位时间：1127—1162
寿数
(81)
子　　女

(1127—1194)
孝宗赵昚
在位时间：1162—1189
寿数
(68)
子　　女

(1147—1200)
光宗赵惇
在位时间：1189—1194
寿数
(54)
子　　女

(1168—1224)
宁宗赵扩
在位时间：1194—1224
寿数
(57)
子　　女

(1205—1264)
理宗赵昀
在位时间：1224—1264
寿数
(60)
子　　女

(1240—1274)
度宗赵禥
在位时间：1264—1274
寿数
(35)
子　　女

宋代皇帝寿数（虚岁）及早夭皇子女人数情况

注：

1.《宋史·太宗一》称"太宗神功圣德文武皇帝讳炅，初名匡义，改赐光义"，《续资治通鉴长编》则记录为"太祖弟匡义"。

2.宋哲宗生于熙宁九年（1076）十二月初七，公历生日为1077年1月4日。

3. 宋钦宗于宋高宗绍兴二十六年（1156）六月客死金国，直至绍兴三十一年（1161）五月，南宋才得知其死讯。

4. 宋恭帝赵㬎（1271—1323），在位时间为1274年—1276年；端宗赵昰（1269—1278），在位时间为1276年—1278年；末帝赵昺（1272—1279），在位时间为1278年—1279年。宋末三帝无子女或资料不详。图表中的"存活皇子女"未必活到了成年。譬如，据《宋史·宗室二》记载："悼献太子祐（作者注：真宗之子），母曰章穆皇后。咸平初，封信国公。生九年而薨，追封周王，赐谥悼献。仁宗即位，赠太尉、中书令。明道二年，追册皇太子。"

资料来源：史泠歌著：《宋代皇帝的疾病、医疗与政治》，保定：河北大学出版社，2013年版，第69—70、249页。

〔元〕脱脱等撰：《宋史》卷1《太祖一》、卷3《太祖三》、卷4《太宗一》、卷5《太宗二》、卷6《真宗一》、卷8《真宗三》、卷9《仁宗一》、卷12《仁宗四》、卷13《英宗》、卷14《神宗一》、卷16《神宗三》、卷17《哲宗一》、卷18《哲宗二》、卷19《徽宗一》、卷22《徽宗四》、卷23《钦宗》、卷24《高宗一》、卷32《高宗九》、卷33《孝宗一》、卷35《孝宗三》、卷36《光宗》、卷37《宁宗一》、卷40《宁宗四》、卷41《理宗一》、卷45《理宗五》、卷46《度宗》、卷47《瀛国公（二王附）》、卷245《宗室二》，北京：中华书局，1985年版，第2、48、53、101、103、172、175、250、253、260、263、313、317、354、357、417、421、439、611、615、691、693、710、713、781、783、888、891、903、909、918、921、944、945、8707页。

〔宋〕李焘撰：《续资治通鉴长编》卷1《太祖建隆元年正月》，北京：中华书局，2004年版，第2页。

陈振著：《宋史》，上海：上海人民出版社，2016年版，第467页。

文物出版社编：《中国历史年代简表》，北京：北京文物出版社，1994年版，第145—169页。

林道心主编：《中国古代万年历》，石家庄：河北人民出版社，2003年版，第579页。

病是宋代皇帝的第一死因，真宗、仁宗、英宗、神宗连续四代疑似患有脑血管疾病，发病时都有语言障碍和行动不便等症状。[1]

1　史泠歌著：《宋代皇帝的疾病、医疗与政治》，保定：河北大学出版社，2013年版，第39、40页。

另外，宁宗"不慧而讷于言"[1]，度宗"至七岁始能言"[2]，疑似智力不及常人；太祖、英宗、高宗、光宗似乎都受到了恐惧症困扰；仁宗、神宗疑似患有高血压症。[3]

宋代皇帝受到脑血管疾病和精神疾病困扰，有遗传、环境、性格和生活习惯等多重原因，其中很重要的一点是，宋代是专制主义皇权高度发展时期，皇帝事必躬亲，非常容易疲劳，加上时常处于内外交困境地，精神高度紧张，自然容易诱发上述疾病[4]——了解了这一点，就能理解为什么宋代有些皇帝言行异常，有些则恐辽恐金、非常畏战。

子嗣艰难，应该也是宋代皇帝精神高度紧张的一大原因。仁宗以堂侄为养子，养父子之间的血缘已然不近，高宗、宁宗选的继承人孝宗、理宗更是八竿子打不着的远亲，跟其他朝代对比来看，这真是一幕奇景。宋代皇帝经常被迫以宗子为"皇子"的原因就是，宋代皇子女总数偏少，且严重"旱涝不均"（宋徽宗一人生了三分之一以上的皇子女），夭亡率还达到了惊人的45.88%。[5]

皇宫里的孩子得不到生母的营养和抚养，缺乏亲情和关爱，往往像温室里的花朵一样经不起摧折。举个例子，度宗虽

---

1 〔宋〕周密撰，吴企明点校：《癸辛杂识》续集下《宁宗不慧》，北京：中华书局，1988年版，第191页。

2 〔宋〕周密撰，吴企明点校：《癸辛杂识》续集下《绍陵初诞》，北京：中华书局，1988年版，第190页。

3 史泠歌著：《宋代皇帝的疾病、医疗与政治》，保定：河北大学出版社，2013年版，第43、48、49、51、52、53页。

4 史泠歌著：《宋代皇帝的疾病、医疗与政治》，保定：河北大学出版社，2013年版，第95页。

5 史泠歌著：《宋代皇帝的疾病、医疗与政治》，保定：河北大学出版社，2013年版，第71页。

未出生于皇宫，也比较命大，但他的遭遇更能让人体会最高权力场的险恶——据周密《癸辛杂识》记载，度宗生母黄定喜是荣王赵与芮夫人李氏的陪嫁侍女，怀孕后，因地位低下吃了堕胎药，后来度宗还是生了下来，却是"手足皆软弱，至七岁始能言"。[1]就是这样一个孩子，因是理宗唯一亲侄，被立为皇太子并成功继位，生了宋末三帝，也真是造化弄人。

---

1 〔宋〕周密撰，吴企明点校：《癸辛杂识》续集下《绍陵初诞》，北京：中华书局，1988年版，第190页。

第六章

宋代赈灾和社会保障制度，
规划得挺诱人

身为追剧小达人，你一定曾在古装剧中见过这样的画面：某地暴发灾情，灾民流离失所，朝廷下令赈灾，地方施粥施药，贪官上下其手，主角挺身而出……

这种剧情给人一种强烈的心理暗示：古代政府似乎并没有什么救灾抗疫的心理准备和应对经验，全靠英明神武的主角主持大局。于是，对于某剧中大贪官发表的"往赈灾粮食里掺沙子是为了让贪官嫌弃从而保证灾民可以吃到"的怪论，有的观众竟深以为然，毕竟，聊胜于无嘛！

但实际上，救灾防疫就是古代政府"天职"的一部分，这就是所谓的"荒政"。很可惜，对于古代荒政，文艺作品反映得非常少。

荒政的意义是什么？我们脚下这片幅员辽阔的国土，绝不是"充话费送的"，而是一代代中国人筚路蓝缕开拓、开发出来的，这片土地很适合人类繁衍生息，同时也写满了中华民族与各种灾难作斗争的历史——我们曾遭受过无数次自然灾害袭击，历代中央和地方政府实施了相应的防灾减灾救灾政策，民间也提出了不少"救荒活民"的有效办法，因此，华夏文明从未因为灾害而中断。

据学者统计，两宋共发生水灾、旱灾、虫灾、地震、瘟疫、沙尘、风灾、雹灾、霜灾等九类自然灾害1543次。宋代有三段黄金发展时期，分别是号称"咸平之治"的宋真宗统治时期、号称"仁宗盛治"的宋仁宗统治时期、号称"孝宗之治"的宋孝宗统治时期，不妨在这三段"盛世"中各选5年，看看宋代的灾害情况。

两宋部分年份灾害情况一览表

宋真宗时期	灾害情况	宋仁宗时期	灾害情况	宋孝宗时期	灾害情况
咸平元年（998）	水灾2次、旱灾1次、地震1次、风灾1次、雹灾1次	天圣元年（1023）	水灾1次	隆兴元年（1163）	水灾3次、旱灾2次、虫灾4次、地震3次、风灾1次、雹灾1次

宋真宗时期	灾害情况	宋仁宗时期	灾害情况	宋孝宗时期	灾害情况
景德元年（1104）	水灾1次、旱灾1次、虫灾2次、地震6次	明道二年（1033）	水灾1次、旱灾1次、虫灾1次	乾道五年（1169）	水灾2次、旱灾1次、风灾4次、雹灾1次
大中祥符三年（1010）	水灾4次、旱灾2次、虫灾1次	庆历三年（1043）	水灾1次、旱灾1次、地震1次、雪灾1次	淳熙二年（1175）	水灾1次、旱灾1次、虫灾1次、风灾1次
大中祥符九年（1016）	水灾4次、旱灾1次、虫灾6次	皇祐五年（1053）	虫灾1次	淳熙八年（1181）	水灾6次、旱灾2次、虫灾1次、瘟疫3次、雹灾1次
乾兴元年（1021）	水灾4次	嘉祐八年（1063）	无	淳熙十四年（1187）	水灾1次、旱灾3次、虫灾2次、瘟疫1次

资料来源：邱云飞著：《中国灾害通史：宋代卷》，郑州：郑州大学出版社，2008年版，第20—24、31—33页。

可见，大自然并不独厚任何时代，宋代堪称"灾害连连"。为此，宋人建构了一个颇为完整的防灾救灾和日常救济体系，慈幼局、举子仓、福田院、安济坊、养济院、施药局、漏泽园、常平仓、社仓、潜火义社等，都是因应这一体系而设的公益组织或机构。

这些公益组织或机构的背后，是一个个努力想办法的人。你所认识的宋代名人，包括苏轼、范仲淹、包拯、朱熹等，很多都是"隐形的公益活动家"，他们曾创办医疗机构、公益组织，留下救荒案例、救荒思想，以及影响千年的救荒教科书。我总觉得，相较宋人在你心中种下的那些风花雪月，这些奋力抵挡苦难的身影，是对宋世风华的更好解读。

在一些人看来，宋代是文化水平特别高、其他方面都不靠谱的"偏科生"，但我觉得，宋代是全面发展的，无论从哪个宏观或微观的领域观察，都能看到许多践行细节完美主义的高手。譬如，仅从宋代荒政的细节中，我们就可以感受到宋人的政治智慧、经济头脑和人文关怀，宋代显然是古代的"救灾模范生"。而在社会保障方面，虽然效果有限，但宋人真的曾努力实践过，也"庶几无愧"了。

以工代赈展现宋人的细节完美主义

中学课本告诉了你很多东西，这一次是20世纪30年代美国经济危机时罗斯福新政中的一项措施——以工代赈。

以工代赈的逻辑是这样的：经济危机爆发，生产停滞，人民普遍失业，无钱消费，于是社会动荡，秩序崩坏。这时，政府出面招工搞基建，制造工作岗位，于是，基建搞好了，GDP起来了，人民有了钱和信心，消费得以提振，反过来刺激生产，社会秩序稳定了——罗斯福新政大抵就是这个思路。

我国历史上有没有"以工代赈"？有，宋人就经常运用以工代赈的办法救灾，而且你很可能在中学课本中见过这种操作——曾巩名篇《越州赵公救灾记》中说的"沟防构筑可僦民使治之者几所"（计算一下可以雇用百姓修治的沟渠堤坝有多少）就是以工代赈的具体谋划，"又僦民完城四千一百丈，为工三万八千，计其佣与钱，又与粟再倍之"（雇用民工修缮城墙4100丈，共用工38000人，按照劳动量发给工钱，再给两倍粮食）就是具体的实施办法。对于赵抃的这次创举，《宋史·赵抃传》这样描述："吴越大饥疫，死者过半。抃尽救荒之术，疗病埋死，而生者以全。下令修城，使得食其力。"[1]

那就以《越州赵公救灾记》为例，来看看宋代赈灾过程中的细节吧！

赵抃在越州采取的救灾措施

宋神宗熙宁八年（1075）夏天，吴越一带大旱。九月，赵抃出任越州（今浙江绍兴）知州，趁着百姓尚未被饥荒所苦，他进行了调查摸底，得到了有哪些乡受灾、灾民有多少、需要多少粮、粮从哪里出、可以工代赈的工程有多少等数据。

十月初一，开始发救济粮，成人每天1升，儿童减半，按性别"限号"领取，即一天男的领，一天女的领，每人一次领两天口粮——这样做是怕人多发生踩踏事故，同时似乎是在保护女性，因为，既然女子是领粮主力，就不太可能被男人抛弃。

赵抃在城郊设了57处发粮点，灾民须就近领粮，离开住处的不能领粮，这是为了防止灾民变成流民。

办理发粮事宜的官吏不够用，赵抃就让未实际任职但住在越州的官吏出来，发给他们粮食，让他们给灾民发粮，类似于招募志愿者做任务并发给补贴。

赵抃告诫富人，不能囤积米粮，要把粮食卖给有钱无粮的灾民。同时，他还让官库拿出粮食，平价卖给百姓。

1　〔元〕脱脱等撰：《宋史》卷316《赵抃传》，北京：中华书局，1985年版，第10324页。

当然，赵抃也祭出了"以工代赈"，让灾民修城墙赚钱，开展生产自救。

赵抃还帮助灾民从富户那里借钱，并让人收养被抛弃的儿童。鉴于灾后有大疫，他设立医院，安置无家可归的病人。他还自己掏钱给病人发放药品和饮食。对于不幸病死的灾民，妥善给予安葬。

依照法令，救济时间是3个月，赵抃延长到了5个月，并为此负责。

资料来源：〔宋〕曾巩撰，李俊标注译：《曾巩集》，郑州：中州古籍出版社，2010年版，第379—380页。

可见，赵抃的赈灾流程清楚，可操作性强，所以曾巩赞叹"其施虽在越，其仁足以示天下；其事虽行于一时，其法足以传后"，因此十分详细地记录了这一教科书式的救灾过程，以供后人效仿。[1]

宋人经常利用市场手段赈灾

在宋代，像赵抃这样的"聪明的救灾者"很多。据沈括《梦溪笔谈》记载，宋仁宗时吴中大饥，范仲淹在杭州日日宴饮，鼓励百姓赛船，鼓励寺院趁着工价贱雇人大兴土木，这样灾民就可以用双手养活自己，"是岁两浙唯杭州晏然，民不流

---

1 〔宋〕曾巩撰，李俊标注译：《曾巩集》，郑州：中州古籍出版社，2010年版，第380页。

徙"，范仲淹通过提升百姓的消费能力来刺激消费，稳定经济，思路跟罗斯福新政如出一辙。沈括认为这个思路很靠谱，赞叹道："荒政之施，莫此为大。"[1]

南宋董煟在《救荒活民书》中进一步阐述了范仲淹救灾思路的精髓。他说，范仲淹知杭州，"二浙阻饥，谷价方涌，斗计百二十余文。仲淹增至百八十，众不知所为。仍多出榜文，具述杭饥及米价所增之数。于是商贾闻之，晨夕争先，惟恐后，且虞后者继来。米既辐凑，价亦随减。"杭州受灾后，市场上缺米，导致米价大涨，范仲淹不仅不要求降价，还让米价继续上涨，外地商人为了赚钱争先恐后运米到杭州，导致杭州市场供过于求，米价最终降了下来。董煟说，包拯也有过同样的思路，"包拯知庐州，亦不限米价，而贾至益多，不日米贱。"[2]可见，无论是范仲淹，还是包拯，都抓住了市场调节这只"看不见的手"，通过增加供给，达到平抑米价的目的，其救灾办法非常符合经济规律。

对救灾这项一揽子工程，不少宋代官员应对自如。再举一个例子：宋仁宗明道年间，天下蝗旱，"知通州（作者注：今江苏南通通州区）吴遵路乘民未饥，募富者，得钱万贯，分遣衙校航海籴米于苏、秀，使物价不增。又使民采薪刍，官为收买，以其直籴官米。至冬，大雪寒，即以元价易薪刍与民，官不伤财，民且蒙利。又建茅屋百间，以处流民，捐俸钱置办盐蔬，日与茶饭参俵（作者注：biào，分发施舍），有疾者给药以

---

1 〔宋〕沈括撰，金良年点校：《梦溪笔谈》卷11《官政一》，北京：中华书局，2015年版，第114页。

2 〔宋〕董煟撰：《救荒活民书》卷中《不抑价》，北京：中国书店，2018年版，第111页。

理之，其愿归者，具舟续食，还之本土。"[1]吴遵路的办法，跟赵抃的办法在细节上有差异，但思路一致，就是未雨绸缪、通盘规划，运用各种方法实现"以工代赈"。

事实上，宋代"以工代赈"不仅仅是少数能吏的思路，它已经从国家层面上制度化了。据《续资治通鉴长编》记载，熙宁六年（1073），宋神宗下诏，"自今灾伤年分，除于法应赈济外，更当救恤者，并豫计合兴农田水利工役人夫数及募夫工直，当赐常平钱谷，募饥民兴修。如系灾伤，辄不依前后救赈济者，委司农寺点检奏劾以闻。"[2]这一规定得到了较好的执行，其好处有三：灾民参与劳动，自食其力，可以有尊严地活下去；灾民避免变成流民，社会自然稳定；国家兴修了农田水利工程，有利于灾后重建和经济发展。

宋人对于应该救济谁有明确认知

宋仁宗庆历末年，富弼在青州，"会河决商胡，北方大水，流民坌（作者注：bèn，聚集）入京东（作者注：京东东路，以青州为治所）。公劝所抚八州之民出粟以助赈给"[3]，这里涉及宋代救灾的另一个特点——劝分。

---

1 〔宋〕王辟之撰，吕友仁点校：《渑水燕谈录》卷4《才识》，〔宋〕王辟之、欧阳修撰，吕友仁、李伟国点校：《渑水燕谈录　归田录》，北京：中华书局，1981年版，第41页。

2 〔宋〕李焘撰：《续资治通鉴长编》卷245《神宗熙宁六年六月己卯》，北京：中华书局，2004年版，第5966页。

3 〔宋〕王辟之撰，吕友仁点校：《渑水燕谈录》卷2《名臣》，〔宋〕王辟之、欧阳修撰，吕友仁、李伟国点校：《渑水燕谈录　归田录》，北京：中华书局，1981年版，第19页。

宋代救灾主要靠政府，按灾情大小，官方会动用义仓、常平仓或国库储粮、资金来救灾。但有钱人也主动或被动参与了救灾，因为官方会组织劝分。所谓"劝分"，就是宋廷以官职、优惠价格、免役等条件，鼓励或要求富民、士人、商贾等有力之家将粮食拿出来赈济灾民的办法，这一活动经历了从自愿到强制的过程。换言之，救灾逐渐演变成有钱人应尽的社会责任。自然，民间也有自愿救灾的急公好义之士，不过其公益善举也是在官方主导下进行的。[1]

可见，宋人很清楚，救灾不是雨露均沾，应该救济的是贫穷的灾民，有钱人不仅不能接受救济，还要反过来参与救灾、回馈乡梓，即所谓"损有余而补不足"。

那么，宋人是怎么实现这一设想的？我们来讲两种做法：

第一，宋代有两种"户口本"。宋代在正常的丁簿等户口统计系统之外，还有一个登记全部人口的赈灾户口统计系统，该系统明确记载了在灾情发生和延续过程中需要救济的男女老幼所有人口，及其所有财产情况。学者李华瑞认为，这实际上就是一种比较科学的赈灾户口调查登记制度[2]——可见，该救济谁，官方心中有数。

第二，官方会有意识地限制富民"沾光"。《救荒活民书》记载了"韩琦平价济村民"的办法："出粜之时，令诸县取逐乡近下等第户姓名，印给关子，令收执赴仓。每户粜与三石或两石，唯是坊郭则每日零细粜与，浮居之人每日五升或一斗，故民受实惠甚。济饥乏，即未曾见坊郭有物业人户，乃来零

1 李华瑞著：《宋代救荒史稿》，天津：天津古籍出版社，2014年版，第879—880页。
2 李华瑞著：《宋代救荒史稿》，天津：天津古籍出版社，2014年版，第878页。

橐常仓斛斗者。"[1] 为防止富民乘机聚敛，官方采取了凭证买粮、限量出售的办法，以便让有限的资源惠及真正有需要的人。

未雨绸缪，宋代常平仓发展远超汉唐

大自然不独宠任何时代，宋代荒政如此讲究，是因为宋代自然灾害频发，宋人跟大自然作斗争的经验非常丰富。据学者邱云飞统计，两宋共发生水、旱、虫、震、疫、沙尘、风、雹、霜等九类自然灾害1543次，其中水灾628次，旱灾259次，虫灾168次，地震127次，瘟疫49次，沙尘69次，风灾109次，雹灾121次，霜灾13次。[2] 经历过那些艰难岁月之后，宋人摸索出了许多防灾救灾良策，可供后人参考借鉴。

在此，试以常平法来说明。"常平之法，专为凶荒赈粜，谷贱则增价而籴，使不害农；谷贵则减价而粜，使不病民。谓之常平者，此也。"[3] "常平"就是谷贱时，官方加价购入，谷贵时减价卖出，以平抑物价、救助灾荒。那么，宋代常平法的效果如何？董煟自豪地说："汉之常平止立于北边，李唐之时亦不及于江淮以南，本朝常平之法遍天下，盖非汉唐之所能及也。"[4] 汉唐时代，只有北方设有常平仓，宋代则在境内普设常平仓，的确还挺值得宋人自豪的。

---

1 〔宋〕董煟撰：《救荒活民书》卷下《韩琦平价济村民》，北京：中国书店，2018年版，第168页。

2 邱云飞著：《中国灾害通史：宋代卷》，郑州：郑州大学出版社，2008年版，第10页。

3 〔宋〕董煟撰：《救荒活民书》卷中《常平》，北京：中国书店，2018年版，第82页。

4 〔宋〕董煟撰：《救荒活民书》卷上，北京：中国书店，2018年版，第32页。

正所谓有备无患，宋太宗淳化三年（992），便开始兴建常平仓，至宋真宗天禧四年（1020）已遍布全国。[1]"授人以鱼不如授人以渔"，宋代常平仓不仅发放救济粮，也发（或贷）耕牛和种子，并提供以工代赈的报酬。如，宋仁宗天圣元年（1023）四月，"诏徐州仍岁水灾，民颇艰食，已尝发常平仓及以种粮贷中下户，又罢散蚕盐，常虑或致流徙，其令京东体量安抚臣僚倍加拯恤。"[2]

除了常平仓之外，宋代还有各种各样备荒之仓，这里就不一一说明了。除了防灾办法，宋人还发明或发展了许多行之有效的救灾办法，我将以防治洪灾和蝗灾为例来具体说明。

重在预防，宋人治水有一整套标准流程

据学者李华瑞介绍，黄河水患从晚唐五代开始频发，北宋平均两年就有一次大的泛溢，而"北宋官民在治理黄河方面付出的不懈努力可圈可点"。[3]

水灾是宋代最严重的灾害，仅黄河改道就发生了两次[4]，曾长期利用黄河作为水源的汴河是北宋的国家命脉和母亲河，因此，宋廷尤为重视水患，为了鼓舞士气，宋太宗曾在勘灾时将

1　郭文佳著：《宋代社会保障文化研究》，北京：中国文史出版社，2014年版，第84—85页。

2　〔宋〕李焘撰：《续资治通鉴长编》卷100《仁宗天圣元年四月壬寅》，北京：中华书局，2004年版，第2320—2321页。

3　李华瑞著：《宋代救荒史稿》，天津：天津古籍出版社，2014年版，第879页。

4　周珍：《北宋仁宗时期黄河水患应对措施研究》，上海师范大学2008年硕士学位论文，第12页。

步辇行入洪水中百步。[1]

水灾怎么避免，水灾来了怎么办，水灾走后怎么重建？宋代有一整套办法。

在防灾方面，宋人极为重视植树造林。例如，宋太祖开宝五年（972）正月下诏："应缘黄、汴、清、御等河州县，除准旧制种艺桑枣外，委长吏课民别树榆柳及土地所宜之木。仍案户籍高下，定为五等：第一等岁树五十本，第二等以下递减十本。民欲广树艺者听，其孤、寡、茕、独者免。"[2]可见，宋廷会有意识地让百姓种植大量树木。《清明上河图》中有大量"砍头柳"，这种树之所以"秃"了，是因为树枝被砍下来防洪固堤去了。[3]宋廷还规定，不得伐桑为薪。不过，为了治水，急于用木料时，也会取之于桑柘。[4]

在信息通报方面，宋代有较健全的邮传制度——递铺（见图23），其中，急脚递铺铺兵能够日行500里，灾情发生后，可迅速上报。[5]如果有关官员不及时上报，后果很严重，宋太祖开宝四年（971）十一月，"河决澶渊，泛数州。官守不时上言，通判、司封郎中姚恕弃市，知州杜审肇坐免。"[6]因为瞒报，澶州（今河南濮阳一带）通判姚恕被斩，宋太祖舅舅、知澶州杜审肇被免官。

1　周宝珠著：《宋代东京研究》，开封：河南大学出版社，1992年版，第98—99页。

2　〔元〕脱脱等撰：《宋史》卷91《河渠一》，北京：中华书局，1985年版，第2257页。

3　余辉著：《张择端〈清明上河图〉导览》，北京：北京大学出版社，2015年版，第48页。

4　韩茂莉著：《宋代农业地理》，太原：山西古籍出版社，1993年版，第253页。

5　周珍：《北宋仁宗时期黄河水患应对措施研究》，上海师范大学2008年硕士学位论文，第26页。

6　〔元〕脱脱等撰：《宋史》卷91《河渠一》，北京：中华书局，1985年版，第2257页。

在治水负责人方面，宋代设置了专门的水利部门——都水监，并在澶州设置外都水监丞司，安排了许多专业水官，负责河渠、渡口、桥梁、堤堰、川泽浚治疏导之事。[1]还安排了沿河的开封等十七州府主官（知府、知州）兼任河堤使，又以通判或判官为河堤判官[2]——是不是有一点儿像现代河长制？

在治水人工方面，宋代拥有规模庞大的杂役兵——厢军，厢军中又有规模空前的专业兵，其中河清兵、捍江兵、堰军等专门为治河和农田水利事务服务。[3]宋廷还会征发名为"春夫"或"黄河夫"的丁夫来帮忙。[4]宋太祖乾德五年（967）正月，"帝以河堤屡决，分遣使行视，发畿甸丁夫缮治。自是岁以为常，皆以正月首事，季春而毕。"[5]可见，这些人不仅要救灾，还得每年定时修缮河堤，预防决口。

在应对洪水方面，宋人有一整套办法，尤其是，他们创制了用树枝、石头等捆扎而成的可以护堤堵口的埽（sào），并能按实际情况加以利用。[6]

《梦溪笔谈》记录了水工高超改造大埽、巧合龙门的案例：

庆历中河决北都商胡，久之未塞，三司度支副使

1 龚延明编著：《宋代官制辞典（增补本）》，北京：中华书局，2017年版，第410、412、415页。

2 〔元〕脱脱等撰：《宋史》卷91《河渠一》，北京：中华书局，1985年版，第2257—2258页。

3 淮建利著：《宋朝厢军研究》，郑州：中州古籍出版社，2007年版，第31—32页。

4 周珍：《北宋仁宗时期黄河水患应对措施研究》，上海师范大学2008年硕士学位论文，第43页。

5 〔元〕脱脱等撰：《宋史》卷91《河渠一》，北京：中华书局，1985年版，第2257页。

6 〔日〕吉冈义信著，薛华译：《宋代黄河史研究》，郑州：黄河水利出版社，2013年版，第6、10页。

郭申锡亲往董作。凡塞河决垂合，中间一埽谓之"合龙门"，功全在此。是时屡塞不合。时合龙门埽长六十步，有水工高超者献议，以谓埽身太长，人力不能压，埽不至水底，故河流不断，而绳缆多绝。今当以六十步为三节，每节埽长二十步，中间以索连属之，先下第一节，待其至底方压第二、第三。旧工争之，以为不可，云："二十步埽不能断漏。徒用三节，所费当倍而决不塞。"超谓之曰："第一埽水信未断，然势必杀半。压第二埽止用半力，水纵未断，不过小漏耳。第三节乃平地施工，足以尽人力。处置三节既定，则上两节自为浊泥所淤，不烦人功。"申锡主前议，不听超说。是时贾魏公（作者注：贾昌朝）帅北门，独以超之言为然，阴遣数千人，于下流收漉流埽。既定而埽果流，而河决愈甚，申锡坐谪，卒用超计，商胡方定。[1]

在灾后防疫方面，政府会派体量安抚使勘灾和安定社会秩序，派良医到灾区巡诊、赐药、颁方，地方官和地方医官也有责任防疫[2]，前文已说明，此处不赘述。

在赈灾和重建方面，灾民可获赈济、免税，并通过以工代赈获取生活资料，为重建出力。若灾民流离失所，返乡时可得

1　〔宋〕沈括撰，金良年点校：《梦溪笔谈》卷11《官政一》，北京：中华书局，2015年版，第115—116页。
2　周珍：《北宋仁宗时期黄河水患应对措施研究》，上海师范大学2008年硕士学位论文，第52页。

到政府资助。[1]宋人还会利用淤田法，以淤泥为肥，将洪水肆虐过的土地重新变为沃野。[2]

鉴于宋代是唯一实行募兵制的时代，宋廷还有一项"独门秘籍"——在灾民中募兵。上文提到的富弼救灾就曾照此办理，"八州之间所活者，无虑五十余万人。其募为兵者，又万余人。"[3]宋太祖留下的这项名为"荒年募兵"的"祖宗家法"，固然会加剧冗兵现象，募来的士兵的质量也很可疑，但在短期内，不失为一种稳定社会秩序、挽救更多灾民的办法。[4]

宋人已经懂得科学防治蝗虫

在中国古代荒政史上，首个以诏令形式向全国推行统一而科学的捕蝗方法的时代正是宋代。[5]

据《续资治通鉴长编》，宋代"捕蝗法"是这样操作的：

> 诏："有蝗处委县令佐亲部夫打扑。如地里广阔，
> 分差通判、职官、监司提举。仍募人得蝻（作者注：
> nǎn，蝗的幼虫）五升或蝗一斗，给细色谷一升；蝗

1　郭文佳著：《宋代社会保障文化研究》，北京：中国文史出版社，2014年版，第13、79页。

2　〔宋〕沈括撰，金良年点校：《梦溪笔谈》卷24《杂志一》，北京：中华书局，2015年版，第229页。

3　〔宋〕王辟之撰，吕友仁点校：《渑水燕谈录》卷2《名臣》，〔宋〕王辟之、欧阳修撰，吕友仁、李伟国点校：《渑水燕谈录　归田录》，北京：中华书局，1981年版，第19页。

4　邓广铭、漆侠、朱瑞熙、王曾瑜、陈振著：《宋史》，北京：中国大百科全书出版社，2011年版，第10—11页。

5　李华瑞著：《宋代救荒史稿》，天津：天津古籍出版社，2014年版，第551页。

种一升，给粗色谷二升。给价钱者，依中等实直。仍
委官视烧瘗（作者注：yì，掩埋），监司差官覆案以闻。
即因穿掘打扑损苗种者，除其税，仍计价，官给地主
钱谷，毋过一顷。"[1]

可见，宋廷懂得发动群众，对捕捉蝗虫（含幼虫、虫卵）
的百姓进行物质奖励，这也是一种以工代赈、一举多得的办
法；宋廷明确要求百姓掘虫卵，说明古人对治蝗的认识提高
了；宋廷明确，捕蝗是地方政府要务，使其制度化、法理化，
自然更有利于治蝗。[2]

喜爱印刷各类教科书的宋廷，也向全国颁发了救荒教科
书，这就是上文频繁提及的《救荒活民书》——它是中国历史
上第一部荒政专著，作者董煟基层治理经验丰富，本身就是救
荒高手，因此这本大作内容丰富、非常实用，被南宋朝廷颁行
全国，对宋代救荒起到了重要的指导作用，也对后世荒政产生
了深远影响。[3]

此外，其实之前我已陆续讲到宋人在预防应对灾害方面的
一些独特贡献：为了防旱，宋廷大面积推广耐旱、产量高的占
城稻；为了防火，宋廷率先全世界创立消防队；两宋也有沙尘
暴，有记载的沙尘天气就有 69 次[4]，于是宋廷设立了负责洒水
防尘的史上首个城市管理部门——街道司。

1　〔宋〕李焘撰：《续资治通鉴长编》卷 267《神宗熙宁八年八月》，北京：中华书局，
　　2004 年版，第 6543—6544 页。
2　李华瑞著：《宋代救荒史稿》，天津：天津古籍出版社，2014 年版，第 552—553 页。
3　李华瑞著：《宋代救荒史稿》，天津：天津古籍出版社，2014 年版，第 866 页。
4　邱云飞著：《中国灾害通史·宋代卷》，郑州：郑州大学出版社，2008 年版，第 173、
　　179 页。

从摇篮到坟墓，都安排得明明白白

贫穷和苦难对人类来说是常事，除了非常时期的救灾办法之外，宋代还设立了各种救济机构，出台了各种福利措施，来为社会兜底。那么，我就从"生老病死"四个方面来说一说宋代都有哪些救济机构。

在"生"的方面，宋代有慈幼局、举子仓。慈幼局的操作是这样的："官给钱典顾乳妇，养在局中，如陋巷贫穷之家，或男女幼而失母，或无力抚养，抛弃于街坊，官收归局养之，月给钱米绢布，使其饱暖，养育成人，听其自便生理，官无所拘。若民间之人，愿收养者听。官仍月给钱一贯、米三斗，以三年住支。"[1]慈幼局专门收养弃儿，雇用贫穷妇女养育，如果有人愿抱养为子女，可按月领取钱米。而针对社会上存在"生子不举"的现象，宋代还设有"举子仓"。可以说，针对困难家庭的孕妇妊娠、婴儿出生、儿童养育，宋代有一系列的救济办法。[2]

因"生"有另一层含义，顺便说一下宋代平民教育。陆游有一首《秋日郊居》诗："儿童冬学闹比邻，据案愚儒却自珍。授罢村书闭门睡，终年不著面看人。"生动地描述了农家子弟读书的场景。陆游说"农家十月乃遣子入学，谓之冬学"，而农家子弟读的《杂字》《百家姓》之类就是"村书"。[3]可见，村娃读书入学已是常见之事。当时，除了中央官学之外，各级

---

1 〔宋〕吴自牧著：《梦粱录》卷18《恩霈军民》，杭州：浙江人民出版社，1980年版，第174页。

2 郭文佳著：《宋代社会保障文化研究》，北京：中国文史出版社，2014年版，第55页。

3 〔宋〕陆游著，钱仲联校注：《剑南诗稿校注》卷25，上海：上海古籍出版社，2005年版，第1783页。

学校已普及全国，《都城纪胜》形容道："都城内外，自有文武两学，宗学、京学、县学之外，其余乡校、家塾、舍馆、书会，每一里巷须一二所，弦诵之声，往往相闻。"[1]据不完全统计，宋代有州学234所、县学516所，在广大农村，乃至穷乡僻壤，也有村学、乡学、私塾、义学、家馆、冬学等。[2]可以说，在中国古代史上，在努力使平民接触文化这一方面，宋代贡献最大。

在"老"的方面，宋代有福田院、居养院。北宋初期就在东京设有东、西福田院，收养"老疾孤穷丐者"。宋英宗时扩大救济规模，增加南、北福田院。宋神宗时，"凡鳏、寡、孤、独、癃（作者注：lóng，衰弱多病）老、疾废、贫乏不能自存应居养者，以户绝屋居之；无，则居以官屋，以户绝财产充其费，不限月。"即在福田院能收养的人数之外，也为其他生活困难者提供住处和钱米，有一点儿像"居家养老"。至宋徽宗时期，"蔡京当国，置居养院、安济坊。给常平米，厚至数倍。"各州县可能是为了取悦皇帝和权相，甚至"奉行过当"，雇乳母、女使等照顾被收养者，"靡费无艺，不免率敛，贫者乐而富者扰矣。"[3]

在"病"的方面，宋代有安济坊、施药局。宋哲宗时期，知杭州苏轼募集公款2000贯，并捐出家私黄金50两，在杭州创办病坊（医院），以收养无助的疫病病人，逐渐扩大为救济

---

1 〔宋〕耐得翁撰，周百鸣标点：《都城纪胜》，王国平主编：《西湖文献集成》（第2册），杭州：杭州出版社，2004年版，第44页。

2 田建平著：《宋代出版史》，北京：人民出版社，2017年版，第133—134页。

3 〔元〕脱脱等撰：《宋史》卷178《食货上六》，北京：中华书局，1985年版，第4338—4339页。

城内外老疾贫乏难以生存者，后改名安乐坊。宋徽宗时期，安乐坊被赐名安济坊。宋高宗时，延续安济坊的精神，临安设养济院，安置老疾贫困者和乞丐，发给钱米，给药治病。[1]宋代还设有施药局，"或民以病状投局，则畀（作者注：bì，给）之药，必奏更生之效。"[2]

在"死"的方面，宋代有漏泽园等各种义冢。早在宋真宗时期，宋廷就有了"于京畿近郊佛寺买地，以瘗死之无主者"的做法，到宋徽宗时期，为贫者安葬已完全制度化，"蔡京推广为园，置籍，瘗人并深三尺，毋令暴露，监司巡历检察。"[3]

另外，宋徽宗时，"诸城、砦（作者注：寨）、镇、市户及千以上有知监者，依各县增置居养院、安济坊、漏泽园。道路遇寒僵仆之人及无衣丐者，许送近便居养院，给钱米救济。孤贫小儿可教者，令入小学听读，其衣襕于常平头子钱内给造，仍免入斋之用。遗弃小儿，雇人乳养，仍听宫观、寺院养为童行。"[4]蔡京当政时，把此前设置于东京和部分地区的救济机构向全国推广了。

那么，这些机构在宋代真的普及了吗？我们可以从地方志中找到答案。据明代人黄仲昭编纂的《八闽通志》记载，"建安县"设有常平仓、社仓7所、举子仓10所、常平库、漏泽园、义垄。"南平县（宋时为剑浦县）"设有常平仓、惠民仓、济籴

---

1 龚延明编著：《宋代官制辞典（增补本）》，北京：中华书局，2017年版，第373页。

2 〔宋〕吴自牧著：《梦粱录》卷18《恩霈军民》，杭州：浙江人民出版社，1980年版，第174页。

3 〔元〕脱脱等撰：《宋史》卷178《食货上六》，北京：中华书局，1985年版，第4338—4339页。

4 〔元〕脱脱等撰：《宋史》卷178《食货上六》，北京：中华书局，1985年版，第4339—4340页。

仓、举子仓、提举司举子仓、安乐社、丛冢庵（漏泽园）、安福庵、会一庵、水铺、潜火义社。[1]很显然，以上多数是赈济灾民、救济贫民、安葬死者的救济机构。而水铺和潜火义社，一个提供救火用水，一个是民间义务消防队，是为防御火灾而设置的。

宋代县分十等，建宁府（即建州，因是宋孝宗旧邸而升府）建安县属于第五等的"望县"，南剑州（今福建南平一带）剑浦县属于第六等的"紧县"[2]，人口分别为4000户以上、3000户以上[3]，规模不大不小，福利设施齐全，可见当时确实普及了帮助灾民和穷人应付"生老病死"的一整套救济机构和福利设施。

值得一提的是，宋代对职业兵也有一套完整的保障制度：对于伤病、殉职、因其他原因死亡的军人，规定了不同的抚恤方式；对伤病军人及时给予救治；对出征军人家属给予安置；60岁以上或有病不能打仗的士兵列为"剩员"，充当军中杂役，领取一半以下军俸。[4]

值得赞叹，但别忘了"羊毛出在羊身上"

在综合评价宋代社会保障制度时，学者们总爱举《夷坚志》

---

1 〔明〕黄仲昭纂：《八闽通志（修订本）》卷61《恤政·建宁府·建安县》《恤政·延平府·南平县》，福州：福建人民出版社，2017年版，第586、587、601、602页。

2 〔元〕脱脱等撰：《宋史》卷89《地理五》，北京：中华书局，1985年版，第2208—2209页。

3 龚延明编著：《宋代官制辞典（增补本）》，"总论"，北京：中华书局，2017年版，第24—25页。

4 郭文佳：《宋代社会保障文化研究》，北京：中国文史出版社，2014年版，第106、113页。

中"伶人讽政"的著名例子。我们就来简单回顾一下这个故事：

三名伶人分别饰演儒生、道士、僧人，各自解说其"教义"。其中僧人自称"吾之所学，生老病死苦，曰五化"，最是深奥。于是，被问及"什么是生"时，僧人说："内自太学辟雍，外至下州偏县，凡秀才读书，尽为三舍生。华屋美馔，月书季考，三岁大比，脱白挂绿，上可以为卿相。国家之于生也如此。"（这里的"生"指的是教育。）被问及"什么是老"时，僧人说："老而孤独贫困，必沦沟壑。今所在立孤老院，养之终身。国家之于老也如此。"被问及"什么是病"时，僧人说："不幸而有病，家贫不能拯疗，于是有安济坊，使之存处，差医付药，责以十全之效。其于病也如此。"被问及"什么是死"时，僧人说："死者人所不免，唯穷民无所归，则择空隙地为漏泽园，无以殓，则与之棺，使得葬埋，春秋享祀，恩及泉壤。其于死也如此。"被问及"什么是苦"时，僧人却瞑目不应，被催促再三后，僧人才蹙额回答："只是百姓一般受无量苦。"宋徽宗听后，恻然长思，没有怪罪伶人。[1]

可见，宋代，尤其是宋徽宗时期的福利制度，虽然看起来很美好，但不仅使"富者扰"，也给广大百姓带来了沉重的经济负担，招来了"不养健儿，却养乞儿。不管活人，只管死尸"[2] 之讥，也不见得取得了很好的成效。不过，话说回来，宋人勇于探索的实验精神，是值得后人学习和珍惜的宝贵经验和精神财富。

---

1 〔宋〕洪迈撰，何卓点校：《夷坚志》夷坚支乙卷第四《优伶箴戏》，北京：中华书局，1981年版，第823页。

2 〔宋〕陆游撰，李剑雄、刘德权点校：《老学庵笔记》卷2，北京：中华书局，1979年版，第27页。

宋史漫谈9：范仲淹的义庄和朱熹的社仓

宋代不仅针对贫困人口给予制度化的救济，有时也普惠某个规模较大的群体，譬如，宋廷常给京城市民发钱或免房租。试以《梦粱录》提到的免房租情况做一说明：

《梦粱录》卷3《四月》：上旬之内，车驾诣景灵宫，行孟夏礼，驾过处，公私僦舍，官放三日。[1]

《梦粱录》卷6《十一月冬至》：官放公私僦金三日。[2]

《梦粱录》卷6《十二月》：季冬之月，正居小寒、大寒时候。若此月雨雪连绵，以细民不易，朝廷赐关会，给散军民赁钱，公私放免不征。[3]

《梦粱录》卷18《恩需军民》：兼官私房屋及基地，多有赁居，还僦金或出地钱，但屋地钱俱分大中小三等钱，如遇前件祈祷恩典，官司出榜除放房地钱，大者三日至七日，中者五日至十日，小者七日至半月，如房舍未经减者，遇大礼明堂赦文条划，谓一贯为减除三百，止令公私收七百。[4]

---

1 〔宋〕吴自牧著：《梦粱录》卷3《四月》，杭州：浙江人民出版社，1980年版，第16页。

2 〔宋〕吴自牧著：《梦粱录》卷6《十一月冬至》，杭州：浙江人民出版社，1980年版，第49页。

3 〔宋〕吴自牧著：《梦粱录》卷6《十二月》，杭州：浙江人民出版社，1980年版，第49页。

4 〔宋〕吴自牧著：《梦粱录》卷18《恩需军民》，杭州：浙江人民出版社，1980年版，第173—174页。

对此，《武林旧事》总结道："都民素骄，非惟风俗所致，盖生长辇下，势使之然。若住屋，则动蠲公私房赁，或终岁不偿一镮（作者注：huán，指铜钱），诸务税息，亦多蠲放，有连年不收一孔（作者注：指铜钱）者，皆朝廷自行抱认。"有时候，市民甚至不用付房租，都被政府大包大揽下来了。所以周密感慨："民生何其幸欤！"[1]

宋代富人也颇有济世情怀。《西湖老人繁胜录》说："雪夜，贵家遣心腹人，以银凿成一两、半两，用纸裹，夜深拣贫家窗内或门缝内，送入济人。"[2]富人不仅有意识地周济穷人，还似乎意识到了要保护对方的自尊，因此偷偷派人将钱塞入贫家。

富人如此细腻周全，文人士大夫更不会落后。众所周知，范仲淹创办了义庄，堪称古代宗族互助的绝佳范例。《渑水燕谈录》描述说："范文正公轻财好施，尤厚于族人。既贵，于姑苏近郭买良田数千亩，为义庄，以养群从之贫者，择族人长而贤者一人主其出纳。人日食米一升，岁衣缣一匹，嫁娶丧葬，皆有赡给。聚族人仅百口。公殁逾四十年，子孙贤令，至今奉公之法，不敢废弛。"[3]义庄办得有声有色。据高晦叟《珍席放谈》记载，范仲淹"常务赒（作者注：zhōu，救济）赈宗

1　〔宋〕周密撰，李小龙、赵锐评注：《武林旧事》卷6《骄民》，北京：中华书局，2007年版，第165页。

2　〔宋〕西湖老人撰，周百鸣标点：《西湖老人繁胜录》，王国平主编：《西湖文献集成》（第2册），杭州：杭州出版社，2004年版，第20页。

3　〔宋〕王辟之撰，吕友仁点校：《渑水燕谈录》卷4《忠孝》，〔宋〕王辟之、欧阳修撰，吕友仁、李伟国点校：《渑水燕谈录　归田录》，北京：中华书局，1981年版，第35—36页。

族，以逮孤远"，以至"薨之日，家无余赀"。[1]可见，范仲淹为了办义庄，自己过得非常清苦，从未改变划粥断齑、胸怀天下的初心。

其实，宋廷出台新政策，必然基于士大夫的实践经验。宋高宗时，建安名士魏掞之"依古社仓法，请官米以贷民，至冬取之以纳于仓。部使者素敬掞之，捐米千余斛假之，岁岁敛散如常，民赖以济"。可以说，魏掞之完成一大创举，"诸乡社仓自掞之始。"[2]

魏掞之是朱熹的朋友，他在家乡建安建社仓以安百姓一事对朱熹产生了重要影响。宋孝宗时，朱熹在崇安县（在今福建武夷山市，是朱熹成长的地方）创建具有民间互助性质的社仓，获得成功。宋孝宗淳熙八年（1181），时任提举两浙东路常平茶盐公事的朱熹至临安上奏，详述崇安社仓的成功经验，请求向全国推广。尽管当时朝中有争议，但宋廷经过权衡后，下令"下朱熹社仓法于诸路"。因此，虽然朱熹不是社仓首创者，但南宋推广的社仓制度——"社仓法"无疑是朱熹首倡的。常平仓设于州县，对救济农村不利，社仓则深入农村，可使救济贫穷农民的措施落到实处。而当时社仓分官办、民办两种，不论哪一种，民间力量参与度都很高。由此可见，朱熹社仓法在宋境实行，具有重要的社会意义。[3]

最后再说一个刘彝命百姓收养弃儿的例子。据《东轩笔录》

---

1 〔宋〕高晦叟撰，孔凡礼整理：《珍席放谈》卷上，朱易安、傅璇琮等主编：《全宋笔记》第三编一，郑州：大象出版社，2008年版，第186页。

2 〔元〕脱脱等撰：《宋史》卷459《隐逸下》，北京：中华书局，1985年版，第13468—13469页。

3 李华瑞著：《宋代救荒史稿》，天津：天津古籍出版社，2014年版，第346—349页。

记载：

> 刘彝所至多善政，其知虔州也，会江西饥歉，民
> 多弃子于道上，彝揭榜通衢，召人收养，日给广惠仓
> 米二升，每月一次，抱至官中看视。又推行于县镇，
> 细民利二升之给，皆为子养，故一境凡弃子无夭阏
> （作者注：yāo è，夭折）者。[1]

"每月一次，抱至官中看视"恰是刘彝此次公益活动的精
髓——可见，不管是多么优秀的救济办法、制度设计，最终看
的还是落实效果，它赌的不是"人性本善"，而是施政者要有
让人摒弃恶念、一心为善的智慧。

---

1 〔宋〕魏泰撰，李裕民点校：《东轩笔录》卷9，北京：中华书局，1983年版，第
101页。

政治篇

遭人误读的宋代

政治军事服制礼仪

第一章

宋代称谓中，『爸爸妈妈』可以有，『父皇儿臣』真没有

看到一部把故事背景设定在宋代的文艺作品，你是如何判断其"含宋量"有多少的呢？

很多人是靠"服化道"来做判断的。但我觉得，现代人不太可能还原真正的宋服，不如多关注一下称谓。

多年前的文艺作品，称谓比较随心所欲，想起什么用什么，近年来，不少作品开始注重时代特征，捞回了"官家""娘子"等词，挺好，不过，应该注意的是，古人称谓很丰富，要分场合，大可不必逮着一两个用到天荒地老。

宋代对皇帝的21类称谓一览表

	简称与别名	备　　注
1	帝	
2	人主、上、主	
3	人君、九重	
4	九五之位、飞龙、龙飞	皇帝典故称
5	天子、天、官家、大家、官里、宅家	汉唐以来相传的便称
6	君、至尊、陛下	
7	内家	对皇帝的俗称
8	元首	
9	今上	当朝皇帝便称
10	圣人、圣主、圣父、圣躬	
11	主上	
12	玉皇、玉舆	
13	六飞、六龙、六蜚	
14	乘舆、车驾、大驾、宫车	
15	衮职、扆（yǐ）坐、冕旒、黼（fǔ）座	皇帝的冠戴、御座，常在文人诗词、散文中出现，作为皇帝雅称
16	万乘	

	简称与别名	备　　注
17	赵家天子、汉家阿舅、大官家、四天下条贯主	外国对宋皇帝的称呼
18	冲人（冲人）、眇躬、朕、予小子	皇帝自称
19	大行	刚去世、尚未有谥号的皇帝称大行皇帝
20	某陵	皇帝葬地称陵，陵有陵名，史家或以陵名指代已故皇帝
21	某庙	皇帝之庙号，在史籍中常用作皇帝代称

资料来源：龚延明编著：《宋代官制辞典（增补本）》，北京：中华书局，2017年版，第1—2页。

由上表可见，对于特定人士的称谓，古人可以玩出许多花式，若拘泥于一两种，就把古人想得太古板了。

鉴于多年来各种古装剧给观众带来了不少潜移默化的影响，我在这里就"宋代称谓"划几个需要厘清的重点：

1. "爸爸"可以大胆用。古装剧一般称父亲为"爹爹"，而不是"爸爸"。但"爸爸"出现得并不晚，更不是舶来词。差不多从魏晋开始，"爷""爷爷""爹""爹爹""爸""爸爸"都已用来称呼父亲。[1]

2. "哥哥"是个万能词。古代男性几乎"人均可称哥"，他的父母、兄弟姐妹和子女均可称其为"哥"，他也可以自称"哥"。如唐玄宗称其父唐睿宗为"四哥"，唐太宗向儿子唐高宗自称"哥哥"[2]，宋高宗吴皇后称其孙宋光宗为"大哥"。

3. 没有"父皇"和"儿臣"。在亲属称谓方面，皇家并不特殊。宋代皇子女称其父母为"爹爹""娘娘""姐姐"等，而不

1　袁庭栋著：《古人称谓》，济南：山东画报出版社，2007年版，第118—119页。

2　袁庭栋著：《古人称谓》，济南：山东画报出版社，2007年版，第120—121页。

是"父皇""母后"，皇子女自称也与一般官员、命妇一样，是"臣""妾"，而不是"儿臣"。

4."大人"专指尊亲属。"大人""老爷"用来称呼官员的情况出现得非常晚。在宋代，"大人"专指父母等亲人长辈。称呼宋代官员，取其官名简称即可。譬如，可称"枢密使"为"枢使"，称"殿前都指挥使"为"殿帅"等。

5."官人""娘子"很好用。这两个也是万能词，上到皇帝皇后，下到贩夫走卒，都适用。

6.女性一般不从夫姓。譬如宋代女子张某嫁给男子王某，你可以称她为"张娘子""张夫人"，但不要称为"王夫人"。

看到这里，是不是又有一种颠覆感？

近几年，与宋代有关的影视作品有个明显变化——从按传统戏曲套路讲跟宋代风马牛不相及的虚构故事，转向在模拟宋代的场景中讲虚构故事，"含宋量"提高了。

宋史是宏大的概念，无论你截取多么小的一段来认真考察，都会发现非常复杂，但它杂而不乱，从本章起，我要讲的就是判断一部影视剧"含宋量"有多少的最简单、直观的三种工具——称谓、服饰、礼仪。

面对非亲属，别乱叫"大人""老爷"

宋代称谓"上下一体"（宫里和民间一致），用于尊亲属的称谓一般不用于非亲属的上级，使用"谀称""过称"会被鄙视。譬如，南宋有人用"恩王""恩相"称有权者，柴中行对此嗤之以鼻，当有"帅"打算推荐他时，他不客气地回道："身为大帅，而称人为恩王、恩相，心窃耻之。毋污我！"[1]

不过，宋代官员之间确实喜欢互用过称。据赵彦卫《云麓漫钞》记载：

> 宣和以前，士大夫辈行相等，皆称字，虽通上

---

[1] 〔元〕脱脱等撰：《宋史》卷401《柴中行传》，北京：中华书局，1985年版，第12173页。

官，亦不过呼；若大夫以上，只云"运判大夫"之类。秦忠献（作者注：秦桧）与人简尺，多云"丈"，世俗效之，虽贻晚进书，亦云"丈"，知州以上则称"朝议"，以下皆"学士"。秦薨，臣寮论列。未几，昔日之朝议进而为"大中"，学士进而为"朝议"。近年尤甚，知州而上，皆有"大中"、"通奉"之称矣。[1]

这一段可以简单地理解为，六品官之间会以五品官互称，以此类推，这大概就是最早的"商业互吹"吧。对此，洪迈说："士大夫僭妄相尊，日以益甚。"为了整治歪风邪气，宋廷还制定专法禁止，"天圣职制，内外文武官不得容人过称官品"[2]，譬如，如果有人拿尊称亲王的"大王"来称郡王，就会以"过称官名"问罪。[3]不过，禁令显然没有实际效果，"自后法令不复有此一项，以是其风愈炽，不容整革矣。"[4]

对于以高官官称称呼卑者，宋人倒不计较。譬如，两浙地区就习惯称年幼奴仆为"将军"。家仆之间往往以高官相称，文彦博当侍从时，家仆自称仆射，他当宰相时，家仆已经"高升"司徒了。[5]仆人这"升迁"速度，雇主望尘莫及。

1 〔宋〕赵彦卫撰，傅根清点校：《云麓漫钞》卷4，北京：中华书局，1996年版，第63页。

2 〔宋〕洪迈撰，孔凡礼点校：《容斋三笔》卷1《过称官品》，〔宋〕洪迈撰，孔凡礼点校：《容斋随笔》，北京：中华书局，2005年版，第482页。

3 龚延明编著：《宋代官制辞典（增补本）》，北京：中华书局，2017年版，第44页。

4 〔宋〕洪迈撰，孔凡礼点校：《容斋三笔》卷1《过称官品》，〔宋〕洪迈撰，孔凡礼点校：《容斋随笔》，北京：中华书局，2005年版，第483页。

5 朱瑞熙：《宋代官民的称谓》，载《上海师范大学学报》1990年第3期，第105页。

宋人喜欢互相吹捧，但总的来说是有节制的，一般不会拿称呼父母长辈的"大人""爷""娘娘"来称呼皇帝后妃、皇亲国戚和官员等。庄绰《鸡肋编》说："'大人'以大对小而言耳，而世惟子称父为然。若施之于他，则众骇笑之矣！"[1]

以知开封府包拯为例，人们不能称其为"包大人""青天大老爷"，可称"知府"，因其同时为龙图阁直学士，也可称"学士""龙图""小龙"。[2]事实上，"包龙图""包待制（包拯曾为天章阁待制）"正是历史上对包拯的称谓，另外，宋代百姓还称他为"阎罗包老"。[3]

跟包拯一样拥有专属称谓的还有狄青。王辟之《渑水燕谈录》说："公初为延州指使，后显贵，天下犹呼公为狄天使。"[4]

当然，也有用亲属称谓称呼官员的例子。譬如，北宋的范雍、范仲淹分别被西夏人称为"大范老子""小范老子"，南宋的宗泽被"群盗降附者"称为"宗爷爷"，陆游《老学庵笔记》说其原因是"盖尊之以为父也"[5]，我倒觉得像是一种含有敬畏或忌惮意味的尊称。另外，《渑水燕谈录》说，范仲淹以龙图阁直学士镇守西境，"威德著闻，夷夏耸服，属户蕃部率称曰

1 〔宋〕庄绰撰，萧鲁阳点校：《鸡肋编》卷上，北京：中华书局，1983年版，第27—28页。

2 龚延明编著：《宋代官制辞典（增补本）》，北京：中华书局，2017年版，第569页。

3 〔元〕脱脱等撰：《宋史》卷316《包拯传》，北京：中华书局，1985年版，第10317页。

4 〔宋〕王辟之撰，吕友仁点校：《渑水燕谈录》卷2《名臣》，〔宋〕王辟之、欧阳修撰，吕友仁、李伟国点校：《渑水燕谈录 归田录》，北京：中华书局，1981年版，第16页。

5 〔宋〕陆游撰，李剑雄、刘德权点校：《老学庵笔记》卷1，北京：中华书局，1979年版，第11页。

龙图老子，至于元昊，亦以是呼之。"[1] 元昊以下西夏人，还称范仲淹为"龙图老子"。

"大人老爷"是何时开始被用来广泛称呼官员的呢？是清代。明代或称巡按御史、县令为"大人"，但并不适用于所有官员；清代康熙末年钦差、雍正初年督抚、嘉道以后司道被称为"大人"。[2]

至于老爷，元代官员已有"老爷"之称；明代六部尚书、翰林学士及外官布政司、按察司、分守道、分巡道以上称"老爷"；至清代，大臣尊称军机章京为"老爷"，"老爷"并成为平民对官僚的通称。[3]

对于太后，外臣称"母后"，皇家叫"娘娘"

按照不同身份、职业，来看看宋代有哪些常见称谓。

简单说来，对皇家人可以这么称呼：称皇帝为"陛下""官家"，后宫也称皇帝为"大家"；称皇太后为"太后""太母""殿下"，也有称"陛下"者；称皇太妃为"太妃""殿下"；称皇后为"皇后""圣人""殿下"；称贵妃等嫔妃为"娘子"；称太子为"殿下"；称亲王为"大王"；称亲王妻子为"夫人"[4]；

---

1 〔宋〕王辟之撰，吕友仁点校：《渑水燕谈录》卷2《名臣》，〔宋〕王辟之、欧阳修撰，吕友仁、李伟国点校：《渑水燕谈录 归田录》，北京：中华书局，1981年版，第14页。

2 龚延明著：《中国历代职官别名大辞典（增订本）》，北京：中华书局，2019年版，第55页。

3 龚延明著：《中国历代职官别名大辞典（增订本）》，北京：中华书局，2019年版，第441页。

4 龚延明编著：《宋代官制辞典（增补本）》，北京：中华书局，2017年版，第1、8、9、28、39、40页。

称公主为"公主""主主"[1]……当不知怎么称呼一位皇室成员时，可笼统称为"官人""娘子"。

为什么宋代皇帝被称为"官家"？原来，"官家之义，盖取五帝官天下，三王家天下。"[2]至于为什么又可笼统地称皇帝为"官人"，我们可以看看宋真宗的"现身说法"。

据王明清《挥麈后录》记载：

> 大中祥符间，章圣祀汾阴，至泰山下，聚观者几数万人，阗拥道路，警跸（作者注：帝王出入时在前清道阻止行人的人）不能进。上以询左右，或云："村民所畏者尉曹也，俾弹压之。"即命亟召之。少焉，一绿衣少年跃马疾驰而前，群氓大呼："官人来矣！"奔走辟易而散。上笑云："我不是官人邪？"[3]

另外，人主、上、飞龙、天子、天、官里、宅家、至尊、内家、元首、今上、圣人、圣主、圣父、圣躬、玉皇、玉舆、六飞、六龙、乘舆、车驾、大驾、宫车、衮职、宸坐、冕旒、万乘、赵家天子等都指代皇帝。对于已故皇帝，宋人通常称为某陵或某庙。[4]譬如，"昭陵""仁庙"指的是宋仁宗。[5]

需要注意的是，"母后"是对皇太后的别称，是外人用来

1　朱瑞熙：《宋代官民的称谓》，载《上海师范大学学报》1990年第3期，第103页。

2　〔宋〕赵彦卫撰，傅根清点校：《云麓漫钞》卷3，北京：中华书局，1996年版，第44页。

3　〔宋〕王明清撰，燕永成整理：《挥麈后录》卷5，上海师范大学古籍整理研究所编：《全宋笔记》第六编一，郑州：大象出版社，2013年版，第148页。

4　龚延明编著：《宋代官制辞典（增补本）》，北京：中华书局，2017年版，第1—2页。

5　〔宋〕庄绰撰，萧鲁阳点校：《鸡肋编》卷中，北京：中华书局，1983年版，第45页。

称呼太后的。刘太后遗诏以"闺蜜"杨太妃为皇太后继续垂帘听政，大臣蔡齐说："今皇帝二十四岁，何必更烦母后垂帘？岂有女后相继之理？"[1]

跟民间称呼母亲一样，宋代皇室称太后为"娘娘"。举个例子，对于两位养母刘太后、杨太妃，"仁宗谓刘氏大娘娘，谓杨氏小娘娘。"[2]大臣则称呼两人为"陛下""殿下"。其中，刘太后曾垂帘听政，所以称"陛下"。有一次，刘太后想穿衮冕祭太庙，大臣薛奎说："陛下大谒之日，还作汉儿拜邪，女儿拜邪？"[3]

不要胡乱给一位宋代女士冠夫姓

对官员可以这样称呼：宰相和副相参知政事称"相公"（相公一词，自元开始滥用）[4]；枢密院正副长官称"枢使""枢长""枢副""贰枢"等[5]；有文采的官员一般都有"职"，称"学士"[6]；知县称"明府"，县尉称"少府"[7]；知州称"使君"，

1 〔宋〕佚名撰，孔一校点：《道山清话》，〔宋〕宋敏求等撰，尚成等校点：《春明退朝录（外四种）》，上海：上海古籍出版社，2012年版，第81页。

2 〔宋〕苏辙撰，俞宗宪点校：《龙川别志》卷上，〔宋〕苏辙撰，俞宗宪点校：《龙川略志　龙川别志》，北京：中华书局，1982年版，第79页。

3 〔宋〕文莹撰，郑世刚、杨立扬点校：《续湘山野录》，〔宋〕文莹撰，郑世刚、杨立扬点校：《湘山野录　续录　玉壶清话》，北京：中华书局，1984年版，第75—76页。

4 龚延明著：《中国历代职官别名大辞典（增订本）》，北京：中华书局，2019年版，第783—784页。

5 龚延明编著：《宋代官制辞典（增补本）》，北京：中华书局，2017年版，第113页。

6 龚延明著：《中国历代职官别名大辞典（增订本）》，北京：中华书局，2019年版，第739—740页。

7 〔宋〕马永卿撰，崔文印校释：《嬾真子录校释》卷1，北京：中华书局，2017年版，第34页。

兼任安抚使的知州称"帅藩"；宣抚使称"宣抚""大帅"；中等宦官称"阁长"[1]；权贵子弟称"衙内"；富人称"员外"，年轻的称"小员外"。[2]

宋人极重"职"，欧阳修说，梅尧臣"以诗知名，三十年终不得一馆职"，自己很遗憾，世人也为之叹息。[3]在宋代，三馆职事皆可称"学士"。[4]

对于特定职业从业者可以这样称呼：医者称"大夫""郎中""衙推"；算卦先生称"巡官"[5]；教书先生称"学究"；工匠称"司务"；船上篙师称"长年""长老"；饭馆里招呼客人的称"量酒博士"，掌勺厨师称"铛头"，端菜的称"行菜"，女厨师称"厨娘"；至于理发匠，男的称"刀镊家儿"（见图24），女的称"刀镊妇"……总而言之，三教九流都可称"助教"。[6]

至于一般男子，均可称为"丈""公"[7]，宋人还特别喜欢称排行。譬如，宋仁宗的八叔赵元俨（一般被认为是文艺作品中"八贤王"的原型）被称为"八大王"[8]；宋英宗高皇后称其夫为

1　龚延明编著：《宋代官制辞典（增补本）》，北京：中华书局，2017年版，第70、512、586、591页。

2　朱瑞熙：《宋代官民的称谓》，载《上海师范大学学报》1990年第3期，第104页。

3　〔宋〕欧阳修撰，李伟国点校：《归田录》卷2，〔宋〕王辟之、欧阳修撰，吕友仁、李伟国点校：《渑水燕谈录　归田录》，北京：中华书局，1981年版，第27—28页。

4　〔宋〕沈括撰，金良年点校：《梦溪笔谈》卷1《故事一》，北京：中华书局，2015年版，第5页。

5　〔宋〕陆游撰，李剑雄、刘德权点校：《老学庵笔记》卷2，北京：中华书局，1979年版，第25页。

6　朱瑞熙：《宋代官民的称谓》，载《上海师范大学学报》1990年第3期，第104、105页。

7　朱瑞熙：《宋代官民的称谓》，载《上海师范大学学报》1990年第3期，第109页。

8　龚延明编著：《宋代官制辞典（增补本）》，北京：中华书局，2017年版，第45页。

"十三团练"[1]；时人称欧阳修、柳永为欧九、柳七。

至于一般女子，可统称"娘子"，按排行或年纪称"大娘""二娘""小娘子"等，但一般不称"小姐"，因宋代小姐指的是街头艺人、妓女、妾等地位卑微的女子。[2]

宋代普通妇女不起正名，常用姓氏加"阿"字作为名字，譬如"阿张""阿王"。此举是沿用了古人的习惯，因为"古人多言'阿'字"，唐人就称武则天为"阿武婆"。[3]当然，不普通的宋代妇女还是有名字的，譬如李清照、朱淑真、胡淑修。

另外，称呼宋代女性不必"冠夫姓"。譬如，宋人称司马光的夫人为裴夫人[4]，称韩世忠的夫人为梁夫人。

多数场合中，皇帝、太后的自称都是"我"

至于亲属称谓，宋人普遍称父亲为"爹""爹爹"，称母亲为"妈""妈妈"，也有称父亲为"爷""爷爷"，称母亲为"娘娘"的。宋人一般称祖父为"翁""翁翁""耶耶""太公"等，称祖母为"婆""婆婆""娘娘""太婆"等。[5]

宋人还有称母亲为"姐姐"的。宋高宗吴皇后就称宋高宗母亲韦氏为"大姐姐"。宋高宗称其母为"姐姐"，称其父为

1　〔宋〕蔡絛撰，冯惠民、沈锡麟点校：《铁围山丛谈》卷1，北京：中华书局，1983年版，第7页。

2　朱瑞熙：《宋代官民的称谓》，载《上海师范大学学报》1990年第3期，第106页。

3　〔宋〕赵彦卫撰，傅根清点校：《云麓漫钞》卷10，北京：中华书局，1996年版，第168页。

4　〔宋〕佚名撰，孔一校点：《道山清话》，〔宋〕宋敏求等撰，尚成等校点：《春明退朝录（外四种）》，上海：上海古籍出版社，2012年版，第74页。

5　朱瑞熙：《宋代官民的称谓》，载《上海师范大学学报》1990年第3期，第106页。

"爹爹"。[1]宋哲宗称嫡母向太后为"娘娘"、生母朱太妃为"姐姐"，曾布《曾公遗录》记载了宋哲宗病重接受治疗的情形："至十日着灸，初不知痛，至五十壮（作者注：每灸一个艾炷，称为一壮）后痛甚，呼太后及太妃云：'娘娘、姐姐，痛忍不得也！'"[2]

宋代有没有现代最常用的"爸爸"一词？实际上，古人书面语中常见的"父"，在口语中就是"爸""爸爸"，自魏晋以来，这一直是对父亲的最常见称呼，《集韵》说："吴人呼父曰爸。"可见，宋代也应有"爸爸"这一亲属称谓。[3]

自称的部分，皇帝在正式场合自称"朕"，一般场合自称"我"，对父母、祖父母谦称"臣"。譬如宋神宗曾穿金甲向太皇太后（宋仁宗曹皇后）炫耀："娘娘，臣著此好否？"[4]

太后在正式场合自称"吾"，一般场合自称"我"。宋仁宗养母刘太后垂帘时即自称"吾"。[5]宋高宗吴皇后欲立嘉王扩（宋宁宗）为皇帝，对他说："我见你公公（作者注：宋高宗），又见你大爹爹（作者注：宋孝宗），见你爷（作者注：宋光宗），今又却见你。"[6]

---

1 〔宋〕叶绍翁撰，沈锡麟、冯惠民点校：《四朝闻见录》乙集《宪圣不妒忌之行》《宣政宫烛》，北京：中华书局，1989年版，第60、83页。

2 〔宋〕曾布撰，顾宏义点校：《曾公遗录》卷9，北京：中华书局，2016年版，第201—202页。

3 袁庭栋著：《古人称谓》，济南：山东画报出版社，2007年版，第119—120页。

4 〔宋〕蔡絛撰，冯惠民、沈锡麟点校：《铁围山丛谈》卷1，北京：中华书局，1983年版，第7页。

5 〔元〕脱脱等撰：《宋史》卷117《礼二十》，北京：中华书局，1985年版，第2774页。

6 〔宋〕叶绍翁撰，沈锡麟、冯惠民点校：《四朝闻见录》甲集《宪圣拥立》，北京：中华书局，1989年版，第12页。

皇子女称皇帝为"父亲""爹爹"，自称"臣""妾"。不过，皇女仅在正式文书中自称"妾"，这就是《宋史·礼十八》所说的"自大长公主而下，凡上笺表，各据国封称妾"。[1]皇子面对帝后，不分场合都自称"臣"。上述一幕场景中，赵扩听说曾祖母要立自己为皇帝，连称："告大妈妈，臣做不得，做不得。"[2]

后妃面对尊者谦称"妾"。张贵妃曾向宋仁宗说："妾姿薄，不胜宠名，愿为美人。"[3]宫中女子或臣僚妻子对皇帝也谦称"臣妾"。宋高宗吴皇后面对丈夫即自称"臣妾"。宋仁宗时期有一名皇族夫人向皇帝告状说："臣妾有夫，不幸为婢妾所惑。"[4]

包括宦官在内的官员，对皇帝自称为"臣"、自己已故父亲为"先臣"。皇帝称臣僚为"卿"、臣僚已故父亲为"先卿"。宦官出身的名将秦翰曾对宋太宗说："臣一内官不足惜，愿手刺此贼，死无所恨。"[5]宋仁宗时期王尧臣参与议立皇嗣，连宋英宗也不知此事，王尧臣过世后，其子王同老告诉宋神宗："先帝之立，乃先臣在政府始议也，其始终事并藏于家。"[6]宋理

---

1 〔元〕脱脱等撰：《宋史》卷115《礼十八》，北京：中华书局，1985年版，第2733页。

2 〔宋〕叶绍翁撰，沈锡麟、冯惠民点校：《四朝闻见录》甲集《宪圣拥立》，北京：中华书局，1989年版，第12页。

3 〔元〕脱脱等撰：《宋史》卷242《后妃上》，北京：中华书局，1985年版，第8622—8623页。

4 〔宋〕彭□辑撰，孔凡礼点校：《墨客挥犀》卷8《居瑶华宫作极相思令》，〔宋〕赵令畤等撰，孔凡礼点校：《侯鲭录 墨客挥犀 续墨客挥犀》，北京：中华书局，2002年版，第376页。

5 〔元〕脱脱等撰：《宋史》卷466《宦者一》，北京：中华书局，1985年版，第13614页。

6 〔宋〕魏泰撰，李裕民点校：《东轩笔录》卷10，北京：中华书局，1983年版，第113页。

宗曾对朱在说:"先卿(作者注:朱在之父朱熹)《中庸序》言之甚详,朕读之不释手,恨不与同时。"[1]

至于一般人,女子谦称"奴""妾""奴奴"等[2];男子除了历代通用的谦称"小人""鄙人"之类外,还自称"男女"。譬如,岳飞责问一名擅自行动的亲将,亲将辩解说:"闻太尉军小不利,故择敢战之士以备策应,此男女孝顺耳。"[3]

宋代并没有"父皇""儿臣"这种称谓

下面来看明代田汝成《西湖游览志馀》记录的一个信息量颇大的段子:

> 光宗在鹤禁,意欲内禅,终难发言,数击鲜于慈福太后(作者注:宋高宗皇后吴氏)。太后疑之,询近侍曰:"大哥屡排当,何故?"旁则有奏曰:"意望娘娘为趣上耳。"后笑。顷之,寿皇(作者注:宋孝宗)至东内,从容间,语上曰:"官家也好早取乐,放下与儿曹。"上曰:"臣久欲尔,但孩儿尚小,未经历,故不能即与之。不尔,则自快活多时矣。"后不能强,语光宗曰:"吾尝谕乃翁,渠所见又尔。"光宗岸帻(作者注:推起头巾,露出前额)禀曰:"臣发已白,尚以为童,则罪过翁翁。"后无语,盖言高庙

---

1 〔元〕脱脱等撰:《宋史》卷41《理宗一》,北京:中华书局,1985年版,第789页。

2 朱瑞熙:《宋代官民的称谓》,载《上海师范大学学报》1990年第3期,第110页。

3 〔宋〕周密撰,张茂鹏点校:《齐东野语》卷13《岳武穆逸事》,北京:中华书局,1983年版,第238页。

（作者注：宋高宗）逊寿皇于盛年也。[1]

宋光宗当太子时，试图让其父宋孝宗内禅，引发上述故事。在故事中，宋光宗被祖母（宋高宗吴皇后）称为"大哥"，吴氏被近侍称为"娘娘"，宋光宗、宋孝宗对吴氏自称"臣"，宋光宗称祖父高宗为"翁翁"。可见，宋代皇子女称呼帝后或在帝后面前自称，并不使用"父皇""儿臣""母后"一类词语。

必须指出的是，本文涉及的称谓，有不少来自勤奋记笔记的宋人笔下，他们对于宫内对话的记录，不可能字字准确，但肯定符合当世风俗，因此其称谓部分应是确切的。最后再说几个宋代笔记中宋仁宗的段子，来还原一下宫中称谓的使用。

据《道山清话》记载：

> 子瞻（作者注：苏轼）尝言，韩庄敏（作者注：韩缜）对客，称仁宗时，一夜三更以来，有中使于慈圣殿传宣。慈圣起，著背子，不开门，但于门缝中问云："传宣有甚事？"中使云："皇帝起，饮酒尽，问皇后殿有酒否？"慈圣云："此中便有酒，亦不敢将去。夜已深，奏知官家且歇息去。"更不肯开门纳中使。[2]

据《东轩笔录》记载：

1　〔明〕田汝成著，陈志明编校：《西湖游览志馀》卷2《帝王都会》，北京：东方出版社，2012年版，第21页。

2　〔宋〕佚名撰，孔一校点：《道山清话》，〔宋〕宋敏求等撰，尚成等校点：《春明退朝录（外四种）》，上海：上海古籍出版社，2012年版，第66页。

仁宗尝春日步苑中，屡回顾，皆莫测圣意。及还宫中，顾嫔御曰："渴甚，可速进熟水。"嫔御进水，且曰："大家何不外面取水而致久渴耶？"仁宗曰："吾屡顾不见镙子（作者注：掌茶点的厨子），苟问之，即有抵罪者，故忍渴而归。"[1]

据《北窗炙輠（guǒ）录》记载：

仁宗尝与宫人博，才出钱千，既输却，即提其半走，宫人皆笑曰："官家太穷相，输又惜不肯尽与。"仁宗曰："汝知此钱为谁钱也？此非我钱，乃百姓者也！我今日已妄用百姓千钱。"又一夜，在宫中闻丝竹歌笑之声，问曰："此何处作乐？"宫人曰："此民间酒楼作乐处。"宫人因曰："官家且听，外间如此快活，都不似我宫中如此冷冷落落地。"仁宗曰："汝知否？因我如此冷落，故得渠如此快活；我若为渠，渠便冷落矣。"呜呼，此真千载盛德之君也！[2]

可见，宋仁宗在内宫，人们称他为"大家""官家""皇帝"，他自称"我""吾"，并不像各种剧中皇帝那样"朕"来"朕"去——毕竟，放下公众人物的"官方人设"，退回私人领域，谁还不是个普通人？

1　〔宋〕魏泰撰，李裕民点校：《东轩笔录》卷11，北京：中华书局，1983年版，第125页。

2　〔宋〕施德操撰，虞云国、孙旭整理：《北窗炙輠录》卷下，朱易安、傅璇琮等主编：《全宋笔记》第三编八，郑州：大象出版社，2008年版，第203—204页。

第二章

宋代皇帝没穿过黄色的龙袍

从名字上看，"古装剧"最应重视古装，但事实上，古装剧曾长期野蛮生长、自由飞翔。

以古装剧中的皇帝服饰为例。有时，他们从清代同行身上得到灵感，浑身披满明黄，并绣满了历史不悠久的清式龙纹；有时，他们天天穿着艺术加工过的"冕服"，宛如一位"祭祀工具人"。我觉得，这种必须随时注意仪容的"半永久祭司"一定感觉不到身为"天子"的快乐，而且，"皇帝要穿冕服"被反复强调，以致不少人误以为"只有皇帝有冕服"。而事实上，古代冕服有严格的形制及使用场合。

主要朝代冕服种类及使用场合一览表

朝代	种 类	用 途
周	大裘冕、衮冕、鷩（bì）冕、毳（cuì）冕、希冕、玄冕	祀昊天上帝、五帝、享先王、享先公、飨射、祀四望山川、祭社稷、祭群小祀、朝会
秦	玄冕	郊祀皆用玄冕
汉	衮冕、平冕	天子祠天地、明堂、养三老五更；三公九卿特进陪祀
晋	衮冕、平冕	天子祠天地、明堂、临轩；三公九卿特进陪祀
隋	衮冕、毳冕、鷩冕、玄冕	天子祀圆丘、方泽、感帝、明堂、五郊、封禅、朝日、夕月、宗庙、社稷、藉田、庙遣上将、征还、饮至、元服、纳后、正月受朝及临轩拜王公则服之；太子侍从皇帝祭祀及谒庙、元服纳妃则服之；国公开国公初受册执贽入朝祭，亲迎则服之；三公助祭者亦服之；正三品已下从五品已上助祭则服之；子男初受册执贽入朝祭，亲迎则服之；侯伯初受册执贽入朝祭，亲迎则服之
唐	大裘冕、衮冕、鷩冕、毳冕、绣冕、玄冕	诸祭祀天神地祇、庙遣上将、征还、饮至、践阼、加元服、纳后、元日受朝、有事遂（同远）主、祭社稷、帝社、蜡（zhà）祭百、朝日、夕月

朝代	种　类	用　　途
宋	大裘冕、衮冕、九旒冕、七旒冕、五旒冕	天子祭天地、宗庙，朝太清宫、飨玉清昭应宫景灵宫、受册尊号、元日受朝、册皇太子则服之；皇太子受册、谒庙、朝会、加元服、从祀、纳妃、释奠文宣王服之；百官奉祀、为献官、奉礼则服之
元	衮冕	天子享庙、谒庙及朝遣上将、征还、饮至、践阼、加元服、纳后、元日受朝及临轩册拜王公；太子加元服、纳妃；侍从祭祀及谒庙则服之
明	衮冕	天子祭天地、宗庙、正旦、冬至、圣节、祭社稷、先农、册拜；皇太子陪祀天地、社稷、宗庙及大朝会、受册、纳妃；亲王助祭、谒庙、朝贺、受册、纳妃

资料来源：王雪莉著：《宋代服饰制度研究》，杭州：杭州出版社，2007年版，第49—51页。

上表文字，你可能并未完全看懂，没关系，你已经发现了，冕服绝不是随便就可穿着的日常衣服，这就够了。

令人欣慰的是，近年来以宋为背景的古装剧开始"追求写实"。但你以为，只要"追求写实"，就能"符合历史"吗？宋人是很淘气的，他们有一万种方式，让你搞不清他们应该穿什么衣服。

南宋周密说："先子为衢倅（作者注：cuì，佐贰）时，外舅杨彦赡知郡，既而除工部郎官，交郡事甫毕，则自便门至倅厅相谢，则已衣绯矣。"什么意思呢？杨伯岩（字彦赡，周密的岳父）卸任衢州知州出任工部郎官，交接了州上事务，就脱下紫袍，换了低一等的绯袍。对这件事，周密感到十分诧异，经过其父周晋解释，他才明白。原来，"故事：知州军皆例借紫鱼袋。"[1] 出任知州、知军这一

---

1 〔宋〕周密撰，吴企明点校：《癸辛杂识》后集《知州借紫》，北京：中华书局，1988年版，第89页。

级别主官者，无论其"官"是什么级别，均需"借紫"穿紫袍，所以杨伯岩卸任知州后换用了绯袍。在不明真相的人看来，他这是降职了，但其实只是回归了本来服色而已。

官员穿什么服色是有明确记载的，现代人，甚至宋人自己，尚且搞不太明白，而宋代大量服饰样式是没有记载的，故而，想在一部人物众多、身份复杂的古装剧中，让所有人穿对衣服，是不可能完成的任务。我认为，"追求写实"十分要紧，但"追求满分"大可不必，因为，能"得分"就不错了。

请赶紧进入正文，看看这令人眼花缭乱的宋服世界吧！

包括纪录片在内的各种作品往往给人这样的经验：黄色与龙纹最配。加上宋代有黄袍加身的典故，不少人更加相信，黄龙袍是宋代皇帝标配。然而，"南薰殿历代帝后图像"显示，宋帝多穿素红袍，偶尔穿淡黄袍，至于纹饰繁复的黄龙袍，根本无人穿用。

毋庸置疑，近年来，各种影视作品已有所改进，但仍不够。仅以鞋为例，交领配靴在各种剧中是"正常操作"，但讲究"夷夏之辨"的宋人实际上是以履配交领（传统汉制）、靴配圆领（源自胡服）的，日常多用传统汉制的履而非源自胡服的靴。[1]

服制是大题，本文仅以"宋代君臣制服"为例，简单地划几个重点。

冕服：冕旒和龙纹并非"皇帝专用"

据《续资治通鉴长编》，宋初，"有司言国家受周禅，周木德，木生火，当以火德王，色尚赤，腊用戌，从之。"[2]可见，红色为宋之"国色"，所以，在宋代君臣的各类服饰中，大量运用了红色（包括红、赤、绛、朱、绯等）元素。

---

[1]　华梅等著：《中国历代〈舆服志〉研究》，北京：商务印书馆，2015年版，第321页。

[2]　〔宋〕李焘撰：《续资治通鉴长编》卷1《太祖建隆元年三月》，北京：中华书局，2004年版，第10页。

冕服，又称祭服，是一种传统的上衣下裳（cháng）的汉制交领礼服。宋代皇帝有大裘冕和衮冕，以"冕旒＋衮服"的衮冕为主，旒为前后各十二旒，衮服为青衣红裳（一度为传统的玄衣纁裳）[1]，搭配金龙凤革带、红袜赤舄（xì，履）等。[2]

皇帝衮服上有龙，但龙只是众多图案中的一种，并非皇帝专用。譬如，皇帝青色衮服上有日、月、星、山、龙、雉、虎蜼（wèi）七章，太子衮冕、诸臣九旒冕的青罗衣绣有山、龙、雉、火、虎蜼五章。[3]

是的，不止龙纹，冕服根本就不是皇帝专属服饰，太子及部分官员也有冕服。不过，诸臣祭服并不自己保存，而是统一由朝服法物库保管，大典前才分发，由于保管不善，经常出现祭服损坏等情况，所以官员常常请求不穿祭服，即使穿了，也经常穿错[4]——这就是"理论上"和"实际上"的差别了。

换言之，冕服是礼仪性质的，没有实用性，极少穿用。《宋史·舆服三》说，皇帝只在"祭天地宗庙、朝太清宫、飨玉清昭应宫景灵宫、受册尊号、元日受朝、册皇太子"时穿冕服。[5]

---

1 王雪莉著：《宋代服饰制度研究》，杭州：杭州出版社，2007年版，第17、57、58、59页。

2 〔元〕脱脱等撰：《宋史》卷151《舆服三》，北京：中华书局，1985年版，第3522—3523页。

3 〔元〕脱脱等撰：《宋史》卷151《舆服三》、卷152《舆服四》，北京：中华书局，1985年版，第3522—3523、3533、3539页。

4 顾凡颖编著：《历史的衣橱：中国古代服饰撷英》，北京：北京日报出版社，2018年版，第96页。

5 〔元〕脱脱等撰：《宋史》卷151《舆服三》，北京：中华书局，1985年版，第3523页。

朝服：也是礼服，并不是"上朝就得穿"

朝服，又称具服，也是一种标准的上衣下裳的汉制交领礼服，并不是"上朝就得穿"的一般制服。[1]《宋史·舆服三》说，皇帝只在"大祭祀致斋、正旦冬至五月朔大朝会、大册命、亲耕籍田"等少数场合穿朝服。[2]

简单地说，皇帝戴通天冠（二十四梁）、穿绛纱袍（见图25）；太子戴远游冠（十八梁），穿朱明服；群臣戴进贤冠、貂蝉冠（中书门下则冠加笼巾貂蝉，即貂蝉冠）、獬豸冠（御史则冠有獬豸角，即獬豸冠），穿绯罗袍，用冠上的梁数来区分品级。[3]

可见，宋代君臣朝服主色都是红，区别在于深浅明暗而已——请注意，穿祭服、朝服时，足衣为履（或舄）。

宋代朝服几经修改，但基本承袭了唐、五代的旧制，不过，宋代君臣朝服的方心曲领与唐大不相同，堪称宋代特色——方心曲领是一种用白罗制成的项饰，上圆下方，在颈后系结。宋代方心是实心的，方心曲领只能配朝服，不施用于公服。[4]

皇帝常服：有黄色的，但是红色更为常见

常服，又称公服（可以理解为在皇帝、太子身上称常服，

1　王雪莉著：《宋代服饰制度研究》，杭州：杭州出版社，2007年版，第69页。

2　〔元〕脱脱等撰：《宋史》卷151《舆服三》，北京：中华书局，1985年版，第3530页。

3　〔元〕脱脱等撰：《宋史》卷151《舆服三》、卷152《舆服四》，北京：中华书局，1985年版，第3530、3533、3550页。

4　王雪莉著：《宋代服饰制度研究》，杭州：杭州出版社，2007年版，第7、73页。

在诸臣身上称公服），有许多胡服元素，是宋代“最常用的制服”。

对于宋代皇帝常服，《宋史·舆服三》说：

> 唐因隋制，天子常服赤黄、浅黄袍衫，折上巾，九还带，六合鞾（作者注：靴）。宋因之，有赭黄、淡黄袍衫，玉装红束带，皂文鞾，大宴则服之。又有赭黄、淡黄䙆袍，红衫袍，常朝则服之。又有窄袍，便坐视事则服之。皆皂纱折上巾，通犀金玉环带。窄袍或御乌纱帽。[1]

我们拆开来看：

大宴时，皇帝服赭黄（赤黄、红黄）或淡黄色的袍衫，戴皂纱折上巾、束玉装红束带，着皂文靴。袍衫就是大袖、不开衩的襕（lán）袍。

常朝时，皇帝服赭黄或淡黄色的䙆（kuì）袍，或红衫袍（襕袍），戴皂纱折上巾，束通犀金玉环带。衣裾开衩曰“䙆”，䙆袍跟襕袍的不同之处就是开衩，行动比较方便，所以级别低一些。[2]

便坐视事时，皇帝服窄袍，戴皂纱折上巾或乌纱帽，束通犀金玉环带。窄袍为窄袖、开衩的形制，更为方便，级别更低。

皂纱折上巾是什么？据《梦溪笔谈》记载：

> 幞头一谓之“四脚”，乃四带也。二带系脑后垂

---

1 〔元〕脱脱等撰：《宋史》卷151《舆服三》，北京：中华书局，1985年版，第3530页。

2 孙晨阳、张珂编著：《中国古代服饰辞典》，北京：中华书局，2015年版，第751页。

之，二带反系头上，令曲折附顶，故亦谓之"折上巾"。唐制，唯人主得用硬脚，晚唐方镇擅命，始僭用硬脚。本朝幞头有直脚、局脚、交脚、朝天、顺风，凡五等，唯直脚贵贱通服之。[1]

《宋史·舆服五》说：

> 幞头。一名折上巾，起自后周，然止以软帛垂脚，隋始以桐木为之，唐始以罗代缯。惟帝服则脚上曲，人臣下垂。五代渐变平直。国朝之制，君臣通服平脚，乘舆或服上曲焉。其初以藤织草巾子为里，纱为表，而涂以漆。后惟以漆为坚，去其藤里，前为一折，平施两脚，以铁为之。[2]

可见，"折上巾"就是展脚幞（fú）头。

至于太子常服，就很简单了："皂纱折上巾，紫公服，通犀金玉带。"[3]

百官公服：衣袖宽大，各种"配件"极为讲究

百官公服，即所谓"曲领大袖，下施横襕，束以革带，幞

---

1 〔宋〕沈括撰，金良年点校：《梦溪笔谈》卷1《故事一》，北京：中华书局，2015年版，第3页。

2 〔元〕脱脱等撰：《宋史》卷153《舆服五》，北京：中华书局，1985年版，第3564页。

3 〔元〕脱脱等撰：《宋史》卷151《舆服三》，北京：中华书局，1985年版，第3534页。

头，乌皮靴。自王公至一命之士，通服之"[1]，可通过服色、銙（kuǎ）带、鱼袋、笏（hù）来区别身份。

具体说来，公服包括以下六个部分：

一、展脚（直脚、平脚等）幞头。宋制，平脚为君臣通服，两脚"以铁为之"。需要注意的是，宋代展脚幞头的脚是平直的，不存在尾端上翘情况。

二、圆领大袖的襕袍。宋制，三品以上服紫，五品以上服朱，七品以上服绿，九品以上服青。宋神宗元丰改制后，去青不用，阶官至四品服紫，至六品服绯，九品以上服绿。武臣、内侍皆服紫。[2]

襕袍跟胡服是"近亲"，为了遵从上衣下裳的古制，宋人在袍上加一横襕，不开衩。所以，制作襕袍的要点就是袖子要非常宽大，下摆不能开衩。大袖具体有多大？我们来看看出土实物的尺寸吧！宋太祖赵匡胤七世孙、曾任县丞的赵伯澐（yún），其公服衣长115厘米，通袖长230厘米，袖宽95厘米。可以看出，宋代公服已经失去了学习胡服的本意——图方便，反而凸显了传统汉人服饰的儒雅。因此，宋人穿公服时双手一般不能垂下，只能交叉在胸前，不然衣袖就拖在地上了。[3]

三、銙带。銙带就是一条革带，分带鞓（tīng，带鞓为带的本体，裹以或红或黑的绫或绢，称红鞓或黑鞓）、带銙（一种牌饰，材质有玉、金、银、犀等，銙带因带銙的不同而有玉

1　〔元〕脱脱等撰：《宋史》卷153《舆服五》，北京：中华书局，1985年版，第3561页。

2　〔元〕脱脱等撰：《宋史》卷153《舆服五》，北京：中华书局，1985年版，第3561、3562页。

3　张良著：《宋服之冠：黄岩南宋赵伯澐墓文物解读》，北京：中国文史出版社，2017年版，第173、187页。

带、金带等不同名目）、带头（即带扣）、铊（chá）尾（即带尾，有单有双）四部分。[1]

1.单铊尾带：历史上先有单铊尾带，后有双铊尾带，宋时单铊尾已不太流行，但宋代公服的銙带应是单铊尾的。带銙是区别等级的主要标志，若位于腹前，会被襕袍的大袖挡住，因此单铊尾带的带銙位于腰后。[2]

据王素《王文正公遗事》记载：

> 有货玉带者，持以及门，弟因呈公，公曰："如何？"弟曰："甚佳。"公命系之，曰："还见佳否？"弟曰："系之，安得自见？"公曰："玉亦石也，得不重乎？自负重而使观者称好，无亦劳也。我腰间不称此物，亟还之。"故平生所服，止于赐带。[3]

王旦（王素之父）的弟弟说"系之，安得自见"，说明带銙在腰后而不在腹前，系带者自己看不到。王旦认为"自负重而使观者称好"不值得，所以他"平生所服，止于赐带"，可见他最常穿的公服，用的是单铊尾带。

2.双铊尾带：带鞓分前后，前面一段带鞓两端有孔，饰以带尾，后面一段带鞓两端有带扣，前后两段扣合便可使用。[4]

1　王雪莉著：《宋代服饰制度研究》，杭州：杭州出版社，2007年版，第131页。

2　孙机著：《中国古舆服论丛（增订本）》，上海：上海古籍出版社，2013年版，第270—271页。

3　〔宋〕王素撰，张其凡、张睿点校：《王文正公遗事》，〔宋〕王素、王巩撰，张其凡、张睿点校：《王文正公遗事　清虚杂著三编》，北京：中华书局，2017年版，第83—84页。

4　王雪莉著：《宋代服饰制度研究》，杭州：杭州出版社，2007年版，第131页。

宋人均束带，除了穿公服时，其他情况下应以双铊尾带为主，不存在大袖挡住带銙的问题，所以，双铊尾带前后都有带銙，腹前带銙较小，为桃形、梅花形，腰后带銙较大，为方形。[1]

铊尾的材质和装饰根据带銙而定，方向必须朝下，至于原因，《新唐书·车服》解释说："至唐高祖，以赭黄袍、巾带为常服。腰带者，揢垂头以下，名曰铊尾，取顺下之义。"[2]

至于制作带銙的材料，宋太宗推崇金带，但又以玉带为第一等，所以宋代玉带等级很高，皇帝用排方（方銙排列稀疏称"稀方"，排列紧密称"排方"）玉带，亲贵勋旧如受赐玉带，其带銙为方、团两形，即有方有圆。此外，宋代还重视通犀带——犀角为棕褐色或黑褐色，其中有一缕浅色斑纹贯通上下的，名为通犀。[3]

四、乌皮靴。宋代朝靴大致经历了三个阶段：

第一阶段，宋初，沿旧制，朝履用靴。[4]

第二阶段，宋徽宗政和年间，改靴用履，履上有絇（qú）、繶（yì）、纯、綦（qí）四种装饰，具体办法是："文武官大夫以上具四饰，朝请郎、武功郎以下去繶，并称履；从义郎、宣教郎以下至将校、伎术官去繶、纯，并称履。"[5]

1　刘永华著：《中国古代军戎服饰》，北京：清华大学出版社，2013年版，第187页。

2　〔宋〕欧阳修、宋祁撰：《新唐书》卷24《车服》，北京：中华书局，1975年版，第527页。

3　孙机著：《中国古舆服论丛（增订本）》，上海：上海古籍出版社，2013年版，第271、273、274页。

4　〔元〕脱脱等撰：《宋史》卷153《舆服五》，北京：中华书局，1985年版，第3569页。

5　〔元〕脱脱等撰：《宋史》卷153《舆服五》，北京：中华书局，1985年版，第3562—3563页。

　　第三阶段，宋孝宗乾道七年（1171），"复改用鞾，以黑革为之，大抵参用履制，惟加靿焉。其饰亦有绚、繶、纯、綦，大夫以上具四饰，朝请、武功郎以下去繶，从义、宣教郎以下至将校、伎术官并去纯。底用麻再重，革一重。里用素袎毡，高八寸。诸文武官通服之，惟以四饰为别。服绿者饰以绿，服绯、紫者饰亦如之，仿古随裳色之意。"[1]

　　换言之，在很长一段时期，朝靴上有四种装饰，四饰跟公服颜色相同。

　　五、笏。宋代皇帝在祭祀时以圭行礼，太子和百官则用笏。[2]据《宋史·舆服五》记载："唐制五品以上用象，上圆下方；六品以下用竹、木，上挫下方。宋文散五品以上用象，九品以上用木。武臣、内职并用象，千牛衣绿亦用象，廷赐绯、绿者给之。"元丰新制后，"阶官至四品服紫，至六品服绯，皆象笏、佩鱼，九品以上则服绿，笏以木。"[3]

　　可见，对于笏的使用，文官分象和竹（木）两级，按唐制，大约也有"上圆下方""上挫下方"的区别。但武官、内侍用笏并无品级上的区别，都用象笏。

　　笏的大概尺寸有多少？可以参照苏颂孙子苏象先的说法："象先尝得楷木笏于叔祖奉职，乃高祖旧物，孔墓之三间槐也。长尺有四寸，厚五寸，阔二寸半。文似松而有鳞理，两边二

1　〔元〕脱脱等撰：《宋史》卷153《舆服五》，北京：中华书局，1985年版，第3569页。

2　王雪莉著：《宋代服饰制度研究》，杭州：杭州出版社，2007年版，第86页。

3　〔元〕脱脱等撰：《宋史》卷153《舆服五》，北京：中华书局，1985年版，第3562、3569页。

文，彻上下、透内外如间道，故谓之'三间'。"[1]

笏有什么用？朱熹说："笏者，只是君前记事，恐事多，须以纸粘笏上，记其头绪。或在君前不可以手指人物，须用笏指之。此笏常插在腰间，不执在手中。"[2]可见，笏有两个作用：其一，笏是一种"小抄"，官员可把想上奏皇帝的话记在笏上，笏上还可以附纸；其二，因君前不得用手指画人、物，所以以笏代之。

与前代不同的是，宋代官员之间拜见、揖别时会将笏拿在手中行叉手礼，则笏成为一种日常交际工具，就连民间婚庆也会仿照官员用笏。[3]《东京梦华录》说："婿于床前请新妇出，二家各出彩段绾一同心，谓之'牵巾'。男挂于笏，女搭于手，男倒行出，面皆相向。至家庙前参拜毕，女复倒行扶入房讲拜，男女各争先后。"[4]笏就被作为婚礼的道具之一。显而易见，宋代的笏实际上是滥用的，这不太符合现代人的认知。

六、鱼袋。鱼袋之制始于唐，盛于中唐至宋，宋后渐衰，穿公服时系在革带上，垂于腰后。[5]佩戴鱼袋的规则大致为："凡服紫者，饰以金；服绯者，饰以银。庭赐紫，则给金涂银者；赐绯，亦有特给者。京官、幕职州县官赐绯紫者，亦佩。亲王武官、内职将校皆不佩。"[6]不过，宋神宗元丰年间，"上特

1 〔宋〕苏象先著：《丞相魏公谭训》卷10《杂事》，〔宋〕苏颂著，王同策、管成学、颜中其等点校：《苏魏公文集》，北京：中华书局，1988年版，第1181页。

2 〔宋〕朱熹著，〔宋〕黎靖德编：《朱子语类》卷91，武汉：崇文书局，2018年版，第1766页。

3 王雪莉著：《宋代服饰制度研究》，杭州：杭州出版社，2007年版，第87、89页。

4 〔宋〕孟元老撰，伊永文整理：《东京梦华录》卷5《娶妇》，上海师范大学古籍整理研究所编：《全宋笔记》第五编一，郑州：大象出版社，2012年版，第150页。

5 王雪莉著：《宋代服饰制度研究》，杭州：杭州出版社，2007年版，第10页。

6 〔元〕脱脱等撰：《宋史》卷153《舆服五》，北京：中华书局，1985年版，第3568页。

制玉鱼袋，赐扬王、荆王施于玉带之上。"[1]

说到这里，重申一下宋代武官的服制。简单地说，宋代有"武随文服"的现象，武官公服样式跟文官一样[2]，但全部服紫、用象笏、无鱼袋。

医官怎么穿公服？据赵升《朝野类要》记载："医官并太史官，谓之文官头、武官尾。盖初入仕着绿，及格则换紫并红鞓带。又及和安、春官大夫，则或特转之类。而医官有特赐金带者。"[3]

知道了上述"游戏规则"，是不是就能按品级给官员穿对衣服？我觉得，这可能会掉进另一个坑——官员怎么穿衣服，并不只跟他当什么"官"有关，如上文所述，宋代还有赐绯紫、借绯紫等名目哩。

据《宋史·舆服五》记载：

> 太宗太平兴国二年，诏朝官出知节镇及转运使、副，衣绯、绿者并借紫。知防御、团练、刺史州，衣绿者借绯，衣绯者借紫；其为通判、知军监，止借绯。其后，江淮发运使同转运，提点刑狱同知刺史州。雍熙初，郊祀庆成，始许升朝官服绯、绿二十年者，叙赐绯、紫。[4]

1　〔宋〕沈括撰，金良年点校：《补笔谈》卷1《故事》，〔宋〕沈括撰，金良年点校：《梦溪笔谈》，北京：中华书局，2015年版，第270页。
2　刘永华著：《中国古代军戎服饰》，北京：清华大学出版社，2013年版，第176页。
3　〔宋〕赵升编，王瑞来点校：《朝野类要》卷3《技术官服色》，北京：中华书局，2007年版，第74页。
4　〔元〕脱脱等撰：《宋史》卷153《舆服五》，北京：中华书局，1985年版，第3561页。

对此，学者张蓓蓓解释："所谓'借服'是指虽然没有达到一定官品，但可以特许服贵色。大抵以秩卑而职高者称'借'，也有出于特殊而'借'的，不过正式名衔上应该写明是'赐'或'借'。如凡官阶品位未至三品，因职事特许服紫，称借紫。与此相似，官品未合服绯，而所任职事或奉使之需，特许权改服绯，称借绯。"[1]可见，涉及"赐""借"时，官员该穿什么服色、用什么"配件"，就不能通过官职望文生义了。

正如学者所言，赐、借绯紫的情况，须体现在官衔中。陆宰（陆游之父）在为其父陆佃作品《埤雅》作序时，就自称"男朝请郎直秘阁权发遣淮南路计度转运副使公事借紫金鱼袋宰"[2]，朝请郎为正七品，应该服绿，但因他是"权发遣淮南路计度转运副使公事"，可以通过"隔借"（官品未及服绯而因任职之需，越过借绯而特许借紫，称为"隔借"）方式来服紫、佩金鱼袋。[3]

内衣：衬衫、背心和凉鞋，宋人都穿上了

在外袍里面，应该穿什么内衣？戏曲影视中常见的上下分开的"中衣"，其实只是一种戏服，宋人真正会穿在外袍里的是衬衫（汉时称中单、内单，唐宋时称衬衫），这是一种长衫，

1　张蓓蓓著：《彬彬衣凤馨千秋——宋代汉族服饰研究》，北京：北京大学出版社，2015年版，第80页。

2　〔宋〕陆佃著，王敏红校点：《埤雅》，"〔宋〕陆宰序"，杭州：浙江大学出版社，2008年版，第1页。

3　龚延明编著：《宋代官制辞典（增补本）》，北京：中华书局，2017年版，第629、734页。

可防止外袍开衩处内裤外露，又可避免贵重皮毛磨损，通常衬在礼服内。[1]陈元靓《岁时广记》就提到了衬衫："端五，赐从官已上酒、团粽、画扇，升朝官已上赐公服衬衫……"[2]（见图26）

顺便说一下，"中衣"之名古已有之，宋代赵彦卫《云麓漫钞》说："或云古之中衣即今僧寺行者直掇，亦古逢掖之衣。"[3]直掇也称直裰，是一种便服。

宋人还穿"背心"，也称"半背""坎肩""马甲"，是一种无袖衣服，形制与裲（liǎng）裆相似，一片当胸，一片当背，始于宋代，男女均可穿着，最初样式多为直领对襟，下摆开衩，用为衬衣，亦可外穿，亦可纳入棉絮用来防寒。[4]（见图27）

那么，宋代裤子是有多见不得人，以至于要设法掩饰？宋代有有裆裤，称"裆袴（kù）"，也有裆部不缝合的裤子，称"开裆袴"[5]，所以，裤子均可视为"内裤"，"开衩外袍仅有一件+裤子清晰可见"的古装剧常见搭配，不符合宋代实际。

必须强调的是，宋人是在真实地生活，而不是演戏，所以，大袖飘飘、矜持优雅的宋人，也有冬季取暖、夏季避暑的刚需，不可能永远衣冠楚楚。（见图28）譬如，他们也会穿露趾凉鞋——宋人将一种以蒲草、细麻或棕丝编织的周身透空的

---

1 孙晨阳、张珂编著：《中国古代服饰辞典》，北京：中华书局，2015年版，第667页。

2 〔宋〕陈元靓撰，许逸民点校：《岁时广记》卷22《端五中》，北京：中华书局，2020年版，第439页。

3 〔宋〕赵彦卫撰，傅根清点校：《云麓漫钞》卷4，北京：中华书局，1996年版，第60页。

4 孙晨阳、张珂编著：《中国古代服饰辞典》，北京：中华书局，2015年版，第659页。

5 孙晨阳、张珂编著：《中国古代服饰辞典》，北京：中华书局，2015年版，第674、715页。

鞋称为"凉鞋"，将一种鞋面较宽、足趾露在外面的有孔凉鞋称为"笼鞋"，作为纳凉之用。[1]

服妖：宋人喜欢COS周边少数民族政权服饰

宋代对服饰有不少禁令。譬如，陈叔方《颍川语小》说："国朝之令，非妇女、小儿不许衣纯红黄。"[2]也就是说，不允许成年男子穿皇帝服用的赭黄色，妇孺不禁。

又如，宋人喜欢穿一种名为"凉衫"的白色便服，到了宋孝宗乾道初年，因其"纯素可憎，有似凶服"，诏令禁服。此后，白凉衫只用作丧服。[3]

再如，宋太宗端拱二年（989），"诏县镇场务诸色公人并庶人、商贾、伎术、不系官伶人，只许服皂、白衣，铁、角带，不得服紫。文武升朝官及诸司副使、禁军指挥使、厢军都虞候之家子弟，不拘此限。幞头巾子，自今高不过二寸五分。妇人假髻并宜禁断，仍不得作高髻及高冠。其销金、泥金、真珠装缀衣服，除命妇许服外，余人并禁。至道元年，复许庶人服紫。"[4]

可见，虽然禁令规定得挺详细，但似乎并未认真执行，而

1　孙晨阳、张珂编著：《中国古代服饰辞典》，北京：中华书局，2015年版，第722、725页。

2　〔宋〕陈叔方撰：《颍川语小》，〔宋〕俞琰、陈叔方撰：《席上腐谈　颍川语小》，上海：商务印书馆，1936年版，第25页。

3　〔元〕脱脱等撰：《宋史》卷153《舆服五》，北京：中华书局，1985年版，第3578页。

4　〔元〕脱脱等撰：《宋史》卷153《舆服五》，北京：中华书局，1985年版，第3573—3574页。

经济文化大发展必然伴随着观念的多元化，实际上也不可能禁得住，宋代社会上就出现了"衣服无章，上下混淆"的"服妖（穿奇装异服）"奇景[1]；前文说到，宋人很"败家"，"近岁风俗，尤为侈靡，走卒类士服，农夫蹑丝履。"上面提到的"交领配靴"的胡汉混穿法也有市场，米芾就喜欢"衣深衣（作者注：深衣是个大概念，你可以理解为它是最标准的汉式服装，祭服、朝服都属于深衣）蹑朝靴"。[2]还有，宋人也会学辽金服饰习俗，南宋女子喜欢束发成辫于脑后盘髻，还有舞女戴"茸茸狸帽"、穿"窄窄胡衫"，这些都源自女真习俗。[3]

宋人如此猎奇，是不是因为辽、金、夏等少数民族政权的服饰跟宋服有巨大差异？也不见得。实际上，这些少数民族政权的服制跟宋有很多相似之处。以辽服为例，它分国服（契丹服）、汉服两大体系，其中，汉服中的冕服、朝服皆与宋类似。据《辽史·仪卫志二》记载：

> 会同中，太后、北面臣僚国服；皇帝、南面臣僚汉服。乾亨以后，大礼虽北面三品以上亦用汉服；重熙以后，大礼并汉服矣。常朝仍遵会同之制。[4]

换言之，辽帝和南面官平常都穿汉服。一般情况下，辽帝常服跟宋帝区别不大，即"柘黄（作者注：赭黄）袍衫，折上

1　王雪莉著：《宋代服饰制度研究》，杭州：杭州出版社，2007年版，第20页。

2　〔宋〕朱彧撰、李伟国点校：《萍洲可谈》卷3，〔宋〕陈师道、朱彧撰，李伟国点校：《后山谈丛　萍洲可谈》，北京：中华书局，2007年版，第158页。

3　王雪莉著：《宋代服饰制度研究》，杭州：杭州出版社，2007年版，第166—167页。

4　〔元〕脱脱等撰：《辽史》卷56《仪卫志二》，北京：中华书局，1974年版，第908页。

头巾，九环带，六合靴"。辽官常服（辽官的常服和公服不同）也跟宋官公服类似，"五品以上，幞头，亦曰折上巾，紫袍，牙笏，金玉带。文官佩手巾、算袋、刀子、砺石、金鱼袋；武官蹀躞（作者注：dié xiè）七事：佩刀、刀子、磨石、契苾（作者注：bì）真、哕（作者注：yuě）厥、针筒、火石袋。乌皮六合靴。"[1]辽的汉服兼具唐宋的特点，武官服蹀躞带（銙带上开孔，挂蹀躞七事，如唐人一般）类似唐代制度，辽官用的直脚方顶幞头，则是学自宋制。[2]

与宋不同的是，带有奴隶制残余的少数民族政权的服制很能体现森严的等级。接下来，我以戴帽为例说说宋与辽的区别。

宋男子都戴帽子，展脚幞头更是"贵贱通服"，全国男女都能戴。苏象先就说，其祖父苏颂参加宰相的宴会时要求戴着幞头出席，"盖前辈虽燕居未尝露头也。"[3]

有趣的是，宋人有时还须戴两个帽子——官服中有一种制度叫"重戴"，即将大裁帽戴在折上巾上。

据《宋史·舆服五》记载：

> 重戴。唐士人多尚之，盖古大裁帽之遗制，本野夫岩叟之服。以皂罗为之，方而垂檐，紫里，两紫丝组为缨，垂而结之颔下。所谓重戴者，盖折上巾又加以帽焉。宋初，御史台皆重戴，余官或戴或否。后新

---

1 〔元〕脱脱等撰：《辽史》卷56《仪卫志二》，北京：中华书局，1974年版，第910页。

2 王青煜著：《辽代服饰》，沈阳：辽宁画报出版社，2002年版，第18页。

3 〔宋〕苏象先著：《丞相魏公谭训》卷10《杂事》，〔宋〕苏颂著，王同策、管成学、颜中其等点校：《苏魏公文集》，北京：中华书局，1988年版，第1174页。

进士亦戴，至释褐则止。太宗淳化二年，御史台言："旧仪，三院御史在台及出使，并重戴，事已久废。其御史出台为省职及在京厘务者，请依旧仪，违者罚俸一月。"从之。又诏两省及尚书省五品以上皆重戴，枢密三司使、副则不。中兴后，御史、两制、知贡举官、新进士上三人，许服之。[1]

可见，能这样戴的都不是一般"大佬"，这种"重戴"在宋画《清明上河图》和《春游晚归图》中都有体现。（见图29、图30、图31）

辽则从法律上规定，平民不许戴头巾。换言之，一个简单的巾子已成为上流社会的标志，契丹富民若想裹巾，必须纳牛、驼七十头，马百匹，而从辽墓壁画看，契丹奴仆皆空顶髡（kūn）首，可见等级之森严。[2]

髡首是什么造型？根据辽墓壁画，这种发式大致上是前额左右各留一绺长发，根部剪成椭圆形或桃形等，且根部不相连，其余头发全剪去。[3]庄绰《鸡肋编》说："其良家士族女子皆髡首，许嫁，方留发。"[4]契丹女性出嫁前也要髡首。

综上所述，想穿对衣服，必须同时保证"正确的形制＋适当的身份＋相应的场合"，即衣服、穿衣服的人、穿衣服的场合都必须对，这道题，宋人都不一定会做——周密曾对卸任

1　〔元〕脱脱等撰：《宋史》卷153《舆服五》，北京：中华书局，1985年版，第3570页。

2　王青煜著：《辽代服饰》，沈阳：辽宁画报出版社，2002年版，第17页。

3　王青煜著：《辽代服饰》，沈阳：辽宁画报出版社，2002年版，第129页。

4　〔宋〕庄绰撰，萧鲁阳点校：《鸡肋编》卷上，北京：中华书局，1983年版，第15页。

知州出任工部郎官的岳父脱紫袍换绯袍表示惊诧，其父解释了借紫在各种场合下的应用，他的结论是："然亦莫晓立法之意也。"[1]

所以，不要说五花八门的便服和女子服饰，就算在将已知材料都读懂的前提下去还原男性官员制服，"给一名特定宋人穿上正确衣服"仍是地狱级难题。毕竟，宋人有无数种方法将自己和后人绕晕。

---

1 〔宋〕周密撰，吴企明点校：《癸辛杂识》后集《知州借紫》，北京：中华书局，1988年版，第89页。

第三章

宋代是使用跪拜礼最少的朝代

　　每到春节，就会有一些地方因为"磕头拜年"上热搜。有人觉得这是封建社会的糟粕遗毒，有人觉得这是礼仪之邦的传统文化。你觉得呢？

　　反正我寻思，不管这玩意儿是文化还是糟粕，其历史大约并不长。至少在宋代，跪拜礼并不盛行。譬如：皇帝出行，并不要求百姓跪迎，百姓还会在仪仗队伍里乱跑；到衙门打官司，被告原告不需要向官员跪拜，站立即可；下级官员一般不必像后世一般跪拜上司；因为戴首饰不方便，女性一般不行跪拜礼——是不是又跟你印象中的场景不一致了？

　　当然，也不必因为文天祥说过一句名言——"南之揖，北之跪"，就断定宋人从不跪拜。事实上，在宋代相见礼中，跪拜是很重要的一种。其中，臣子跪拜皇帝的场合挺多的。但皇帝也要遵守礼仪，接见不同官员要穿不同衣服，如果穿错，皇帝往往要道歉并改正，还会被爱记笔记的宋人作为典型记录下来。

　　"宾礼"也是很重要的礼，本文将详细介绍宋廷是如何对待孔家、柴家的。了解了这一项，你就能明白，为什么这两家人会在宋代拥有超然地位。

　　目前有些古装剧已经给古代男子梳起了发髻，甚至拾起了"冠礼"，值得点赞。但请注意，宋代皇帝可不怎么重视冠礼。在这一方面，甚至只有宋徽宗一人能得"满分"，因为只有他很认真地给多个皇子举行冠礼并取了字。

　　"上有所好，下必甚焉"，皇宫不重视冠礼，民间当然更是放飞自我。可以说，宋代清明节、寒食节流行的"上头"，基本上取代了冠礼。

　　我隆重地介绍宋代礼仪，是要通过宋人对于"礼"的态度，展现其不同于"其他古代"的精神风貌。朱熹认为："天下者，天下之天下，非一人之私有故也。"也就是说，皇帝不得将国家视为私产，天下人应该共同治理天下，这就是宋代士大夫的"天下观"。

近几年，不少影视剧把唐宋流行过的"叉手礼"挖出来了，展示给观众看，可以说是一种进步。叉手礼该如何行呢？请伸出双手交握于胸前，用左手把住右手拇指，左手拇指向上，左手小指指向右手腕，右手四指伸直。请注意，两手拇指须保持指向上方，手至胸口要保持二三寸距离——这就是南宋陈元靓在《事林广记》中记载的南宋叉手法[1]，男女老幼都可行此礼（见图32），官员之间行礼则是执笏叉手。[2]

本文的焦点是宋代的相见礼、冠礼和宾礼，我将分别举例说明。

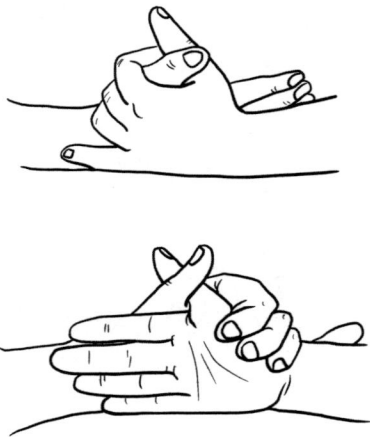

按照《事林广记》的描述，叉手时的手势应为示意图中的样子。

---

1 〔宋〕陈元靓编，耿纪朋译：《事林广记（首次白话插图译本）》，南京：江苏人民出版社，2011年版，第87页。

2 王雪莉著：《宋代服饰制度研究》，杭州：杭州出版社，2007年版，第87页。

作揖时手要全部露出来才合礼仪

在以宋为背景的文艺作品中，唱喏是高频词。据宋人记载，这是随从、属下对尊长的顺从、敬畏之礼，亦是三衙武官见宰执之礼，作为相见礼也流行于民间。[1]陆游说："古所谓揖，但举手而已。今所谓喏，乃始于江左诸王。方其时，惟王氏子弟为之。故支道林入东见王子猷兄弟还，人问'诸王何如？'答曰：'见一群白项乌，但闻唤哑哑声。'即今喏也。"[2]

我们将唱喏结合作揖来看。据《事林广记》记载，作揖时，要稍稍岔开两腿，膝盖要直，曲身低头，以能看到鞋头为准。作揖时，手只能放在膝盖旁侧，不得放到膝盖以内，但若给尊长作揖，手须到达膝下，唱喏完毕直起身子时，手随之收起，叉在胸前。作揖时，手要全部露出来，若只露一个拇指在袖外，就是"鲜礼"，不合礼仪。[3]

现在重点说说古装剧中经常体现的跪拜。先分享一条冷知识：宋代以前家具低矮，人们一般跪坐，跪拜自然很常见；宋代普及高家具，跪坐退出历史舞台，跪拜成为单纯的相见礼，但尚不盛行；宋代以后，跪拜因能区别上下尊卑而流行乃至泛滥。

由此观之，宋代很可能是使用跪拜礼最少的朝代。一个著名的例子是，据明代陈邦瞻所撰《宋史纪事本末》记载，南宋

---

1 徐吉军等著：《中国风俗通史（宋代卷）》，上海：上海文艺出版社，2001年版，第798页。

2 〔宋〕陆游撰，李剑雄、刘德权点校：《老学庵笔记》卷8，北京：中华书局，1979年版，第108页。

3 〔宋〕陈元靓编，耿纪朋译：《事林广记（首次白话插图译本）》，南京：江苏人民出版社，2011年版，第87页。

丞相文天祥遭元人俘虏，见元丞相孛罗时只是长揖，对方让他跪拜，他说："南之揖，北之跪，予南人行南礼，可赘跪乎？"[1]南揖北跪，也就是宋揖元跪，基本符合当世风俗。

于是，有人据此认为宋人不行跪拜礼。我觉得，这四个字应该这样理解：从浅层次来看，文天祥和孛罗都是丞相，依宋礼确实不用跪拜彼此。举个例子，宋高宗时直龙图阁张邵使金，见金方的左监军挞懒时，对方也提出了同样的无理要求——"命邵拜"，张邵说："监军与邵为南北朝从臣，无相拜礼。"[2]从深层次来看，文天祥不拜敌相，体现的是忠于宋室、绝不投降的精神，所以，即使"孛罗叱左右曳之地，或抑项，或扼其背"[3]，文天祥始终不屈。

皇帝接见大臣，要"看人换衣服"

说过悲壮的末世故事，再来看看宋人稳稳的日常。

先说君臣相见礼。首先，如果是纯礼仪性场合，臣对君自然是要跪的。譬如，《宋史·礼十五》这样记载"长宁节（宋仁宗时摄政刘太后生日）上寿仪"：

> 仁宗以四月十四日为乾元节，正月八日皇太后为长宁节。诏定长宁节上寿仪：太后垂帘崇政殿，百官

---

1 〔明〕陈邦瞻撰：《宋史纪事本末》卷109《文谢之死》，北京：中华书局，2018年版，第1171页。

2 〔明〕陈邦瞻撰：《宋史纪事本末》卷72《秦桧主和》，北京：中华书局，2018年版，第723页。

3 〔明〕陈邦瞻撰：《宋史纪事本末》卷109《文谢之死》，北京：中华书局，2018年版，第1171页。

及契丹使班庭下，宰臣以下进奉上寿，阁门使于殿上帘外立侍，百官再拜，宰臣升殿，跪进酒帘外，内臣跪承以入。宰臣奏曰："长宁节，臣等不胜欢抃，谨上千万岁寿。"复降，再拜，三称万岁。内臣承旨宣曰："得公等寿酒，与公等同喜。"咸再拜。宰臣升殿，内侍出帘外跪授虚盏，宰臣跪受，降，再拜，舞蹈，三称万岁。内侍承旨宣群臣升殿，再拜，升，陈进奉物当殿庭，通事舍人称"宰臣以下进奉"，客省使殿上喝"进奉出"。内谒者监进第二盏，赐酒三行，侍中奏礼毕，皆再拜，舞蹈。[1]

在这种场合，官员不仅要跪拜，还要舞蹈。"舞蹈"就是手舞足蹈[2]，具体是个什么动作，现已不得而知。

其次，朝参须行跪拜礼。宋代朝会分多种，其中，"文德殿常朝"的参加者不厘务官（尸位禄俸、不理公事之官），由宰相一员带领，入殿行礼即毕，皇帝往往不出席。可见，文德殿常朝徒具形式，在场者仅向御座朝拜而已。[3]

皇帝会出席的是"垂拱殿视朝"。据学者王化雨的《面圣：宋代奏对活动研究》，每日早晨，臣僚会在阁门官员的带领下，"由外朝步入垂拱殿前，按殿庭中预先安排好的石位站立，然后向皇帝行礼问安，是为'常起居'。……起居结束后，视朝

1　〔元〕脱脱等撰：《宋史》卷112《礼十五》，北京：中华书局，1985年版，第2672—2673页。

2　龚延明编著：《宋代官制辞典（增补本）》，北京：中华书局，2017年版，第679页。

3　龚延明编著：《宋代官制辞典（增补本）》，北京：中华书局，2017年版，第679、741页。

活动正式开始，……在上殿之前，臣僚需先拜舞，上殿时，必须'穿靴执笏'。"[1]则行礼似乎有两次，一次是在殿庭中完成起居仪式，一次是上殿行礼。

另外还有一种"百官大起居"，或称"五日起居"，凡在京文武厘务官、不厘务官，每五日一赴内殿朝见皇帝，向皇帝行七拜之礼。[2]

朝参具体要怎么行礼，其实有个演变过程，对此，宋人也满脸问号。陆游在《老学庵笔记》中说：

> 先君（作者注：陆游父亲陆宰）言，旧制，朝参，拜舞而已，政和以后，增以喏。然绍兴中，予造朝，已不复喏矣。淳熙末还朝，则迎驾起居，阁门亦喝唱喏，然未尝出声也。又绍兴中，朝参止磬折遂拜，今阁门习仪，先以笏叩额，拜拜皆然，谓之瞻笏。亦不知起于何年也。[3]

皇帝还会在后殿接见臣僚，这时臣僚怎么行礼呢？据沈括《梦溪笔谈》说："待制已上宣名、拜舞；庶官但赞拜，不宣名、不舞蹈。"[4]也就是说，哪怕君臣私下单独相见，臣也是要

1　王化雨著：《面圣：宋代奏对活动研究》，北京：生活·读书·新知三联书店，2019年版，第21页。

2　龚延明编著：《宋代官制辞典（增补本）》，北京：中华书局，2017年版，第678页。

3　〔宋〕陆游撰，李剑雄、刘德权点校：《老学庵笔记》卷2，北京：中华书局，1979年版，第20页。

4　〔宋〕沈括撰，金良年点校：《梦溪笔谈》卷1《故事一》，北京：中华书局，2015年版，第4页。

拜君的，区别在于要不要宣名（高声报出姓名）和舞蹈。

臣僚见皇帝，需要遵守烦琐的礼仪规范，但规范不只约束臣僚，皇帝接见臣僚，也须遵循礼仪。譬如，召对学士，皇帝要穿正式的袍带，"对舍人以下即燕服，学士以下必袍带而后见。"[1]

据《续资治通鉴长编》记载，有一次，宋太祖大夏天在后苑乘凉，召翰林学士窦仪来草制（起草诏书），窦仪在苑门看见皇帝"岸帻跣足而坐"，就不进去，宋太祖"遽索冠带而后召入"。窦仪说："陛下创业垂统，宜以礼示天下，臣虽不才，不足以动圣顾，第恐豪杰闻而解体也。"宋太祖此后见近臣"未尝不冠带"。[2]对于这件事，夷门君玉的《国老谈苑》亦有类似记载。[3]

而据《王文正公笔录》记载，宋太宗召对学士窦偁（窦仪的弟弟），窦偁见太宗穿的是家居服，就不进殿，宦官催他也不应声。太宗讶异了很久才醒悟："竖儒以我燕服尔。"赶紧换了袍带。窦偁才露面。[4]

又一次，宋真宗召对学士王曾（上述王文正公），穿的也是家居服，王曾回去后，忽然有宦官来帮皇帝传话："适忘袍带，卿无怪否？"[5]

---

1 〔宋〕王曾撰，张其凡点校：《王文正公笔录》，北京：中华书局，2017年版，第25页。

2 〔宋〕李焘撰：《续资治通鉴长编》卷7《太祖乾德四年十一月》，北京：中华书局，2004年版，第182页。

3 〔宋〕夷门君玉撰，杨倩描、徐立群点校：《国老谈苑》卷1，〔宋〕潘汝士撰，杨倩描、徐立群点校：《丁晋公谈录（外三种）》，北京：中华书局，2012年版，第49页。

4 〔宋〕王曾撰，张其凡点校：《王文正公笔录》，北京：中华书局，2017年版，第24页。

5 〔宋〕王曾撰，张其凡点校：《王文正公笔录》，北京：中华书局，2017年版，第25页。

连续三代皇帝"偶然失误并随即修正"都被记录下来，可见宋人真的很在乎"皇帝私下场合穿什么衣服"这件事。当然，皇帝有时也会修改规范。欧阳修在《归田录》中说："朝廷之制，有因偶出一时而遂为故事者。……诸王宫教授入谢，祖宗时偶因便殿不御袍带见之，至今教授入谢，必俟上入内解袍带复出见之。有司皆以为定制也。"[1] 可见，有时候皇帝穿得太正式了也不行。

对于皇帝需要频繁换衣服这件事，吕大防曾这样告诉宋哲宗："前代人主在禁中，冠服苟简。祖宗以来，燕居必以礼。"他认为"燕居以礼"是宋代祖宗家法中的精髓之一，"此尚礼之法也。"[2]

小官见大官一定要跪拜吗？

君臣相见礼已经比较明确了，我们再来看看官员相见礼，着重说一个词——庭参。

《朱子语类》说："古时隔品则拜，谓如八品见六品，六品见四品，则拜。宰相礼绝百僚，则皆拜之。"[3] 可见，宋之前官员经常接受下级的拜礼，且规则比较简单——隔品则拜。到了宋代，就复杂起来了。

据王栐《燕翼诒谋录》记载：

---

1 〔宋〕欧阳修撰，李伟国点校：《归田录》卷2，〔宋〕王辟之、欧阳修撰，吕友仁、李伟国点校：《渑水燕谈录　归田录》，北京：中华书局，1981年版，第22页。

2 〔宋〕周辉撰，刘永翔校注：《清波杂志校注》卷1《祖宗家法》，北京：中华书局，1994年版，第15—16页。

3 〔宋〕朱熹著，〔宋〕黎靖德编：《朱子语类》卷91，武汉：崇文书局，2018年版，第1769页。

太祖皇帝收藩镇之权，虽大藩府不敢臣属其下，使之拜伏于庭，而为小官者亦渐有陵慢其上之意。咸平五年五月壬戌，知开封府寇准极陈其不可，乃诏开封府左右军巡使、京官知司录、诸曹参军、知畿县见知府并庭参设拜。自后诸州选人并拜于庭，故老泉（作者注：苏洵）上书亦尝言之，不知此礼废于何时。[1]

可见，因"为小官者亦渐有陵慢其上之意"，宋廷想让地方上的属员尊重主官，就刻意要求一些人对知府知州行庭参之礼。[2]

对于这种要求，很多人不服气。譬如，蔡确获韩绛推荐，去韩绛之弟、知开封府韩维属下担任管干右厢公事，然后韩维离任，刘庠接任知开封府。"旧制当庭参，确不肯，后尹刘庠责之，确曰：'唐藩镇自置掾属，故有是礼。今辇毂（作者注：niǎn gǔ，天子的车驾，用以指天子）下比肩事主，虽故事不可用。'遂乞解职。"[3] 蔡确认为自己跟刘庠同殿为臣，跟唐代藩镇自行任命的僚属不同，所以宁可求去也不行礼。

沈括记载了这样一则故事：

成都府知录，虽京官，例皆庭参。苏明允（作者注：苏洵）常言：张忠定（作者注：张咏）知成都府

1　〔宋〕王栐撰，诚刚点校：《燕翼诒谋录》卷1，〔宋〕王铚、王栐撰，朱杰人、诚刚点校：《默记　燕翼诒谋录》，北京：中华书局，1981年版，第8—9页。

2　贾芳芳著：《宋代地方政治研究》，北京：人民出版社，2017年版，第72页。

3　〔元〕脱脱等撰：《宋史》卷471《奸臣一》，北京：中华书局，1985年版，第13698页。

日，有一生忘其姓名，为京寺丞知录事参军，有司责其庭趋，生坚不可。忠定怒曰："唯致仕即可免。"生遂投牒乞致仕，自袖牒立庭中，仍献一诗辞忠定，其间两句曰："秋光都似宦情薄，山色不如归意浓。"忠定大称赏，自降价执生手，曰："部内有诗人如此而不知，咏罪人也。"遂与之升阶，置酒欢语终日，还其牒，礼为上客。[1]

以上两件事的当事人都是宁可罢官也不庭参，这显示，宋廷既想控制和打击地方势力，又想在地方上严格强调上下级关系，也就是"既想灭其势力，又想长其威风"，逻辑很难自洽，所以打乱了不少人内心世界的秩序。

韩绛、韩维的兄弟韩缜则遇到了消极抵制。据洪迈记载：

韩平生严毅，令行禁止。罢相之后，出镇长安。时藩镇庭参之仪久废，唯初到日聊一讲，韩令五日一为之，僚吏厌苦。一旦得小诗于屏上，其词曰："五日一庭趋，全如大起居。相公南面坐，只是欠山呼。"韩读竟，略不动色，徐言："却是我错了。"于是改令每遇坐厅日则为之，谤者亦息。[2]

作为主官的韩缜和出言讽刺的属员各退一步，最终找到了

---

1 〔宋〕沈括撰，金良年点校：《续笔谈》,〔宋〕沈括撰，金良年点校：《梦溪笔谈》，北京：中华书局，2015年版，第328—329页。

2 〔宋〕洪迈撰，何卓点校：《夷坚志》夷坚支丁卷第一《韩庄敏食驴》，北京：中华书局，1981年版，第973—974页。

双方都可以接受的行礼方式。这充分证明，主官"拿大"让属员拜自己，虽然可能符合规定，但并不是一种受欢迎的方式。

《朱子语类》也记载了朱熹的质疑："从事郎以下，庭参不拜，则以上者不庭参可知。岂有京朝官复降阶之礼！今朝士见宰相，只是客礼；见监司、郡守，如何却降阶？"[1]可以说，宋代官员相见礼仪非常烦琐，且有很多让人想不通的不合理之处。仅就庭参而言，便有非常严格的身份限定条件，这个条件还随时代发展而不断变化，而且，庭参不一定跪拜，需要视情而定。

不管怎么说，既然"朝士见宰相，只是客礼"，在宋代，"小官必须跪拜大官"是不成立的。

宋代百姓不跪君也不跪官

宋代百姓需不需要跪拜皇帝和官员？先看一下《梦溪笔谈》对于士人"群见"皇帝的精彩描述：

> 旧制，天下贡举人到阙悉皆入对，数不下三千人，谓之"群见"。远方士皆未知朝廷仪范，班列纷错，有司不能绳勒，见之日，先设禁围于著位之前，举人皆拜于禁围之外，盖欲限其前列也，至有更相抱持以望黼座者。有司患之，近岁遂止令解头入见，然尚不减数百人。嘉祐中，余忝在解头，别为一班，最在前列，目见班中唯从前一两行稍应拜起之节，自余

---

1 〔宋〕朱熹著，〔宋〕黎靖德编：《朱子语类》卷91，武汉：崇文书局，2018年版，第1769页。

亦终不成班缀而罢，每为阁门之累。常言殿庭中班列
不可整齐者唯有三色，谓举人、蕃人、骆驼。[1]

各地进京赶考的士子集体拜见皇帝时"场面一度失控"，
甚至有"相抱持以望黼座（皇帝、御座）者"，他们互相抱举
着，就是为了看皇帝看得清楚些，这跟吃瓜群众看热闹有什么
区别，以致沈括要吐槽"常言殿庭中班列不可整齐者唯有三
色，谓举人、蕃人、骆驼"，把举人跟骆驼相提并论。

准进士们尚且如此，普通百姓就更不可能受控了。宋仁宗
日常出行并不怎么威风，甚至不能做到安保到位。据《文献通
考·王礼考十三》记载：

> 仁宗康定元年，宋庠上言："车驾行幸，非郊庙
> 大礼具陈卤簿外，其常日导从，惟前有驾头，后拥伞
> 扇而已，殊无前典所载公卿奉引之盛。其侍从及百官
> 属，下至厮役，皆杂行其道中。步辇之后，但以亲事
> 官百余人执挝（作者注：zhuā，一种兵器）以殿，谓
> 之禁卫。诸班劲骑，颇与乘舆相远，而士庶观者，率
> 随扈从之人，夹道驰走，喧呼不禁。所过旗亭市楼，
> 垂帘外蔽，士民凭高下瞰，莫为严惮。逻司、街使，
> 恬不呵止，威令弛阙，玩习为常。……国朝承五姓荒
> 残之散，事从简略，每鸣鸾游豫，尽去戈戟、旌旗之
> 制，仪卫寡薄，颇同藩镇。此皆制度放失，惮于改作

---

1 〔宋〕沈括撰，金良年点校：《梦溪笔谈》卷9《人事一》，北京：中华书局，2015
年版，第94页。

之咎。谓宜委一二博学近臣，讨绎前代仪注及卤簿令，以乘舆常时出入之仪，比之三驾诸仗，酌取其中，稍增仪物，具严法禁，上以示尊极，下以防未然。革去因循，其在今日。"[1]

根据宋庠的描述，皇帝出行时，百姓纷纷"夹道驰走，喧呼不禁""垂帘外蔽，凭高下瞰"，下跪是不可能下跪的，吃瓜倒是吃得很开心。对于宋庠的提议，宋仁宗表示同意，于是增加了禁卫人员，且"禁乘高下瞰、垂帘外蔽，夹道喧呼驰走者"，胡乱跑进禁卫队伍的百姓要法办。那么，新规效果怎么样？"其后寖弛。"[2]换言之，宋廷最终还是"放弃治疗"了，吃瓜群众继续吃瓜，下跪是不可能下跪的。

百姓既然不用跪拜皇帝，自然更不用跪拜官员。据宋代官箴书《州县提纲》记载：

> 出箱受状，其间有作匿名、假名状投于箱中者，稠人杂遝（作者注：tà），莫可辨认。兼有一人因便投不要紧数状，及代名数人者，要当于受状之日，引自西廊，整整而入。至庭下，且令小立，以序拨三四人相续执状，亲付排状之吏。吏略加检视，令过东廊，听唤姓名，当厅而出。[3]

1　〔宋〕马端临著：《文献通考》卷118《王礼考十三》，北京：中华书局，2011年版，第3626页。

2　〔宋〕马端临著：《文献通考》卷118《王礼考十三》，北京：中华书局，2011年版，第3626—3627页。

3　〔宋〕佚名撰，张亦冰点校：《州县提纲》卷2《受状不出箱》，〔宋〕李元弼等撰，闫建飞等点校：《宋代官箴书五种》，北京：中华书局，2019年版，第123页。

故凡吏呈事案，须先引二竞人立于庭下，吏置案
于几，敛手以退，远立于旁。吾惟阅案有疑，则询二
竞人，俟已判，始付吏读示。盖将以示其曲直不出于
彼，非惟吏不得以诈取民财，且俾奸民无归咎于吏而
妄诉矣。[1]

宋代另一部官箴书《作邑自箴》则记载：

逐案承勘罪人并取状之类，并立于行廊阶下，不
得入司房中。（暑热雨雪，听于廊上立。）[2]

可见，宋代州县官员受理官司时，在受状和审理两个环
节，两造（原告和被告，也就是"二竞人"）都是站立的。

一般来说，宋代女子不行跪拜礼

宋代相见礼男女有别，男子作揖，妇女万福，是天下通行
之礼。[3]男女之礼最大的区别是，一般来说，女子不行跪拜礼。
文莹《续湘山野录》记载，宋仁宗时，刘太后想服皇帝衮冕谒
太庙，大臣薛奎质问："陛下大谒之日，还作汉儿拜邪，女儿拜

---

1 〔宋〕佚名撰，张亦冰点校：《州县提纲》卷2《示不由吏》，〔宋〕李元弼等撰，闫
  建飞等点校：《宋代官箴书五种》，北京：中华书局，2019年版，第126页。
2 〔宋〕李元弼撰，张亦冰点校：《作邑自箴》卷5，〔宋〕李元弼等撰，闫建飞等点
  校：《宋代官箴书五种》，北京：中华书局，2019年版，第34页。
3 徐吉军等著：《中国风俗通史（宋代卷）》，上海：上海文艺出版社，2001年版，第
  799页。

邪？"[1] 可见男女行礼不同，即使是地位最高的女子——摄政太后也不例外。

宋太祖曾疑惑过"男尊女卑，男何以跪而女不跪"，大臣回应，古诗云"长跪问故夫"，"古者男女皆跪，至天后（作者注：武则天）世，女始拜而不跪。"[2] 但朱熹认为："《乐府》只说'长跪问故夫'，不曾说伏拜。……盖妇人首饰盛多，如'副笄六珈'之类，自难以俯伏地上。"[3] 女子不拜，是因为受到了首饰的限制。

据《铁围山丛谈》记载，宫中女官行男子礼、穿男子衣，也可以佐证，一般女子不行跪拜礼，女官视同一般文官，所以"作男子拜"。[4]

总的来说，在宋代，跪拜是重要的相见礼，但不见得很常用。元朝统一全国，跪拜大行其道，明清各自从前朝"抄作业"，延续了这种明显"戏过了"的相见礼，人与人之间的上下尊卑愈拉愈远，民跪民、民跪官、官跪官、臣跪君都成了日常。可以说，跪拜礼在宋代的盛行程度，既不如前朝，也不如后世。

---

1 〔宋〕文莹撰，郑世刚、杨立扬点校：《续湘山野录》，〔宋〕文莹撰，郑世刚、杨立扬点校：《湘山野录　续录　玉壶清话》，北京：中华书局，1984年版，第75—76页。

2 〔宋〕文莹撰，郑世刚、杨立扬点校：《玉壶清话》卷2，〔宋〕文莹撰，郑世刚、杨立扬点校：《湘山野录　续录　玉壶清话》，北京：中华书局，1984年版，第13—14页。

3 〔宋〕朱熹著，〔宋〕黎靖德编：《朱子语类》卷91，武汉：崇文书局，2018年版，第1767—1768页。

4 〔宋〕蔡絛撰，冯惠民、沈锡麟点校：《铁围山丛谈》卷1，北京：中华书局，1983年版，第8页。

宋代有冠礼，但朝野都不太重视

近年来，有的影视剧还描述了宋代冠礼，那么，宋人是怎么看待冠礼的呢？

据《宋史·舆服五》记载：

> 冠礼，三加冠服，初加，缁布冠、深衣、大带、纳履；再加，帽子、皂衫、革带、系鞋；三加，幞头、公服、革带、纳靴。其品官嫡庶子初加，折上巾、公服；再加，二梁冠、朝服；三加，平冕服，若以巾帽、折上巾为三加者，听之。[1]

对于这段冠礼流程，吃瓜群众也能看得出十分隆重，然而现实生活中，宋人根本就不怎么重视冠礼。

据《铁围山丛谈》记载：

> 冠礼肇于古。国初草昧未能行，因循至政和讲之焉。是时，渊圣皇帝（作者注：宋钦宗）犹未入储宫也。初以皇长子而行冠，于是天子御文德殿，百僚在位，命官行三加礼毕，当命字，仪典甚盛。是日，方乐作行事，而日为之重轮也。先是，诸王冠止于宫中行世俗之礼，谓之"上头"而已。繇是（作者注：从此）而后，天子诸子咸冠于外庭，盖自渊圣始。[2]

1　〔元〕脱脱等撰：《宋史》卷153《舆服五》，北京：中华书局，1985年版，第3578页。

2　〔宋〕蔡絛撰，冯惠民、沈锡麟点校：《铁围山丛谈》卷2，北京：中华书局，1983年版，第23页。

可见，对于上古贵族男子认为比生命都重要的冠礼，北宋仅保留了"上头"习俗，直到北宋末年，皇子行冠礼才被重视起来。

"上头"是什么？《梦粱录》说："清明交三月，节前两日谓之'寒食'，京师人从冬至后数起至一百五日，便是此日，家家以柳条插于门上，名曰'明眼'，凡官民不论小大家，子女未冠笄者，以此日上头。"[1]《东京梦华录》说："清明节，寻常京师以冬至后一百五日为大寒食。前一日，谓之'炊熟'，用面造枣䭔（作者注：hú），飞燕，柳条串之，插于门楣，谓之'子推燕'。子女及笄者，多以是日上头。"[2]虽然两者记述不一且语焉不详，但也可以看出，"上头"男女皆适用，且集中在寒食节、清明节举行，并不像冠礼那么隆重。

根据史料记载，宋代皇子行冠礼情况如下：

皇子行冠礼始于宋真宗时期，宋真宗给年仅6岁的皇子（宋仁宗）行了冠礼，完全不符合"人君十二始冠"的古礼，这一阶段，皇子行冠礼仅是个别现象，比较随心所欲。[3]

宋徽宗时期是冠礼复苏时期，皇子大都行过冠礼，有的还取了表字，如宋高宗16岁行冠礼，表字"德基"——宋代皇帝乃至皇子中，拥有表字的是极少数。[4]

---

1 〔宋〕吴自牧著：《梦粱录》卷2《清明节》，杭州：浙江人民出版社，1980年版，第11页。

2 〔宋〕孟元老撰，伊永文整理：《东京梦华录》卷7《清明节》，上海师范大学古籍整理研究所编：《全宋笔记》第五编一，郑州：大象出版社，2012年版，第160页。

3 范帅：《浅析宋代皇子的赐名、冠礼与出阁制度》，载《郑州轻工业学院学报（社会科学版）》2015年2月第16卷第1期，第84页。

4 范帅：《浅析宋代皇子的赐名、冠礼与出阁制度》，载《郑州轻工业学院学报（社会科学版）》2015年2月第16卷第1期，第85页。

南宋时期，皇子冠礼再度废弛，仅有宋理宗给皇子行过冠礼，这位皇子就是宋度宗。[1]

可见，宋代对皇子行冠礼并不重视，连皇子冠礼都行得有一搭没一搭，民间冠礼废弛情况可想而知。不少名人曾力倡恢复冠礼，但未能挽回其衰颓之势[2]——这说明，写在制度中的东西，现实中不一定遵行。

宋廷重视礼遇圣人后裔和"亡国之后"

虽然宋代冠礼不像样，但宾礼挺像样。

各种文学作品中的柴氏子孙，好像都很牛，据小说家言，这是因为他家拥有免死金牌——丹书铁券。这是真的吗？

宋人确曾提及铁券。譬如，宋太祖建隆元年（960）九月，宋太祖做好了讨伐李重进（后周太祖的外甥，周世宗的皇位竞争对手）的准备以后，遂将李重进由淮南节度使调为平卢节度使，又赐以"可免死罪"的"铁券"以稳住对方，但当时正是君臣猜疑之际，此举更增加了李重进的疑惧，李重进遂起兵反宋，兵败后自杀。[3]《萍洲可谈》则说，苏轼遭遇乌台诗案之厄时，"下狱即问五代有无誓书铁券，盖死因则如此，他罪止问三代。"[4]根据上述案例判断，铁券是有的（唐代皇帝赐给钱

1　范帅：《浅析宋代皇子的赐名、冠礼与出阁制度》，载《郑州轻工业学院学报（社会科学版）》2015年2月第16卷第1期，第85页。

2　范帅：《浅析宋代皇子的赐名、冠礼与出阁制度》，载《郑州轻工业学院学报（社会科学版）》2015年2月第16卷第1期，第85页。

3　陈振著：《宋史》，上海：上海人民出版社，第15页。

4　〔宋〕朱彧撰，李伟国点校：《萍洲可谈》卷2，〔宋〕陈师道、朱彧撰，李伟国点校：《后山谈丛　萍洲可谈》，北京：中华书局，2007年版，第139页。

镠的铁券还流传至今），但其所谓"保护受赐者"的功能值得怀疑。

柴氏子孙在宋代过得比较安逸，是因为宋代优待"亡国之后"。据王夫之《宋论》说："太祖勒石，锁置殿中，使嗣君即位，入而跪读。其戒有三：一、保全柴氏子孙；二、不杀士大夫；三、不加农田之赋。"[1]据《宋史纪事本末》记载，被金人掳走的宋徽宗托曹勋带话给宋高宗："艺祖（作者注：宋太祖）有誓约，藏之太庙，不杀大臣及言事官，违者不祥。"[2]上述宋太祖的告诫，就是传说中的"太祖誓碑"或"勒石三戒"。此事疑点甚多，有人怀疑是假的，但不管怎么说，宋代嗣君确实做到了保全柴氏子孙。

古代宾礼中有一项叫"二王三恪"，简单地说，就是历代王朝大多会给前代皇室后裔封爵位，有二王后、三恪等各种名目，使其祭祀自家祖宗，显示本朝所承继统绪，标明正统地位，而宋代封的就是柴氏子孙。

据司马光《涑（sù）水记闻》记载，宋仁宗认为："皇嗣未生，盖以国家未如古礼封二王后。"[3]就选了柴氏最年长的柴咏（周世宗侄子），封为崇义公，让他奉祀后周宗庙，这个爵位是世袭的。[4]后来，宋徽宗下诏称："昔我艺祖受禅于周，嘉

1　〔清〕王夫之著，刘韶军译注：《宋论》卷1《太祖》，北京：中华书局，2013年版，第19—20页。

2　〔明〕陈邦瞻撰：《宋史纪事本末》卷72《秦桧主和》，北京：中华书局，2018年版，第721—722页。

3　〔宋〕司马光撰，邓广铭、张希清校：《涑水记闻》卷10，北京：中华书局，1989年版，第208页。

4　〔元〕脱脱等撰：《宋史》卷119《礼二十二》，北京：中华书局，1985年版，第2797页。

祐中择柴氏一人封崇义公，而三恪之封不及，礼盖未尽。除崇义公依旧外，择柴氏最长见存者为周恭帝后，以其世监周陵庙，与知县请给，以示继绝之仁，为国三恪。"封周恭帝后裔为宣义郎，也可世袭。[1]对此，清代赵翼慨叹："盖柴氏之赏延（作者注：赏赐延及后代）直与宋相终始，其待亡国之后可谓厚矣。"[2]

对其他政权君主的后裔，宋廷也会优待。宋仁宗时，有一次，"录唐李氏、周柴氏、晋石氏、李煜、钱镠、孟昶、高季兴之后，为三班借职、奉职，或迁其官，或授试衔，李氏八人，柴氏五人，石氏、煜、镠各二人，昶、季兴各一人。"[3]

宋代皇帝还会优遇前代贤臣后裔。据陆游《老学庵笔记》记载："神宗夜读《宋璟传》，贤其人，诏访其后，得于河朔，有裔孙曰宋立，遗像、谱牒、告身皆在。然宋立者，已投军矣。欲与一武官，而其人不愿，乃赐田十顷，免徭役杂赋云。"[4]白居易、元稹、长孙无忌、狄仁杰、郭子仪、颜真卿、魏徵之后皆于宋时被录用为官。[5]

宋代还以孔子嫡裔为可世袭的公爵，宋仁宗时期以孔宗愿为衍圣公，这就是古代以孔子之后世袭衍圣公的开始。对于孔

1　〔清〕黄以周等辑注，顾吉辰点校：《续资治通鉴长编拾补》卷38《徽宗重和元年闰九月》，北京：中华书局，2004年版，第1198页。

2　〔清〕赵翼著，王树民校证：《廿二史劄记校证》卷25《宋待周后之厚》，北京：中华书局，2013年版，第563页。

3　〔宋〕李焘撰：《续资治通鉴长编》卷120《仁宗景祐四年六月丙戌》，北京：中华书局，2004年版，第2833页。

4　〔宋〕陆游撰，李剑雄、刘德权点校：《老学庵笔记》卷1，北京：中华书局，1979年版，第7页。

5　〔清〕赵翼著，王树民校证：《廿二史劄记校证》卷24《录名臣后》，北京：中华书局，2013年版，第553页。

子的其他后裔，宋廷也有各种政治经济优待。[1]

与别的朝代不同，宋代对宗室子弟特别抠门儿，对于多数有爵位的宗子来说，世袭是不可能世袭的，就连"皇子之为王者"，也是"封爵仅止其身"；至于极少数可以世袭的爵位，其世袭方式又不像孔子后裔和"二王三恪"那样父死子继，而是同辈兄弟全部继承之后，下一代才可继承爵位（详见后文）——对比来看，宋代对于前朝后裔是相当客气和宽容的，所以后人才借题发挥，虚构出一系列精彩的柴家故事。

有意思的是，据周密《癸辛杂识》说，南宋龚开所作《宋江三十六赞并序》中，就有"小旋风柴进"其人。[2]这说明，柴进这个人物形象，可能是真的，也可能有原型，最起码也是宋人虚构出来的，反正不是后人创造的——可见，宋人编排起本朝来，一点儿也不比后世手软。

---

1 〔宋〕王辟之撰，吕友仁点校：《渑水燕谈录》卷5《官制》，〔宋〕王辟之、欧阳修撰，吕友仁、李伟国点校：《渑水燕谈录　归田录》，北京：中华书局，1981年版，第59页。

2 〔宋〕周密撰，吴企明点校：《癸辛杂识》续集上《宋江三十六赞》，北京：中华书局，1988年版，第145—150页。

宋史漫谈10：说说宋代君民的有趣互动

我们研究历史，通常会按门类分成各种专门史，但实际上，没有任何一个领域是可以独立存在的，可以说，历史上每一项微小的改变，往往会带来一连串的变革。

举个例子，古代汉人服饰参照了胡服的特点，有裆裤成为主流，人们就没必要跪坐遮羞了，高家具就成了主流。家具变高了，传统中那种自然而然的跪就演变成了单纯的礼，乃至有了屈辱的意味。因为家具的改变，人们的执笔方式也有了变化，初唐时，人们还像古代一样"单钩斜执"，中唐变为"单钩直执"，而后过渡到"双钩直执"，宋人便是"双钩直执"，即"大拇指横撑，食指、中指外钩（包），无名指内抵，小指靠无名指为辅助，笔管直立"，这跟现代人写毛笔字的执笔方式并无二致。[1]可见，家具、服制、礼仪、书法，看似毫无关系，其实互相影响，而且一直影响到现在。

所以，通过宋人对于"礼"的态度，我们完全可以想象得出当世人们的精神风貌。举个例子，《孟子》写道："万章曰：'尧以天下与舜，有诸？'孟子曰：'否。天子不能以天下与人。'"朱熹注解为："天下者，天下之天下，非一人之私有故也。"[2]南宋刘黻（fú）上书说："故政事由中书则治，不由中书则乱，天下事当与天下共之，非人主所可得私也。"[3]在在透露

---

1 刘涛著：《极简中国书法史》，北京：人民美术出版社，2014年版，第8、11页。

2 〔宋〕朱熹撰，金良年今译：《孟子集注》卷9，〔宋〕朱熹撰，金良年今译：《四书章句集注》，上海：上海古籍出版社，2006年版，第388—389页。

3 〔元〕脱脱等撰：《宋史》卷405《刘黻传》，北京：中华书局，1985年版，第12248页。

出"读书人以天下为己任"的主人翁精神，可以说，"天下者，天下之天下"就是宋代士大夫践行的天下观。

宋代百姓同样不卑不亢，拥有独立思考。宋祁写了一篇有趣的故事《录田父语》，摘录如下：

> 先生乃揖田父进而劳之曰："丈人甚苦暴露，勤且至矣。虽然，有秋之时，少而百囷，大则万箱。或者其天幸然？其帝力然？"田父俯而笑，仰而应曰："何言之鄙也！子未知农事矣。夫春膏之烝，夏阳之暴，我且踦跂（作者注：qī qí）竭作，杨芟（作者注：shān）捽（作者注：zuó）中（作者注：cǎo），以趋天泽；秋气含收，冬物盖藏，我又州处不迁，亟屋除田，以复地力。今日之获，自我得之，胡幸而天也？且我俯有拾，仰有取，合锄以时，衰征以期，阜乎财求，明乎实利，吏不能夺吾时，官不能暴吾余，今日乐之，自我享之，胡力而帝也？吾春秋高，阅天下事多矣，未始见不昏作而邀天幸，不强勉以希帝力也。"[1]

简单翻译一下，宋祁在东京郊外向一位老农说："老丈饱尝田野劳作之苦，但收获还是很大的，这是老天的恩赐，还是因为天子的功劳呢？"老农回答："你的话怎么如此粗鄙呢！我以自己的耕作获得食物，按照规定的期限来交税，官吏不能夺取我的农时，官府不能侵夺我的余粮，今天我高高兴兴，自

1　〔宋〕宋祁撰：《景文宋公集》卷98《录田父语》，〔宋〕宋祁撰：《景文集》，北京：中华书局，1985年版，第976页。

己享受，怎么能说是皇帝的力量呢！"言谈中透露出"帝力与我何有哉"的自信与潇洒。

在这样的社会氛围中，宋代皇帝也比较务实和克制，注意塑造自己的"人设"。譬如：

宋代皇帝喜欢将自己的画像和书法放在各地，进行自我营销，让全国臣民真实地感受到皇帝的存在。[1]

宋代皇家园林定时向市民开放，方便皇帝与民同乐，这就是宋仁宗所说的"山泽之利当与众共之"。[2]

宋代皇宫是史上最小的，宋太宗打算扩建宫城，"诏殿前指挥使刘延翰等经度之，以居民多不欲徙，遂罢。"[3]

宋高宗特意交代："将来郊祀诣景灵宫，可权宜乘辇。此去十里，若乘辂则坼（作者注：chè）民居必多。"[4]临安人多路窄，皇帝出行没有选择拆毁人户、拓宽道路，而是放弃"乘辂"，换用较低级别的仪仗，即改为"乘辇"。

宋代皇帝从不在生前营造陵墓，而是死后才动工，必须在七个月内完成，且是"平地营建"，其规模自然不比"穿凿半山腰而成"的唐陵。[5]

从某种意义上说，京城市民的态度，甚至可以影响皇帝

---

1 〔日〕久保田和男著，郭万平译：《宋代开封研究》，上海：上海古籍出版社，2010年版，第271—272页。

2 〔宋〕周辉撰，刘永翔校注：《清波杂志校注》卷1《祖宗家法》，北京：中华书局，1994年版，第15页。

3 〔元〕脱脱等撰：《宋史》卷85《地理一》，北京：中华书局，1985年版，第2097页。

4 〔宋〕熊克著，顾吉辰、郭群一点校：《中兴小纪》卷31，福州：福建人民出版社，1985年版，第370页。

5 杨宽著：《中国古代陵寝制度史研究》，上海：上海人民出版社，2016年版，第55、58页。

的命运。宋英宗时，宰相韩琦安排皇帝出宫祈雨，东京市民得以首度目睹皇帝真容，相互传言"君貌类祖宗，真英主也"，摄政曹太后听到传言后大喜，马上将政治权力交还给宋英宗。[1]

宋代皇帝和京城市民的互动也十分有趣。据叶绍翁《四朝闻见录》记载："皇太子即位于内，则市人排旧邸以入，争持所遗，谓之'扫阁'，故必先为之备。时吴兴（作者注：赵抦）为备，独嘉王（作者注：赵扩）已治任判福州，绝不为备，故市人席卷而去。"[2]宋代有一个令人喷饭的风俗——皇太子即位，京城市民可以随便到其旧邸"扫货"。宋光宗被迫内禅，嘉王赵扩仓促即位，也就是宋宁宗，当然事先没有准备，旧邸被临安人"洗劫一空"。

最后再讲两个《续资治通鉴长编》记载的宋代皇帝跟百姓互动的有趣段子：

京畿百姓牟晖敲登闻鼓告御状，诉说家奴弄丢了一只小猪，让宋太宗给找回来。宋太宗就给牟晖千钱作为补偿，并向宰相抱怨："这种小破事还要我来决断，太可笑了。"抱怨之余，又不禁嘚瑟："然推此心以临天下，可以无冤民矣。"[3]

宋仁宗带兵在城南东韩村打猎，当地居民听说了消息，就把自己养的狐狸、兔子、野鸭、野鸡驱入围场，供皇帝和军队

1　〔日〕久保田和男著，郭万平译：《宋代开封研究》，上海：上海古籍出版社，2010年版，第275页。

2　〔宋〕叶绍翁撰，沈锡麟、冯惠民点校：《四朝闻见录》甲集《宪圣拥立》，北京：中华书局，1989年版，第12—13页。

3　〔宋〕李焘撰：《续资治通鉴长编》卷34《太宗淳化四年十月》，北京：中华书局，2004年版，第757页。

猎取。宋仁宗说："田猎是为了训练将士，不是为了猎物。"于是把这些禽畜都放了，然后慰问了当地父老，免除了围场内民田一年的租税。[1]

1 〔宋〕李焘撰：《续资治通鉴长编》卷159《仁宗庆历六年十一月辛丑》，北京：中华书局，2004年版，第3854页。

第四章

宋代科举，让平民子弟出人头地

　　每逢大考，好心的网友就会转发一份"科举状元与落榜者"名单，其中那些大名鼎鼎的是落第书生，名气一般的却是清代状元，网友想证明"条条大路通罗马"，缓解考生们"被考试支配的恐惧"。

　　事实上，这又是一种刻板印象，如果这份名单是"宋代状元和落榜者"，状元的知名度和成才率，可是远远高于落榜者的。

　　当然，宋代也有学富五车的落榜名人，譬如程颐、苏洵；也有并非进士出身的登科者，譬如富弼；也有根本不求仕进的名人，譬如隐士林逋。但总的来说，宋代科举，尤其是进士科，网罗天下英才的功能发挥得淋漓尽致，差不多做到了当年唐太宗所说的"天下英雄入吾彀中矣"。所以，你看着名字熟悉的宋代读书人，大都是进士出身，并最终当上了高官、要官。

　　为什么呢？因为宋代是千年科举史上最开放的时期。举三个例子：

　　残疾人可以考科举。宋理宗淳祐十年（1250），"唱名状元严州方梦魁，赐名逢辰，右足跛，左目瞽。"可见，残疾人不但可以考科举，还可以中状元。

　　商人子可以考科举。据说冯京就是商人之子，而且还比较穷，但这不耽误他成为宋仁宗皇祐元年（1049）状元，还是史上难得一见的"连中三元"者。

　　小女孩可以考科举。宋孝宗淳熙元年（1174）夏，"女童林幼玉求试，中书后省挑试所诵经书四十三件，并通。四月辛酉，诏特封孺人。"这位女神童当时只有九岁，她就是主要朝代中科举出身的唯一女性。

　　另外，宋代还有皇子、宦官登科的情况，连小说家都不敢这么编。

　　接下来，我们看看史上文人质量最高的宋仁宗时代的登科情况：

宋仁宗时期贡举登科情况一览表

	知贡举	同知贡举	省元	状元	正奏名（人）		特奏名（人）	
					进士	诸科	进士	诸科
天圣二年（1024）	刘筠	宋绶、陈尧佐、刘烨	吴感	宋郊	207	354	43	77
天圣五年（1027）	刘筠	冯元、石中立、韩亿	吴育	王尧臣	377	894	109	234
天圣八年（1030）	晏殊	王随、徐奭、张观	欧阳修	王拱辰	249	573		
景祐元年（1034）	章得象	郑向、胥偃、李淑、宋郊	黄庠	张唐卿	501	481	857	
宝元元年（1038）	丁度	缺	范镇	吕溱	310	617	165	984
庆历二年（1042）	聂冠卿	王拱辰、苏绅、吴育、高若讷	杨寘	杨寘	432	407	364	
庆历六年（1046）	孙抃	张方平、高若讷、杨伟、钱明逸	裴煜	贾黯	538	415	223	1655
皇祐元年（1049）	赵概	张锡、王贽、张揆、赵师民	冯京	冯京	498	550	缺	缺
皇祐五年（1053）	王拱辰	曾公亮、胡宿、蔡襄、王珪	徐无党	郑獬	520	522	766	430
嘉祐二年（1057）	欧阳修	王珪、梅挚、韩绛、范镇	李寔	章衡	388	389	122	102
嘉祐四年（1059）	胡宿	吕溱、刘敞	刘挚	刘辉	165	184	65	
嘉祐六年（1061）	王珪	范镇、王畴	江衍	王俊民	193	102	44	41
嘉祐八年（1063）	范镇	王安石、司马光	孔武仲	许将	194	147	72	28

资料来源：张希清著：《中国科举制度通史·宋代卷》，上海：上海人民出版社，2017年版，第865—866页。

仔细地看，不难看出表中人的成长脉络——宋郊（宋庠）、欧阳修、王拱辰、范镇成为状元、省元后，后来也成了考官、主考官。千年科举史上，宋代登科者最多，但从上表可以看出，当时全国一次也只能考中几百名进士，堪称凤毛麟角，难怪以后成名、成家的比例特别高。

事实证明，科举确能试出真才，且以宋代成效最好：隋唐士族势力不容小觑，科举取士不具有压倒性的重要意义，加之考试难度大，录取名额少，进士叙阶低，非常不利于平民。元代实行科举仅五十年，录取进士仅1200人。[1]明清科举很重要，但已走向僵化。这说明，在包容度高、向学者众的平民社会，考试才是真正的抡材大典。

总之，在宋人留给后人的各种文化遗产中，科举的重要性不亚于四大发明。话不多说，快到正文看个究竟吧！

---

1 张希清著：《中国科举制度通史·宋代卷》，"总论"，上海：上海人民出版社，2017年版，第17页。

大家都知道黄裳吧？在金庸笔下，他是《九阴真经》的作者，同时也是一位曾主持出版巨作《万寿道藏》的北宋状元——《九阴真经》当然是小说家言，但《万寿道藏》和状元这一辖辘是真的：黄裳为宋神宗元丰五年（1082）状元，知福州时曾奉宋徽宗旨意刊印足有5481卷、540函规模的《万寿道藏》，也就是中国第一部刻印的道教总集。[1]

宋代读书人做梦都想着考科举中状元当宰相

其实不用小说家编排，黄裳本人经历就挺有趣，来看宋人笔记中的"两个梦"。据王辟之《渑水燕谈录》记载：

> 元丰中，汶上梁遘，一夕，梦奏事殿中，见御座前揭一牌，箔金大书"黄裳"二字，意必贵兆也，因改名黄裳。明年，御前唱进士第，南剑黄裳为天下第一。[2]

---

1 谢水顺、李珽著：《福建古代刻书》，福州：福建人民出版社，1997年版，第48—49页。

2 〔宋〕王辟之撰，吕友仁点校：《渑水燕谈录》卷6《先兆》，〔宋〕王辟之、欧阳修撰，吕友仁、李伟国点校：《渑水燕谈录 归田录》，北京：中华书局，1981年版，第78页。

据马永卿《嬾真子录》记载：

> 蔡忠怀确持正少年尝梦为执政，仍有人告之曰：
> "俟汝父作状元时，汝为执政也。"持正觉而笑曰：
> "鬼物！乃相戏乎？吾父老矣，方致仕闲居，乃云作
> 状元何也？"后持正果作执政。一日，侍殿上听唱进
> 士第，状元乃黄裳也。持正不觉失惊，且叹梦之可信
> 也。持正父名黄裳，乃泉州人，清正恬退，以故老于
> 铨曹。[1]

北宋一个叫梁逖的人梦见"黄裳"二字，觉得是好兆头，
就改名黄裳，第二年他果然中了状元。蔡确少年时梦见自己当
上了执政，有人告诉他："等你父亲当了状元，你就能当执政
了。"蔡确的老父亲当时已致仕，因此不信，后来他果然当了
执政，当年状元名为黄裳，而蔡确父亲名为蔡黄裳——状元黄
裳在《宋史》无传，咱也不知"改名中状元"是不是真的，反
正知道这两个"黄裳"都是福建人就完事儿了。

有趣的是，南宋也有一个黄裳，此人是宋孝宗乾道五年
（1169）郑侨（也是福建人）榜的进士，四川人，在《宋史》
有传。据《宋史·黄裳传》记载："黄裳字文叔，隆庆府普成
（作者注：位于四川北部）人。少颖异，能属文。登乾道五年
进士第，调巴州通江（作者注：今属四川巴中）尉。益务进学，

---

1 〔宋〕马永卿撰，崔文印校释：《嬾真子录校释》卷3，北京：中华书局，2017年
版，第110—111页。

文词迥出流辈，人见之曰：'非复前日文叔矣。'"[1]可见南宋黄裳的学问也很好。

以上三个"黄裳"的"梦幻联动"看起来很不靠谱，但却很靠谱地反映了宋代社会的一大特点——读书人做梦都想着考科举中状元当宰相，而且关键是，还真让他们梦想成真了。

宋代进士考试限制少，工商获得入场券

宋代科举是有限制的，简单说来就是：犯过杖刑以上罪的不行，后放宽为徒刑以上；曾为僧道胥吏者不行，但其子弟可以；工商杂类不行，但"有奇才异行、卓然不群者"例外，因读书有成的基本都算"有奇才异行、卓然不群者"，所以相当于对工商杂类并无限制；服丧者不得应举，此限制历经修订，定为"为父母、祖父母、伯叔父母、在室姑服丧期间不得应举"，但不必服完，服满三个月就可应举；残疾人分为残疾、废疾、笃疾三等，其中残疾可以应举，其他不行。[2]

现在把上述限制反过来看，举几个例子：

商人及其子弟可以考。罗大经的《鹤林玉露》记载，宋仁宗皇祐元年（1049）状元冯京，"其父商也，……家贫甚，读书于灊（作者注：qián）山僧舍，僧有犬，京与共学者烹食之。"[3]可见他是商人之子，而且还比较穷，甚至还偷过狗。他

1　〔元〕脱脱等撰：《宋史》卷393《黄裳传》，北京：中华书局，1985年版，第11999页。

2　张希清著：《中国科举制度通史·宋代卷》，上海：上海人民出版社，2017年版，第100—106页。

3　〔宋〕罗大经撰，王瑞来点校：《鹤林玉露》乙编卷4，北京：中华书局，1983年版，第192页。

中状元后，张贵妃伯父张尧佐将他抢回家，想把女儿嫁给他，还谎称是皇帝的意思，遭到冯京"力辞"，之后冯京娶了宰相富弼的女儿[1]——年轻的新科进士在婚姻市场的行情都很好，而冯京还是史上难得一见的"连中三元"者，当然更抢手了。

僧道胥吏子弟可以考。北宋进士杨何，其父本是道士，母亲曾为比丘尼。宋英宗治平二年（1065）状元彭汝砺是饶州州吏之子，因得到范仲淹资助读书有成，而治平二年的主考官是冯京。[2]

残疾人可以考。宋理宗淳祐十年（1250），"唱名状元严州方梦魁，赐名逢辰，右足跛，左目瞽。第四名川人杨潮，南省元泉州陈应雷，皆瞽一目。"[3]一榜竟出现三位残疾进士，连状元也是，相比其他朝代动辄看颜值论字迹的骚操作，可见宋代科举之公正了。

此外，朱彧《萍洲可谈》说："政和壬辰榜唱名，有饶州神童赴殿试中第，才十数岁，又侏儒，既释褐，卫士抱之，于幕上作傀儡戏，中贵人大笑。"[4]也就是说，宋徽宗政和二年（1112），有一位少年侏儒考中进士。"侏儒"属于"废疾"[5]，一

1　〔元〕脱脱等撰：《宋史》卷317《冯京传》，北京：中华书局，1985年版，第10338—10339页。

2　张希清著：《中国科举制度通史·宋代卷》，上海：上海人民出版社，2017年版，第102—103页。

3　〔宋〕俞文豹撰，许沛藻、刘宇整理：《吹剑四录》，上海师范大学古籍整理研究所编：《全宋笔记》第七编五，郑州：大象出版社，2016年版，第159页。

4　〔宋〕朱彧撰，李伟国点校：《萍洲可谈》卷1，〔宋〕陈师道、朱彧撰，李伟国点校：《后山谈丛　萍洲可谈》，北京：中华书局，2007年版，第122页。

5　〔宋〕窦仪等详定，岳纯之校证：《宋刑统校证》卷12《户婚律》，北京：北京大学出版社，2015年版，第164页。

般不许应举，如果朱彧记载是实，则属特例了。

外国人可以考。王辟之《渑水燕谈录》说："高丽，海外诸夷中最好儒学，祖宗以来，数有宾客贡士登第者。"[1]

现任官可以考，但不能中状元，他们参加的叫"锁厅试"。"有官人应举谓之锁厅，例不作廷魁"[2]，中状元的荣耀要留给平民。

官员子弟可以考，但要加试。宋太祖乾德三年（965），陶榖之子陶邴登第，宋太祖表示怀疑："榖不能训子，安得登第？"就下诏："食禄之家，有登第者，礼部具姓名以闻，令覆试之。"[3]

考官家属可以考，但要另开考场，即所谓"别头试"。也就是说，朝廷为考官亲属另派考官，以防徇私舞弊。[4]

宦官可以考。宋徽宗大观年间，出现了宦官殿试及第第一人，此人就是梁师成。[5]

宗子（宗室子弟）可以考。宋神宗熙宁年间才允许宗室应举，其中，宗子及第第一人叫赵令铄，为宋太祖五世孙。[6]

皇子也可以考。宋徽宗政和八年（1118），嘉王赵楷殿试

1　〔宋〕王辟之撰，吕友仁点校：《渑水燕谈录》卷9《杂录》，〔宋〕王辟之、欧阳修撰，吕友仁、李伟国点校：《渑水燕谈录　归田录》，北京：中华书局，1981年版，第112页。

2　〔宋〕朱彧撰，李伟国点校：《萍洲可谈》卷1，〔宋〕陈师道、朱彧撰，李伟国点校：《后山谈丛　萍洲可谈》，北京：中华书局，2007年版，第112页。

3　〔元〕脱脱等撰：《宋史》卷155《选举一》，北京：中华书局，1985年版，第3606页。

4　张希清著：《中国科举制度通史·宋代卷》，"总论"，上海：上海人民出版社，2017年版，第34页。

5　〔宋〕朱彧撰，李伟国点校：《萍洲可谈》卷1，〔宋〕陈师道、朱彧撰，李伟国点校：《后山谈丛　萍洲可谈》，北京：中华书局，2007年版，第112页。

6　〔宋〕朱彧撰，李伟国点校：《萍洲可谈》卷1，〔宋〕陈师道、朱彧撰，李伟国点校：《后山谈丛　萍洲可谈》，北京：中华书局，2007年版，第112页。

考中第一名，成为"帝子赴试、亲王及第"第一人。[1]对此，皇帝的态度是："嘉王楷有司考在第一，不欲以魁天下，以第二人为榜首。"因此，这一年的状元是现任官员、登仕郎王昂，王昂成为"锁厅人"中的第一个状元。[2]换言之，皇子赵楷不仅考了第一，还顺手打破了"现任官不能中状元"的纪录。

那么，女子是否可以应举？《宋史·选举志》说："宋之科目，有进士，有诸科，有武举。常选之外，又有制科，有童子举，而进士得人为盛。神宗始罢诸科，而分经义、诗赋以取士，其后遵行，未之有改。"[3]可见，虽然我们通常只关注进士科，但其实宋代科举有许多名目，北宋三大神童，杨亿、晏殊、蔡伯俙，都是童子科出身，那么前文提到的通过女童子试被封为孺人的林幼玉，自然就是主要朝代中科举出身的唯一女性了。

宋代科举为后世立规矩，一切围绕公平展开

下面我们通过几个关键词，来看看宋代在科举抡材方面开风气之先的那些操作：

取消唐五代以来的"公荐""公卷"。"故事，知举官将赴贡院，台阁近臣得荐所知之负艺者，号曰'公荐'。"也就是说，考生须向公卿大臣投献作品以求"公荐"。这一制度显然

---

1 〔宋〕朱彧撰，李伟国点校：《萍洲可谈》卷1，〔宋〕陈师道、朱彧撰，李伟国点校：《后山谈丛　萍洲可谈》，北京：中华书局，2007年版，第112页。

2 〔宋〕吴曾撰：《能改斋漫录》卷2《殿试有官人不为第一》，上海：上海古籍出版社，1979年版，第27页。

3 〔元〕脱脱等撰：《宋史》卷155《选举一》，北京：中华书局，1985年版，第3604页。

对出身较低的考生不利，宋太祖"虑其因缘挟私，禁之"。"公卷"则是考前向主考官投纳自己的诗文，"初，贡士踵唐制，犹用公卷，然多假他人文字，或佣人书之。"显然，公卷亦容易滋生弊端，宋仁宗时，"自是不复有公卷。"[1]宋代考生不需要在考前拼热度、走门路，一切考场上见真章——这就是陆游所说的"一切以程文为去留"，显然比较公平。[2]

实行糊名（封弥）和誊录制度。宋太宗淳化三年（992），"有击登闻鼓诉校试不公者"，当年苏易简担任主考官，开始实行糊名制度。宋真宗时开始施行誊录制度，即将考生试卷另行誊录，再送考官评定等第。[3]这样一来，考官既不知道考生姓名，也不能通过字体辨别考生，当然就不好舞弊了。

实行锁院制度。省试开考前数日，考官进入贡院，直到考毕，都不得外出或会见亲友，称为"锁院"，显然也是为了防止舞弊。[4]

确立三年一考的规则。唐代科举每年举行一次，宋承唐制，宋太宗至宋仁宗中期，考试时间并不固定；宋仁宗嘉祐二年（1057）规定隔年一开科举；宋英宗治平三年（1066）规定三年一开考，遂为后世沿用。[5]

---

1 〔元〕脱脱等撰：《宋史》卷155《选举一》，北京：中华书局，1985年版，第3605、3612页。

2 〔宋〕陆游撰，李剑雄、刘德权点校：《老学庵笔记》卷5，北京：中华书局，1979年版，第69页。

3 〔元〕脱脱等撰：《宋史》卷155《选举一》，北京：中华书局，1985年版，第3608、3610页。

4 邓广铭、漆侠、朱瑞熙、王曾瑜、陈振著：《宋史》，北京：中国大百科全书出版社，2011年版，第124页。

5 张希清著：《中国科举制度通史·宋代卷》，"总论"，上海：上海人民出版社，2017年版，第14页。

确立解试、省试、殿试三级考试。解试包括州试（乡试）、转运司试（漕试）、国子监试（太学试）等方式，在省试前一年秋季考试，举人解试合格后，由州或转运司、国子监等按解额解送礼部，次年春天礼部考试（省试）合格者，还要经过皇帝亲自主持的殿试。[1]宋前仅武则天时有殿试，宋代殿试成为常制。宋太祖说："昔者，科名多为势家所取，朕亲临试，尽革其弊矣。"[2]《燕翼诒谋录》说："自唐以来，进士皆为知举门生，恩出私门，不复知有人主。……艺祖皇帝以初御试，特优与取放，以示异恩。而御试进士不许称门生于私门，一洗故习，大哉宏模，可谓知所先务矣。"[3]

殿试不黜落士子。邵伯温《邵氏闻见录》说，宋仁宗时，有殿试被黜者因贫困无法返乡，竟赴水而死，"仁宗闻之恻然"，之后殿试就不黜落士子了。[4]王栐《燕翼诒谋录》则说，因多次被省试取中又被殿试黜落，士子张元"以积忿降元昊，大为中国之患"，宋人认为应归咎于殿试黜落，此后殿试皆不黜落，"是一叛逆之贼子，为天下后世士子无穷之利也。"[5]

大开特奏名考试。与其他时代不同的是，宋代状元往往是在30岁前夺魁，若有人老年中状元，则很可能是含金量极低的

1　邓广铭、漆侠、朱瑞熙、王曾瑜、陈振著：《宋史》，北京：中国大百科全书出版社，2011年版，第123—124页。

2　〔元〕脱脱等撰：《宋史》卷155《选举一》，北京：中华书局，1985年版，第3606页。

3　〔宋〕王栐撰，诚刚点校：《燕翼诒谋录》卷1，〔宋〕王铚、王栐撰，朱杰人、诚刚点校：《默记　燕翼诒谋录》，北京：中华书局，1981年版，第2页。

4　〔宋〕邵伯温撰，李剑雄、刘德权点校：《邵氏闻见录》卷2，北京：中华书局，1983年版，第14页。

5　〔宋〕王栐撰，诚刚点校：《燕翼诒谋录》卷5，〔宋〕王铚、王栐撰，朱杰人、诚刚点校：《默记　燕翼诒谋录》，北京：中华书局，1981年版，第52页。

特奏名状元——宋代对屡试不第者特开特奏名考试，又称"恩科""老榜"，"凡士贡于乡而屡绌于礼部，或廷试所不录者，积前后举数，参其年而差等之，遇亲策士则别籍其名以奏，径许附试，故曰特奏名。"[1]特奏名状元列名于正奏名进士（殿试合格赐本科及第、出身、同出身者，均属正奏名及第人[2]）之后，大开特奏名考试的结果是，即使士子屡试不第，通过"刷经验"也能混个进士。《萍洲可谈》说："元丰间，特奏名陛试，有老生七十许岁，于试卷内书云：'臣老矣，不能为文也，伏愿陛下万岁万万岁。'既闻，上嘉其诚，特给初品官，食俸终其身。"[3]特奏名看似属于安慰奖，这些人得到的官职不高，但人数众多，很可能选拔非人，加剧了冗官问题。[4]但宋廷极力笼络读书人，使其难以自弃，显然也是宋代文化达到极盛的一大诱因。

制举有"富弼条款"。宋代制举，多是官员去考，"凡进士，试诗、赋、论各一首，策五道，帖《论语》十帖，对《春秋》或《礼记》墨义十条。"所以制举也考诗赋，对中过进士的人来说，这在射程之内，但制举中的高蹈丘园科、沉沦草泽科、茂材异等科允许平民考，名相富弼就是平民通过制举入仕的典型。[5]据叶梦得《避暑录话》说："唯富郑公以茂材异等起

---

1 〔元〕脱脱等撰：《宋史》卷155《选举一》，北京：中华书局，1985年版，第3609页。

2 龚延明编著：《宋代官制辞典（增补本）》，北京：中华书局，2017年版，第702页。

3 〔宋〕朱彧撰，李伟国点校：《萍洲可谈》卷1，〔宋〕陈师道、朱彧撰，李伟国点校：《后山谈丛 萍洲可谈》，北京：中华书局，2007年版，第122页。

4 张希清著：《中国科举制度通史·宋代卷》，"总论"，上海：上海人民出版社，2017年版，第15页。

5 〔元〕脱脱等撰：《宋史》卷155《选举一》、卷156《选举二》，北京：中华书局，1985年版，第3604、3647页。

布衣，未尝历进士。既召试，乃以不能为诗赋恳辞，诏试策、论各一，自是遂为故事。制科不试诗赋，自富公始。"可见，因富弼不能为诗赋，整个制举改了规矩。而到苏轼考制举时，"复不试策，而试论三篇。"[1]

总的来说，宋廷在设计科举制度方面殚精竭虑，体现了其一贯的治国思路，即所谓的"事为之防，曲为之制"的"祖宗之法"[2]，宋廷不想制造出新的"势族"，最后得到机会的自然是平民读书人。这样的读书人根基浅，就比较知趣，将自身定位为措大（穷书生），不会像之前的士族那样霸道。譬如，在宋英宗和曹太后产生矛盾时，宰执纷纷"拉架"，其中，欧阳修说："仁宗在位岁久，德泽在人，人所信服。故一日晏驾，天下禀承遗命，奉戴嗣君，无一人敢异同者。今太后深居房帷，臣等五六措大尔，举动若非仁宗遗意，天下谁肯听从！"[3]

在宋廷推动下，宋人普遍重教育、爱学习。譬如，当时的江西、福建都是盛产进士、名臣和大文人的好地方。其中，江西"饶州自元丰末朱天锡以神童得官，俚俗争慕之"[4]，培养神童在当地已经是个产业了。

1　〔宋〕叶梦得撰，〔清〕叶德辉校刊，涂谢权点校：《避暑录话》卷上，济南：山东人民出版社，2018年版，第62页。

2　邓小南著：《祖宗之法：北宋前期政治述略（修订版）》，北京：生活·读书·新知三联书店，2014年版，第266页。

3　〔宋〕李焘撰：《续资治通鉴长编》卷199《仁宗嘉祐八年十一月》，北京：中华书局，2004年版，第4838页。

4　〔宋〕叶梦得撰，〔清〕叶德辉校刊，涂谢权点校：《避暑录话》卷上，济南：山东人民出版社，2018年版，第81—82页。

你的宋代背默天团，多数当过高官要官

现在我们选取宋仁宗时代的三个进士榜单来看看：

先看天圣五年（1027）的王尧臣榜。这届进士中，你眼熟的人有韩琦、包拯、文彦博，状元王尧臣和第三名赵概同为河南虞城人，以上五人都官至宰执，所以这个榜也叫"宰执榜"。当然这个榜上还有不少名人，譬如与欧阳修、蔡襄、余靖同为"四谏"的王素、章衡榜的考官梅挚。

再看景祐元年（1034）张唐卿榜。这届的大众偶像有苏舜钦和柳永，另外还有蔡襄的弟弟蔡高、柳永的哥哥柳三接等，赵抃、龚鼎臣也很厉害。这届在坊间的知名度一般，但其中充满了八卦和知识点：

第一，虽有苏舜钦、柳永这样的大才子做竞争对手，但张唐卿中状元实至名归，他是韩琦的弟子，人称"得状元者如此，吾榜之光矣"[1]，可惜他三年后就因父亲去世悲痛吐血而亡，年仅27岁，有"孝义状元"之称。这届省元黄庠也很厉害，但他在殿试前一病而亡。[2]张、黄两人的故事说明，阻止宋代状元发挥实力、宰执天下的最大绊脚石是时间。

第二，苏舜钦是苏易简之孙，父亲苏耆也是官，苏舜钦考进士前就以恩荫当了官，他参加的应是锁厅试。韩琦夸说高足张唐卿"宿儒旧学、当世知名之士，无不瞻企叹伏，甘处其下"[3]，也可能是因为，有些大才子受身份限制，本来就不能中

1　诸葛忆兵编著：《宋代科举资料长编》，南京：凤凰出版社，2017年版，第337页。

2　〔宋〕陆游撰，李剑雄、刘德权点校：《老学庵笔记》卷7，北京：中华书局，1979年版，第96页。

3　诸葛忆兵编著：《宋代科举资料长编》，南京：凤凰出版社，2017年版，第337页。

状元。

第三，有人说，柳永科场失意，因为宋仁宗不喜欢他，要他"且去浅斟低唱，何要浮名"，所以柳永索性以"奉旨填词柳三变"的名义继续"浪"。又有人说，柳永最终考上了特奏名进士——关于这两件事，咱们在附录《宋仁宗真的不让柳永考进士吗？》一文中详说。

最后看嘉祐二年（1057）的章衡榜。该榜被称为"天下第一名榜"，中国文坛第一大 IP"唐宋八大家"中的半个团出现在考场——其中，欧阳修是主考官，苏轼、苏辙、曾巩是上榜考生。

然而，这届考生的实力不止如此，洛学鼻祖程颢及其弟子朱光庭，关学开创者张载及其弟子吕大均，曾巩弟弟曾布、曾牟，开边名将王韶，王安石变法重要人物吕惠卿都榜上有名。这届考生中，担任过宰执的有王韶、郑雍、梁焘、吕惠卿、苏辙、林希、曾布、张璪等人，堪称群星荟萃。

这个榜的主考官也都是"神仙"，主考官欧阳修、王珪、范镇、韩绛、梅挚，以及小试官梅尧臣，在锁院的50天里，写了170多篇古律歌诗[1]，但也因此惹来了麻烦——原来，因当时士子"为文尚奇涩，读或不能成句"，欧阳修立志革除文风之弊，"凡文涉雕刻者皆黜之"，得罪了不少人。考官们唱和的诗作传出后，有些人"遂哄哄然，以为主司耽于唱酬，不暇详考校"，各种黑话满天飞，以致后来很多届主考官都不敢作诗了。[2]

---

1 〔宋〕欧阳修撰，李伟国点校：《归田录》卷2，〔宋〕王辟之、欧阳修撰，吕友仁、李伟国点校：《渑水燕谈录　归田录》，北京：中华书局，1981年版，第31页。

2 诸葛忆兵编著：《宋代科举资料长编》，南京：凤凰出版社，2017年版，第515页。

那么，章衡凭什么"夺冠"呢？《北窗炙輠录》中有一个段子：

> 章子平《监赋》云："运启元圣，天临兆民，监行事以为戒，纳斯时于至纯。"上览卷子，读"运启元圣"，乃动容叹息曰"此谓太祖"；读"天临兆民"，叹息曰"此谓太宗"；读"监行事以为戒"，叹息曰"此谓先帝"；至读"纳斯时于至纯"，乃竦然拱手，曰："朕何敢当？"遂魁天下。此赋虽不切题，然规模甚伟，自应作状元。然当时破此四句，亦岂有此意？偶作如此看，由是知世间得失往往皆类此耳。[1]

简单地说，一是章衡的这篇《监赋》"规模甚伟"，二是说到了宋仁宗的心坎儿上。看来，才华和运气，是"作状元"的必备条件，两者缺一不可。不过，章衡的运气似乎在中状元时都用光了，宋代状元及第者升迁神速，章衡却"滞于馆职甚久"。[2]

对于章衡中状元，"神仙们"没说不服，章衡的本家小叔叔、22岁的章惇却耻于名列大侄子之下，居然扔掉敕诰回家，过了两年再考中[3]，所以他实际上不算神仙榜中人——由此可见，抗旨对宋人来说，并不是什么了不得的大事。

1　〔宋〕施德操撰，虞云国、孙旭整理：《北窗炙輠录》卷下，朱易安、傅璇琮等主编：《全宋笔记》第三编八，郑州：大象出版社，2008年版，第213页。

2　〔宋〕魏泰撰，李裕民点校：《东轩笔录》卷6，北京：中华书局，1983年版，第67—68页。

3　〔元〕脱脱等撰：《宋史》卷471《奸臣一》，北京：中华书局，1985年版，第13709页。

宋代科举取士是历代效果最好的

对于宋代科举，宋人马永卿评价说："本朝取士之路多矣，得人之盛无如进士。盖有一榜有宰相数人者，古无有也。太平五年，苏易简下李沆、向敏中、寇准、王旦；咸平五年，王曾下王随、章得象；淳化三年，孙何下丁谓、王钦若、张士逊；庆历三年（作者注：实为庆历二年），杨寘下王珪、韩绛、王安石、吕公著、韩缜、苏颂；元丰八年，焦蹈下白时中、郑居中、刘正夫。其余名臣不可胜数，此进士得人之明效大验也。"[1] 魏泰说："本朝状元及第，不五年即为两制，亦有十年至宰相者。"[2]

所谓"两制"，就是负责起草诏令的翰林学士、中书舍人、知制诰，分为内制、外制，极为清要。[3] 据《宋史》记载，苏易简于宋太宗太平兴国五年（980）中状元，八年（983）出任知制诰，雍熙三年（986）出任翰林学士，淳化四年（994）出任副相参知政事，至道二年（996）因饮酒过度去世，年仅39岁。吕蒙正于太平兴国二年（977）中状元，五年（980）出任知制诰，八年（983）出任参知政事，端拱元年（988）首度拜相。[4] 两人的履历，生动诠释了什么叫"坐火箭式升职"。

通过宋廷一系列操作，政坛出现了一批家庭条件算不上很好的名臣：

---

1 〔宋〕马永卿撰，崔文印校释：《嬾真子录校释》卷3，北京：中华书局，2017年版，第116页。

2 〔宋〕魏泰撰，李裕民点校：《东轩笔录》卷6，北京：中华书局，1983年版，第67页。

3 虞云国著：《宋代台谏制度研究》，上海：上海人民出版社，2014年版，第12页。

4 〔元〕脱脱等撰：《宋史》卷4《太宗一》、卷5《太宗二》、卷265《吕蒙正传》、卷266《苏易简传》，北京：中华书局，1985年版，第71、81、82、92、9145、9146、9171、9172、9173页。

据《宋史·王禹偁传》，王禹偁（chēng）"世为农家，九岁能文"。[1]

据施德操《北窗炙輠录》，大家恭喜王曾当上"三元"，他说："曾当时窗下读书意，本不为此二字；又在太学时，至贫，冬月止单衣，无绵背心，寒甚，则二兄弟乃以背相抵，昼夜读书，人或遗之以衣服，皆不受。"可见他非常穷，但是人穷志不短，"盖是时已气盖天下矣，安得不亨达？"[2]

据吴处厚《青箱杂记》，张士逊"生百日，始能啼。襁褓中，丧其父母。少孤贫，读书武当山"，差点儿被道士拉去"学仙"，后来中进士，快50岁才当到知邵武县（今福建邵武），幸好有才又长寿，终成名相。[3]

据司马光《涑水记闻》，杜衍是遗腹子，其母改嫁钱氏，他遭到两个异母兄欺负，去投靠生母，又为继父不容，"往来孟、洛间，贫甚，佣书以自资。"[4]靠替人抄书生活。

据《宋史·范仲淹传》，范仲淹两岁丧父，其母带他改嫁长山（在今山东）朱氏，长大后，范仲淹知道了身世，去应天府刻苦读书，"昼夜不息，冬月惫甚，以水沃面；食不给，至以糜粥继之，人不能堪，仲淹不苦也。"[5]据《墨客挥犀》，范仲

1 〔元〕脱脱等撰：《宋史》卷293《王禹偁传》，北京：中华书局，1985年版，第9793页。

2 〔宋〕施德操撰，虞云国、孙旭整理：《北窗炙輠录》卷下，朱易安、傅璇琮等主编：《全宋笔记》第三编八，郑州：大象出版社，2008年版，第212页。

3 〔宋〕吴处厚撰，李裕民点校：《青箱杂记》卷8，北京：中华书局，1985年版，第87页。

4 〔宋〕司马光撰，邓广铭、张希清校：《涑水记闻》卷10，北京：中华书局，1989年版，第200—201页。

5 〔元〕脱脱等撰：《宋史》卷314《范仲淹传》，北京：中华书局，1985年版，第10267页。

淹说过自己在山东读书时的情景："与刘某同在长白山僧舍，日惟煮粟米二升，作粥一器，经宿遂凝，以刀为四块，早晚取二块，断齑十数茎，醋汁半盂，入少盐，暖而啖之，如此者三年。"[1]留下了"划粥断齑"的成语。

据《宋史·欧阳修传》，欧阳修"四岁而孤，母郑，守节自誓，亲诲之学，家贫，至以荻画地学书"[2]，是成语"画荻教子"的当事人。

据王得臣《麈史》，宋庠、宋祁"居贫"，依靠外家读书，冬至招待同学喝酒，宋庠告诉客人："至节无以为具，独有先人剑鞘上裹银得一两，粗以办节。"还笑着说："冬至吃剑鞘，年节当吃剑耳。"[3]兄弟相依为命之时，隐然已有宰相气度。

据欧阳修《端明殿学士蔡公墓志铭》，蔡襄"年十八，以农家子举进士，为开封第一，名动京师"。[4]蔡襄精于农学，可能跟他出身农家有关。

据王辟之《渑水燕谈录》，苏轼、苏辙的父亲苏洵"少不喜学，壮岁犹不知书。年二十七，始发愤读书"[5]，可以看出苏家也非高门大户。而苏轼是成语"出人头地"的当事人——主

---

1 〔宋〕彭□辑撰，孔凡礼点校：《墨客挥犀》卷3《范文正公道旧日修学时事》，〔宋〕赵令畤等撰，孔凡礼点校：《侯鲭录 墨客挥犀 续墨客挥犀》，北京：中华书局，2002年版，第305页。

2 〔元〕脱脱等撰：《宋史》卷319《欧阳修传》，北京：中华书局，1985年版，第10375页。

3 〔宋〕王得臣撰，黄纯艳整理：《麈史》卷中《度量》，朱易安、傅璇琮等主编：《全宋笔记》第一编十，郑州：大象出版社，2017年版，第30页。

4 〔宋〕欧阳修著，洪本健校笺：《欧阳修诗文集校笺》居士集卷35《端明殿学士蔡公墓志铭》，上海：上海古籍出版社，2009年版，第921页。

5 〔宋〕王辟之撰，吕友仁点校：《渑水燕谈录》卷4《才识》，〔宋〕王辟之、欧阳修撰，吕友仁、李伟国点校：《渑水燕谈录 归田录》，北京：中华书局，1981年版，第41—42页。

考官欧阳修选出他之后，激动地告诉梅尧臣："老夫当避此人，放出一头地。"[1]（见图33）

从"划粥断齑""画荻教子"到"出人头地"，完整刻画了宋代贫寒学子的逆袭之路。跟前朝后世那些要么没资格考、要么屡试不第的大才子不同的是，宋代才子们基本上都是进士，并且多数当过高官要官。可以想象，如果宋代科举不是这个样子，你的中学语文课本得多寂寞。

值得一提的是，有人对于文坛领袖欧阳修、苏轼、王安石都没中状元比较意难平，于是有了"晏殊不给欧阳修状元是想磨炼他""欧阳修怀疑自己最看好的卷子是自家弟子曾巩写的为了避嫌特意放在第二结果这人是苏轼"之类的段子。其实没有什么好意难平的，因为，宋代科举名次高低跟考生水平高低不必然相关，也不能预示此人在官场所能达到的高度。相反，宋代有个词叫"相甲"，即名列最后一等，也就是第五甲者，反而多出显贵。[2]还是那句话，能阻止一名宋代进士发挥洪荒之力达到人生巅峰的，主要是寿命。

通过相对公平的科举考试，宋代实现了"朝为田舍郎，暮登天子堂"——多数应举者出身一般地主和殷实农民，少数则是工商或官宦家庭子弟。由于读书人有阶级跃升的动力，人人皆有觊觎之心，遂不忍自弃于盗贼奸宄。当时，大魁于天下的荣耀甚于将军凯旋，"东华门外以状元唱出者乃好儿。"[3]可以

1 诸葛忆兵编著：《宋代科举资料长编》，南京：凤凰出版社，2017年版，第514—515页。

2 龚延明编著：《宋代官制辞典（增补本）》，北京：中华书局，2017年版，第700页。

3 〔宋〕王铚撰，朱杰人点校：《默记》卷上，〔宋〕王铚、王栐撰，朱杰人、诚刚点校：《默记　燕翼诒谋录》，北京：中华书局，1981年版，第15—16页。

说，宋廷的所有操作，都是为了达到一个目的——通过优待读书人，扩大阶级统治基础，稳固文治社会。

据《中国科举制度通史·宋代卷》初步考证，北宋选出正、特奏名进士和诸科总计52720人，南宋则为45640人。换言之，宋代通过科举选出了近10万名官员。科举出身者在宰执高官中占压倒性优势，"这对于改善吏治、国家机器正常运转从而保持社会的稳定和发展是有益处的。宋朝没有出现此前朝代的宦官之祸、外戚专权，与科举出身者在高级官员中占绝对优势不无关系。"[1]

说了这么多，好像宋代读书人都是官迷。非也。一句"先天下之忧而忧，后天下之乐而乐"，一句"为天地立心，为生民立命，为往圣继绝学，为万世开太平"，足以道尽宋人既重理论又重实践，勠力治国平天下的初心和公心。宋代科举之盛，正是宋代文化之盛的具体体现，宋人的各种选择，使中国必然走上文治发达和文化兴盛的发展之路。所以，对于宋代科举，邓广铭先生评价说："这种种因素的具备，遂使国内的每一个丰衣足食的小康之家，都要令其子弟去读书应考，争取科名。科名虽只有小部分人能够争取得到，但在这种动力之下，全社会却有日益增多的人群的文化素质得到大大的提高。因此，我们可以说，科举制度在两宋期内所发挥出来的进步作用，所收取到的社会效益，都是远非唐代之所可比拟的。"[2]

1　张希清著：《中国科举制度通史·宋代卷》，上海：上海人民出版社，2017年版，第797、870、900、901页。

2　邓广铭著：《邓广铭自选集》，北京：首都师范大学出版社，2008年版，第152页。

宋史漫谈 11：宋仁宗真的不让柳永考进士吗？

柳永在《宋史》无传，事迹零星见于一些笔记等史料，他考科举的故事很受关注，但颇有疑点，这篇小文专门就两大疑点说一说。

第一个疑点，柳永是不值钱的特奏名进士吗？对于这个问题，可以推测一下：

据《续资治通鉴长编》，宋仁宗对景祐元年（1034）张唐卿榜的进士特别好，"赐及第、出身、同出身及补诸州长史、文学如旧制，惟授官特优于前后岁。唐卿、察、绶（作者注：前三名张唐卿、杨察、徐绶）并为将作监丞、通判诸州，第四、第五人为大理评事、签书节度州判官，第六人而下并为校书郎、知县。第二甲为两使幕职官，第三甲为初等幕职官，第四甲为试衔判、司、主簿、尉，第五甲为主簿、尉。"[1]也就是说，这届进士是从优安排初任官的。

柳永得到一个什么初任官呢？据叶梦得《避暑录话》说："初举进士登科，为睦州掾官。"[2]

"掾（yuàn）官"是什么官？王安石《闻和甫补池掾》诗提到："和甫，嘉祐六年登第，为莘县簿。魏国丧除，调池州司户参军。"王安礼（字和甫，王安石弟弟）中进士后的第一个官是莘县主簿，第二个官是池州司户参军，即池掾。[3]汉制

1　〔宋〕李焘撰：《续资治通鉴长编》卷114《仁宗景祐元年三月戊寅》，北京：中华书局，2004年版，第2671页。

2　〔宋〕叶梦得撰，〔清〕叶德辉校刊，涂谢权点校：《避暑录话》卷下，济南：山东人民出版社，2018年版，第106页。

3　龚延明著：《中国历代职官别名大辞典（增订本）》，北京：中华书局，2019年版，第1107页。

以曹官为掾，故宋代州曹官或称掾。故而，掾就是"诸司参军事"的别称。[1]

在宋代，文臣由选人、京官、朝官组成，北宋前期，幕职州县官构成选人四阶七等，包括两使职官、初等职官、令录、判司簿尉，司理、司户、司法、户曹、法曹参军属于"判司簿尉"。[2]因"第四甲为试衔判、司、主簿、尉"，可知被任命为掾官的柳永，应是考中了第四甲，是一名正奏名进士。

第二个疑点，宋仁宗不让柳永参加科举考试吗？

据吴曾《能改斋漫录》记载：

> 仁宗留意儒雅，务本理道，深斥浮艳虚薄之文。初，进士柳三变，好为淫冶讴歌之曲，传播四方。尝有《鹤冲天》词云："忍把浮名，换了浅斟低唱。"及临轩放榜，特落之，曰："且去浅斟低唱，何要浮名！"景祐元年方及第，后改名永，方得磨勘转官。[3]

据王辟之《渑水燕谈录》记载：

> 柳三变，景祐末登进士第，少有俊才，尤精乐章，后以疾更名永，字耆卿。皇祐中，久困选调，入内都知史某爱其才而怜其潦倒，会教坊进新曲《醉蓬莱》，时司天台奏："老人星见。"史乘仁宗之悦，以

1　龚延明编著：《宋代官制辞典（增补本）》，北京：中华书局，2017年版，第604、605页。

2　龚延明编著：《宋代官制辞典（增补本）》，北京：中华书局，2017年版，第631页。

3　〔宋〕吴曾撰：《能改斋漫录》卷16《柳三变词》，上海：上海古籍出版社，1979年版，第480页。

耆卿应制。耆卿方冀进用，欣然走笔，甚自得意，词名《醉蓬莱慢》。比进呈，上见首有"渐"字，色若不悦。读至"宸游凤辇何处"，乃与御制《真宗挽词》暗合，上惨然。又读至"太液波翻"，曰："何不言'波澄'！"乃掷之于地。永自此不复进用。[1]

嘉祐中，苏辙举贤良对策，极言阙失，其略云："闻之道路，陛下宫中贵姬，至以千数，歌舞饮酒，欢乐失节。坐朝不闻咨谟，便殿无所顾问。"考官以上初无此事，辙妄言，欲黜之，仁宗曰："朕设制举，本待敢言之士。辙小官如此直言，特与科名。"仍令史官编录。[2]

据朱弁《曲洧旧闻》记载：

> 予在太学时，见人言仁宗时，蜀中一举子，献诗于成都府某人，忘其姓名。云："把断剑门烧栈阁，成都别是一乾坤。"知府械其人付狱，表上其事。仁宗曰："此乃老秀才急于仕宦而为之，不足治也。可授以司户参军，不厘事务，处于远小郡。"其人到任不一年，惭恧（作者注：nù）而死。[3]

1　〔宋〕王辟之撰，吕友仁点校：《渑水燕谈录》卷8《事志》，〔宋〕王辟之、欧阳修撰，吕友仁、李伟国点校：《渑水燕谈录　归田录》，北京：中华书局，1981年版，第106页。

2　〔宋〕王辟之撰，吕友仁点校：《渑水燕谈录》卷6《贡举》，〔宋〕王辟之、欧阳修撰，吕友仁、李伟国点校：《渑水燕谈录　归田录》，北京：中华书局，1981年版，第69页。

3　〔宋〕朱弁撰，孔凡礼点校：《曲洧旧闻》卷1，〔宋〕李廌、朱弁、陈鹄撰，孔凡礼点校：《师友谈记　曲洧旧闻　西塘集耆旧续闻》，北京：中华书局，2002年版，第94页。

前两个是柳永和宋仁宗的段子，尤其是第一个段子，今人经常引用，但有不少人怀疑其真实性。我觉得，从第三、四个段子来看，第一个段子确实可疑。宋代科举当然不可能完全公正，各种党争亦难免祸延科举，但把这个段子按在人称"百事不会，只会做官家"[1]的宋仁宗头上，总觉有点儿突兀。

在《宋史》和宋人笔记中，宋仁宗的"人设"是"天性仁孝宽裕，喜愠不形于色"[2]"圣性仁恕，尤恶深文，狱官有失入人罪者，终身不复进用"[3]，他会宽恕写"反诗"的老秀才，对于苏辙并无证据的指责也会包容，会因为寒士自杀而"恻然"并规定殿试不黜落，这说明其一贯态度是优容读书人，就算不待见哪个士子的文风、德行，恐怕也不会不教而诛，一边说刻薄话一边"特落之"。

那么，是不是宋仁宗年轻时一时冲动？柳永曾多次落榜，最后于景祐元年（1034）中进士，这一年宋仁宗25岁（虚岁），确实年轻，但别忘了，这是他亲政后的第一次科举，他一亲政柳永就时来运转，难道能证明他不喜欢柳永？

宋仁宗即位后至亲政前，共开了三次科举，即天圣二年（1024）宋郊（宋庠）榜、天圣五年（1027）王尧臣榜、天圣八年（1030）王拱辰榜，如果柳永曾被宋仁宗故意挡下，则必发生于这段时间。其中，宋庠、宋祁兄弟同榜登科，宋祁原被列为第一，宋庠第三，刘太后说："弟何可先兄！"将宋庠改

1　〔宋〕施德操撰，虞云国、孙旭整理：《北窗炙輠录》卷上，朱易安、傅璇琮等主编：《全宋笔记》第三编八，郑州：大象出版社，2008年版，第174页。

2　〔元〕脱脱等撰：《宋史》卷9《仁宗一》，北京：中华书局，1985年版，第175页。

3　〔宋〕魏泰撰，李裕民点校：《东轩笔录》卷3，北京：中华书局，1983年版，第31页。

为第一，宋祁降为第十。[1]可见，当时话事人是刘太后，在她垂帘期间，宋仁宗能不能决定考生去留，还是一个问题。

那么，是不是因为柳永过于放荡所以必须被拿下？宋代对官员私德要求很高，仅允许部分官员在部分公家宴会上欣赏官妓的"女乐"，而不允许以其他形式与妓女接触。《东轩笔录》说："熙宁新法行，督责监司尤切。两浙路张靓、王庭老、潘良器等因阅兵赴妓乐筵席侵夜，皆黜责。"但是，宋仁宗时代，整体来说，对读书人和官员非常友好，《东轩笔录》还记载："仁宗朝，两制近臣得罪，虽有赃污，亦止降为散官，无下狱者，旋亦收叙。"[2]在不能惩治贪污的大环境下，爱跟妓女交游真的不可原谅吗？显然不是。柳永最终中了进士做了官，就是最好的证明。

柳永未能做到高官，一是因为他入仕太晚，二是大概跟性格有关。所以，宋仁宗因"渐（大渐意为病危）"字而不喜柳永的段子，倒比较像真事。不过，科场蹭蹬和仕途坎坷是两码事，苏舜钦、梅尧臣、苏轼仕途都不顺，苏洵、胡瑗、程颐都是落榜生，难道能据此说宋代不是文官、文人的天下吗？

当然，以上只是推测，并不能排除"宋仁宗刻意'卡'柳永"的可能性，其实，不管真相如何，也不用等待千年，时人已经给了福建大才子最好的评价——"凡有井水饮处，即能歌柳词。"[3]

---

1 〔宋〕叶梦得撰，宇文绍奕考异，侯忠义点校：《石林燕语》卷8，北京：中华书局，1984年版，第114—115页。

2 〔宋〕魏泰撰，李裕民点校：《东轩笔录》卷11，北京：中华书局，1983年版，第124页。

3 〔宋〕叶梦得撰，〔清〕叶德辉校刊，涂谢权点校：《避暑录话》卷下，济南：山东人民出版社，2018年版，第106—107页。

第五章

宋代的朝堂并不是辩论赛现场

你一定听过许多关于宋太祖的段子：为了防止大臣在朝堂上交头接耳说小话，宋太祖发明了长翅幞头；为了尊崇皇帝，宋太祖命令宰相接近自己，趁机命人撤走了宰相的座位，从此宰相再也不能在皇帝面前坐着了。

你一定看过不少以宋为背景的朝堂戏，大家围绕着"濮议"等著名话题，君臣之间唇枪舌剑，斗得有来有去，火花四射。

你也一定听过"抗旨是大罪""皇帝金口玉言不可更改"等古装剧中的概念，而且，这些概念往往被作为"触发剧情"的关键因素来使用。

以上段子、场景、概念的正确率有几分？

举个例子，宋太宗是个"日日听断，尚恐有照烛不至者"的勤政皇帝，在他看来，皇帝不能，也不必休假。他每天上午7时到11时听朝视事，然后读书到深夜，次日五鼓便又起身，有时忙到连吃早餐的时间都抽不出来。甚至，他去世那一天还曾召对辅臣，而当天正好是旬休日。[1]可见，宋代皇帝非常忙碌，并没有时间聚拢一大帮人搞辩论赛，或者君臣天天坐着喝茶讨论事情。

就算不看史料，我们也可以猜到"上百人一起议事"是很荒谬的。在戏中的朝堂，现代演员可以借助扩音设备在大庭广众之下飙戏；但若真实的朝堂也这么干，光是"让所有人听到金口玉言"就有技术困难吧！

至于"皇帝金口玉言不可更改"的说法，至少不适用于宋代。我们可以看一下宋代"圣旨"出台的流程：

---

1 刘静贞著：《皇帝和他们的权力——北宋前期》，台北县板桥市：稻乡出版社，1996年版，第42—43页。

宋真宗时代制敕形成流程

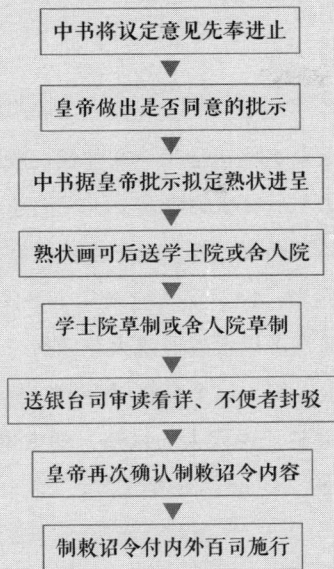

中书将议定意见先奉进止

▼

皇帝做出是否同意的批示

▼

中书据皇帝批示拟定熟状进呈

▼

熟状画可后送学士院或舍人院

▼

学士院草制或舍人院草制

▼

送银台司审读看详、不便者封驳

▼

皇帝再次确认制敕诏令内容

▼

制敕诏令付内外百司施行

注：银台为禁中"帝门"，唐时已有此名，但在帝门之侧置司——银台司，则始于宋。银台司掌接收全国奏状、案牍，抄写条目经通进司上送皇帝，及发付有司，督促及时处理。

资料来源：田志光著：《北宋宰辅政务决策与运作研究》，北京：人民出版社，2013年版，第201页。

龚延明编著：《宋代官制辞典（增补本）》，北京：中华书局，2017年版，第119—120页。

可见，宋代皇帝作出批示后，很多人可以发挥主观能动性驳回或要求修改，皇帝的意见不等于最终的圣旨。而若不经历这个烦琐的过程，皇帝直接下旨任命某官或要求某官某机构做某事，反而被视为不合法，这就是受人诟病的"内降"。

宋代有关官员非常珍惜自己手中这项"给皇帝添堵"的权力。举个例子，苏颂是曾驳斥宋神宗和王安石意旨的"熙宁三舍人"之一，此事与他身为大科学家、官至宰相，一起被列为其光耀千秋的事迹。

宋代君臣究竟怎么办公？本章正文会告诉你答案。

最近几年观众喜欢嗑朝堂戏，这种戏一般都是"北边坐一个人＋对面站几排人"唠嗑的模式，讲究的还会安排一个疑似史官坐在会议现场写会议纪要。至于由什么官儿出席会议，一般是想让谁来谁就来，说不定还能来几个平民当"彩蛋"，这种朝堂上，主角通常可以舌战群儒火花四射——这个套路，可以从公元前用到上世纪。这个套路对不对？至少在宋代，这不对。宋代总能完美避开现代人的认知，朝堂也不例外。那么，宋代君臣怎么办公？

并不是每一种朝会，皇帝都出席

皇帝在哪里办公？宋代皇帝处理政务的宫殿的名称和功能屡有变化，以明道二年（1033）为例，宋仁宗处理政务的六殿分别名为大庆殿、文德殿、紫宸殿（曾名为崇德殿）、垂拱殿（曾名为长春殿）、崇政殿、延和殿（曾名为承明殿、端明殿），各有各的功能。[1]

1　王化雨著：《面圣：宋代奏对活动研究》，北京：生活·读书·新知三联书店，2019年版，第20页。

北宋前期皇帝处理政务的六座宫殿功能一览表

殿名	别称	核心功能	其他活动
大庆殿	大朝、正殿	元日、五月朔、冬至大朝会仪式	皇帝受尊号、册、宝，册皇太子，郊祀斋戒，纳降礼，明堂等
文德殿	前殿、正衙、正殿、上閤	常朝仪式，月朔入閤	皇子、妃后册封，大除拜宣制，见、谢、辞官员赴正衙，宣御札等
紫宸殿	内殿、侧殿	五日大起居	宴请，契丹使者辞见，贺圣寿、郊庙礼成、祥瑞、圣捷等
垂拱殿	内殿、前殿、侧殿	平日早朝，五日大起居	宴会，召对官员、外国使节，上寿等
崇政殿	后殿、便殿	后殿再坐，假日、双日（真宗末年始）听断阅事	殿试，召对官员，军头司引见呈试武艺人，吏部引见改官人，虑囚，选汰禁兵，阅读馆阁进书，宴会等
延和殿	后殿、便坐殿、倒座殿	只日视朝（真宗末年始）	召对官员，太后垂帘听政等

资料来源：周佳著：《北宋中央日常政务运行研究》，北京：中华书局，2015年版，第34—35页。

上表记载的就是皇帝的办公地点和主要政务，至于办公流程，至宋真宗时，基本已成套路，据司马光《涑水记闻》记载：

> 真宗即位，每旦，御前殿，中书、枢密院、三司、开封府、审刑院及请对官以次奏事，辰后入宫上食。少时，出坐后殿，阅武事，至日中罢。夜则召侍读、侍讲学士，询问政事，或至夜分还宫。其后率以为常。[1]

1　〔宋〕司马光撰，邓广铭、张希清校：《涑水记闻》卷6，北京：中华书局，1989年版，第134页。

可见，宋真宗日常接见臣僚、处理政务的顺序为：一、前殿视朝；二、后殿再坐；三、夜间召对。

这里补充一下，宋代皇帝日常出没的主要有三殿：一是寝殿福宁殿，二是福宁殿前面（南边）的垂拱殿，三是福宁殿后面（北边）的崇政殿。所以，以福宁殿为基准，垂拱殿被称为前殿，崇政殿被称为后殿或便殿，也就相应地有了前殿视朝和后殿再坐。但"前""后"是以功能区分，而非空间概念，南宋初年因临安"行宫止一殿"，前后殿活动均在这一处主殿举行，一会儿挂前殿的牌，一会儿挂后殿的牌，如果要举行内殿引见，又会挂内殿的牌。[1]

有意思的是，并不是每一种朝会，皇帝都会出席。宋代"上朝"主要分三种：

第一种"上朝"叫"文德殿常朝"。"盖天子坐朝，莫先于正衙殿，于礼群臣无一日不朝者，故正衙虽不坐，常参官犹立班，俟放朝乃退。"文德殿是外朝正衙，皇帝本应每日视朝于此，该做法继承自唐代的常朝制度，但事实上，宋代文德殿常朝的主要内容是让"不厘务朝臣（尸位禄俸、不理公事之官，即元丰改制前的'常参官'）"行礼，通常由宰相一员带领，入殿行礼即毕。[2]除月朔举行入阁仪式外，皇帝一般不出席文德殿常朝。对此，官员往往当成苦差事，经常迟到或请假。因宰相在垂拱殿与皇帝议事结束后，还要赶到文德殿押班行礼，时间紧张，押班便逐渐荒废了，宋神宗时干脆取消了文德殿常

1　王化雨著：《面圣：宋代奏对活动研究》，北京：生活·读书·新知三联书店，2019年版，第23页。

2　〔宋〕宋敏求撰，尚成校点：《春明退朝录》卷中，〔宋〕宋敏求等撰，尚成等校点：《春明退朝录（外四种）》，上海：上海古籍出版社，2012年版，第23页。

朝，并制定了新的朝参制度。[1]

顺便说一下，什么叫"入阁"？据赵彦卫《云麓漫钞》记载：

> 唐故事：天子日御殿见群臣，曰常参；朔望荐食诸陵寝，有思慕之心，不能临前殿，则御便殿见群臣，曰入阁。宣政，前殿也，谓之衙，衙有仗；紫宸，便殿也，谓之入阁。其不御前殿而御紫宸也，乃自正衙唤仗，由阁门而入。百官候朝于衙者，因随入以见，故谓之入阁。[2]

皇帝上朝，并不需要史官做会议纪要

第二种"上朝"叫"前殿视朝"，地点是垂拱殿。前殿视朝时间，真、仁两朝规定，必须在辰时前结束。据日本学者久保田和男推算，开始时间为冬至日上午7时12分、夏至日凌晨4时48分。官员要在禁门打开前，提前进入待漏院等候上朝。[3]

至于参加人员，则是"宰相、枢密使以下要近职事者，并武班"。[4]

这些官员，上殿前应按石位站立，向皇帝行礼，这就是"常起居"。而皇帝每五天一次在垂拱殿或紫宸殿接受文武百官

1　周佳著：《北宋中央日常政务运行研究》，北京：中华书局，2015年版，第36页。

2　〔宋〕赵彦卫撰，傅根清点校：《云麓漫钞》卷3，北京：中华书局，1996年版，第47—48页。

3　〔日〕久保田和男著，郭万平译：《宋代开封研究》，上海：上海古籍出版社，2010年版，第170、177页。

4　周佳著：《北宋中央日常政务运行研究》，北京：中华书局，2015年版，第37页。

问安，这就是"五日大起居"或"百官大起居"。[1]

常起居后，视朝开始，这种上朝有几个要点：

第一，官员按班次分批上殿，上殿后须向皇帝行礼，然后按事先写好的上殿札子"照本宣科"，并且是该部门的人一起宣读，宣读内容必须是该部门统一过意见的，不能临时更改。札子须准备一式两份，事后一份交给宦官，宦官会交给内尚书（尚书内省女官），内尚书整理后交给皇帝；另一份交给通进司。皇帝对札子的处理办法是"可行者一留中，一付有司。否者俱留不报"。[2]

第二，一个部门来多少人，也有讲究，不能太少，因怕奏事者趁机乱说，人太多，又怕对皇帝形成压迫，同时也影响该部门正常办公。[3]可见，在同一时间，能跟皇帝聊天的，也就三五个人，"为了不让官员上朝时交头接耳，宋太祖发明展脚幞头"的段子只是段子。

第三，臣僚以什么姿势跟皇帝对谈？据《铁围山丛谈》记载："国朝仪制：天子御前殿，则群臣皆立奏事，虽丞相亦然。"[4]

第四，皇帝在前殿视事，并不安排起居官（起居郎、起居舍人，称为左、右史[5]）记录，仁宗、徽宗、孝宗三朝，起居官

---

1 王化雨著：《面圣：宋代奏对活动研究》，北京：生活·读书·新知三联书店，2019年版，第21页。

2 王化雨著：《面圣：宋代奏对活动研究》，北京：生活·读书·新知三联书店，2019年版，第33、35、36、39页。

3 王化雨著：《面圣：宋代奏对活动研究》，北京：生活·读书·新知三联书店，2019年版，第43、44页。

4 〔宋〕蔡絛撰，冯惠民、沈锡麟点校：《铁围山丛谈》卷1，北京：中华书局，1983年版，第20页。

5 〔宋〕赵升编，王瑞来点校：《朝野类要》卷2《史官》，北京：中华书局，2007年版，第45页。

可侍立在主殿两侧的朵殿中，等奏事官员下来，就上前询问奏对内容。其余各朝，起居官皆不能侍立于前殿。虽说做了保密工作，但站在附近的起居官、宦官或阁门官员仍能听到，所以时有泄密，皇帝上朝说了什么，民间小报都知道。[1]

第五，原则上每天皇帝只"接待"五班。"北宋前、中期垂拱殿早朝的分班奏事，主要是中书门下、枢密院、三司、开封府、审刑院这五个中央主要部门依次奏事。"重要官员奏事完毕后，有剩余时间，允许其他官员请对。但从北宋中期开始规定，早朝奏事不得过五班，辰时前必须结束。[2]如果官员奏事逾时，阁门司官员会提醒皇帝。由于时间紧张，其他官员往往被"隔下"，只能改日再来，或改到后殿奏事，或改为上书。[3]

第三种"上朝"叫"后殿再坐"，地点是崇政殿。前殿视朝结束后，皇帝会到福宁殿吃个早饭，然后换衣服继续办公。理论上说，前后殿接见对象有区别，军头引见司、三班院、审官院、刑部等机构被安排在后殿再坐时向皇帝汇报政务，但如果前殿公事没处理完，皇帝也会在后殿接着处理。遇到假日，皇帝不御前殿视朝，会直接去崇政殿，部分本应去前殿奏事的官员会前往崇政殿奏事。宋初后殿再坐处理的只是"常程杂务"，起居官在场，北宋中期以后，越来越多需要保密的政务要在后殿处理，起居官就逐渐退出主殿，只能立于两朵殿

---

1 王化雨著：《面圣：宋代奏对活动研究》，北京：生活·读书·新知三联书店，2019年版，第21、69、70页。

2 周佳著：《北宋中央日常政务运行研究》，北京：中华书局，2015年版，第281—282页。

3 王化雨著：《面圣：宋代奏对活动研究》，北京：生活·读书·新知三联书店，2019年版，第9、32、33页。

中了。[1]

原则上说，宋代皇帝每天都要视朝，但这一体制在宋真宗中后期被打破了，也就是说，皇帝上朝有时也分单双号，宋真宗和宋仁宗都曾实行逢单号上朝的"只日朝"。宋英宗时，又改为每日视朝。根据学者分析，宋哲宗每月要视朝15—20天。[2]

总的来说，皇帝在前后殿处理政务的时间，加起来约3个小时，时间不短，但仍不充裕，所以，皇帝还会通过"内殿引见（内引）"等形式接见他想详细咨询的官员。[3]

据《朝野类要》记载："内殿引见，则可以少延时刻，亦或赐坐，亦或免穿执也。"[4]与前殿视朝、后殿再坐均由阁门司安排不同的是，内引由宦官负责引导官员入内，更私密、不正式（内殿规模更小），奏事者身份限制较少，官员可以不穿靴执笏，皇帝会赐坐、赐茶等，双方交流比较随意，可以说敏感话题或悄悄话，即"独对"。譬如，宋孝宗看到李显忠长得帅，趁着内引时间命人给他画像以施恩。[5]

除以上三种形式外，宋代君臣当面沟通还有许多形式，可见皇帝很重视倾听各方意见，以"防范壅蔽"。相比其他朝代，宋代皇帝还是比较勤政的。不过当然，因宋代君臣资质不一，

---

1 王化雨著：《面圣：宋代奏对活动研究》，北京：生活·读书·新知三联书店，2019年版，第22—23页。

2 王化雨著：《面圣：宋代奏对活动研究》，北京：生活·读书·新知三联书店，2019年版，第24、26页。

3 王化雨著：《面圣：宋代奏对活动研究》，北京：生活·读书·新知三联书店，2019年版，第28页。

4 〔宋〕赵升编，王瑞来点校：《朝野类要》卷1《内引》，北京：中华书局，2007年版，第23页。

5 王化雨著：《面圣：宋代奏对活动研究》，北京：生活·读书·新知三联书店，2019年版，第92、93、94页。

也有些人沟通只是敷衍装样子的，有一种"用战术上的勤奋掩盖战略上的懒惰"的意味。[1]

宋代宰相就是传说中的"爽文男主"

宋代宰执（宰辅）指的是"宰相+执政"。以北宋前期为例，中书门下和枢密院并称"二府"，二府正副首长就是宰执。宰相一般设两三个：设三相时，首相兼昭文馆大学士（也称昭文相），次相兼监修国史（也称史馆相），末相兼集贤殿大学士（也称集贤相）。设二相时，首相兼昭文馆大学士、监修国史，次相兼集贤殿大学士。宰相之外的二府官员，也就是辅助宰相的副相参知政事和枢密院的正副长官，统称为"执政"。[2]

宋代宰相名称几经变化，我们用一个表格来说明：

宋代宰相、副相及其所在机构名称变化一览表

时　间	宰相机构	宰　相	副　相
宋太祖建隆元年（960）至宋神宗元丰五年（1082）	中书门下，简称中书	侍中、同中书门下平章事（昭文相、史馆相、集贤相）	宋太祖乾德二年（964）四月设参知政事
元丰五年（1082）四月至宋徽宗政和二年（1112）九月	三省	左仆射兼门下侍郎、右仆射兼中书侍郎	门下侍郎、中书侍郎、尚书左丞、尚书右丞
政和二年（1112）九月至宋钦宗靖康元年（1126）闰十一月	三省	太宰兼门下侍郎、少宰兼中书侍郎	门下侍郎、中书侍郎、尚书左丞、尚书右丞

1　王化雨著：《面圣：宋代奏对活动研究》，北京：生活·读书·新知三联书店，2019年版，第73—74页。

2　诸葛忆兵著：《宋代宰辅制度研究》，哈尔滨：北方文艺出版社，2019年版，第13—15页。

时　　间	宰相机构	宰　　相	副　　相
靖康元年（1126）闰十一月至宋高宗建炎三年（1129）四月	三省	左仆射兼门下侍郎、右仆射兼中书侍郎	门下侍郎、中书侍郎、尚书左丞、尚书右丞
建炎三年（1129）四月至宋孝宗乾道八年（1172）二月	三省（中书与门下已合并）	左仆射、右仆射加同中书门下平章事	参知政事
乾道八年（1172）二月至宋亡	三省（中书与门下已合并）	左丞相、右丞相	参知政事

资料来源：诸葛忆兵著：《宋代宰辅制度研究》，哈尔滨：北方文艺出版社，2019年版，第19—20页。

宋代宰相很有特点，包括：

第一，宰相地位崇高。这表现在：一、宰相礼绝百僚。据司马光《涑水记闻》记载："见者无长幼皆拜，宰相平立，少垂手扶之；送客，未尝下阶；客坐稍久，则吏从傍唱'相公尊重'，客踧踖（作者注：cù jí，恭敬而不安的样子）起退。"[1] 二、宰相班次高于亲王，有时还高于皇太子。据王曾《王文正公笔录》记载："真宗皇帝天资仁孝，性尤谦慎。至道中，册为皇太子。圣朝亲王班在宰相之下，至是升储，帝亦固让，遂仍旧贯。"[2]

第二，宰相内外事无所不与，大小事无所不管。譬如，宋高宗用白木御倚子（椅子），钱大主看到了，问："此檀香倚子耶？"张婕好掩口笑说："禁中用烟脂皂荚多，相公已有语，

---

1 〔宋〕司马光撰，邓广铭、张希清校：《涑水记闻》卷15，北京：中华书局，1989年版，第318—319页。

2 〔宋〕王曾撰，张其凡点校：《王文正公笔录》，北京：中华书局，2017年版，第2页。

更敢用檀香作倚子耶？"当时的宰相是赵鼎、张浚。[1]又如，宋英宗生病讨厌吃药，"韩琦常亲执药杯以进，帝不尽饮而却之，药污琦衣。太后亟出服赐琦，琦不敢当。太后曰：'相公殊不易。'皇子仲鍼（作者注：宋神宗）侍侧，太后曰：'汝盍自劝之。'帝亦弗顾也。"[2]宰相给皇帝喂药，太后和皇子围观并点评"相公太难了"，画风十分奇特。

第三，宰相自称"待罪政府"[3]"待罪宰相"[4]等，随时要负政治责任。据《宋史·贾昌朝传》记载："明年春，旱，帝避正寝，减膳。昌朝引汉灾异册免三公故事，上表乞罢。"[5]宋仁宗庆历七年（1047），因为旱灾，时任宰相贾昌朝引咎辞职。

第四，宰相往往来自寒门，通过科举走上位极人臣的人生巅峰，成为"为官须作相，及第必争先"的活广告。举两个例子，王曾和宋庠，都出身贫寒，都"连中三元"，都是大帅哥，都是一代名相。事实上，宋代名相迭出，你在中学语文、历史课本中遇到的宋代"顶流"们，大都官至宰执，成就斐然。当然，宋代也有一些宰执比较平庸，辨识度不高，但也可能会有一些奇怪的成就。譬如，庄绰《鸡肋编》说："范觉民作相，

---

1 〔宋〕陆游撰，李剑雄、刘德权点校：《老学庵笔记》卷1，北京：中华书局，1979年版，第1页。

2 〔宋〕李焘撰：《续资治通鉴长编》卷198《仁宗嘉祐八年六月》，北京：中华书局，2004年版，第4812页。

3 〔宋〕赵升编，王瑞来点校：《朝野类要》卷4《待罪》，北京：中华书局，2007年版，第91页。

4 〔宋〕王辟之撰，吕友仁点校：《渑水燕谈录》卷2《名臣》，〔宋〕王辟之、欧阳修撰，吕友仁、李伟国点校：《渑水燕谈录 归田录》，北京：中华书局，1981年版，第15页。

5 〔元〕脱脱等撰：《宋史》卷285《贾昌朝传》，北京：中华书局，1985年版，第9618页。

方三十二岁，肥白如冠玉。且起与裹头、带巾，必皆览镜，时谓'三照相公'。"[1]《宋史·范宗尹传》则称其"时年三十。近世宰相年少，未有如宗尹者"。[2]三十岁拜相，连爽文作者都不好意思这么写，却是范宗尹（字觉民）的真实人生。

以上，无论从哪一点来看，宋代宰相都完全符合"爽文男主"的"人设"。不过，很多现代人并不觉得爽。因为，说到宋代宰相，大家首先会想到《邵氏闻见后录》中记载的"宋太祖借故撤掉宰相座位"的段子[3]，并得出"宋代皇权专制加强、相权削弱"的结论。但是，考证权力消长不能只看表象。至于宋代宰相为何不坐，据《渑水燕谈录》记载：

> 前朝宰相，朝罢赐坐，凡军国大事参议之，从容赐茶而退，所谓坐而论道也。其他事无小大，一用熟状拟进，入上亲批。可其奏，印以御宝，谓之印画。降出，宰相奉行。国初，范质等在相位，自以前朝旧臣，乃具札子，面取进止，退，各执所得旨，同列连书以记之。自此奏覆浸多，而赐茶之礼亦寝，无复坐论也。[4]

《王文正公笔录》也有类似说法：范质、王溥、魏仁浦为相，"上虽倾心眷倚，而质等自以前朝相，且惮太祖英睿"，因

1　〔宋〕庄绰撰，萧鲁阳点校：《鸡肋编》卷中，北京：中华书局，1983年版，第52页。

2　〔元〕脱脱等撰：《宋史》卷362《范宗尹传》，北京：中华书局，1985年版，第11325页。

3　〔宋〕邵博撰，刘德权、李剑雄点校：《邵氏闻见后录》卷1，北京：中华书局，1983年版，第1页。

4　〔宋〕王辟之撰，吕友仁点校：《渑水燕谈录》卷5《官制》，〔宋〕王辟之、欧阳修撰，吕友仁、李伟国点校：《渑水燕谈录　归田录》，北京：中华书局，1981年版，第60—61页。

此多用札子，以致"奏御浸多，或至旰昃（作者注：gàn zè，天晚）。啜茶之礼寻废，固弗暇于坐论矣"。[1]可见，宋代君臣的工作方式变了，需要皇帝批的公文越来越多，没空赐茶坐而论道，从上文所述十分紧张的前后殿活动也能看出这一点。

实际上，对于宋代君相二权之消长，史学界并未取得一致意见，而诸葛忆兵教授提出一个耐人寻味的事实："两宋基本上没有后妃、外戚、宗室、宦官擅权乱政之事发生，只有权相架空皇帝，独揽中央大政。这个简单的事实，以最简洁的方式证实了宋代相权之强化。宋代相权的强化，在很长时期内，就是皇权的强化。"[2]

台谏"奉旨抬杠"元气满满

陈亮《中兴论》说，有人劝宋仁宗"收揽权柄，凡事皆从中出，勿令人臣弄威福"，宋仁宗说："然措置天下事，正不欲专从朕出。若自朕出，皆是则可，有一不然，难以遽改。不若付之公议，令宰相行之。行之而天下不以为便，则台谏公言其失，改之为易。"[3]宋仁宗的话，体现的就是宋代政治运作的特别之处——皇帝、宰相、台谏三者之间是互相合作、互相制衡的关系。

台谏是御史、谏官的统称。以元丰改制后为例，御史台主

1 〔宋〕王曾撰，张其凡点校：《王文正公笔录》，北京：中华书局，2017年版，第12页。

2 诸葛忆兵著：《宋代宰辅制度研究》，哈尔滨：北方文艺出版社，2019年版，第59页。

3 〔宋〕陈亮撰：《陈亮集》卷2《中兴论·论执要之道》，北京：中华书局，1974年版，第27页。

要有10员：御史中丞1人，为台长，从三品；侍御史1人，为台长副手，从六品；殿中侍御史2人，正七品；监察御史6人，从七品。谏院实有6员：左、右谏议大夫各1人，为谏长，从四品；左、右司谏各1人，正七品；左、右正言各1人，从七品。[1]

御史台、谏院都不是宋代的发明，在宋之前，御史台是负责弹劾人的，谏院负责论事，宋代的一大创举是"台谏合流"，两者职责合而为一，不管是人还是事，台谏都有权论奏。[2]将台谏与皇帝、宰执并列，是宋人的常规操作，可见台谏系统举足轻重[3]，因此被《宋史》评价为"宋之立国，元气在台谏"。[4]

那么，台谏的元气体现在哪里？

第一，皇帝给台谏规定了KPI——月课。如，宋真宗时规定，台谏每月须一员奏事。宋高宗时规定，台谏每月必一请对。[5]这表示言事是台谏的义务，但进一步想，这何尝不是对台谏言事权的一种保障。

第二，宋代台谏拥有独立言事之权，不可承宰相、皇帝风旨。[6]欧阳修说："谏官虽卑，与宰相等。天子曰不可，宰相曰可，天子曰然，宰相曰不然，坐乎庙堂之上，与天子相可否者，宰相也。天子曰是，谏官曰非，天子曰必行，谏官曰必不可行，

1 虞云国著：《宋代台谏制度研究》，上海：上海人民出版社，2014年版，第19、20、22、23页。

2 余蔚著：《士大夫的理想时代：宋》，上海：上海人民出版社，2018年版，第251—252页。

3 虞云国著：《宋代台谏制度研究》，上海：上海人民出版社，2014年版，第1—2页。

4 〔元〕脱脱等撰：《宋史》卷390《传论》，北京：中华书局，1985年版，第11963页。

5 虞云国著：《宋代台谏制度研究》，上海：上海人民出版社，2014年版，第70—71页。

6 虞云国著：《宋代台谏制度研究》，上海：上海人民出版社，2014年版，第42页。

立殿陛之前与天子争是非者，谏官也。宰相尊，行其道，谏官卑，行其言。言行，道亦行也。"[1]生动阐释了台谏"与宰相等"的重要地位，以及"立殿陛之前与天子争是非"的独特职能。

台谏不用管宰相、皇帝怎么想，自然也不用管上司、同僚的态度。欧阳修说："御史台故事：三院御史言事，必先白中丞。自刘子仪（作者注：刘筠）为中丞，始牓台中：'今后御史有所言，不须先白中丞杂端。'至今如此。"[2]

第三，为了让台谏畅所欲言，台谏被赋予"独对"特权。也就是说，在上殿奏对的时限、班次等方面，台谏享有优于一般臣僚的待遇。至于人数方面，别的部门须长官、属官一起上殿，台谏却经常可以单独上殿，跟皇帝"私聊"。[3]

第四，台谏可风闻奏事，即言论免责。对此，王安石解释："许风闻言事者，不问其言所从来，又不责言之必实。若他人言不实，即得诬告及上书诈不实之罪，谏官、御史则虽失实亦不加罪，此是许风闻言事。"[4]

第五，台谏被当成阻止皇帝违反制度径行"内降"的"最后一道防线"。宋代诏书必由中书行出，经给舍封驳，方才合法，但出于私心，皇帝往往绕过这两关，直接从宫中发出诏书，称为"内降"。这时，就只有台谏能够谏止了，这种事例史不绝书，逼迫皇帝不得不颁发禁止内降的诏书。有宋一代，

1　〔宋〕欧阳修著，洪本健校笺：《欧阳修诗文集校笺》外集卷36《上范司谏书》，上海：上海古籍出版社，2009年版，第1752页。

2　〔宋〕欧阳修撰，李伟国点校：《归田录》卷1，〔宋〕王辟之、欧阳修撰，吕友仁、李伟国点校：《渑水燕谈录　归田录》，北京：中华书局，1981年版，第11页。

3　虞云国著：《宋代台谏制度研究》，上海：上海人民出版社，2014年版，第45页。

4　〔宋〕李焘撰：《续资治通鉴长编》卷210《神宗熙宁三年四月》，北京：中华书局，2004年版，第5106页。

内降虽未绝迹，但比起斜封墨敕（类似内降）泛滥的唐代，情况要好很多。[1] 在这里解释一下，给舍，即两省给舍，为门下省给事中、中书省舍人合称。"中书舍人于制敕有误，许其论奏，而给事中又所以驳正中书遗失，各尽所见、同归于是。"[2]

第六，台谏可以通过一些激烈方式谏诤，譬如"伏阁"。所谓"伏阁"，就是当各种言事渠道都被堵绝的情况下，台谏可候立在殿门外请求皇帝面对。这种事情，宋代只发生了一次。[3]

据田况《儒林公议》记载：

> 上既废郭后，群臣无敢言者。时孔道辅为御史中丞，范仲淹居谏职，知不可以片言夺，乃相与率台谏若干人，伏阁拜疏。上遣诣中书，谕以废意。时李迪在相位，谓道辅曰："废后，古亦有之矣。"道辅对曰："今天子神圣，相公当以尧、舜之道佐之，奈何引古者失道之君废后事以为证也！"迪甚惭。道辅、仲淹皆黜补郡，余皆罚金而已。疏云："君者，天下之父也；后者，天下之母也。天下之母可以无罪而废，是天下之父亦可以无罪而废也。"此仲淹之辞。[4]

在谏止宋仁宗废后这一阵，台谏输了，但也证明，伏阁这一招可用。鉴于范仲淹言辞激烈，宋仁宗也忍了，可见台谏的言事权真的有保障。

---

1 虞云国著：《宋代台谏制度研究》，上海：上海人民出版社，2014年版，第26页。
2 龚延明编著：《宋代官制辞典（增补本）》，北京：中华书局，2017年版，第171页。
3 虞云国著：《宋代台谏制度研究》，上海：上海人民出版社，2014年版，第57页。
4 〔宋〕田况撰，张其凡点校：《儒林公议》卷上《仁宗废郭后》，北京：中华书局，2017年版，第25—26页。

第七，当进言不获采纳时，台谏还可选择不入御史台、谏院供职，甚至把任命告身也缴上去，关门家居"待罪"，以去为谏。其他官员并没有公然撂挑子的权力，而制度允许台谏这么做，对此，虞云国教授认为："这正是宋代台谏监察权开始摆脱君权绝对支配的一种历史性的重大进步。"[1]

从以上七点来看，宋代台谏还真的"元气满满"。究其原因，是宋代采取了比较靠谱的台谏选任办法：与唐代以御史台长官荐举下属不同，宋代以侍从荐举台谏，避免了台谏长官引用私人的可能，也防止了皇帝用人不当的失误；鉴于唐代相权严重干预台谏任用，宋代宰执不被允许干预该过程，保证了监察权的独立，以及对行政权（相权）的制衡；皇帝亲自拔擢台谏，而且，台谏不能无故贬出，这样一来，台谏行使监察权时就比较"有恃无恐"，即使因谏诤被贬，反而是当事人的"荣誉"。[2]

如此看来，宋代在分权制衡方面有了一定尝试，这就是现代人经常将宋代皇帝、宰执、台谏并列来探讨皇权、相权、监察权关系的原因。至于效果如何，虞云国教授评价："宋代分权制衡状态的维系主要不是立足于制度、程序的界定和保证，而是寄托在人主公心、大臣公道、台谏公论的道德自律上，这种尝试能否成功，即使一度成功能否长久维持，就是大可怀疑的。"[3]有尝试是好事，但在皇权专制的人治社会，制度规划者的设想，注定要大打折扣。

1　虞云国著：《宋代台谏制度研究》，上海：上海人民出版社，2014年版，第42、43页。

2　虞云国著：《宋代台谏制度研究》，上海：上海人民出版社，2014年版，第18、81页。

3　虞云国著：《宋代台谏制度研究》，上海：上海人民出版社，2014年版，第129—130页。

"抗旨"是"两制"一生的勋章

宋代除了宰执、台谏这两拨"霸道总裁"之外，还有一拨比较霸道的官员——侍从官，尤其是侍从官中的"两制"。

侍从官是什么？《朝野类要》解释："翰林学士、给事中、六尚书、八侍郎是也。又中书舍人、左右史以次谓之小侍从。又在外带诸阁学士、待制者，谓之在外侍从。"[1]

换言之，宋代侍从官包括三部分：1.侍从，如翰林学士、给事中、六尚书；2.小侍从，如中书舍人、起居舍人、起居郎；3.在外侍从，包括观文殿学士以下至带诸阁学士、直学士、待制等。与侍从官对应的是非侍从官，即庶官，绝大部分文官都是庶官，地位待遇低于侍从官。[2]

至于"两制"，《朝野类要》说："翰林学士官，谓之内制，掌王言大制诰、诏令、赦文之类。中书舍人谓之外制，亦掌王言凡诰词之类。"[3]

简单地说，两制就是帮皇帝起草制、诏等"圣旨"的文字秘书。元丰改制前的学士院翰林学士、舍人院知制诰（如中书舍人阙，则以他官知制诰，常设二至四员，资浅者称直舍人院）和元丰改制后的学士院翰林学士、舍人院中书舍人分别负责起草内制和外制，合称两制。[4]在特殊情况下，草拟外制者

---

1 〔宋〕赵升编，王瑞来点校：《朝野类要》卷2《侍从》，北京：中华书局，2007年版，第45页。

2 龚延明编著：《宋代官制辞典（增补本）》，北京：中华书局，2017年版，第735、736页。

3 〔宋〕赵升编，王瑞来点校：《朝野类要》卷2《两制》，北京：中华书局，2007年版，第44页。

4 龚延明编著：《宋代官制辞典（增补本）》，北京：中华书局，2017年版，第46、99页。

可代行内制，翰林学士也可草外制。[1]因两制在侍从中最为亲近机要，故经常奉敕举荐台谏。[2]

举两个例子：欧阳修在《端明殿学士蔡公墓志铭》中写道，蔡襄担任知制诰时，觉得"御史吕景初、吴中复、马遵坐论梁丞相适罢台职，除他官"不妥，就封还词头、不草制，而且，"屡有除授非当者，必皆封还之"[3]——这是评价蔡襄一生的宏文，自然要抓住重点，可见，宋人认为，这些正是蔡襄的重大功绩。

熙宁三年（1070）四月，宋神宗与王安石想特命秀州军事判官李定为太子中允、权监察御史里行（亦为御史官，以资序卑浅者擢充[4]），知制诰宋敏求、苏颂、李大临认为不妥，先后封还词头，皆因此罢官[5]，史称"熙宁三舍人"事件。

"封还词头"是什么操作？"词头"就是皇帝向"代王言者"交代的应拟文书的大意，或称"御笔""手诏""御批"等，如两制觉得可行，就写完进呈，"不可行者，缴奏之，谓之封还词头。"[6]上述蔡襄、苏颂等人，就是觉得皇帝的人事任命很不靠谱，所以拒绝草制。两制封还词头、拒绝奉旨草制之

1　唐春生著：《翰林学士与宋代士人文化》，北京：中国社会科学出版社，2011年版，第118页。

2　虞云国著：《宋代台谏制度研究》，上海：上海人民出版社，2014年版，第12页。

3　〔宋〕欧阳修著，洪本健校笺：《欧阳修诗文集校笺》居士集卷35《端明殿学士蔡公墓志铭》，上海：上海古籍出版社，2009年版，第926页。

4　虞云国著：《宋代台谏制度研究》，上海：上海人民出版社，2014年版，第20页。

5　〔宋〕叶梦得撰，宇文绍奕考异，侯忠义点校：《石林燕语》卷1，北京：中华书局，1984年版，第12—13页。

6　〔宋〕赵升编，王瑞来点校：《朝野类要》卷1《锁院》，北京：中华书局，2007年版，第29页。

事，在宋代频频发生，很显然，这是一种制衡机制。[1]

除了两制会封还词头之外，一道"圣旨"得以实施，还需要经过很多关口的审视，详见前文图表"宋真宗时代制敕形成流程"，兹不赘述。

由此可见，宋廷采取了很多自我纠错的办法，包括皇帝和宰执都不能"有权就可以为所欲为"。

宋太祖	函	宋太祖元押	达
宋太宗	方	宋太宗元押	在
宋真宗	〇	宋仁宗	白
宋英宗	正	宋神宗	〇
宋哲宗	帝	宋徽宗	开
宋钦宗	巨		
宋高宗	氐	宋孝宗	屏
宋光宗	〇	宋宁宗	百
宋理宗	丑	宋度宗	〇

宋人喜用押字（用笔写或画出某一字符，不易辨别）书于文书，以代表本人，便于验证。宋代皇帝，从太祖到度宗皆有御押，用了御押的文书不需用御宝（宋代皇帝印）。图片摹自周密《癸辛杂识》所记"宋十五朝御押"，与事实有出入，仅供参考。

---

1 唐春生著：《翰林学士与宋代士人文化》，北京：中国社会科学出版社，2011年版，第82、116页。

宋史漫谈12：宋代文官如何"管理"他们的皇帝老板

宋代为何形成了古代史上独一无二的君臣关系？（见图34）这要从前文提及的"太祖誓碑"说起。其实"太祖誓碑"还有一个详细版本，这就是《避暑漫抄》的记载，全文如下：

> 艺祖受命之三年，密镌一碑立于太庙寝殿之夹室，谓之誓碑。用销金黄幔蔽之，门钥封闭甚严。因敕有司，自后时享及新天子即位，谒庙礼毕，奏请恭读誓词。是年秋享，礼官奏请如敕。上诣室前再拜升阶，独小黄门不识字者一人从，余皆远立庭中。黄门验封启钥，先入焚香明烛揭幔，亟走出阶下，不敢仰视。上至碑前再拜跪瞻默诵讫，复再拜而出。群臣及近侍，皆不知所誓何事。自后列圣相承，皆踵故事，岁时伏谒恭读如仪，不敢漏泄。虽腹心大臣，如赵韩王、王魏公、韩魏公、富郑公、王荆公、文潞公、司马温公、吕许公、申公，皆天下重望，累朝最所倚任，亦不知也。靖康之变，犬戎入庙，悉取礼乐祭祀诸法物而去，门皆洞开，人得纵观。碑止高七八尺，阔四尺余，誓词三行。一云"柴氏子孙有罪不得加刑，纵犯谋逆，止于狱中赐尽，不得市曹刑戮，亦不得连坐支属"。一云"不得杀士大夫及上书言事人"。一云"子孙有渝此誓者，天必殛之"。至建炎中，曹勋自虏中回，太上寄语云"祖宗誓碑在太庙，恐今天子不及知"云云。[1]

---

1 〔宋〕陆游撰，李昌宪整理：《避暑漫抄》，上海师范大学古籍整理研究所编：《全宋笔记》第五编八，郑州：大象出版社，2012年版，第139—140页。

对于富有传奇色彩、颇似小说家言的这一段话，历来众说纷纭，《避暑漫抄》是不是陆游所作，乃至是不是宋人所作，也有疑虑。不过，宋廷基本做到了上述内容，奉行"异论相搅"的祖宗家法，造成无须"文死谏"的宽松政治环境，士大夫所受最重处罚只是流放岭南，这才是台谏敢言、其他士大夫说话也硬气的根本原因。[1]

看一个侯延庆《退斋笔录》中的著名案例：

> 神宗时，以陕西用兵失利，内地出令斩一漕臣。明日，宰相蔡确奏知，上曰："昨日批出斩某人已行否？"确曰："方欲奏知。"上曰："此事何疑？"确曰："祖宗以（作者注：原书注称，'以'下疑漏'来'字）未尝杀士人，臣事不意自陛下始。"上沉吟久之，曰："可典刺面，配远恶处。"门下侍郎章惇曰："如此，即不若杀之。"上曰："何故？"曰："士可杀，不可辱。"上声色俱厉曰："快意事便做不得一件！"惇曰："如此快意事，不做得也好。"[2]

宋代皇帝与文官的关系，从皇帝的角度讲，"宋代君王通过教育、科举等手段打造新型士风，最终使得宋代士风发生了巨大转变。"皇帝们不断重申"作相须读书人""书中自有千

1　王曾瑜著：《并存继逝的王朝：王曾瑜说辽宋夏金》，北京：生活·读书·新知三联书店，2018年版，第80页。

2　〔宋〕侯延庆撰，朱凯、姜汉椿整理：《退斋笔录》，朱易安、傅璇琮等主编：《全宋笔记》第三编十，郑州：大象出版社，2008年版，第107页。

钟粟"等观念，在整个社会的参与下，终于做到了"满朝朱紫贵，尽是读书人"，打造出一个气质完全不同于"旧时王谢"、死心塌地忠于宋室的新型文官集团。[1]

从文官的角度讲，他们摒弃了前代同行"达则兼济天下，穷则独善其身"的思想，转而追求"进亦忧，退亦忧"[2]，一如孔道辅所言，"天子神圣，当以尧、舜之道佐之"，同时坚决维护文官集团得天独厚的显赫地位——章惇顶撞宋神宗，就是这种思路下的产物。

对于宋代"只此一家"的君臣关系，赵翼说："其待士大夫可谓厚矣。惟其给赐优裕，故入仕者不复以身家为虑，各自勉其治行，观于真、仁、英诸朝，名臣辈出，吏治循良，及有事之秋，犹多慷慨报国，绍兴之支撑半壁，德祐之毕命疆场，历代以来，捐躯徇国者，惟宋末独多，虽无救于败亡，要不可谓非养士之报也。"[3]对于宋代"别无分店"的祖宗家法，王曾瑜教授说："今人了解宋朝的所谓祖宗之法，大致可区分为三类：一是开明的；二是保守的；三是荒唐可笑，甚至可憎的。"[4]

可以说，正因政风宽容，宋代才涌现出范仲淹、欧阳修、包拯等一大票别的朝代罕有的敢言者，涵养了最讲气节、最有

1　诸葛忆兵著：《宋代宰辅制度研究》，哈尔滨：北方文艺出版社，2019年版，第66—68页。

2　诸葛忆兵著：《宋代宰辅制度研究》，哈尔滨：北方文艺出版社，2019年版，第71页。

3　〔清〕赵翼著，王树民校证：《廿二史劄记校证》卷25《宋制禄之厚》，北京：中华书局，2013年版，第565页。

4　王曾瑜著：《并存继逝的王朝：王曾瑜说辽宋夏金》，北京：生活·读书·新知三联书店，2018年版，第65—66页。

担当的一代士风。但当时的政风"宽"到了纵容贪污、卖国的地步，以皇帝为首的文官集团招来"保守""因循守旧"，乃至"投降主义"之讥，这是宋史最令人窒息的一面。可以说，宋代政治是典型的"一体两面"。

第六章

宋代将士真的很弱吗？

　　无论是通过听评书、看电视、读小说，还是网上冲浪等途径，你一定听说过"杨家将"和"杨门女将"的故事。如果你听说过"北宋无将，南宋无相"这样的"总结"，只怕也曾频频点头。

　　那么，北宋真的无将吗？

　　事实上，北宋"将门林立"，还真的不缺将。大概因为杨业、杨延昭、杨文广这一家子的故事比较曲折，最受改编者青睐，在各种虚构加持下，杨家将变得阵容强大，还凭空多了许多女英雄。可以说，"杨家将"是北宋将门的典型代表，文艺界对其的艺术加工，反映了人们对于爱国、忠诚、勇敢等优秀品质的追求和崇敬。

　　但虚构作品真的跟史实差距很大，"杨家将"其实拢共就三人，比其人数多的北宋将门多得是：传说中"佘太君的娘家"府州折氏，也就是著名的"折家将"，与北宋相始终，代代出名将；"杨家将"在抗辽御夏战场上发光发热时，"曹家将"等将门也各自创下了彪炳史册的功绩。

　　宋代普通将士，也并不像现代人想象中那样"弱爆了"。根据沈括的分析，一个宋武卒开弩拉弓的力量相当于两个魏武卒（战国时期魏国特种兵）或5个颜高（古代勇士）。

　　有人要说了，宋代招募雇佣军的标准很宽松，所以战力低下。那么，我们来看看宋代征兵的要求：

	181厘米 (5.8宋尺)	179厘米 (5.75宋尺)	178厘米 (5.7宋尺)	176厘米 (5.65宋尺)	175厘米 (5.6宋尺)
	天武第一军	捧日、 天武第二军、 神卫	龙卫	拱圣、 神勇、 胜捷等军	骁骑、 骁胜、 宣武、 殿前司虎翼 和虎翼水军等军

172厘米 (5.5宋尺)	170厘米 (5.45宋尺)	168厘米 (5.4宋尺)	167厘米 (5.35宋尺)	165厘米 (5.3宋尺)	162厘米 (5.2宋尺)
武骑、 宁朔、 步军司虎翼 和虎翼水军等军	广捷、 威胜、 广德、 克胜等军	克戎、 万捷、 横塞、 宣毅等军	飞骑、 威远、 蕃落、 怀恩、 勇捷等军	济州雄胜、 骑射、 桥道、 清塞等军	拣中广效、 武和、 武萧、 忠靖、 三路厢军

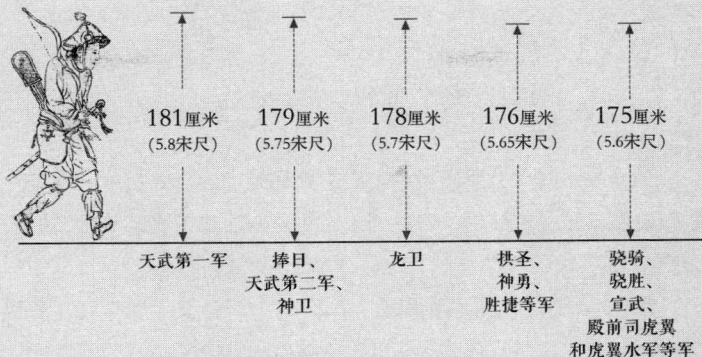

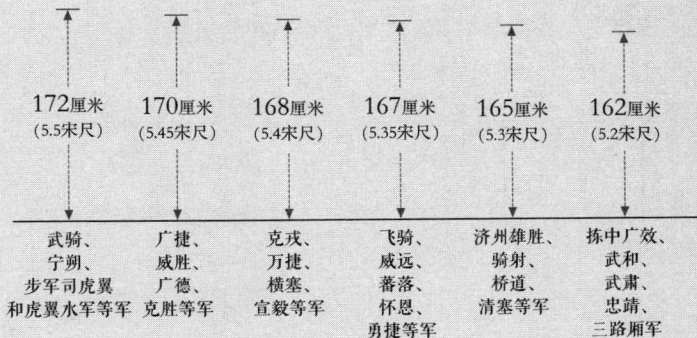

宋代禁厢军招兵对于身高的要求

注：1.王曾瑜教授分析称，鉴于5.5宋尺诸军番号甚多，疑似史料在各军番号中漏掉"五尺五寸五分（即5.55尺）"六字，而将5.55宋尺与5.5宋尺两等禁兵混为一等。

2.图表中的"181厘米""179厘米"等"约合"数字是本书作者折算的。

资料来源：王曾瑜著：《宋朝军制初探（增订本）》，北京：中华书局，2011年版，第268—269页。

〔元〕脱脱等撰：《宋史》卷194《兵八》，北京：中华书局，1985年版，第4837—4838页。

在冷兵器时代，身高是战力的主要标准之一，我们可以通过分析数据得出这样的结论：宋代理论上还是很注重士兵的单兵作战能力的。

富有智慧的宋人，还挑战了"冷兵器时代"，发明了一系列"热兵器"，正式将火药、火器运用于战争。

不过，现实中，总是不乏骚操作——宋代最高军事指挥官们的军事思想和军事智慧，经常不切实际，于是就有了那些令后人不堪回首的惨剧、悲剧。

　　在中国古代军事史上，宋代独树一帜、别无分店。因为：一、宋代是唯一以募兵为主的时代，宋代，尤其是北宋，军人多是职业兵；二、宋代军事成就被吐槽最多，人们常以宋为"弱宋"，在很大程度上是基于对宋代军事水平的评价；三、大量文艺作品告诉人们，宋代非常缺乏军事将领。

　　那么，宋代将士真的很弱吗？

身高低于162厘米，在宋代当不上职业兵

　　据《宋史·兵七》记载："太祖拣军中强勇者号兵样，分送诸道，令如样招募。后更为木梃，差以尺寸高下，谓之等长杖，委长吏、都监度人材取之。当部送阙者，军头司覆验，引对便坐，分隶诸军。"[1]而欧阳修在《原弊》中说："古之凡民长大壮健者，皆在南亩，农隙则教之以战。今乃大异。一遇凶岁，则州郡吏以尺度量民之长大而试其壮健者，招之去为禁兵，其次不及尺度而稍怯弱者，籍之以为厢兵。"[2]可见，宋代选兵，是以"兵样"或"等长杖"为标准的。换言之，招兵以身高为主要标准，即按照被募者的身材高矮，确定其可分隶上、中、

1　〔元〕脱脱等撰：《宋史》卷193《兵七》，北京：中华书局，1985年版，第4799—4800页。
2　〔宋〕欧阳修著，洪本健校笺：《欧阳修诗文集校笺》外集卷9《原弊》，上海：上海古籍出版社，2009年版，第1570页。

下禁军或厢军。

举几个例子：

宋代特务机构皇城司的士卒"亲从官"的标准身高是五尺九寸一分六厘，约合185厘米。北宋时这种士卒共有五指挥、2970人。[1]

禁军上四军身高标准为5.7尺至5.8尺[2]，即在178厘米至181厘米之间。上四军就是禁军中拿料钱1000文的上军，人数达数万，包括：捧日，骑军，隶属殿司；天武，步军，隶属殿司；龙卫，骑军，隶属马司；神卫，步军，隶属步司。[3]

对身高要求最低的那一部分厢军的标准是5.2尺，约合162厘米。

按照这个标准，我们来推测一下一位著名士兵的身高。"狄武襄公青本拱圣兵士，累战功致位枢府"[4]，意即狄青是真正行伍出身的名将，一开始是拱圣军兵士，也就是一名中禁军士兵。该番号的身高标准为5.65尺，也就是说，狄青大概率是一位身高176厘米以上、孔武有力的美男子。

值得注意的是，身高是北宋招兵的主要标准，但不是唯一标准，还要看身材、跑跳动作、视力等情况。在实际招募时，身高也好商量。宋仁宗时范仲淹就主张，拣选军士时，有身材

1　龚延明编著：《宋代官制辞典（增补本）》，北京：中华书局，2017年版，第458页。

2　〔元〕脱脱等撰：《宋史》卷194《兵八》，北京：中华书局，1985年版，第4837—4838页。

3　龚延明编著：《宋代官制辞典（增补本）》，北京：中华书局，2017年版，第445、446、451、452、453、454页。

4　〔宋〕方勺撰，许沛藻、扬立扬点校：《泊宅编》卷2，北京：中华书局，1983年版，第10页。

比"等样"矮两三指但少壮得力者，即不得拣下。[1]

在实际招募中，当然不可能做到明察秋毫，由于腐败的存在，募兵时滥竽充数是常态，但既然有了标准，就代表宋廷相信能招到符合标准的兵，这从侧面证明，宋人，尤其是宋兵，身高还是不错的。更进一步说，宋兵单兵能力其实不差，宋人营养水平也还不错。

宋代超级战士远胜战国特种兵

在单兵能力方面，宋代最注重的是弓弩，这也符合冷兵器时代的特征。据《宋史·兵八》，宋仁宗天圣年间制订的"禁军选补法"规定，"凡入上四军者，捧日、天武弓以九斗，龙卫、神卫弓以七斗，天武弩以二石七斗，神卫弩以二石三斗为中格"[2]，也就是说，一名合格的上四军士兵，拉弓力量须达到7斗至9斗，即41.44千克至53.28千克，开弩（脚蹬弩臂或弩臂上的踏蹬，手拉弩弦，以腰腿为主周身用力把弩拉开）力量须达到二石三斗至二石七斗，即136.16千克至159.84千克。

据《梦溪笔谈》记载："今之武卒蹶弩有及九石者，计其力乃古之二十五石，比魏之武卒，人当二人有余；弓有挽三石者，乃古之三十四钧，比颜高之弓，人当五人有余。"[3]也就是说，有些宋兵开弩的力量达到了惊人的9石，拉弓则达到3石，

1　王曾瑜著：《宋朝军制初探（增订本）》，北京：中华书局，2011年版，第269—270页。

2　〔元〕脱脱等撰：《宋史》卷194《兵八》，北京：中华书局，1985年版，第4827页。

3　〔宋〕沈括撰，金良年点校：《梦溪笔谈》卷3《辨证一》，北京：中华书局，2015年版，第17页。

即分别为532.8千克、177.6千克，1个宋兵相当于2个魏武卒（战国时期魏国特种兵）或5个颜高（孔子弟子，古代勇士）。

这样的超级战士在宋代是真实存在的吗？据《宋史·岳飞传》，岳飞"生有神力，未冠，挽弓三百斤，弩八石"[1]，也就是拉弓192千克、开弩473.6千克，考虑到岳飞是"战神"，但却是在不到20岁时就达成上述成就，在宋军中有一些人身负千斤之力，倒也不足为奇。

宋代最重弓弩，既强调力量，也强调准确性，即"射亲"。如，宋神宗熙宁八年（1075）五月，"臧景陈马射六事：一、顺鬃直射，二、背射，三、盘马射，四、射亲，五、野战，六、轮弄，各为说以晓射者。诏依此教习。"[2]

举个"射亲强者"的例子。《宋史·种（chóng）世衡传》记载，王舜臣曾随种家将成员种朴征讨西夏，面对上万羌骑，"舜臣自申及酉，抽矢千余发，无虚者"，连射千箭杀敌千人，夏军为之气夺[3]——两个小时射杀千人，这是当之无愧的古代第一神射手。

来看看宋兵的其他指标。宋代铠甲以札甲为主，全套标准重量是45宋斤至50宋斤，也就是28.8千克至32千克，没有两膀子力气的话，光穿甲都受不了。因宋军缺少战马，必须以步制骑，披甲率达到了70%以上，被辽、金评价为"戎具精劲，

1　〔元〕脱脱等撰：《宋史》卷365《岳飞传》，北京：中华书局，1985年版，第11375页。

2　〔元〕脱脱等撰：《宋史》卷195《兵九》，北京：中华书局，1985年版，第4857页。

3　〔元〕脱脱等撰：《宋史》卷335《种世衡传》，北京：中华书局，1985年版，第10749—10750页。

近古未有"，从侧面证明"力气大"是宋军中的普遍现象。[1]

另外，两宋军人使用的长枪、大斧、铁鞭[2]、斩马刀等武器都很重。以南宋重装步兵装备的斩马刀为例，其长达一丈二尺，也就是374.4厘米。[3]很显然，如果士兵力量不足，就无法驾驭武器。

为了锻炼士兵的力量，"使之劳力，制其骄惰"，宋太祖时期，"京师卫兵请粮者，营在城东者即令赴城西仓，在城西者令赴城东仓，仍不许佣僦车脚，皆须自负"[4]，士兵必须长途跋涉自己背粮。以诸班直之首的殿前指挥使班长行为例，其每月请米四石八斗[5]，重达284.16千克，要自己背回谈何容易。

当然，投机者永远不会缺席，当士兵习惯了和平之后，"祖宗之法"就成了耳旁风，士兵不要说自己背粮，就连睡觉都要让人帮忙抱被子，欧阳修在《原弊》中批评说："今卫兵入宿，不自持被而使人持之；禁兵给粮，不自荷而雇人荷之。其骄如此，况肯冒辛苦以战斗乎！"[6]

既然说到宋军披甲率很高，那就八卦一下宋军军服。禁军军服分绯、紫两色，用背子（由隋唐时的半臂发展而来，流行

1　指文烽火工作室著：《中国古代实战兵器图鉴》，北京：中国长安出版社，2015年版，第208页。

2　指文烽火工作室著：《中国古代实战兵器图鉴》，北京：中国长安出版社，2015年版，第207页。

3　龙语者著：《战场决胜者007：重骑兵千年战史（下）》，长春：吉林文史出版社，2018年版，第58—59页。

4　〔宋〕沈括撰，金良年点校：《梦溪笔谈》卷25《杂志二》，北京：中华书局，2015年版，第249页。

5　王曾瑜著：《宋朝军制初探（增订本）》，北京：中华书局，2011年版，第282页。

6　〔宋〕欧阳修著，洪本健校笺：《欧阳修诗文集校笺》外集卷9《原弊》，上海：上海古籍出版社，2009年版，第1570页。

于宋代）标明番号，马军春装有皂紬衫、白绢汗衫、白绢袂袴、紫罗头巾、绯绢勒帛、白绢衬衣和麻鞋七件，冬装有皂紬绵披袄、黄绢绵袄子、白绢绵袜头袴、白绢夹袜头袴、紫罗头巾、绯绢勒帛和麻鞋七件，步军春装有皂紬衫、白绢汗衫、白绢袂袴、紫罗头巾、蓝黄搭膊、白绢衬衣和麻鞋七件，冬装有皂紬绵披袄、黄绢绵袄子、白绢绵袜头袴、紫罗头巾、蓝黄搭膊和麻鞋六件[1]——看到这里，你就会明白，为什么宋军是一支令人养不起的部队了。

综上所述，宋兵的单兵能力还是很强的，宋廷也挺把军队建设当回事的，当然，是"理论上"。

北宋将门很多，但多数只传了两三代

讲完了宋代的兵，再讲讲宋代的将。有人说"北宋缺将，南宋缺相"，那我们就专门看看北宋的将。

据《燕翼诒谋录》记载：

> 唐设武举以选将帅，五代以来皆以军卒为将，此制久废。天圣七年，以西边用兵，将帅乏人，复置武举。至皇祐元年，边事浸息，遂废此科。治平元年九月丁卯，复置，迄于今不废，淳熙甲辰，距治平百二十载矣。[2]

1　王曾瑜著：《宋朝军制初探（增订本）》，北京：中华书局，2011年版，第393页。

2　〔宋〕王栐撰，诚刚点校：《燕翼诒谋录》卷5，〔宋〕王铚、王栐撰，朱杰人、诚刚点校：《默记　燕翼诒谋录》，北京：中华书局，1981年版，第44页。

可见，武举在北宋设置的时间不长，影响很小，可以用一个"废"字来形容。因此，跟文官主要出身科举不同，北宋武将的主要来源是荫补。与大众认知有所不同的是，北宋不缺良将，一家数代统军的北宋将门至少有几十个。[1]

历史上的杨家将指的是杨业、杨延昭（杨业长子，原名杨延朗）、杨文广（杨延昭第三子）。其中杨业父子是抗辽名将，而杨文广能上阵时，宋辽已进入和平模式，他只跟宋夏战争有关，又曾从狄青南征。[2]

是的，杨家将共三代，每代一位，那么"杨门女将"的创作灵感来自哪里？正史未载杨业之妻，但后人考证说文学作品中的"佘太君"可能是真实人物，姓折，父为折德扆，嫁到了杨家。不管历史上有没有这位折氏奇女子，反正以折德扆为代表的折家将是真的，因系党项人，他们奉命世守府州（今陕西府谷）防御西夏，也曾参与对辽战争，属于罕见的与北宋相始终的将门。[3]

北宋地位最高的将门应是累世为将的曹家，以开国大将曹彬及其子曹璨、曹玮最为著名，曹家第三代中还有一位修仙界名人曹佾，也就是曹国舅。[4]

看过《水浒》的人大约会记得姓种的两个"经略相公"，他们应是来自大名鼎鼎的种家将，至于究竟是谁，说法不止一种。而从第一代种世衡开始，种家将便在宋夏战争中大放异彩。[5]

1　陈峰著：《宋代军政研究》，北京：中国社会科学出版社，2010年版，第85、86页。

2　陈峰著：《宋代军政研究》，北京：中国社会科学出版社，2010年版，第81页。

3　陈峰著：《宋代军政研究》，北京：中国社会科学出版社，2010年版，第80页。

4　陈峰著：《宋代军政研究》，北京：中国社会科学出版社，2010年版，第77页。

5　陈峰著：《宋代军政研究》，北京：中国社会科学出版社，2010年版，第82—83页。

　　与上述家族相埒的还有高琼、王超、姚宝等家族。值得注意的是，荫补与血统有关，但不是世袭（只有折家将是世袭的），能否延续家族"武功"，关键看实力。所以，虽然北宋将门很多，但多数只传了两三代，超过三代的不多。[1]

　　深感于唐、五代武将的破坏力，北宋一直抑制武将权威，逐渐形成战时文臣为帅、武将贰之的格局。不过历史很复杂，不能因为几个案例就得出北宋"轻武"或"武功不行"的结论，因为反例很容易找。譬如，"契丹第一名将"耶律休哥很厉害，但宋将李继隆，这个典型的将二代（李处耘是宋初枢密副使，曾多次参与用兵，其次女为宋太宗皇后，诸子皆为将，其中，李继隆以父荫补供奉官[2]）曾以1万兵马大败耶律休哥的8万精骑。[3]

　　另外，我想讲一个非常独特的故事。北宋名将王继忠力战被俘，仕于契丹，宋真宗以为他已阵亡，就让他的四个儿子当官，恩遇甚厚，后来发现他未死，宋真宗每次派人使辽都带礼物给他。辽圣宗和萧太后也非常器重王继忠，将名门之女嫁给他，连年升他的官。王继忠之所以能得到两国信重，是因为他是促成澶渊之盟和百年和平的关键人物。对于王继忠，王曾《王文正公笔录》说："继忠为人有诚信，北境甚重之，后封河间王。彼土人士或称之曰：'古人尽忠，止能忠于一主。今河间王南北欢好，若此可谓尽忠于两主。'然则继忠身陷异国不能即死，与夫无益而苟活者异矣。"[4]可见，辽人、宋人都是非

1　陈峰著：《宋代军政研究》，北京：中国社会科学出版社，2010年版，第87页。

2　陈峰著：《宋代军政研究》，北京：中国社会科学出版社，2010年版，第75页。

3　王晓波著：《宋辽战争论考》，成都：四川大学出版社，2011年版，第72—73页。

4　〔宋〕王曾撰，张其凡点校：《王文正公笔录》，北京：中华书局，2017年版，第3—4页。

常认可王继忠的——有人说，这位忠勇帅气的将军就是文艺作品中杨四郎的原型。但说书人不会告诉你，将军还可以这样活，也就只有在宋辽这对"奇葩兄弟国"，才能出现史上唯一的"两国忠臣"吧！

宋人拥有许多军事发明专利

说过了"人"，现在轮到"物"和"文化"上场。

宋人拥有许多军事发明专利：

宋代开始由官方主持编纂兵书。宋仁宗时期，中国首部官方编纂的军事科学百科全书面世，这就是曾公亮、丁度主编的《武经总要》。[1]

宋代军工建设相当"现代化"。东京设有"作坊""弓弩院"等，地方上设有"作院""都作院"等兵工厂。其中，作坊里共有近8000人分成铁甲作、钉铰作等51作，以流水线分工组装形式，源源不断地制造精良的铁甲和军器。而仅仅一个弓弩院，每年就制造弩、弓、箭等1650余万件[2]——从这个简单粗暴的数字可以猜知，箭的数量最多，当然样式也很丰富，包括狼牙箭、鸭嘴箭、出尖四棱箭、插刃凿子箭、乌龙铁脊箭等。[3]

唐代炼丹家已对火药有了初步认识[4]，在此基础上，宋人正

1　邵庆国主编：《宋代科技成就》，郑州：河南科学技术出版社，2014年版，第96页。

2　龚延明编著：《宋代官制辞典（增补本）》，北京：中华书局，2017年版，第404、405、615页。

3　指文烽火工作室著：《中国古代实战兵器图鉴》，北京：中国长安出版社，2015年版，第161页。

4　〔英〕李约瑟著，袁翰青等译：《李约瑟中国科学技术史·第一卷，导论》，北京：科学出版社，2018年版，第139页。

式搞出了"实用型"的火药。宋代"广备攻城作"共分21作，专门制造攻城武器，其中包括猛火油作和火药作[1]，"火药"一词正式问世，火药开始被投入战争。宋代还对石油进行了初加工，产品就是猛火油，猛火油作就是世界上最早的炼油厂。宋人还发明了使用石油的武器猛火油柜，并将其运用于攻城和水战。[2]另外，"石油"一词由宋代沈括定名，详见前文。

宋人在全球率先用上了火枪和子弹。北宋时期，宋人发明了霹雳炮、震天雷等爆炸性火器。宋高宗绍兴二年（1132），陈规用长竹竿制作了一种火枪，每条枪由两人抬放，事先把火药装填在长竹竿内，战时点燃火线，火药点着后喷射出火焰，以此烧伤敌人，火枪就是世界上最早的管状火器。[3]宋理宗开

猛火油柜。图片摹自《武经总要》。

1　龚延明编著：《宋代官制辞典（增补本）》，北京：中华书局，2017年版，第405页。

2　邵庆国主编：《宋代科技成就》，郑州：河南科学技术出版社，2014年版，第25、393、394页。

3　邵庆国主编：《宋代科技成就》，郑州：河南科学技术出版社，2014年版，第28、92页。

庆元年（1259），宋人发明突火枪，"以巨竹为筒，内安子窠，如烧放，焰绝然后子窠发出，如炮声，远闻百五十余步。"[1]可见其威力很大，射程很远，而且使用了最原始的子弹——子窠。

宋人在传递情报方面颇有建树。第一，他们发明了密写术，用明矾在布帛上写机密文件，接收者将文件浸入水中，隐藏的字迹就会显露出来。[2]

第二，宋人发明了密码"字验"。据《武经总要》记载："右凡偏裨将校受命攻围，临发时，以旧诗四十字，不得令字重，每字依次配一条，与大将各收一本。如有报覆事，据字于寻常书状或文牒中书之，加印记所请。得所报知，即书本字，回亦加印记。如不允，即空印之，使众人不能晓也。"[3]宋人以一首诗中的单字来代替"请弓""请箭"等军事术语，用来传递军事机密，与现代密码电报颇为相似，开了世界密码之先河。[4]

第三，宋人利用固体传声过程中"虚能纳声"的特性，发明了侦听器。据《梦溪笔谈》记载："古法以牛革为矢服，卧则以为枕。取其中虚，附地枕之，数里内有人马声则皆闻之，

1　〔元〕脱脱等撰：《宋史》卷197《兵十一》，北京：中华书局，1985年版，第4923页。

2　邵庆国主编：《宋代科技成就》，郑州：河南科学技术出版社，2014年版，第96页。

3　〔宋〕曾公亮等著，陈建中、黄明珍点校：《武经总要》前集卷15《字验》，北京：商务印书馆，2017年版，第239页。

4　邵庆国主编：《宋代科技成就》，郑州：河南科学技术出版社，2014年版，第95—96页。

盖虚能纳声也。"[1] 据《武经总要》记载："故又选聪耳少睡者，令卧枕空胡鹿。必以野猪皮为之。凡人马行在三十里外，东西南北，皆响闻其中。"[2] 也就是说，军中有一种用皮革制成的名为"空胡鹿"的随军枕，让耳朵灵睡眠少的士兵夜间使用，30里外的人马动静都能听到。

宋代冷兵器中颇多大杀器。其中，床弩（床子弩）可射1800米，这是我国冷兵器时代最高的射程纪录。[3]

据《续资治通鉴长编》记载：

> 契丹既陷德清，是日，率众抵澶州北，直犯大阵，围合三面，轻骑由西北隅突进。李继隆等整军成列以御之，分伏劲弩，控扼要害。其统军顺国王挞览，有机勇，所将皆精锐，方为先锋，异其旗帜，躬出督战。威虎军头张瑰（作者注：guī）守床子弩，弩潜发，挞览中额陨，其徒数十百辈竞前舆曳至寨，是夜，挞览死。敌大挫衄（作者注：nù，挫败），退却不敢动，但时遣轻骑来觇王师。[4]

澶州之战中，宋真宗决定亲征后，命李继隆先赴澶州，与

1　〔宋〕沈括撰，金良年点校：《梦溪笔谈》卷19《器用》，北京：中华书局，2015年版，第184页。

2　〔宋〕曾公亮等著，陈建中、黄明珍点校：《武经总要》前集卷6《警备》，北京：商务印书馆，2017年版，第89页。

3　孙机著：《从历史中醒来：孙机谈中国古文物》，北京：生活·读书·新知三联书店，2016年版，第185页。

4　〔宋〕李焘撰：《续资治通鉴长编》卷58《真宗景德元年十一月》，北京：中华书局，2004年版，第1286—1287页。

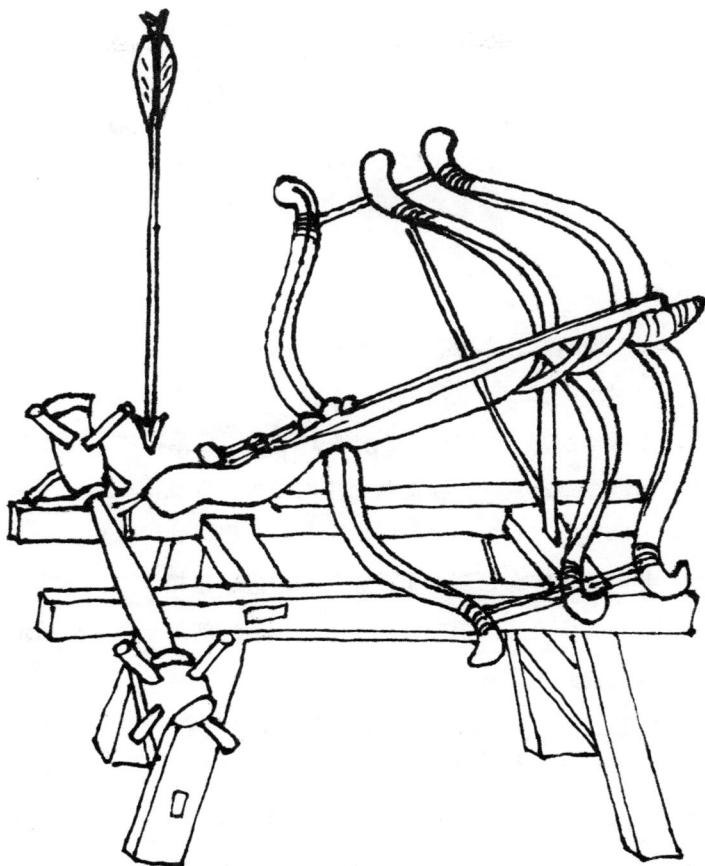

宋代床弩威力强大。图片摹自《武经总要》。

石保吉率部抗击刚到达的辽军，战斗十分激烈，辽名将萧挞览亲自督战，被宋军以床弩弩箭击中前额，伤重败退，宋军乘势追击。萧挞览当晚伤重而亡。[1]可见，在推动澶渊之盟方面，

1 陈振著：《宋史》，上海：上海人民出版社，2016年版，第83页。

床弩立下了大功。

另一个大杀器是"神臂弓"。据《梦溪笔谈》，"熙宁中李定献偏架弩，似弓而施干镫，以镫距地而张之，射三百步，能洞重札，谓之'神臂弓'，最为利器。"[1]据《曲洧旧闻》，"神臂弓，盖熙宁初百姓李宏造，中贵张若水以献，其实弩也。……上命于玉津园试之，射二百四十步有畸"[2]，可见神臂弓也是一种弩，是破甲利器。

宋代攻城器具中也有很多神器。床弩就可用于攻城，弩兵可依次射出一排"踏橛箭"钉在夯土城墙上，上下成行，供攻城将士攀缘登城。[3]头车则是挖地道好手，它是古代用于攻坚作业的战车中最复杂、功能最完备的一种，外观像是一列小火车，由屏风牌、头车、绪棚组成。其中，屏风牌可保护人员安全，并用来观察和射箭，士兵在头车内进行挖掘作业，绪棚内士兵则准备换班或做辅助性工作，绪棚后面的绞车用来运送地道中的土或其他器材。[4]

宋代出现了为数众多的专业兵。宋代专业兵可划分为几类：服务于军事的壮城兵、作院兵和马监兵等；服务于递铺的铺兵；服务于治河和农田水利等事务的河清兵（埽兵）、捍江兵、堰军等；服务于官营手工业的诸司库务兵、清务兵、钱监

1　〔宋〕沈括撰，金良年点校：《梦溪笔谈》卷19《器用》，北京：中华书局，2015年版，第184页。

2　〔宋〕朱弁撰，孔凡礼点校：《曲洧旧闻》卷9，〔宋〕李廌、朱弁、陈鹄撰，孔凡礼点校：《师友谈记　曲洧旧闻　西塘集耆旧续闻》，北京：中华书局，2002年版，第209页。

3　孙机著：《从历史中醒来：孙机谈中国古文物》，北京：生活·读书·新知三联书店，2016年版，第185页。

4　〔宋〕曾公亮等著，陈建中、黄明珍点校：《武经总要》前集卷10《攻城法》，北京：商务印书馆，2017年版，第141页。

兵等；服务于物资运输的水运、梢工都、装发军等。淮建利教授在《宋朝厢军研究》中说："设置专业兵不是宋朝的首创，但在厢军中大量设置专业兵在中国古代军事制度史上恐怕是空前绝后的。"[1]

宋代还建立了中国首支专业海军。宋初就建立了强大的海军，而现在一般认为真正意义的中国专业化海军最早是在12世纪由南宋建立的，其在对抗金人入侵时屡战屡胜。[2]

当然，宋军水战时也有神器。据《宋史·虞允文传》记载："亮（作者注：金海陵王完颜亮）至瓜洲，允文与存中（作者注：南宋名将杨存中）临江按试，命战士踏车船中流上下，三周金山，回转如飞，敌持满以待，相顾骇愕。"[3]在著名的采石之战中，虞允文运用了车船战法，最后取得1.8万人对40万人的大捷（完颜亮亦在此役被部下所杀），可以说车船功不可没。[4]

宋代在各方面都比同时代其他政权走得远一些

不只是经济、文化，宋人在各个方面都比同时代其他政权走得远一些，这也包括军事。宋初，宋太祖就定下了相对文明的战争时期人道原则：一不抢劫乡村，二不虐待平民百姓，同

1　淮建利著：《宋朝厢军研究》，郑州：中州古籍出版社，2007年版，第31—32页。

2　龙语者著：《战场决胜者007：重骑兵千年战史（下）》，长春：吉林文史出版社，2018年版，第48页。

3　〔元〕脱脱等撰：《宋史》卷383《虞允文传》，北京：中华书局，1985年版，第11794页。

4　席龙飞著：《中国古代造船史》，武汉：武汉大学出版社，2015年版，第199页。

时尽可能地避免杀戮。[1]据《事实类苑》，"开宝中，遣将平金陵，亲召曹彬、潘美戒之曰：'城陷之日，慎无杀戮。设若困斗，则李煜一门，不可加害。'故彬于江南，得王师吊伐之体，由圣训丁宁也。"[2]

与之形成鲜明对比的是，金兵侵宋的过程中伴随着这样的记录："金人围汴京，城中疫死者几半。""汴京大饥，米升钱三百，一鼠直数百钱，人食水藻、椿槐叶，道殣，骼无余胔。"[3]这个"疫死者几半""道殣，骼无余胔"的人间地狱，可是世界第一大都市！建设何其难，而破坏何其易！

对于宋代的军事政策，陈峰教授分析道："宋代主流意识支配下的和平与战争观，便过于早熟。……宋朝片面总结了历史的经验教训，矫枉过正，不能保持自身必要的军事强势，对外长期采取守势，其军队和边防也就不足以维持长久的和平局面，一旦内外平衡被破坏，就只能陷于被动挨打的境地。"[4]

的确，文明的巅峰需要强力的守护，在强敌环伺的情境下全力建设文治社会，应该说是一种空想。宋人通过自身的"试验"给予后人宝贵的经验教训，一是和比战难，二是忘战必危！

---

1 〔德〕迪特·库恩著，李文锋译：《儒家统治的时代：宋的转型》，北京：中信出版社，2016年版，第32页。

2 〔宋〕江少虞撰：《事实类苑》卷1《祖宗圣训》，上海：上海古籍出版社，1993年版，第4页。

3 〔元〕脱脱等撰：《宋史》卷62《五行一下》、卷67《五行五》，北京：中华书局，1985年版，第1370、1463页。

4 陈峰著：《宋代军政研究》，北京：中国社会科学出版社，2010年版，第41页。

第七章

诸王之乱？宦官专权？
外戚干政？藩镇割据？
宋……不存在

近年来有不少涉及宋仁宗时代皇位更迭的文艺作品，都会讲到一片传奇"大绿叶"——宋英宗生父、濮安懿王赵允让，他本人曾作为"皇子备胎"被养在宫中，其十三子又通过同样方式真的继承了皇位，他因此成为著名的"濮议"主角。于是，很多人就想，宋代宗室中，王的儿子们肯定争着继承父亲的爵位，刀光剑影，你死我活——到底是不是这样呢？请看下表：

《宋史》记载的赵允让之子承袭嗣濮王情况一览表

姓　名	承袭情况
赵宗晖	神宗元丰中进嗣濮王，哲宗绍圣元年（1094）薨，年六十七
赵宗晟	绍圣元年六月嗣濮王，明年三月薨，年六十五
赵宗愈	绍圣二年（1095）四月嗣封，是年八月薨，年六十五
赵宗绰	宗绰嗣，绍圣三年（1096）二月薨，年六十二
赵宗楚	绍圣三年三月嗣濮王，四年六月薨
赵宗祐	绍圣四年（1097）八月嗣濮王，元符元年（1098）春薨
赵宗汉	元符初嗣濮王，徽宗大观三年（1109）八月薨

资料来源：〔元〕脱脱等撰：《宋史》卷245《宗室二》，北京：中华书局，1985年版，第8711—8713页。

宋仁宗嘉祐四年（1059），赵允让过世，元子（嫡长子）宗懿未袭其爵，次子宗朴于宋英宗治平年间始以濮国公身份"奉王后"。宗朴之后，其弟宗谊袭封。宗谊之后，宗晖先袭封濮国公，后成为首代嗣濮王，才有了上述表格。表格中的七兄弟都不是嫡长子，且他们成为嗣濮王时都是小老头儿，并不是一群帅气又邪恶的小哥哥——是不是大跌眼镜？

在爵位继承方面，宋代让人大跌眼镜的例子不胜枚举。譬如，在文艺作品熏陶下，很多人见到国公或侯爵嫡子，往往默认他将来一定是公或侯，如果他不是嫡子，则默认他会努力争夺，于是有了一系列阳谋、阴谋。然而在宋代，无论是宗室，还是大臣子弟，都不需要通过宫斗宅斗争取"世袭爵位"：一则，"世袭爵位"这玩意儿很可能并不存在，宋代宗室王公的爵位尚且不一定能传之后世，更不用说异姓王公了；二则，即使父辈的爵位可以世袭，也基本上跟儿子们的嫡庶身份没有关系，大家只要努力活着，总能轮到的。

另外，在以宋为背景的文艺作品中，梁王、赵王之类宗室或异姓王常常会拿到大反派剧本。但事实上，宋代根本不封梁王、赵王，宗室也没有作死的能量——宋代封王爵（亲王）均有封国名，封国有大国、次国、小国之分，如晋国为大国、寿国为次国、康国为小国。其中，赵、梁、宋三国不封，亲王成为皇帝后，其在亲王位上的封国也不再封给别人。至于异姓王，那是死后才封的（大臣不生封亲王，但有生封郡王者）。[1] 如此说来，大家耳熟能详的"岳飞枪挑小梁王"的故事，当真是"槽点满满"，一点都不像是一个宋代故事。

现代人对于宋代统治阶级的各种身份有许多刻板印象，宗室王公只是一个缩影。事实上，宋代宗室、后妃、宦官、外戚、武将都被文艺化了，因此，本章想要帮助你，尽量接近这些宋代"工具人"的真实样貌。

---

1 龚延明编著：《宋代官制辞典（增补本）》，北京：中华书局，2017年版，第663—664页。

上过中学历史课的同学，对于"N（N≥1）王之乱""宦官专权""外戚干政""藩镇割据"等词儿应不陌生。各种故事也告诉你：宋代太后热衷于宫斗和抢孩子；宋代驸马具有状元身份并且气焰嚣张；宋代宦官可以欺上瞒下一手遮天；宋代宗室，各种王多如牛毛，在朝堂一言九鼎；宋代外戚，"国丈"可以把持朝政，"国舅"是惹祸精二世祖。

然而真相是：虽然宋代太后垂帘多达9次，但风评还不错，她们并未趁机壮大娘家，外戚也比较低调，两者之间还互相告诫不要搞事情；宋代宗室爵位不世袭，没有话语权，甚至要集中居住不能随便出门，约等于富贵囚犯；由于文官（包括新科进士）为了仕途热衷当文官女婿，武将家庭成了皇后、驸马"产地"；宦官人数少，作死的也少，还出了一些形象比较正面的名人。

可以说，宋代宗室外戚宦官武将基本没有搞出大事情，因为他们没有搞大事的本钱——毕竟，这个时代是文官一枝独秀的。本文就来说说这些"文官以外"的"工具人"。

宋代封爵要么不能世袭，要么见者有份

在正式分类介绍之前，先看三段有关"封爵"的史料。

据《文献通考·封建考十八》记载：

至宋则皇子之为王者，封爵仅止其身，而子孙无问嫡庶，不过承荫入仕为环卫官，廉车节钺以序，而迁如庶姓贵官荫子入仕之例，必须历任年深，齿德稍尊，方特封以王爵，而其祖父所受之爵则不袭也。[1]

据赵升《朝野类要》记载：

（作者注：袭封）谓世代授此官也。如两嗣王主奉濮、秀祭祀，如孔子之后世封衍圣公，如周世宗之后柴氏世封崇义公。盖二王后之故事也。[2]

据《宋史·职官三》记载：

凡庶姓孔氏、柴氏、折氏之后应承袭者，辨其嫡庶。[3]

不少现代人可能会觉得"古代王位都是父死子继的"，但至少这个"规律"不适用于宋代。真相是，"列侯不世袭始于唐，亲王不世袭始于宋"[4]，在宋代，"世袭爵位"是很罕见的事，甚至可以说，宋代只有三家"庶姓"获得了名副其实的世

1　〔宋〕马端临著：《文献通考》卷277《封建考十八》，北京：中华书局，2011年版，第7589页。

2　〔宋〕赵升编，王瑞来点校：《朝野类要》卷3《袭封》，北京：中华书局，2007年版，第74页。

3　〔元〕脱脱等撰：《宋史》卷163《职官三》，北京：中华书局，1985年版，第3836—3837页。

4　〔宋〕马端临著：《文献通考》，"自序"，北京：中华书局，2011年版，第18页。

袭特权：第一家是孔氏，即衍圣公；第二家是柴氏，即崇义公；第三家是党项折氏。

其余两家，之前讲过了，这里解释一下第三家。折家就是前文所说的折家将、传说中佘太君的娘家，镇守位于边陲的府州，世袭府州知州一职，与北宋相始终。折氏因对宋廷忠贞不渝，又与契丹和党项李氏（即西夏）为世仇，被宋廷赋予世袭特权，"太祖嘉其向化，许以世袭，虽不无世卿之嫌，自从阮而下，继生名将，世笃忠贞，足为西北之捍，可谓无负于宋者矣。"[1]

至于宗室男性成员（即宗子）的封爵，其游戏规则包括："皇子、兄弟封国，谓之亲王。亲王之子承嫡者为嗣王，宗室近亲承袭，特旨者封郡王。遇恩及宗室祖宗后承袭及特旨者封国公。余宗室近亲并封郡公。"[2]"至宋则皇子之为王者，封爵仅止其身，而子孙无问嫡庶，不过承荫入仕为环卫官，……而其祖父所受之爵则不袭也。""然则皇子虽在所必王，然其迁转亦有次第，不遽封也。"[3]也就是说，即使贵为皇帝儿子，早晚会封王，但也不会从小就封王，而是要经过各种迁转，逐渐"升"为王爵。至于皇子的子孙，不分嫡庶，只能承荫入仕，即使有一天他得到了王爵，那也是因为他资历够了，而不是从先辈那里承袭来的。

可以说，除了宋代，其他朝代就没有这样玩的。宋代这样玩的原因是，预计宗室繁衍速度会很快，封太多王公养不起，

---

1 〔元〕脱脱等撰：《宋史》卷253《折德扆传》，北京：中华书局，1985年版，第8861、8875页。

2 〔元〕脱脱等撰：《宋史》卷169《职官九》，北京：中华书局，1985年版，第4061页。

3 〔宋〕马端临著：《文献通考》卷277《封建考十八》，北京：中华书局，2011年版，第7590页。

而且，王公太多，可能会威胁皇帝的地位——宋廷的担心很有道理，据统计，宋仁宗末期，宗子宗女总数已超过4000人。[1]

宋代这样玩，导致"仁宗鲜兄弟，享国既久，又无皇子，艺祖、太宗之子为王者皆已物故，是时宗姓几无一王"[2]，换言之，宋仁宗末期，整个宗室几乎没有王。于是，庆历四年（1044）封了一拨，包括：德文为东平郡王，允让为汝南郡王，允弼为北海郡王，允良为华元郡王，从蔼为颍国公，从煦为安国公，宗说为祁国公，宗保为建安郡公，宗达为恩平郡公，宗望为清源郡公。[3]

上述"十王之后"分别是太祖二子、太宗七子、太祖太宗之弟廷美的后代，他们的后代"世世封公"，"故事，皇族封王者物故，则本宫之长封国公，其后以次受封"，显然是以最年长者继承，但到了宋神宗时又出现父子相继，如，廷美这一支，"乃以承亮为秦国公，奉秦王廷美祀。明年薨，赠乐平郡王，谥曰恭静。子克愉嗣。克愉卒，子叔牙嗣。"[4]

另外，太祖之后、英宗生父濮王允让之后、孝宗生父秀王子偁之后、理宗生父荣王希瓐之后、宁宗弟弟沂王抦之后分别获封安定郡王、嗣濮王、嗣秀王、嗣荣王、嗣沂王，可世代袭爵。[5]

1 〔美〕贾志扬著，赵冬梅译：《天潢贵胄——宋代宗室史》，南京：江苏人民出版社，2010年版，第38—39页。

2 〔宋〕马端临著：《文献通考》卷277《封建考十八》，北京：中华书局，2011年版，第7589页。

3 〔清〕徐松撰，刘琳、刁忠民、舒大刚、尹波等校点：《宋会要辑稿》帝系4《宗室杂录一》，上海：上海古籍出版社，2014年版，第102页。

4 〔元〕脱脱等撰：《宋史》卷244《宗室一》，北京：中华书局，1985年版，第8670页。

5 漆侠主编：《辽宋西夏金代通史·典章制度卷》，北京：人民出版社，2010年版，第29页。

但是，上述"五王"的承袭者不适用于"父死子继，嫡长优先，无子则以兄弟承袭"的传统办法，"不以昭穆相承，嫡庶为别，每嗣王殁，则只择本宗直下之行尊者承袭"，即由该支宗室中辈分最高的一代兄弟全都轮一遍，再让下一代兄弟轮，"于是濮安懿王有二十七子，而得嗣封者七人；四十六孙，而得嗣封者亦七人，盖嗣濮王凡十四人，才更两代耳。安定郡王之后，'世'字行嗣封者五人，'令'字行嗣封者九人，'子'字行嗣封者四人，'伯'字行嗣封者三人，盖嗣安定郡王凡二十一人，才更四代耳，此例亦古所无也。"[1]

总的来说，两宋宗室群体庞大，但能传给后代的爵位极为有限，且其继承方式往往取决于皇帝的意志，不同于真正意义上的世袭。宗室尚且如此，其他官员就更不能奢望爵位世袭了——我们经常看到一些官员得到王爵，譬如，文官中有王安石追封舒王，武将中有曹彬追封韩王（亦是外戚），外戚中有张尧封（温成皇后父，生前是文官）追封清河郡王，宦官中有童贯生封广阳郡王[2]，看起来很厉害，实际上这些"王"都是虚名，既不能开府，更不能世袭。王尚且如此，公侯伯子男之类的爵位更不用说了。

可见，宋代爵位要么不能世袭，要么见者有份，兄弟之间不用争抢，如果真的很想继承爵位，养生才是硬道理。实际上，宋代宗子刚懂事就能当官（初为7岁赐名授官，后改为5

---

1 〔宋〕马端临著：《文献通考》卷277《封建考十八》，北京：中华书局，2011年版，第7589—7590页。

2 〔清〕赵翼著，王树民校证：《廿二史劄记校证》卷25《宋封王之制》，北京：中华书局，2013年版，第561—562页。

岁、15 岁）领工资[1]，相比费脑宅斗宫斗夺嫡（在宋代玩夺嫡，恐怕还得先成为族谱精算师），坐享富贵不香吗？

至于官员，宰相、许国公吕夷简之子吕公著这种努力考科举终于也拜相当国公的，或是宰相、邓国公张士逊之子张友正这种勤奋练字勇攀艺术高峰的，才是"国公之子"的正确打开方式。[2]

既然如此，宋代为什么会有"冗官"之患？原因有很多，主要是荫补太滥。宋代"一人入仕，则子孙亲族俱可得官，大者并可及于门客医士"[3]，某种意义上算是另一种"世官"。宋廷很能撒钱败家，但在分配权力方面仍然抠门儿，"无出身"的荫补官，难以进入"有出身者"（即进士）把持的权力核心。[4]所以，苏颂有机会在宋仁宗过生日时受荫为官（"圣节荫补"），却坚决拒绝了，坚持走自己的科举之路，最终拜相。[5]

其实，宋代"冗官"之因在开国之初就已种下，学者杨高凡分析说："北宋的建立，并非是通过彻底的暴力革命，而是较温和的兵变实现的，故大量五代十国旧官员的存在要求宋初朝廷有恰当的制度来消化，官、职、差遣分离制度和众多有名无实的中央官僚机构的存在就很好地解决了这一问题，实权部

1　〔美〕贾志扬著，赵冬梅译：《天潢贵胄——宋代宗室史》，南京：江苏人民出版社，2010 年版，第 53 页。

2　〔元〕脱脱等撰：《宋史》卷 311《张士逊传》、卷 336《吕公著传》，北京：中华书局，1985 年版，第 10219、10776 页。

3　〔清〕赵翼著，王树民校证：《廿二史劄记校证》卷 25《宋恩荫之滥》，北京：中华书局，2013 年版，第 566—567 页。

4　王曾瑜著：《并存继逝的王朝：王曾瑜说辽宋夏金》，北京：生活·读书·新知三联书店，2018 年版，第 10、67 页。

5　〔宋〕苏象先：《丞相魏公谭训》卷 2《家世》，〔宋〕苏颂著，王同策、管成学、颜中其等点校：《苏魏公文集》，北京：中华书局，1988 年版，第 1130 页。

门、实职差遣为宋廷中坚力量所掌握，大量旧官僚有较高的官阶和待遇，各司其职，各安其位，社会持续发展，而不需要过激的政治手段即实现了政权的稳定、和平过渡。"[1]由此可见，宋代官制设计本来就是出于现实考量的，仍然脱不了祖宗之法"事为之防，曲为之制"的思路。

宗室不能参政议政，是皇权下永远的备胎

宋代皇帝称得上子嗣艰难，皇位继承人经常"断档"，好在，宗子一直都很多，于是出现了几种特殊情况：

当皇帝无子但仍可望生子时，会接宗子（一般是皇侄）进宫抚养，使其"招弟"，皇子出生后，宗子回家。譬如，"濮安懿王允让字益之，商王元份子也。……周王祐薨，真宗以绿车旄节迎养于禁中。仁宗生，用箫韶部乐送还邸。"[2]赵允让就曾"招弟"成功，这个弟就是宋仁宗。

当皇帝无子（或因故无法继位）但有兄弟时，皇位会交给兄弟。太宗、徽宗、高宗、末帝赵昺就是以皇弟身份继位的，端宗则是以皇兄身份继位。

皇帝无子无兄弟时，被皇帝作为养子培养的宗子就会获封"皇子"（与皇帝亲生儿子自然成为"皇子"不同的是，皇帝养子的"皇子"头衔是一个官名[3]）并入继大统。英宗、孝宗、理宗、度宗就是这样继位的。

1　杨高凡著：《宋代"三冗"问题研究》，北京：人民出版社，2018年版，第55页。

2　〔元〕脱脱等撰：《宋史》卷245《宗室二》，北京：中华书局，1985年版，第8708页。

3　龚延明编著：《宋代官制辞典（增补本）》，北京：中华书局，2017年版，第45页。

可见，宋代17个皇位继承人，仅有8个是"前任"的亲生儿子，宗子的重要性可见一斑，可以说，宗子是为皇权世袭服务的"工具人"，他们作为"皇子备胎"而存在，在国家需要时出来继承皇位、延续皇家血脉。但问题是，绝大多数宗子头上不会有皇位砸下来，设法阻止这些人觊觎皇位才是皇帝们心中最重要的事。

据王曾《王文正公笔录》记载：

> 真宗皇帝天资仁孝，性尤谦慎。至道中，册为皇太子。圣朝亲王班在宰相之下，至是升储，帝亦固让，遂仍旧贯。凡东宫故事，多所损益。至于官僚称"殿下"、立妃，皆乞寝罢，太宗并嘉纳之。故庄穆皇后讫太宗世，止为皇太子夫人。其兢业逊避如此。[1]

据朱彧《萍洲可谈》记载：

> 嘉王颢，裕陵亲弟也，好读书。元丰间，数上疏论政事，记室或谏之曰："大王为天子弟，无狗马声色之好，游心方册，固是盛德，而数干廷议，非所以安太后也。"王矍然亦悟。尔后惟求医书，与其僚讲汤液方论而已。朝廷果贤其好古，降诏褒谕。[2]

1　〔宋〕王曾撰，张其凡点校：《王文正公笔录》，北京：中华书局，2017年版，第2页。

2　〔宋〕朱彧撰，李伟国点校：《萍洲可谈》卷1，〔宋〕陈师道、朱彧撰，李伟国点校：《后山谈丛　萍洲可谈》，北京：中华书局，2007年版，第111—112页。

宋真宗是宋太宗的亲儿子，获立太子后，不敢班列宰相之上，不敢接受殿下之称，不敢以妻子为妃。嘉王颢是宋神宗同母弟，因上书论政，别人告诫他说这不是好事，他连忙把精力转移到求医论药上去了——这两人都距离皇位很近，结果都选择了"逊避"，而这正符合皇帝对皇子、宗子们的期待。

为了让宗子们高调不起来，宋廷煞费苦心进行了制度设计，包括：

第一，宋太宗时代，让宰相班列亲王之上，一方面是为了尊崇宰相，另一方面也是为了抑制以亲王为代表的宗子。宋真宗为太子时仍然不敢班列宰相之上，就是这种背景下的产物。[1]

第二，严格限制宗子的参政权力，将其职责限定在"问安视膳""奉朝请"方面，即只能在皇帝面前展现孝道、参与朝会时不能发表意见，相比前朝后世那些封王开府、爵位世袭，甚至拥有军政实权的"同行"，宋代宗室最没有政治地位。[2]

按宋人意见，最好连太子也不参政议政。众多皇帝中，只有宋孝宗比较注重锻炼皇子在政治方面的实操能力，但当他安排太子赵惇（宋光宗）主政临安府时，也招来了大臣的反对。[3]

第三，宗室须聚居，宋神宗时，才开始允许疏属宗室外居。[4]"东都故事，宗室子皆筑大室聚居之。大祖、太宗九王后

1　范帅：《浅析宋代皇子的赐名、冠礼与出阁制度》，载《郑州轻工业学院学报（社会科学版）》2015年2月第16卷第1期，第88页。

2　范帅：《浅析宋代皇子的赐名、冠礼与出阁制度》，载《郑州轻工业学院学报（社会科学版）》2015年2月第16卷第1期，第88页。

3　范帅：《浅析宋代皇子的赐名、冠礼与出阁制度》，载《郑州轻工业学院学报（社会科学版）》2015年2月第16卷第1期，第89页。

4　何兆泉著：《两宋宗室研究——以制度考察为中心》，上海：上海古籍出版社，2016年版，第61页。

曰睦亲，秦王后曰广亲，英宗二王曰亲贤，神宗五王曰棣华，徽宗诸王曰蕃衍。渡江后，宗子始散居邵邑，惟亲贤子孙为近属，则聚居之。"[1]

集中居住的近亲宗室行动受到严格限制，出入宅院要申报，还要登记在册以备查考。宋仁宗打算选宗子为皇位继承人，向宰相韩琦征求意见。韩琦说，宗室不与外人交接，他无法了解情况。这说明，近亲宗室基本上与世隔绝。[2]

第四，宗室不能考科举，不能担任主兵武官。宋神宗时开始允许疏属宗室考科举，南宋甚至出现了唯一的宗室宰相——赵汝愚，他因为扶立宋宁宗的"定策功"破例拜相，但很快被贬。[3]这说明，宗室掌握实权，终究不符合宋代的祖宗家法。

以是观之，宋哲宗时代的极品文艺青年赵佶，可以说是完全符合制度设计的完美宗室了。但令人尴尬的是，只被允许研究经史、书画、医药的宗子一旦继位，当然没有足够的政治能力。宗室的存在意义就是"以防万一"，而在宋代，这个"万一"竟然"经常出现"，结果就是，完美的皇弟赵佶意外继位后，成了糟糕的皇帝宋徽宗。

当然，"宗室不作乱"这个KPI，宋代还是很好地完成了——宗室固然难免会出跅弛分子，但"跟谋反有关系"的宋代宗子还真不多，大概只有两个：北宋赵世居（太祖子赵德芳曾孙）因"收留谋反者李逢，阅读图谶，语涉悖乱"被赐死；南宋赵

---

1 〔宋〕李心传撰，徐规点校：《建炎以来朝野杂记》甲集卷2《睦亲宅》，北京：中华书局，2000年版，第78—79页。

2 漆侠主编：《辽宋西夏金代通史：典章制度卷》，北京：人民出版社，2010年版，第29页。

3 漆侠主编：《辽宋西夏金代通史：典章制度卷》，北京：人民出版社，2010年版，第32页。

竑（赵德芳九世孙，宋宁宗以皇侄赵贵和为皇子，更名为赵竑）因对史弥远不满未能继位，被宋理宗封为济王，稀里糊涂被叛乱者裹挟涉入"霅（zhà）川（在今浙江湖州）之变"，后被迫自杀[1]——这么看来，这两位也并没有什么反派相。

宋代武官的地位，既高贵又卑微

根据《王文正公笔录》，史上著名的"杯酒释兵权"全程是这样的：

> 太祖创业，在位历年，石守信、王审琦等犹分典禁兵如故。相国赵普屡以为言，上力保庇之。普又密启，请授以他任。于是不得已，召守信等曲宴，道旧相乐，因谕之曰："朕与公等，昔常比肩，义同骨肉，岂有他哉？而言事者进说不已。今莫若自择善地，各守外藩，勿议除替。赋租之入，足以自奉，优游卒岁，不亦乐乎？朕后官中有诸女，当约婚以示无间。庶几异日无累公等。"守信等咸顿首称谢。由是高、石、王、魏之族俱蒙选尚，寻各归镇，几二十年，贵盛赫奕，始终如一。前称光武能保全功臣，不是过也。[2]

宋太祖以金钱和婚约换来了武官们的安分守己，皇室跟武

---

1 〔美〕贾志扬著，赵冬梅译：《天潢贵胄——宋代宗室史》，南京：江苏人民出版社，2010年版，第86、87、89、199、200页。

2 〔宋〕王曾撰，张其凡点校：《王文正公笔录》，北京：中华书局，2017年版，第16页。

官通婚是宋代"祖宗家法"，也是宋代的独特现象。据陈峰教授统计，"北宋九朝皇帝中除了宋真宗刘皇后、宋神宗向皇后及宋哲宗刘皇后三人，无武将家庭背景，其余十四位皇后皆为将家女，而宋真宗刘皇后和宋哲宗刘皇后又是在原皇后或死或废的情况下续立者。""北宋诸帝公主所嫁对象二十八人，其中明确为将门出身者十六人，明确为文官后裔者四人，外戚子弟三人，其余五人则出身不详。"很显然，皇帝的"对象"多来自武官家庭，而太子、皇子、宗子、宗女的婚姻也符合这一规律。[1]

与武官约为婚姻，不能不说是皇帝对他们的重视，但奇异的是，宋代武官的地位相比文官来说堪称"卑微"，这表现在：

第一，宋代存在"文不换武"现象，即武官会想方设法转为文官，但文官不愿当武官。

据文莹《湘山野录》记载：

> 真宗欲择臣僚中善弓矢、美仪彩，伴虏使射弓，时双备者惟陈康肃公尧咨可焉，陈方以词职进用。时以晏元献为翰林学士、太子左庶子，事无巨细皆咨访之。上谓晏曰："陈某若肯换武，当授与节钺，卿可谕之。"时康肃母燕国冯太夫人尚在，门范严毅。陈曰："当白老母，不敢自辄。"既白之，燕国命杖挞之，曰："汝策名第一，父子以文章立朝为名臣，汝

1　陈峰著：《宋代军政研究》，北京：中国社会科学出版社，2010年版，第102、103、105页。

欲叨窃厚禄，贻羞于阀阅，忍乎？"因而无报。[1]

据叶梦得《石林燕语》记载：

> 天圣间，陈康肃以翰林学士知开封府，亦换宿州观察使，加检校司徒，知天雄军。陈不乐行，力辞。明肃后以只日御朝，而谕之曰："天雄，朔方会府，敌人视守臣为轻重，非文武兼材不可。"陈不得已受命，自是加留后，遂建节。庆历中，陕西用兵，韩魏公、范文正公、庞庄敏公为帅，皆以龙图阁直学士换观察使，文正恳辞不拜。盖当权者时欲排之，而以俸优为言，故文正不肯受。已而韩、庞亦辞，遂罢。[2]

状元出身的陈尧咨长得帅，又善于射箭，宋真宗就忽悠他换武官，陈尧咨回家问妈妈，被妈妈打了一顿，打醒了，没有接受。到了宋仁宗时期，宋真宗的太太刘太后继续忽悠陈尧咨，这次终于让他换成了武官。殷鉴不远，韩琦、范仲淹和庞籍领兵时，坚决不换武官，终于得以保全文官身份。

再举一个相反的例子：

> 夏郑公竦以父殁王事，得三班差使，然自少好读书，攻为诗。一日，携所业，伺宰相李文靖公沆退朝，

---

1 〔宋〕释文莹撰，郑世刚整理：《湘山野录》卷中，朱易安、傅璇琮等主编：《全宋笔记》第一编六，郑州：大象出版社，2017年版，第42页。

2 〔宋〕叶梦得撰，宇文绍奕考异，侯忠义点校：《石林燕语》卷4，北京：中华书局，1984年版，第52—53页。

拜于马首而献之。文靖读其句，有"山势蜂腰断，溪流燕尾分"之句，深爱之，终卷皆佳句。翌日，袖诗呈真宗，及叙其死事之后，家贫，乞与换一文资，遂改润州金坛主簿。[1]

夏竦因为父亲与契丹人力战死难，得一武职，处心积虑，终于换为文官，后来又考制举，最终当上枢密使，相比之下，陈尧咨以状元之贵却只能远离权力核心，至少在宋人观念中，两者命运有天壤之别。

第二，皇帝信任文官，忌惮武将。举个例子，据《宋史·张琼传》，张琼是开国大将之一，救过宋太祖的命，因为得罪了宋太祖的宠臣史珪、石汉卿，被两人诬告"擅乘官马，纳李筠隶仆，畜部曲百余人，恣作威福"。宋太祖讯问张琼，将他打个半死，之后竟而赐死。然后，宋太祖发现张琼家"家无余财，止有仆三人"，遂责问石汉卿："汝言琼有仆百人，今何在？"石汉卿狡辩说："琼所养者一敌百耳。"[2]最终此事不了了之。

宋太祖如此草率处置，是因为两人的诬告正好触到了他的痛处——张琼涉嫌"私置亲兵"，有造反意图，皇帝自然就顾不得当年的同袍情了。

宋太祖以武官起家，特别了解武官，他认为："五代方镇残虐，民受其祸，朕令选儒臣干事者百余，分治大藩，纵皆贪

<hr />

1　〔宋〕魏泰撰，李裕民点校：《东轩笔录》卷2，北京：中华书局，1983年版，第20页。

2　〔元〕脱脱等撰：《宋史》卷259《张琼传》，北京：中华书局，1985年版，第9009、9010页。

浊，亦未及武臣一人也。"[1] 出于防止武官拥兵跋扈的政治意图，他"诏殿前、侍卫诸军及边防监护使臣，不得选中军骁勇者自为牙队"。[2] 也就是说，禁止京师禁军将领和边防将领自己设置亲兵。这一项"祖宗家法"的负面影响极大，杨业陷阵被俘，据称就是没有亲兵保护的后果。直至宋仁宗时期爆发宋夏战争，宋廷才给沿边的陕西、河东诸路主兵官安排了最多150人的亲兵[3]——可见宋廷对武官是何等忌惮，当武官远不如当文官"安全"，当然也是宋代文尊武卑的重要表现。

回头看"杯酒释兵权"的戏码，其实，与武官通婚，把他们变成外戚，正是将其踢出权力核心的重要手段——因为皇帝也忌惮外戚。可以说，在"杯酒释兵权"的设计中，其实就包含了让文官主政、让外戚和武官坐享富贵的意思。

后妃和外戚逐渐士大夫化

宋代太后垂帘听政共有9次之多，这些女主身处高位，不可能没有权力欲望，所以，宋代对垂帘听政的制度设计十分重要。[4]

据王辟之《渑水燕谈录》记载：

1　〔宋〕李焘撰：《续资治通鉴长编》卷13《太祖开宝五年十二月》，北京：中华书局，2004年版，第293页。

2　〔宋〕李焘撰：《续资治通鉴长编》卷7《太祖乾德四年闰八月》，北京：中华书局，2004年版，第178页。

3　张明著：《宋代军法研究》，北京：中国社会科学出版社，2010年版，第47页。

4　诸葛忆兵著：《宋代宰辅制度研究》，哈尔滨：北方文艺出版社，2019年版，第78—79页。

乾兴初，丁谓欲每议大政则太后后殿朝执政，朔望则皇帝前殿朝群臣，其余常事，独令入内押班雷允恭附奏禁中，传命二府。众以为隔绝中外，不便。王沂公时判礼院，引东汉故事，皇帝在左，太后在右，同殿加帘，中书、枢密院以次奏事。人心乃安。[1]

刘太后是宋代第一个垂帘听政的太后，也是宋代最有权势的摄政太后，最初丁谓想将这事搞成"大事由太后和宰执在后殿处理，小事让宦官居中传话"，这就有了暗箱操作的空间，王曾等文臣力争，改为"皇帝在左，太后在右，同殿加帘，中书、枢密院以次奏事"的太后公开听政的格局，避免了中外隔绝，为后世立了规矩。

此外，宋代后妃、外戚还有一些独特之处：

第一，跟武将一样，外戚基本上被踢出了权力核心。宋代外戚多数依赖恩荫入仕，天然地不能担任要官，台谏说："祖宗之法，后族戚里，不得任文资，恐挠法而干政。"[2]也就是外戚不能授予文官。当然，也有进士出身的外戚，有的是当了高官后才与皇帝联姻的，他们当然可以当文官，却不能担任侍从、宰执，跟权力核心没什么关系。[3]譬如，张贵妃（温成皇后）

---

1 〔宋〕王辟之撰，吕友仁点校：《渑水燕谈录》卷2《名臣》，〔宋〕王辟之、欧阳修撰，吕友仁、李伟国点校：《渑水燕谈录　归田录》，北京：中华书局，1981年版，第13页。

2 〔宋〕李心传撰，徐规点校：《建炎以来朝野杂记》甲集卷1《宪节邢皇后》，北京：中华书局，2000年版，第35—36页。

3 诸葛忆兵著：《宋代宰辅制度研究》，哈尔滨：北方文艺出版社，2019年版，第90—91页。

的伯父张尧佐，因为侄女的关系升迁很快，却在拜三司使、距执政只有一步之遥时，被台谏搞了下来。[1]

第二，宋代后妃、外戚士大夫化了，并未通过进用"私人"来打造外戚集团。由于后妃和外戚受到"祖宗之法"的限制，太后垂帘时，实际上也无法让外戚执掌大政。身为外戚的宰相韩侂胄、贾似道倒是曾经把持朝廷，然而，他们并未利用同姓宗亲占据要职，"与其说他们是外戚擅权，不如说他们是权相专柄。"[2]

第三，宋代后妃、外戚面对权力表现得比较克制。宋宁宗皇后杨氏曾在宋理宗继位初期垂帘听政，她的侄子杨石认为皇帝年纪已经不小了，"虽圣孝天通，然不早复政，得无基小人离间之嫌乎？"他把北宋三个太后临朝原因等内容上书姑姑，"后览奏，即命择日撤帘。"[3]"文官主政"深入人心，太后掀不起风浪，还不如将归政戏码演得好看一点。又如，曹佾长时间不敢进宫看望身为太皇太后的姐姐，连宋神宗都看不下去了——当然，远离宫廷就是远离是非，所以小心谨慎的曹佾得到了宋神宗的好评："曹王虽用近亲贵，而端拱寡过，善自保，真纯臣也！"[4]

1　〔元〕脱脱等撰：《宋史》卷463《外戚上》，北京：中华书局，1985年版，第13557—13558页。

2　诸葛忆兵著：《宋代宰辅制度研究》，哈尔滨：北方文艺出版社，2019年版，第94、96、97、98页。

3　〔元〕脱脱等撰：《宋史》卷465《外戚下》，北京：中华书局，1985年版，第13596—13597页。

4　〔元〕脱脱等撰：《宋史》卷464《外戚中》，北京：中华书局，1985年版，第13572页。

宋代宦官堪称"武德充沛"

说宦官前，先厘清两个概念：一是太监。在宋代，大监是一种后宫女官，与尚宫并知内省事，号称"尚书"，别称为"太监"。[1]所以，在提到为皇宫服务的阉人时，我们还是据实称其为宦官。

二是翰林院。宋代翰林院与学士院是两个性质完全不同的机构：学士院是皇帝秘书处，是储备宰执之才——翰林学士（又称"内相"）的地方；翰林院是侍奉皇帝的内庭服务机构，负责向皇帝供奉书画、捏塑、琴棋、医术、天文等技艺，长官由宦官出任。[2]

宋代吸取了唐代宦官专政的教训，对于宦官的控制力比较强，这体现在：

第一，宋代刻意限制宦官人数，"太祖初定天下，掖庭给事不过五十人，宦寺中年方许养子为后。又诏臣僚家毋私蓄阉人，民间有阉童孺为货鬻者论死。"[3]不过，皇帝们显然不会严格按规定来，宋徽宗时内侍"动以千数"，于是宋孝宗时又规定"内侍以二百五十员为额"。[4]

第二，宦官养子只限一人，宦官之子荫补为官须经过考试。宋初就有宦官只许收养一子的规定，但实际上收养二子以上者

---

1 龚延明编著：《宋代官制辞典（增补本）》，北京：中华书局，2017年版，第25—26页。

2 龚延明编著：《宋代官制辞典（增补本）》，"总论"，北京：中华书局，2017年版，第14页。

3 〔元〕脱脱等撰：《宋史》卷466《宦者一》，北京：中华书局，1985年版，第13599页。

4 王曾瑜著：《宋朝阶级结构》，石家庄：河北教育出版社，1996年版，第237页。

大有人在[1]，不过，有规定总是强过没有。由于当宦官也需要考试，宋代宦官文化素质普遍较高，这是有别于前朝后世之处。[2]

第三，宦官具有流动性，文官可以管宦官。宋代宦官不能久居内宫，到一定级别后便须出外任官，且多为低级武官。宦官出宫，升迁就由吏部掌管。而对于宦官的出入、迁贬、奖罚，文官往往有很大的发言权，宦官自然就容易被皇帝和文官集团控制，事实上已成为官僚集团的一部分。[3]

第四，宋代不轻易让宦官担任高官。如果说"童贯收复幽云十六州彰显大宋武德"，大家肯定要笑，但宋代的确颇有几个"武德充沛"的宦官，譬如，秦翰、王继恩都有战功，刘承规更是文武全才。但除宋徽宗后期外，宋代宦官始终不得担任节度使、执政大臣。王继恩立军功后，宰相想让他担任宣徽使，宋太宗却专门创设宣政使一职授予王继恩。[4]对此，宋太宗理由充分："朕读前代史书，不欲令宦官预政事。宣徽使，执政之渐也，止可授以他官。"[5]一旦升为宣徽使，就离执政很近了，当然不能轻易让宦官来当这个官。

第五，皇宫警卫部队，由殿前司、皇城司等分掌。殿前司掌管禁军，长官是武官。皇城司是皇家特务机构，长官既有宦

1　余华青著：《中国宦官制度史》，上海：上海人民出版社，2006年版，第342—343页。

2　游彪著：《宋代荫补制度研究》，北京：中国社会科学出版社，2001年版，第268页。

3　游彪著：《宋代荫补制度研究》，北京：中国社会科学出版社，2001年版，第267页。

4　漆侠主编：《辽宋西夏金代通史：典章制度卷》，北京：人民出版社，2010年版，第39页。

5　〔元〕脱脱等撰：《宋史》卷466《宦者一》，北京：中华书局，1985年版，第13603页。

官也有武官。这两拨人互相牵制，使宋代避免重蹈唐代覆辙。[1]

宋代宦官作为一个整体被控制住了，不代表某些个人不能兴风作浪。上面提到的王继恩，就曾在宋太宗、宋真宗继位时两度作妖，一成一败：开宝九年（976）宋太祖病危，太祖宋皇后派王继恩召皇子赵德芳进宫安排后事，王继恩此时已是宋太祖之弟晋王赵光义（宋太宗）的心腹，未召赵德芳，而是通知了赵光义。赵光义立即进宫，径自进入宋太祖寝殿。宋皇后问王继恩："德芳来耶？"王继恩说："晋王至矣。"宋皇后遂知事情已无可挽回。至道三年（997）宋太宗病危，王继恩与人谋立赵元佐为帝，太宗李皇后动摇不定，命王继恩召宰相吕端入宫商议。吕端察觉不妙，将王继恩软禁后才入宫。一番争执后，李皇后同意立太子为帝，是为真宗。[2]

总的来说，宋代也出过"大阉"，但宋廷对于宦官掌权还是很敏感的，因此宋代宦官的破坏力比其他朝代小得多，对此，诸葛忆兵教授评价说："在中国历史上，宋代是一个基本免除了宦官擅权乱政的少有的朝代。"[3]

一个"惧"字引发的各种"制衡"

如此看来，苏颂总结得很到位："国家所以太平百三十余年而内外无患者，只由家法好。谓宗室戚里不预政，后妃王姬

---

1 漆侠主编：《辽宋西夏金代通史·典章制度卷》，北京：人民出版社，2010年版，第39页。
2 陈振著：《宋史》，上海：上海人民出版社，第23、28页。
3 诸葛忆兵著：《宋代宰辅制度研究》，哈尔滨：北方文艺出版社，2019年版，第101页。

无私谒，公族无骄陵，世禄之家守礼法。"[1]

所谓"好家法"，其实就是各种制衡。再举两个例子：在地方上，通判被认为是用来制衡知州的，"国朝自下湖南，始置诸州通判，既非副贰，又非属官。故尝与知州争权，每云：'我是监郡，朝廷使我监汝。'举动为其所制。"[2]因此有担任知州者做梦都想去没有通判的地方任职。在部队里，当然更得制衡，宋仁宗时三衙（殿前司、马军司、步军司）的长官就分别来自有军事经验者（边臣）、外戚（戚里）、行伍出身凭资历升迁者（军班出身）[3]，三种身份话不投机，大佬们互相牵制，皇帝自然就比较"安全"。

统治阶级中各个阶层、群体都逐渐士大夫化，这是宋代的有趣之处。宋太祖宣称："今之武臣，亦当使其读经书，欲其知为治之道也。"[4]在宋代，文官要读书，武官要读书，后妃要读书，宗室要读书，外戚要读书，女官要读书，伎术官要读书，宦官也要读书，宋代真的是一个很喜欢让人读书和考试的时代——当然，对于很多人来说，通不通治道不重要，重要的是，读了经书学了满脑子忠君思想之后，就再难说出"天子宁有种邪？兵强马壮者为之尔"[5]这种让皇帝睡不着觉的话了。

---

1 〔宋〕苏象先著：《丞相魏公谭训》卷1《国论 国政》，〔宋〕苏颂著，王同策、管成学、颜中其等点校：《苏魏公文集》，北京：中华书局，1988年版，第1120页。

2 〔宋〕欧阳修撰，李伟国点校：《归田录》卷2，〔宋〕王辟之、欧阳修撰，吕友仁、李伟国点校：《渑水燕谈录 归田录》，北京：中华书局，1981年版，第31页。

3 王曾瑜著：《宋朝军制初探（增订本）》，北京：中华书局，2011年版，第12页。

4 〔宋〕司马光撰，邓广铭、张希清校：《涑水记闻》卷1，北京：中华书局，1989年版，第17页。

5 〔宋〕欧阳修撰，〔宋〕徐无党注：《新五代史》卷51《安重荣传》，北京：中华书局，1974年版，第583页。

一个"惧"字，道尽了宋代的统治精髓。王夫之解释说："夫宋祖受非常之命，而终以一统天下，厎（作者注：dǐ）于大定，垂及百年，世称盛治者，何也？唯其惧也。惧者，恻悱不容自宁之心，勃然而猝兴，怵然而不昧，乃上天不测之神震动于幽隐，莫之喻而不可解者也。……权不重，故不敢以兵威劫远人；望不隆，故不敢以诛夷待勋旧；学不夙，故不敢以智慧轻儒素；恩不洽，故不敢以苛法督吏民。惧以生慎，慎以生俭，俭以生慈，慈以生和，和以生文。"[1]

对于宋代的祖宗们基于"惧"的心态而发明的许多"制衡"办法，该怎么评价呢？大约就是"成也家法，败也家法"吧！

---

1 〔清〕王夫之著，刘韶军译注：《宋论》卷1《太祖》，北京：中华书局，2013年版，第9、10页。

后　记

　　在大学，我学过7年历史，算是所谓的科班出身，不过，在这样一个宏大的领域，我偏偏锁定了"宋代"，却是出于一个并不那么"专业"的契机。

　　多年前，我在一次采访时问受访对象，如果有时光机，想回到哪个时代？对方回答，想回到宋代，因为宋代文化是中国传统文化的高峰。

　　是的，我对宋代产生浓厚兴趣并下决心去读它、写它，并非因为看到哪位史学泰斗的论断而心动，而是因为在一次脑洞大开的聊天中被带进了一个"大坑"，然后"真香"了。这也暗合了后来我对宋代的理解：它的繁荣和优雅，属于各界大佬，更属于宋代人民，尤其是各种层面的文化生产者和消费者。当然，也属于过去、现在和未来所有的中华文化传承者。

　　后来，我开始写以宋代为背景的小说，越写对"含宋量"的要求越高，遂到处搜购与宋有关的史料和著作，如今，我的书房已被"宋史"填得满满当当，而这本小书就是我多年来读宋、写宋的小结。

　　宋代史料浩如烟海，难以爬梳，幸得无数前辈曾尽力化繁为简，让更多人可以读懂宋史。多年来，我一直在"可信""可读"之间追求平衡，尽量兼顾"有料""有趣"和"有用"，如果有幸，期待这本小书也能起到"让读者更容易理解宋代"的作用。当然，个人学识所限，其间或有错漏，还盼读者指正。

读史、写作是快乐的事，但做一件长久看不到外界回馈的事挺难的。所以，要感谢多年来教导和鼓励过我的老师和朋友，感谢无条件支持和陪伴我的家人和猫猫，感谢从人海中找到我并给我指导的刘冰清编辑，感谢对书稿提出中肯建议的李佳主任，感谢给我机会、为书稿增色的出版社领导和其他老师，感谢给我灵感、被我引用的280多种参考资料（史料、著作、论文）的作者和校订者，感谢邂逅这本小书的每一个你。我相信，这是一场美好的相遇——

宋代是古代文明的巅峰，那令人想望的一世风华虽已成过眼云烟，但我相信，文化是永恒，愿我们沉醉于此，拥抱文化，留住永恒。

图书在版编目(CIP)数据

访宋：一本书让你变成宋史通 / 李之杨著 . —北京：中国法制出版社，2022.1

ISBN 978-7-5216-2446-5

Ⅰ.①访…　Ⅱ.①李…　Ⅲ.①社会生活－历史－中国－宋代　Ⅳ.①D691.9

中国版本图书馆CIP数据核字（2022）第001527号

责任编辑：李佳　　　　　　　　　　　　　　　封面设计：杨泽江

访宋：一本书让你变成宋史通

FANG SONG：YIBENSHU RANG NI BIANCHENG SONGSHITONG

著者 / 李之杨

经销 / 新华书店

印刷 / 三河市国英印务有限公司

开本 / 880毫米×1230毫米　32开　　　　　印张 / 15.75　字数 / 354千

版次 / 2022年1月第1版　　　　　　　　　　2022年1月第1次印刷

中国法制出版社出版

书号 ISBN 978-7-5216-2446-5　　　　　　　　　　　定价：68.00元

北京市西城区西便门西里甲16号西便门办公区

邮政编码：100053　　　　　　　　　　　　传真：010-63141600

网址：http://www.zgfzs.com　　　　　　　编辑部电话：010-63141837

市场营销部电话：010-63141612　　　　　印务部电话：010-63141606

（如有印装质量问题，请与本社印务部联系。）